JN299394

Die Hypothek als Verwertungsrecht

換価権としての抵当権

古積健三郎
KOZUMI Kenzaburo

弘文堂

はしがき

　研究生活を始めて間もない頃から、筆者は、抵当権が目的物の交換価値を支配する価値権であり、占有・利用関係に干渉しえない、という伝統的通説に対して、漠然としてではあったが疑問をもっていた。我妻博士が確立された価値権理論は、活きた事業体をそのままに把握するという抵当権を志向するものであり、抵当制度の方向性について１つの選択肢を示すことは間違いないとは感じつつも、現行法の抵当権の解釈論に交換価値支配という命題を持ち込むことにはどうしても納得することができなかった。研究を進めるにつれてこのような疑問はますます強くなり、抵当権の効力に関する研究をいつかは完成させなければならないと感じるようになっていた。本書は、長い間筆者が考えていたこの問題に対する一応の答えなのである。
　第１部では、抵当権を価値権と位置づける伝統的学説との関係で特に問題となる占有・収益に対する効力に焦点を当てつつ、価値権理論の基となったとされるドイツの学説を検討しながら、現行法の抵当権を物上の換価権として位置づけるべき旨を説いている。従来、我妻理論とドイツの議論状況は同じように見られる傾向が強かったが、実はそうではなく、ドイツでは抵当権も物権として位置づけるのが伝統的見解であったことを指摘しつつ、日本法の解釈論としては、もともと抵当権も占有・収益に干渉しうる権能を内包していると十分に考えることができることを訴えた。第２部では、第１部での総論的な考察を受けて、抵当制度に関する個別の問題、すなわち、物上代位、法定地上権および時効に関して、やはり価値権理論との関係を意識しながら、その解釈論のあるべき方向性を示そうとした。
　本書を構成する諸論稿のほとんどは、すでに別の機会に個別に発表しているものであり、抵当権の効力との関係において１つにまとめるのにふさわしいと考え、今般、改めて１冊の研究書に仕上げることにした。それゆえ、本書は基本的には旧稿の内容をそのまま受け継いでいるが、旧稿で表現が適切ではなかった部分には修正を加え、また、旧稿発表後に法改正があった部分

も修正している。ただし、新たに関連研究・判例があっても本文に取り込むのが難しかった箇所については、追記で触れるにとどめている。

　これまで、担保制度については抵当権以外に関する小稿を書くこともあったが、筆者の本心は常に抵当権の本質にかかわる研究をいち早くまとめることにあった。当初は遅くとも40歳になるまではこの研究に区切りを付けたいと考えていたが、生来の不器用さから、当面なすべき教育活動に順応するのに精一杯で、なかなか基礎理論的な研究に集中することができず、30代の頃にはいたずらに時間が過ぎるばかりであった。そんな筆者にとって転機となったのは、2005年の春先に、中央大学とドイツのミュンスター大学との交流で、1ヶ月弱ではあるが客員教員としてミュンスターで勉学の機会を与えられたことである。先方の図書館で19世紀の文献に目を通しているとき、このままではいけない、初志を貫徹していち早く研究を完成させなければならない、という心の声を強く感じた。とはいえ、当時は法科大学院制度が発足したばかりで、すぐに研究を完成させるなど到底かなわぬ状況であったが、幸いにもその4年後に大学から1年間のサバティカルの機会を与えられ、この間に多くの作業を済ませることが可能となった。

　かくして、40代も後半になり遅きに失した感はあるけれども、何とか研究をまとめることができたことには満足している。もちろん、本書にはなお多くの問題点が残っているだろうが、少なくとも筆者には現時点で自分のやれることをやり遂げたという思いがある。

　いかなる研究も先行研究の基礎のうえに成り立つものであり、本書もその多くを抵当権に関する先行研究に負っている。また、本書は周囲の方々による学恩の賜物でもあり、ここに感謝の意を申し上げずにはいられない。

　まず、筆者の研究生活の原点となった京都大学の諸先生方に心から感謝を申し上げたい。大学院の指導教授であった錦織成史先生には、研究の何たるかを教わった。その妥協を許さない学問に対する厳しい姿勢は、今日の筆者の礎となっている。奥田昌道先生には、大学院のスクーリング等でご指導いただき、京都学派の真髄を示していただいた。前田達明先生には、研究のみならず、その他の場面で有益なご助言を賜ることが少なくなかった。当時新

進気鋭の研究者だった山本敬三先生には、研究に対する心構えをその普段の姿勢から示していただき、怠け者の筆者は反省させられる機会が少なくなかった。民事訴訟法がご専門の谷口安平先生には、法学部のゼミナールでご指導いただき、現在の研究テーマもその影響を少なからず受けている。

また、筆者にこの研究をまとめるためのサバティカルを与えてくださった中央大学、とりわけ大学院法務研究科の先生方には感謝しなければならない。このような援助がなければ、この時期に本書を公刊することなど到底できなかったであろう。

さらに、同じ民法研究者であり私的な友人でもある原田剛関西学院大学教授にも、心より感謝を申し上げたい。原田教授とは大学院生時代からの付き合いであるが、無心に研究に打ち込むその姿勢から筆者は多くのことを学んでいる。

以上のほかにも様々な方々からの学恩によって本書は成り立っている。そのすべての方々にこの場を借りて御礼を申し上げたい。

最後に、昨今の厳しい出版事情にもかかわらず、筆者の希望を寛大に受け入れて本書の公刊に踏み切ってくださった株式会社弘文堂、とりわけ編集部の高岡俊英氏に心より感謝を申し上げたい。そして、先行きの見えない研究者の道に進むことを了承して筆者を今日まで温かく見守ってくれた母に本書を捧げたい。

2013年8月の終わりに

古積　健三郎

初出一覧

　本書は、既発表論文に大幅な修正・加筆をした上に書き下ろしを加えたものである。したがって、次のとおり、原論文名等を記することとする。

第1部
　「換価権としての抵当権(1)～(5・完)―占有および収益の権利に対する関係―」(中央ロー・ジャーナル第6巻第1号、第6巻第2号、第6巻第3号、第6巻第4号、第7巻第1号(2009年6月～2010年6月)所収

第2部
第1章
　書き下ろし

第2章
　「土地および建物の共同抵当と法定地上権」筑波大学大学院企業法学専攻十周年記念論集『現代企業法学の研究』(2001年3月31日発行)所収

第3章
　「時効による抵当権の消滅について」平井一雄先生喜寿記念『財産法の新動向』(2012年3月30日発行)所収

目　次

はしがき　*i*
初出一覧　*iv*

第1部　換価権としての抵当権
―占有および収益の権利に対する関係―················1

序　説··················3
第1章　19世紀のドイツにおける担保権の性質論··················10
　Ⅰ　序　論　*10*
　Ⅱ　普通法学説の議論　*11*
　Ⅲ　ドイツ固有法の担保権に関する性質論　*38*
　Ⅳ　近代の担保権に関する性質論　*50*
　Ⅴ　総　括　*62*
第2章　ドイツ民法典の制定と担保権の性質論··················72
　Ⅰ　序　論　*72*
　Ⅱ　抵当権の性質に関する起草者の見解　*74*
　Ⅲ　民法典の制定と学説の展開　*85*
　Ⅳ　ドイツ法理論の総括――日本法との接点　*108*
第3章　日本法における抵当権の性質··················118
　Ⅰ　序　論　*118*
　Ⅱ　民法制定期における議論　*119*
　Ⅲ　民法施行から価値権理論確立前までの学説　*129*
　Ⅳ　価値権理論の検討　*139*
　Ⅴ　民事執行法制定・平成15年担保執行法改正の意義　*151*
　Ⅵ　総括――抵当権と占有・収益　*164*

第4章　個別問題に関する解釈論 … 175
　Ⅰ　概　観　*175*
　Ⅱ　抵当権者の占有者に対する明渡請求　*176*
　Ⅲ　賃料債権に対する物上代位　*196*
　Ⅳ　まとめ　*209*
結　語 … *220*

第2部　抵当権をめぐる諸問題 … *223*

第1章　物上代位の法的性質と差押え … *225*
　Ⅰ　はじめに　*225*
　Ⅱ　民法制定時の議論の概観　*228*
　Ⅲ　判例・学説の展開について　*238*
　Ⅳ　現行法の解釈論　*254*
　Ⅴ　むすび――物上代位規定に関する立法論　*261*
第2章　土地および建物の共同抵当と法定地上権 … *269*
　Ⅰ　はじめに　*269*
　Ⅱ　個別価値考慮説の問題　*271*
　Ⅲ　その他の諸説の検討　*277*
　Ⅳ　最高裁判例の位置づけ　*283*
　Ⅴ　むすび　*286*
第3章　時効による抵当権の消滅について … *292*
　Ⅰ　はじめに　*292*
　Ⅱ　判例・学説の検討　*294*
　Ⅲ　民法396条・397条の沿革　*312*
　Ⅳ　民法396条・397条についての一解釈論　*321*
　Ⅴ　むすび　*327*

事項索引　*337*
人名索引　*339*
判例索引　*342*

第1部

◆

換価権としての抵当権

―占有および収益の権利に対する関係―

序　説

1. 日本民法の抵当権(369条以下)については、不動産の交換価値を把握・支配する価値権として位置づける理論が我妻栄博士、石田文次郎博士によって確立され(1)、一般に、抵当権は目的不動産の占有・利用には干渉しえない権利として理解されるようになった(2)。そして、かかる理論の影響の下で個別の諸問題に関する解釈論も展開され、その傾向は今日でもなお続いているといえよう。そのような問題の主たる例としては、抵当権者による目的不動産の無権原占有者に対する明渡請求、賃料債権に対する物上代位(民法372条・304条)がある(3)。

　しかしながら、これらの問題について判例の到達した結論が抵当権を価値権として位置づける理論と十分に調和しうるかについては、大いに疑問の残るところである。

2. まず、抵当権者による目的不動産の明渡請求について、最高裁判所は当初、平成3年判決(4)でこれを否定する立場をとり、抵当権は目的不動産を占有する権原を包含せず、第三者が抵当不動産を権原によりまたは不法に占有しているというだけでは侵害されるものではないとした。ところが、その後の平成11年大法廷判決(5)においては、不法占有者に対する関係で、所有者の物上請求権の代位行使による抵当権者への明渡しを認め、さらには平成17年判決(6)において、抵当権に劣後する利用権に基づく占有者との関係で、一定の要件の下に抵当権自体に基づく妨害排除請求権として抵当権者への明渡しの請求を容認するに至った。

　抵当権者による明渡請求を肯定した一連の判例も、その法的構成としては、抵当権は目的物の交換価値のみを把握するという伝統的理論を前提にしているようである。すなわち、平成11年大法廷判決は、「抵当権は、競売手続において実現される抵当不動産の交換価値から他の債権者に優先して被担保債権の弁済を受けることを内容とする物権であり、不動産の占有を抵当権者に移すことなく設定され、抵当権者は、原則として、抵当不動産の所有者

が行う抵当不動産の使用又は収益について干渉することはできない」と述べる。また、平成17年判決は、所有者による目的不動産の管理を期待できないことを抵当権者への明渡しの要件とし、抵当権者が取得する占有の性質を管理のための占有と位置づける点で、基本的には抵当権者の占有権原を否定するものと思われる。しかしながら、抵当権者に占有を認めることは、抵当権が目的物の交換価値のみを把握・支配するという理論とは緊張関係にあるといわざるをえない。

なるほど、第三者の不法占有などによって、抵当不動産の競売が事実上阻害され、あるいは売却価額が下落する恐れがあるならば、それを抵当権の把握する交換価値の侵害と捉えることも可能のように思われる。しかし、妨害排除請求によって抵当権者自身に目的不動産の占有を認めるならば、彼はもはや交換価値を超えるものを支配していることになりかねない。たとえ管理のための占有とはいえ、抵当権者が占有をも取得しうる法的根拠が問題であり、それを抵当権者の利益保護に求めるならば、結局は抵当権者に占有権原を認めるに等しいからである。それゆえ、このような解釈論的帰結をとる場合には、それもなお従前の価値権理論によって十分に導くことができるのか、あるいはむしろ価値権理論自体が現行法の抵当権の本質に合致したものではなく、その解釈論的意義に限界があるのか、を問わなければなるまい。

賃料債権に対する物上代位との関係においても、同様のことが問題となる。かかる物上代位はもともと我妻博士自身が肯定しており、判例もこれを認めていた。しかし、価値権理論が、抵当権は目的不動産の占有・利用に干渉しないという前提をとるものであるならば、その収益に対する効力の容認が当該理論と調和しうるのかは当然に疑問となるであろう。実際に、我妻博士は、「目的物の所有者は、目的物の使用価値を保留してその交換価値だけを抵当権者に与えることになる」とも述べているからである。そのため近時では、目的不動産の交換価値とその使用・収益価値とを分別したうえで、収益価値たる賃料債権への物上代位の特異性を強調する学説や、交換価値の把握という価値権理論の枠組は維持しながら、その交換価値には収益価値も包含されるとして、賃料債権への物上代位を基礎づける学説が現れている。

平成15年には、担保権の収益執行制度が導入され、さらに民法旧395条の短期賃貸借保護制度が廃止されたが、これらの立法措置も抵当権が目的不動

産の交換価値のみを把握するという伝統的理論に調和しうるものかが問題となろう。

3. ところで、しばしば価値権理論は、もともとドイツ法の抵当制度を背景にして展開された点で、特殊ドイツ的なものと批判される傾向にある。というのは、我妻博士が理想的な価値権として位置づけた近代的抵当権とはドイツ法特有の流通抵当(債権への付従性を修正したもの)を指していたからである。したがって、流通抵当を前提にした理論を債権への付従性が厳格に維持される抵当権の解釈論に導入することには、当然疑問が生ずるであろう。

しかし、より根本的には、もともと我妻博士の理論がドイツにおける担保権の性質に関する解釈論を十分に反映しているのかという疑問がある。すでに松井教授は、「我妻説や石田説においては、価値権という用語とその内容を当時のドイツ民法学の主流学説から借りてきただけであって、その意義づけはわが国独自のものであった」とし、我妻説と石田説を、ドイツの学問的背景とは無関係に価値権という概念だけをわが国の民法学に導入したものと評している。この問題に関しては、第1章でドイツの学説を検討することになるが、その要点をあらかじめ掲げれば次のようになる。

19世紀のドイツ普通法学説で展開された担保権ないし抵当権の性質に関する議論の重点は、ローマ法の担保権を物権として捉えるべきか、あるいはこれを債権の効力から導かれるものとして他の物権とは切り離すべきか、におかれていた。この点に関し、支配的見解は、有体物上の担保権を物権として捉え、目的物の占有・利用関係にも干渉しうるものと見ていた。ところが、担保権の対象が有体物以外の財産に及んでいる現実の下で、そのすべてを統一的に把握する概念規定が問題となった結果、金銭的な満足という担保権に共通する目的を重視して、すべての担保権を財産の価値に対する権利として位置づける見解が現れた。他方で、債権に付従しない土地債務(Grundschuld)の位置づけも問題となったところ、これをローマ法以来の担保権ないし抵当権の概念に帰属させることの困難さから、その目的に重点をおいた呼称、すなわち価値権という概念も用いられるようになった。しかしながら、価値権概念を提唱した見解も、抵当権を目的物からの満足のためにこれを換価するという権能を持つ物権と捉え、その支配の対象はあくまで物自体であり、抵当権は換価のために目的物の利用関係にも干渉しうると見ていたのである。

つまり、それは決して、日本の我妻理論のように交換価値自体を支配の対象と捉え、価値権と利用権の調和を強調したものではなかった。その後、担保権の性質論は、ドイツ固有法における担保権の性質論と絡みつつ、近代法の担保権の性質論として展開されることになるが、そこでも担保権の物権性が議論の対象となり、これを肯定するのが一般的見解であった。

　担保権の性質に関するドイツの議論の実態が上記のとおりだとすれば、必然的に日本における議論のあり方にも根本的な見直しが必要となるであろう。というのは、ドイツの議論全体から価値権概念のみを切り離し、それだけに焦点を当てるのは、議論の成果を十分に反映したものとはいえないからである。まして、ドイツの価値権理論と我妻理論との間にズレがあるとすれば、我妻理論のみをもってドイツ法を論ずることは許されないはずである。むしろ、ドイツの議論の重点が第一に担保権の物権性におかれていたとすれば、その点こそが特殊ドイツ的なものにすぎないのか、あるいは日本の抵当権の性質にも通じるものであるのかを検討しなければならない。そして、抵当権を目的物の占有・利用に干渉しうるものとしたドイツの議論が日本の抵当権にも妥当しうるものならば、従来の学説および判例が、これと必ずしも一致しない我妻理論に依拠して抵当権の効力を規定してきたこと自体が問題となる。

　すなわち、従前の価値権理論は抵当権者の占有権原を否定するものであり、抵当権者による目的不動産の明渡請求に関する判例も、これを前提になお例外的に抵当権者が占有に干渉しうるかに焦点を当ててきたのであるが、その前提が覆れば、抵当権者による明渡請求の議論も全く違った法的構成の下に展開されなければならない。むしろ抵当権者による明渡請求を自身の占有権原に基づくものとする構成も十分に成り立ちうる。

　また、抵当権が占有・利用にも干渉しうるものだとするならば、目的不動産からの収益による満足に関する従前の議論にも疑問が生じてくる。従来は、抵当権が目的物の交換価値のみを支配するという前提の下にその収益に対する効力が議論されてきたところ、平成15年の法改正によって収益に対する効力が正面から容認された後にも、なおそのような傾向は残っているからである。

4．本稿の目的は、抵当権の客体が抽象的な交換価値ではなくあくまでも物

自体であること、また、権利の本質は目的物を金銭化して満足するという権能、すなわち換価という内容の支配にあること、そして、抵当権は目的物の占有ないし収益にも効力を及ぼしうるものであること、を明らかにする点にある。すでに筆者は、賃料債権への物上代位の解釈論に関してかかる視点を提示していたが[20]、ここではその本格的な論証を試みたい[21]。そのためには何より、ドイツの議論の全体像を明らかにしなければならない。

　まず、第1章においては、統一民法典(以下では、BGBという)の起草前のドイツにおいて担保権の性質に関してなされた議論を検討する。ここでは、普通法学説の主流が抵当権を物権として捉え、抵当権者にも占有権原を認めていた点、また、価値権概念を提唱した見解も、抵当権の物権性および目的不動産の利用関係への干渉を否定するものではなかった点、を明確にしたい。もっとも、近代の抵当権法においては、強制執行手続との関係で抵当権者の占有権原について否定的な評価が加えられることも明らかとなる。

　第2章においては、BGBの制定段階および制定後における不動産担保権の本質に関するドイツの議論状況を検討する。ここでは、BGBの制定後も、なお担保権ないし抵当権の性質を論ずる研究が見られたが、結局は抵当権を物的換価権と捉える立場が支配的となり、次第に論争もなされなくなることが明らかになる。

　そして、第3章においては、ドイツの議論との比較において、日本民法の抵当権の性質を考察する。ここでは、日本の抵当権法の制定過程を概観し、ドイツ法との共通点および相違点を明確にしたうえで、従前の学説に批判的検討を加えたい。結論として、ドイツ法のように民法典制定とともに抵当権の強制執行手続を完備したわけではない日本の法制では、解釈論としても、抵当権には優先弁済を受ける権利がある以上、目的物の換価を目的とした占有権原を認める余地が十分にある、というのが筆者の立場である。

　最後に、第4章においては、抵当権の本質との関係が問われる個別問題、とりわけ、抵当権者による目的不動産の明渡請求および賃料債権に対する物上代位について、従来の判例・学説を整理したうえで、第3章で提示した視点からはいかなる帰結が導かれるのかを明確にしたい。

(注)
(1) 我妻栄『近代法における債権の優越的地位』(有斐閣、1953年)81頁以下(本稿ではSE版(1986年)で引用する)、同「資本主義と抵当制度の発達」(初出、1930年)『民法研究Ⅳ』(有斐閣、1967年)1頁以下、石田文次郎『投資抵当権の研究』(有斐閣、1932年)101頁以下、298頁以下、同『担保物権法論上巻』(有斐閣、1935年)17頁以下。

　もっとも、石田博士は、抵当権を物の交換価値の取得を目的とする価値権と捉え、「法律によって付与された換価権に基き他人所有の財貨に潜む交換価値を換価して、それを直接に取得することを得る限り、其財貨の有する交換価値は権利者の支配に服するものと云ひ得るであらう」とするにとどめていたのに対し(石田・前掲『投資抵当権の研究』106、113頁参照)、我妻博士によって、抵当権を「目的物の物質的存在から全然離れた価値のみを客体とする権利」とする命題が立てられ(我妻栄『担保物権法』(岩波書店、1936年)188頁参照)、物よりも価値自体を支配の対象と見る傾向が強められたといえる。

(2) 大判昭和9年6月15日(民集13巻1164頁)、我妻栄『新訂担保物権法』(岩波書店、1968年)383-384頁参照。

(3) 比較的早くから、鎌田薫「賃料債権に対する抵当権者の物上代位」石田喜久夫＝西原道雄＝高木多喜男先生還暦記念論文集下巻『金融法の課題と展望』(日本評論社、1990年)25頁以下、同「抵当権の侵害と明渡請求」高島平蔵教授古稀記念『民法学の新たな展開』(成文堂、1993年)263頁以下、同「抵当権の効力――『価値権』論の意義と限界」司法研修所論集91号(1994年)1頁以下は、この2つの問題に関して価値権理論の持つ意義と限界を検討している。

　近時の教科書の多くも、この2つの問題について、価値権としての性質との関係を論じている(中井美雄『担保物権法』(青林書院、2000年)143頁以下、217頁以下、北川善太郎『物権[第3版]』(有斐閣、2004年)222頁以下、山川一陽『担保物権法[第2版]』(弘文堂、2004年)113頁以下、144頁以下、高木多喜男『担保物権法[第4版]』(有斐閣、2005年)137頁以下、161頁以下、内田貴『民法Ⅲ 債権総論・担保物権[第3版]』(東京大学出版会、2005年)404頁以下、432頁以下、平野裕之『民法総合3 担保物権法[第2版]』(信山社、2009年)56頁以下、89頁以下、高橋眞『担保物権法[第2版]』(成文堂、2010年)118-119頁、175-176頁参照)。

(4) 最二小判平成3年3月22日(民集45巻3号268頁)。
(5) 最大判平成11年11月24日(民集53巻8号1899頁)。
(6) 最一小判平成17年3月10日(民集59巻2号356頁)。
(7) 調査官解説は、平成11年大法廷判決を、平成3年判決が示した抵当権に関する原則を前提としたうえで、その例外を論ずるものと位置づける(八木一洋『最高裁判所判例解説民事篇平成11年度(下)』840-843頁参照)。

　もっとも、学説においては、平成11年大法廷判決を平成3年判決の基本的な考え方を根本的に改めたものと見る立場もある(生熊長幸『執行妨害と短期賃貸借』(有斐閣、2000年)409頁以下参照)。

(8) 調査官解説は、抵当権者への明渡しを認める根拠として、妨害排除請求権ないし物権的請求権の目的を達成するためには抵当権者の占有取得も必要であること、および、所有者の占有利用の保護よりも抵当権者の保護が優先されてもやむをえないという利益考量、をあげ、これによって抵当権に占有利用の権利が包含されないという原則が変更されることはないとしている(戸田久『最高裁判所判例解説民事篇平成17年度(上)』164-165頁)。

しかしながら、ここで列挙されている要素はすべて抵当権者の利益に重点をおいたものであり、実質的には、抵当権者が占有を取得しうる根拠をその利益ないし権利に求めているといわざるをえない。

(9) 松井宏興『抵当制度の基礎理論——近代的抵当権論批判』(法律文化社、1997年)205頁は、抵当権を価値権として捉えても、直ちに占有や用益に対する効力の否定へとは繋がらないとしつつ、従前の価値権概念によればそのような結論になりやすいため、抵当権を換価権として捉えるべき旨を述べている。

(10) 我妻・前掲(注2)281頁。

(11) 最二小判平成元年10月27日(民集43巻9号1070頁)。

(12) 我妻・前掲(注2)208-209頁。

(13) 高橋眞『抵当法改正と担保の法理』(成文堂、2008年)1頁以下。

(14) 松岡久和「抵当権の本質論について——賃料債権への物上代位を中心に」高木多喜男先生古稀記念『現代民法学の理論と実務の交錯』(成文堂、2001年)3頁以下。

(15) 内田貴『抵当権と利用権』(有斐閣、1983年)4-5頁、同・前掲(注3)387-388頁、道垣内弘人『担保物権法[第3版]』(有斐閣、2008年)119-120頁参照。

(16) 我妻・前掲(注2)214頁以下参照。

(17) 松井・前掲(注9)118頁。

(18) 我妻・前掲(注2)213、297頁参照。

(19) たとえば、高橋・前掲(注3)118-119頁は、賃料を目的物の価値に代わるものとはせず、目的物から派生する価値と捉え、そのような賃料に対する物上代位を疑問視するが、その前提にも抵当権を交換価値支配権と位置づける観点がある。

(20) 本稿に類似する問題意識の下に、抵当権の本質を換価権と捉えるべき旨を主張する研究がある(太矢一彦「抵当権の性質について——抵当権価値権論への一疑問」獨協法学46号(1998年)447頁以下、同「抵当権に基づく妨害排除請求」東洋法学49巻2号(2006年)41頁以下)。しかし、そこにいわゆる換価権の内実は必ずしも明確ではなく、賃料債権への物上代位を否定する点などからは、私見とは異なったものと思われる(太矢・前掲東洋法学49巻2号63-65頁参照)。

(21) 古積「将来の賃料債権の包括的譲渡と抵当における物上代位の衝突」筑波法政23号(1997年)127頁以下、同「抵当権の物上代位に基づく賃料債権の差押え」筑波法政26号(1999年)1頁以下。

第1章　19世紀のドイツにおける担保権の性質論

I　序　論

　19世紀末から20世紀初めのドイツにおいて、Josef Kohlerが抵当権や土地債務の性質を価値権として位置づけたことは、これまでも数々の研究で紹介されている。我妻博士は、ドイツのように債権に付従する抵当権から債権から独立した抵当権へと展開するのを近代資本主義経済の潮流と見て、Kohlerの説に依拠しつつ、近代的な抵当権を価値権として位置づけるべき旨を主張した。しかしこれに対しては、流通・投資抵当制度はドイツ特有の経済的事情によるものであり普遍的なものとはいえないとの批判がなされ、また、価値権理論がドイツ特有の抵当制度を背景とする点から、日本の抵当制度におけるその解釈論的意義にも疑問が呈されている。近時では、Kohlerの理論と我妻博士の理論が一致していないことも指摘されるに至っている。

　しかしながら、ドイツの価値権概念が担保権の性質との関係で具体的にいかなる解釈論的意義を有していたのかははっきりしていない。後述のように、もともと、価値権（Wertrecht）という権利のカテゴリーを提唱したのはKohlerがはじめてであったわけではなく、それ以前にすでにBremerが担保権の性質論に関連してかかるカテゴリーを提唱していた。従来の研究は、ドイツ抵当制度の歴史的展開、とりわけ投資抵当制度の形成過程については詳細であったものの、担保権ないし抵当権の性質・効力そのものに関していかなる解釈論が展開されていたのかは、なお十分に検討されているとはいえない。

　そこで本章では、19世紀にドイツで価値権概念が提唱されたとき、これには担保権の性質・効力に関していかなる解釈論的意義があったのかを明らかにしたい。すなわち、当時の学説が、抵当権などの担保権の性質に関して、解釈学的観点からいかなる議論を展開していたのかを検討し、そのような性質論との関係で価値権概念がいかなる地位を占めていたのかを明確にした

い。

　周知のように、統一民法典が制定される前のドイツでは、各地方に個別に妥当する特別法と並んで、ローマ法源がドイツ全般に通じる普通法として妥当しており、19世紀の学説は、普通法の基礎とされるローマ法源に重点をおくロマニステンと、ドイツ固有のゲルマン法を重視するゲルマニステンとの２つの学派に分かれていた。そこで、まずローマ法源に依拠した普通法学説の議論を検討し、次にドイツ固有法の担保権の性質に関する議論を見たうえで、この２つが絡んだ近代の担保権の性質に関する議論を検討することにする。

II　普通法学説の議論

1.　はじめに

　担保権・抵当権の物権性は、ローマ法源の解釈をめぐって19世紀のドイツ普通法学説において活発に議論された。そこではまず、Büchelがローマ法の担保権(Pfandrecht)の物権的性質を否定する見解を本格的に唱えたのに対して、Dernburgはその物権的性質を詳細に基礎づける研究を発表した。そして、その後の議論はこれらを軸として展開され、その中で価値権概念を提唱する学説も現れている。

　以下の学説の検討から明らかになるのは、支配的見解は担保権を物権として捉え、その実行によって目的物の占有・利用に干渉しうるものとして認めてきた点、また、価値権概念を唱えた見解もこのことを否定するものではなく、決して抽象的な交換価値自体が担保権の客体になるとはしていなかった点、である。

2.　Büchelの説
(1)　概　要
　Büchelは、論文「担保権の性質について」において、ローマ法の担保権を物が債務の主体となる債務と位置づける見解を展開した。

a.　債権担保のための物の債務
　Büchelによれば、担保権は、その内的な性質からすれば、債権担保のた

めの物の債務として定義することができるという。そのことによって、有体物の担保供与のほか、無体物特に債権の担保供与もこれに該当することになり、権利の独自の本質が正確に規定され、また、他の物権と区別されるという。ここでは人ではなく、物が債務の主体となる。担保権をこのように捉える根拠として、彼はまずローマ法においてそれがobligatio reiと称されていた点をあげる。

　Büchelは、自説を論証するに先立って、ローマ法の担保権の歴史を簡単に概観している。すなわち、ローマ市民法においては、債権担保のために物の所有権を握取行為(mancipatio)ないし法廷譲歩(in jure cessio)によって移転する信託(fiducia)と、物の引渡しによって成立する質(pignus)があったが、その後、引渡しなくして合意だけによって成立する抵当(hypotheca)が法務官によって認められるようになった。このうち質については一般に次のように考えられていた。当初、質には留置権しかなく、物的な担保の訴え(dingliche Pfandklage)は容認されず、ここでは目的物を売却したり債権者のものとする権利は特別の約定によるしかなかった。法務官は、質権者が占有を妨害される場合に人的な訴えによってその禁止を求めることを認めるにとどまっていたが、その後、質および抵当に物的訴えを認めるようになった。質についてはすでに市民法において物的訴えが認められていたという見解もあるが、これには説得力がない。

　以上を受けてBüchelは、質および抵当という担保権が物の債務の性質を持つことを次のように基礎づける。すべての権利は人または物に関係するが、人に関係する権利の場合には、その問題となる人が権利者の私権による支配に服するか、または人が権利者の私権による支配から独立し、権利者は国家権力の媒介によって人に対して請求権を行使しうるという関係になっているか、による区別がローマ法源では認められていた。それに対して、後者の物に関係する権利では、従来はそのような区別は採用されず、むしろこれを常に物が権利者の私権による支配に服する権利として考えていた。しかし、物への権利でも、人に関係する権利と類似する区別を採用することは法学的な矛盾とはならないだろう。問題は、実定法が物の上の一定の権利において現実にこの観点をとったかどうかであるが、まさに担保権においては、ローマ法源で物の債務として表現されているように、このことが起こってい

るのである。そこで課題となるのが、この仮説を正当化する根拠をあげることである。

b. 物の債務の根拠

　Büchelは、債務の性質から生ずる帰結を列挙し、これがローマ法源において担保権にも存在しているとして、その債務たる性質を論証しようとする。その主なものは次のとおりである。

　まず、担保権が単なる契約によって成立する点である。ローマ法によれば、契約はまず債務関係を基礎づけ、しかも通常は単に人的な債務関係しか基礎づけず、直ちに物自体の上の権利を基礎づけないからである。[15]

　次に、担保権に占有が認められない点である。相互に独立した主体の関係としての債務では占有が問題とならないから、この点でも担保権は物に対する私権的支配を権利者に与えていない。確かに、質権者には質物の占有があるが、これは使用のためのものではなく、使用のための占有が設定者に残る一方で、その占有を禁止するためのものにすぎない。すなわち、これは独立した占有ではなく、設定者によって担保権者に派生されたものにすぎない。はたして、Savignyによれば、占有のための意思は所有のための意思に存在[16]し、所有のための意思がない所持者には所有者によって派生された占有を観念することができるとされているからである。[17]

　さらには、役権(Servitut)の目的物の所有者がこれを第三者に譲渡した場合、役権は譲渡の時点に旧所有者のところに残っているがゆえに、新所有者もその負担を受けることになるが、担保権の目的物が譲渡された場合には、そのような権利の留保は新所有者によって予約されたものとして考察される。その理由はこうである。役権は実体的に物的な権利であり、その権限は所有権に含まれ、それが所有権に結びつくかぎりにおいては所有権の発露にとどまり独立した権利にはならないが、この権限が所有権から分離されればそれは独立した権利となる。しかし、担保権は実体的に物的な権利ではなく、実体的に所有権の範囲にある権限を含まない。[18]

　なお、担保物を売却する権利も担保権の本質には属さない。すなわち、もしこれが本質であるならば、債権者が担保物を譲渡しないことを設定者が条件としたすべての場合(早期の法ではこれによって債権者の譲渡権限自体が取り去られていた)に、担保権は存在しなかったことになるが、ローマ法源でも譲渡の

権限は担保権から分離されているため、誰もそのようなことは主張していない。むしろ、譲渡の権限は常に特別の約定を基礎としており、それは担保権と並んで存在するものである。したがって、担保権は実体的に所有権に存する権限を含まないから、目的物の譲渡の場合にそれが役権のように留保されることにはならない。[19]

それでは、Büchelは、担保権者に物的訴権が認められていた点をどのように見るのか。彼は、これを所有者の持つ訴権とは次の点で異なるものとして、その存在が担保権を物権とする根拠にはならないとの見地に立つ。すなわち、担保の訴えを所有権の派生的な訴えと捉えることは誤りである。なぜなら、もしそうであれば担保の訴えは設定者に対してなしえず、所有者の訴えの脱落とともにこれも消滅しなければならないこととなろうが、実際はそうではないからである。担保の訴えは担保権に基づくものであり、それは所有権の訴えとは異なり、単に被告から占有を取り去るにすぎない。この訴えは有体物に対して向けられているかぎりにおいて所有権の訴えに準ずるものとされるにすぎない。そして、担保権が債務であるならば、かかる権利は訴えの中において存在し、訴えとともに消滅することになるが、このことは、Gajusが担保権と用益権(ususfructus)との違いとしてあげている点である。[20]

(2) **若干の検討**

Büchelの研究の手法は、ローマ法源を探求し、これによって担保権の性質を規定しようとした点で、まさに普通法学説の典型的特徴をもっている。そのことは、担保権を物の債務とする根拠としてローマ法の担保権の用語法をあげている点にも現れている。

しかし、役権と担保権を区別し、後者の物権性を否定する根拠としてあげられているものには、かなり疑問が残る。すなわち、役権には所有権に含まれる権限があるのに対し、担保権にはそれがなく、売却権もその本質ではないとするが、この点は後にDernburgによる批判を受けることになる。また、担保目的物が譲渡された場合には担保権には追及効が認められるべきところ、これを新所有者によって担保権が予約された効力と見るのは、事の本質からあまりにかけ離れたものであろう。さらには、担保の訴えと所有権の訴えを区別し、前者では占有の回復だけが目的とされ、訴えの消滅とともに権利も消滅するという点も、担保権には何ら実体的な権利がないという点を前

提にしている以上、逆に担保権に売却権が存在するといえるならば、当然その主張は成り立ちえないことになる。そもそも、この立論が担保権者の占有を所有者から派生したものと位置づける立場と矛盾しないのかも問題である。

Büchelのほかにも担保権を債務として捉える説はあったが[21]、それらが一般的見解にならなかったのは上記の問題点によると思われる。Puchtaは、担保権において問題となる債務の主体を物自体とする点を「馬鹿げた成果」と痛烈に批判している[22]。

3. Dernburgの説

(1) 概　要

ローマ法の担保権ないし抵当権の研究に関しては、Dernburgが代表的学者であったといえる。彼はその大著「今日のローマ法の諸原則による担保権」[23]において、ローマ法における担保制度の歴史を辿りつつ、担保権ないし抵当権を売却権の実行とともに目的物の引渡しを請求できるという物権として位置づけた。

a. ローマ法における担保制度の歴史的展開

Dernburgはまず、ローマ法における物的担保の歴史的展開を次のように説明する。

(ア)　**信託（fiducia）と質（pignus）**　ローマ市民法においてはじめにとられた物的担保の方式は、目的物が不動産であれ動産であれ、債務の弁済の後に返還するという約定のもとで、厳格な方式（すなわち、握取行為または法廷譲歩）で目的物の所有権を債務者が債権者に譲渡する信託（fiducia）であった。信託においては、物権的には債権者が所有者とされつつ、しかし契約当事者間においてはあくまで担保目的に相応する法律関係が認められる。したがって、当事者の人的関係においては、債務不履行のない状況での処分は許されず、弁済がなされれば債権者は債務者に目的物を返還する義務を負担する。しかしそれは、債権的効力にとどまり、債権者の所有権をなんら弱めるものではない。それゆえ、債務者は権利者による目的物の不当な譲渡を阻止することができない[24]。

信託において債権者が満足する方法としては、不履行となれば目的物を債

務の弁済に直接当てること、いわゆる流担保(lex commissoria)が考えられる。しかし、これは債務者にとって直ちに財産を失うという過酷な結果となるうえに、債権者に債権をとるか物をとるかという選択を強いるものであったため有用性に欠けた。このため、それよりも債権者は自己の所有権に基づいて目的物を売却し、その代価によって満足を受け、余剰を債務者に返還するという方法が促進されるようになる。⁽²⁵⁾

その一方で、このような市民法において法的拘束力のある担保方法と並んで、すでに厳格な方式によらない自由な約定による担保も生み出されていた。つまり、当事者がその約定で債権の担保のために物を引き渡すこと、質(pignus)である。たとえば、これは短期の小額の借り入れのときに用いられ、裁判官による保護がなくても日常生活において担保の意味を持つ行為であった。なぜなら、債務者の所有権に基づく自力救済からは保護されていたからである。確かに、この取引では理論的には債務者はその所有権に基づく返還訴権を有していたが、他方で当時の厳格な債務法によって債権者に従属せざるをえない債務者がこれを思い切って行使することはできなかった。さらには、当局が、債務を弁済しないのに担保を供与しなかった債務者に罰金を課すことによって、そのような返還請求を防止していたこともあった。仮に所有権が第三者に譲渡されれば、質権者は第三者からの返還請求に晒される恐れがあるが、少なくとも動産の場合には引渡しが所有権譲渡の要件であったため、債権者はそのような危険からも保護されていたのである。ただし、不動産についてはたとえ占有がなくとも握取行為によって所有権を譲渡することができたので、債権者は危険から保護されなかった。それゆえ結局、質入れは本質的に動産に制限されていた。[26]

　　(ｲ)　**抵当(hypotheca)の発達**　これに対して、債権者に占有を移転しない担保方法はローマにもともとあったものではなかった。少なくとも、12表法の時代には信託と質しかなかった。しかし、共和政時代の末期になると、ローマ法でも信託とは異なる純粋な約定のみを根拠とした担保方法が生成されるようになる。その起源となったのが、使用賃貸借(Miete)、用益賃貸借(Pacht)における貸主ないし地主の賃料または小作料の担保の問題であった。ローマ市民ではない外国人が取引のためにローマに来るようになると、彼らには土地を購入することが認められなかったため、これらの外国人

第1章 19世紀のドイツにおける担保権の性質論　*17*

との間では土地建物の使用賃貸借がなされることになるが、その際に貸主らには担保が不可欠となる。かかる担保にふさわしい財産は、外国人が賃借建物内に持ち込む動産類であったが、この動産の占有を借主から奪うことはできない。また、同じ問題は土地の用益賃貸借の小作料の担保においても、担保の目的物にふさわしい小作人の持ち込む器具について妥当する。ここに、占有を移転しないで設定される担保が不可欠となった。そして、用益賃貸借の関係において、地主に対し、小作人が担保の対象として約定された目的物の占有を第三者に譲渡することを阻止する訴権が、法務官Salviusによって認められるようになった(27)。

　これにより、所有者から単なる契約によって担保権を与えられた債権者は、その後で目的物につき物権を取得した者より優先するという考え方がとられた。そして、このような担保の権利が、用益賃貸借以外のケースにおいても、たとえば信託が使えるとしてもそのほうが当事者の利害にとって便利である場合にも、受け入れられるようになった。すなわち、厳格な公示の要請より取引の簡易さの要請が優先するようになる。そして、この動きに拍車をかけたのが、ギリシアとの交易の拡大である。すでにギリシアにおいては抵当制度が長く普及していたが、その影響は否定することができない。ちなみに、ギリシアの抵当権の本質は目的物を売却できる権利にあり、抵当権者は債務不履行のときには目的物の占有を取得することができた(28)。

　こうして確立されたローマ法の抵当権においては、目的物を売却する権利が本質的要素であった。担保物の占有による債務者への間接的強制では債権者の満足のために時間を要するが、売却では一瞬にして債権者が満足できるからである。ゲルマン法とは異なり、ローマ法では土地所有権の譲渡の自由が古くから認められていたため、このような売却の障害はなかったのである。ただここで問題となったのは、いかにして所有権を持たざる担保権者がそれを第三者に与えることができるのかという点であった。そこで最初は、担保の契約において明示的に売却の約定がなされ、これによって買主への所有権の移転を導出するという妥協がなされた。しかし、その後は売却の権利は担保の契約に内在する不可欠な要素と見られるようになった。概念的にも実際的にも担保権にとって本質的な構成部分が契約で明示的に約定されなければならない、というのは不自然だからである。その結果、2世紀の中ごろ

には、約定の如何に関わりなく、またたとえこれを禁じる約定があっても、担保物の売却権が形成されることになった。⁽²⁹⁾

もっとも、抵当権が形成された後にも信託は長い間保持された。イタリア、特にローマでは商工業者の間で抵当権が使われたが、地方の都市ではその公示によって信用が支えられる信託が保持された。地方の仲間の間では、秘密裏に抵当権を設定することがその名誉と信用を奪いかねなかったからである。これに対して、東ローマ帝国では、信託において所有者たる債権者に課される負担と費用の問題のために、その痕跡はいっそう早く消えていった。しかし、抵当権は信託の類推において展開された点で、その理解のためには信託の理解が不可欠である。⁽³⁰⁾

b. 担保権の本質

以上のような担保制度の経緯を受けて、Dernburgはローマ法の担保権(質権および抵当権)の性質を次のようにいう。担保権とは、物の占有を保持しかつ適時の弁済がない場合にはこれを売却する権限のある、他人の有体物の上の債権者の物権である。⁽³¹⁾

そして、担保権、特に抵当権の物権性を次のように基礎づける。

まず、担保権が債権の満足を唯一の目的としている点からは、確かにBüchelが主張したように、債権が担保物に及び、物が債務者と並んで債務に拘束される、と見るのが自然に思えよう。しかし、担保権は次のような根拠をもって物権と捉えることができる。すなわち、債権とはその本質上、従属性のない独立した個人の関係と考えられ、その基礎には債務者の自由および人格の承認がある。だから、債権者はまず債務者に請求し、それに応じない場合には訴えを提起し、それに勝訴してもなお弁済がない場合には、国家権力による強制的な権利行使へと至るのである。しかし、これと同様の手続を債権の担保のために物を割り当てられた担保権者に当てはめることができるだろうか。もしそうであれば、二重の点で合目的的でない。なぜなら、これによると第一に、本来は物にはないはずの個性と人格をこれに認めることとなり、また、何故に担保権実現の手段がその寄与する債権と異なる方法によってなされるべきではないとするのかが問題となるからである。ローマ法においては、担保権者は裁判官の関与なくして目的物を売却し、その代価から満足することができた。ここには、債権の効力ではなく、物的支配の行使

が存在する。とりわけ、ローマ法において抵当権者に認められていた抵当訴権(actio hypothecaria)の構成からは、担保権を債権の拡張と見る見解の不十分さは明らかである。この訴権の目的は、所有者の訴権と同様に、物の上の権利の承認による物の占有の返還であるからである。担保権は物に対する債権を超える権利であり、担保権者は目的物への支配を行使するから、被担保債務の履行期到来前にも認諾の訴権(actio confessoria)と否認の訴権(actio negatoria)が認められていたのである。[32]

Büchelらによると、訴えは通常権利の行使のための手段であり、かかる権利は訴えから独立した内容を持ち、所有権や用益権においてはそうなっているが、担保権ではそうではないという。すなわち、これには訴え以上の権利はなく、権利自体が訴えに制約されているから、訴えがなくなれば何も残らないという。[33]確かに、Gajusは、法務官の保護によって効力を持ち、法務官の権力に依拠する担保権が、訴求の完全な棄却によって消滅する旨を言っている。しかし、それは決して担保権者が訴え以外の権利を持たないということではなく、担保権者の全権限が訴えの提起に縮減されるという原則に基づいたものではない。また、Büchelは役権を所有権の一部が分離されたものと見るが、所有者は役権を設定してもなお利用権限を有するのであるから、役権でも担保権でも所有者から分離された権限が問題となるのではなく、特定の目的のための新たな権利の形成が問題となるというべきである。さらに、役権者が自分の権利を行使するのに対し、担保権者は設定者の代わりに目的物を占有し、その代理人としてこれを売却すると主張されることもあるが、これは、抵当訴権が所有者の持つ返還訴権とは異なる独自のものであることに合致しない。[34]

ローマ法の担保権の出発点は信託であったが、ここでは担保権者の目的物への物的支配があったにもかかわらず、後に形成された契約担保の性質がこれとは異なり、抵当権者の物への権利が人的義務として形成されたとは考えがたい。Büchelは、ローマ法の観念では、引渡しを伴わない裸の契約によっては物権の設定はありえないから、担保の権利も物への義務づけと見るしかないとしているが、物権の設定の方式を厳格化するか、あるいは簡易化するかという問題は、それが債権の性質を持つものとして形成されるのかという事情には関連しない。むしろそれは功利性の顧慮、公示ないし一定の形式

を保持することが有益であるか否かにかかっている。また、ローマ法においてobligatioと称されているのは、人や物が法的に拘束されている場合であり、これがもっぱら債務のみを指す意味を持っていたわけではない。[35]

c. 担保権者が有する売却権

Dernburgは、担保権の本質的要素とされる売却権について次のようにいう。歴史的には、何故所有権を持たない者がこれを譲渡して、第三者に所有権を付与することができるのかが議論されていた。そのために、かかる所有権の譲渡の根拠を設定者による担保権者に対する売却の同意に求め、いわば担保権者は設定者の代理人として目的物を売却しているといった説明もなされることがあった。しかし、このような考え方では、売却が設定者の意思に左右される以上、時にはそれを担保権者が強要されることにもなりかねないが、それはここでの関係の実態および当事者の真の意思と矛盾するだろう。担保権者は債務者の意思に関わりなく、その意思に反してでも目的物を売却できるし、設定者の権利から独立してその権利は存続するからである。その結果、このようなフィクションはもはや必要とされなくなり、むしろ、担保権は他人の物の上の自分自身の物権を認めるものであり、売却の権利はかかる自分自身の物権の構成要素であるとの説明で十分とされるようになった。[36]

かかる売却権の行使は被担保債権の弁済期限の到来によって認められ、担保権者は裁判所の関与なくして自分の権利としてこれを行使することができるが、[37]担保権設定後に所有者が目的物を譲渡し、または役権や用益権を設定した場合に、担保権に基づく売却によってそれらがどうなるかについて、Dernburgは次のようにいう。

この問題に関しては、役権の存続によって担保権者が債権の満足を得られないほどに担保物の価値が下落しないかぎり、なお売却によっても役権が存続するという見解があるが、担保権者の物権は後の役権より強いために、売却において買主は役権を尊重しなくてもよいとする見解が正当である。なぜなら、設定者の所有権が担保権に劣後する以上、所有者の制限された権利から派生する役権も担保権に対しては劣後しなければならないからである。先行優先の原理は、担保権の競合、担保権と用益権との関係に妥当するのであり、それが担保権と役権との関係だけには適用されないとすべき理由はない。ただし、担保権者は設定者の利益にも配慮する義務を負うから、設定者

が役権者に対して償還の義務を負うことに配慮して、事情次第では役権の負担を保持することが担保権者の義務となることもある。ただ、これは役権の保持によって担保権者が不利益を受けない場合に限られ、かつ、担保権者が義務を怠っても、それは人的な責任をもたらすだけであり、役権が存続することにはならない。そして、この原則は、設定者がなした用益賃貸借または使用賃貸借を担保権者がどれだけ尊重しなければならないかという問題にも当てはまる。(38)

d. 担保権者の占有と収益

さらに、担保権者による目的物の占有と収益に関して、Dernburgは次のように述べる。

担保権者は所有権の移転のために買受人に占有を取得させなければならないから、なお目的物を設定者が占有する場合には、抵当権者は抵当訴権によって占有を確保して売却を現実化させなければならない。この場合に、抵当権者は法律上の占有を取得するものと見るべきである。抵当権は以前の質の一亜種にほかならず、ただ質では目的物が直ちに交付されるのに対して、抵当ではそれをさしあたり債務者にとどめるにすぎず、質権者の占有を法律上の占有として認める以上、抵当権者が後に取得する支配を占有として認めない理由はないからである。(39)

支配的な占有理論は、担保権者の占有を変則的なものと見ている。それは、占有と所有を対置させることに由来する。すなわち、担保権者は所有者のごとく振舞う意図を持っていないため、占有の概念は厳格な解釈においては担保権者に適用し得ないという前提から推論するのである。それでもなお担保権者に占有を認めるならば、これを異例かつ人工的なものとして説明することとなる。そして、設定者は自分の占有を担保権者に譲渡し、担保権者は派生的な占有を有するという。(40)しかし、この理論は占有の基本的性格に合致しない。すなわち、占有は譲渡されうる権利ではなく、人が物に対しておかれた特定の関係であるからである。そして、ローマ法曹は占有の意思自体を所有の意思(animus domini)とは決して称さず、むしろ占有の意思(animus possidendi)を語っている。(41)

担保権者が目的物を占有している場合、いかなる範囲で担保権者が目的物を利用しうるかについては当事者の明示的または推定的意図が基準となる。

所有者の生活のための個人的な目的に供される物については担保権者の利用権は否定されるが、経済的収益によって所有者に寄与するのが常である物が対象である場合には、担保権者は収益を得る権利を有するのみならず、通常人に要求されうる範囲でその義務も負担する。収益はまず利息に充当され、その後に元本に充当される。余剰は所有者に返還されなければならない。[42]

e. 近代法における売却権の制約

　Dernburgは、担保権者自身が目的物を売却することができる点をローマ法の担保権の本質的要素としていたが、他方で彼は、この担保権者による自治的支配が近代法では制約されている点を次のように説明している。[43]

　すなわち、中世ドイツ法の不動産の抵当においては、その売却は裁判所の執行に帰するものとされ、これはローマ法の継受にもかかわらず保持されている。というのは、まさにローマ法を継受した時代が法取引を裁判官の統制下におき、その結果、ローマ法にあった私人の独立した支配権限が裁判所による監督に屈したからである。それゆえ、抵当物の売却は一般的なゲルマンの慣習法により、もっぱら裁判官を介してなされている。

　この際、担保物の強制競売をなす裁判官が誰の名および権利において行為しているのかについては、担保権者の受任者として行為するという見解と債務者ないし所有者の名において行為するという見解がある。しかし、いずれにも難点があり、むしろ裁判官の関係は公的な関係であり、私法上の契約ないし準契約に帰することはできない。すなわち、裁判官は当局の支配権限によって行動し、当事者双方の利益に配慮する。

　そして、売却は最高額の申出人への裁判所による許可決定によって完了する。この許可決定は、慣習法によって、決定を受けた者に所有権を移転させる効力を有し、所有権は代金の支払いがあってはじめて移転するものの、これには占有の移転は必要ではない。もちろん、決定を受けた者は競落に基づいて、債務者を退去させ、それによって迅速に占有を得させることを裁判官に要求することができるが、裁判官はこの強制退去を契約に拘束されることによってなすのではなく、当局としてなすのである。

(2) 若干の検討

　以上のように、Dernburgは、ローマ法上の担保権、特に抵当権を目的物の占有にも干渉しうる物権として位置づけた。BüchelとDernburgとの間で

決定的に違うのは、目的物を売却する権利が自らのものとして担保権者に属するか否かという点であり、この点が物権性に対する立場の差異となって現れているといってよい。

多くの普通法学説は基本的にDernburgと同じ立場をとり、担保権を物の占有を取得してこれを売却しうる物権として捉えていた[44]。確かに、当初質権などには売却権がないとされていたとしても、その後これが特別の約定がなくとも、あるいは約定によって売却が禁止されている場合でも認められるようになったからには、この売却権が担保権の要素となったと判断するのが穏当であろう。

もっとも、Dernburgの担保権の概念は、有体物を客体とするものを基本にしており、債権その他の財産権が客体となる場合の性質をどう捉えるかについては明確ではなかった。これは、古来のローマ法の物的担保が有体物担保であった点に起因する。すなわち、ローマ法の準則を探求するという彼の研究手法においては、権利担保の問題は二次的なものにとどまらざるをえなかった。そこで彼は、これを単に広義の担保権として位置づけ、とりわけ債権上の担保権においては物権は問題にならず、そこでは設定者によって債権を行使する権能が委譲されているものと見た[45]。このため、債権その他の権利の上の担保権も包含する統一的担保権概念を確立しようとするSohmやBremerの研究が現れることになる。

また、担保権の性質については、ドイツ固有法における担保権とローマ法における担保権との差異、とりわけ前者において目的物の売却に裁判所の関与が必要とされる点がいかなる意味を持つのかも問題であろう。この点は後のⅢおよびⅣにおいて詳しく検討することにしたい。

4. Sohmの説
(1) 概　要

Dernburgの研究の後、担保権の性質に関して新たな視点を提示したのがSohmの研究「転質論」であった[46]。かかる研究の目的は転質の性質を明らかにする点にあったが、その検討の前提としては担保権自体の性質が明らかでなければならないため、この点についても立ち入った検討が加えられている。Sohmの見解は、担保権を価値に対する権利として位置づける点で、後の

Bremerの見解に繋がるものである[47]。

a. 従前の理論への批判

　Sohmはまず、ローマ法源の探求によって担保権の性質を物権として捉え、または債権として捉えるという従前の理論を次のように批判する。すなわち、これらの理論は有体物上の担保権の本質を規定するにすぎず、権利の上の担保権についてはわれわれを完全に困惑させる。また、有体物の担保に関しても、かかる理論は十分ではない。担保権を債権の満足のため物を売却しうる権利としてこれを物権と位置づける理論は、担保権を定義するというよりは記述するものであり、さらには他の物権と担保権との対立を拭い去ってしまっている。これに対して、担保権を債権と見る理論はその内的性質を捉えるもののように思われるが、そこで物を債務者として考え、それが行為を義務づけられるというのは、法的にナンセンスである[48]。

　さらに、担保権を狭義のものと広義のものに分けて概念規定を図るDernburgの見解に対しては、次のように批判する。Dernburgによれば、広義の担保権はその(債権担保という)目的によって特徴づけられるとしているが、このように権利内容によらない考えでは、広義の担保権の存在が否定されてしまう。権利からその内容をとってしまえば、それは存在しないからである[49]。

　そのうえで、Sohmは、財産権を物権と債権に分けるだけでは、その体系化にとって十分ではなく、権利の法的構造はかかる物権、債権という形式によっては本質的に特定されないと見る。とりわけ、担保権はこの２つに結びつけられたものではなく、時には物的な、時には人的な効力を持つ。したがって、諸財産権をその真の内的な対立において認識するには、その形式よりも内容に、またその外的な効力よりも財産権が果たす法的機能に目を向けなければならないという[50]。

b. 価値に対する権利としての構成

　以上の観点から、Sohmは財産権が次の２つのグループに分かれるという。１つは、対象の上の権利(Rechte an einem Objekt)、より詳しくは物の上の権利(Rechte an einer Sache)である。もう１つは、対象に対する権利(Rechte auf einen Objekt)、すなわち財産的価値に対する権利(Rechte auf einen Vermögenswert)である。前者は物権となるが、ここでは権利の形式とその実際上の目的および内容が一致する。これには所有権や役権などが属する。これに対し

て、財産的価値に対する権利の目的は、かかる財産的価値を権利主体にもたらす点にあるため、その形式はその目的を実現するための手段によって区々となる。財産的価値を他人の行為によってもたらすという場合には、特定人の行為を求める権利という点でこれは債権となる。ここでは権利の形式と内容は一致している。しかし、これと内容においては同種でありながらその形式の点では異なる権利、すなわち、特定の対象の財産的価値に対する権利がある。それは、その主体が自己の行為によって対象の財産的価値を作り出す権限を有するものである。かかる権利は、財産的価値に対する権利であると同時に、対象の上の権利でもある。この権利はローマ法では債権に対する付従性という形式においてのみ認められていたが、ドイツ法ではそれ以外に債権に付従しない物的負担(Reallast)などがあった。つまり、ローマ法において形成されたこの財産的価値に対する権利が担保権である。すなわち、担保権とは、権利者に帰属する債権の満足を実現するために、対象への直接的支配力によって補強されたその財産的価値部分に対する権利である。それは、財産的価値に対する権利であると同時に、対象の上の権利でもある。前者が権利の実質的内容を規定する要因であり、後者が権利の形式を規定する要因である。担保権では、内容と形式が一致しない。

したがって、担保権が成立する対象は、物であれ権利であれすべての財産に関して認められる。そして、物の上の担保権だけが物権であり、権利の上の担保権は対象を直接把握するという点で物権に類似するにすぎない。すなわち、担保権の形式はその対象によって規定される。また、担保権は対象の財産的価値に対する権利である以上、その客体にはおよそ財産的価値のあるものすべてが入る。それゆえ、歴史的には担保権は物を対象とするものから始まっているが、ローマ法曹の間でも取引の要請に従い徐々にすべての財産層がその対象となったのである。担保権の対象から排除されるのは、財産的価値を生み出さないように規定されたものか、または財産的価値を生み出しえないものである。

(2) 若干の検討

Sohmの説の意義は、担保権の対象が有体物のみならず権利にも及んでいるという現実に直面して、これらをすべて包含する担保権概念をその内容も特定される形で規定しようとした点にあるだろう。そこでは、物権・債権と

いうローマ法の枠組みに必ずしもとらわれない点で、ローマ法源に忠実に従うDernburgらとは方法論が異なっている。また、担保権が財産的価値に向けられることを明確にし、ここにその統一的基礎があることを指摘した点にも重要な意義がある。これらは、Dernburgの見解では十分に詰められていなかった。

しかし、Sohmの説でもなお、同じ担保権でありながら物権であるものとそうではないものに分かれることになる。彼は権利の体系化にとって物権、債権の分別だけでは十分ではないというが、しかし、同種の権利がこのように分かれるということが体系的思考に合致するといえるのかは疑問である。そのような点を考慮し、新たに一般的な担保権概念を規定しようとしたのがBremerであった。

5. Bremerの説
(1) 概　要
Bremerは、Sohmと同じく、担保権の概念・性質について有体物担保のみに焦点を当てる立場を批判し、実際の取引では有体物の担保のみならず、無体財産ないし権利の担保化が重要となっている点にかんがみ、これらを統一的に把握する担保権概念の規定を試みた。[53]

a. 権利の上の権利の構成
(ア) 従前の学説への批判　　Bremerはまず、Dernburgらの説に対して次のように批判する。

ローマ法において、握取行為および法廷譲歩によらざるを得ない信託や占有を移転する質しか普及していない時代には、当然担保の対象は有体物にならざるを得なかったが、抵当制度が確立されると、徐々に担保権の客体は他の財産権へ拡張していき、そこで何より問題となるのが債権である。ところが、ローマ法曹は担保権の検討では通常物担保権を視野に入れていたために、普通法学説でも有体物上の担保権の概念のみを定立し、それを他の財産権に応用または拡張するという手法がとられる傾向にある。その例がDernburgの説である。彼は、物担保権の概念のみを規定すれば足りると考え、すべての担保権に一般的に妥当する概念は学問の要求するところではないと見ている。しかし、物担保権のみが真正の担保権であり、権利の上の担保権はそう

ではないとするか、あるいは、権利の上の担保権も真正の担保権であるとするかの決断が必要であり、後者の場合には、担保権概念の定立に物担保権のみを考慮するというのは非科学的なやり方と思われる。[54]

Dernburgは、担保権を有体物を対象とする狭義の担保権と、その他の権利をも対象として包含する広義の担保権とに区別する考え方をとり、Windscheidもそのような表現を用いているが[55]、この考え方は維持できない。そのような考え方をローマ法曹はとっておらず、むしろ債権の上の担保権も真正の担保権としていたからである。ローマ法では歴史的に古くから取引で慣行となっていた担保権である物担保権が考慮されていただけであり、権利の担保がローマ法曹によって発展させられなかったとはいえない。したがって、物担保権とその他を分別することは、一般的な担保権概念が見つけられていないという事実を覆い隠そうとするものにほかならない。[56]

分別論は、有体物以外の権利が担保権の対象となるときに、これを担保権の設定ではなく、かかる権利の移譲の1つとして捉える傾向にあるが、有体物の担保については権利の移譲ではないとしながら、無体物の担保のみをそのように理解できる理由はない。また、Puchtaは、担保権の設定は所有権の中にある売却権を債権者に与えるものであるという見解をとるが[57]、これは正しくない。仮に担保権の本質を売却権に求めるとしても、譲渡の権利とは所有権の中に含まれる権限ではなく、むしろ自分の権利を譲渡できるというのは所有権に限定されない準則である。もし担保権の設定によって所有権の一部としての売却権が債権者に移譲されるというのであれば、それはなお所有者が目的物を譲渡できることに相応しないだろう。なにより、この考え方は、本来許されない権利の分割を出発点にしてしまっている。[58]

また、担保権の性格を目的物を売却しそれによって支払いを受ける権限と見ることは、物担保権から抽出されるものであり、一般には妥当しない。たとえば、債権質では、対象債権の売却のみならずその権利の行使自体も認められている。さらには、金銭の質入れの場合には、物担保権でありながら、そもそもその売却は問題とならない。それゆえ、担保権の定義を客体の売却権とすることはできない。また、担保権が統一的権利であるならば、その形式は物権または債権のいずれかでなければならないが、一般の見解ではそうはなっておらず、物担保権のみが物権であると考えられている。しかし、こ

のように客体に応じて修正を余儀なくされるならば、物権性はもはや担保権の本質とはならなくなるだろう。

　　(イ)　**Sohmの説の評価**　つづいて、Bremerは、Sohmの説を次のように論評する。

　従前の議論状況に対して、はじめて一般的担保権概念の規定を試みたといえるのが、Sohmである。彼は、担保権を、対象への直接的支配力によって補強された、担保権者に帰属する債権の満足を実現するための当該対象の財産的価値部分に対する権利と見た。このように、担保権を客体の財産的価値に対する権利と位置づけることによって、担保権の本質を売却権と見る従来の定義に伴う困難の大部分はなくなるといえよう。対象の財産的価値とは金銭の形式で現れるから、この見解によれば、金銭を担保に供した場合にも、担保権者が金銭から直接の満足を受けることを説明できるようになるからである。しかし、Sohmが、担保権を特定の性質および内容のある権利としながら、これには統一的形式はなく、物権でもあればそうでない場合もあるとすることには賛同できない。権利の上の担保権も真正の担保権として説明し、担保権の統一性を強調しながら、その形式を区々に特徴づけるという不一致には大いに疑問がある。

　このようにBremerは、Sohmの説を批判しつつ、しかし、担保権では物の具体的個性や自然的性質は問題とならず、むしろその抽象的な財産的価値が問題となるというSohmの考え方を正当と見る。すなわち、担保権は対象を価値部分として把握するからこそ、権利の上の担保権も認められるという。また、一般の見解は有体物が優れて担保権の対象となると見ているがそうではなく、むしろ常に権利が担保権の対象であり、たとえば、物担保権において担保権者が売却によって支払いを受けるときにも、譲渡されるのは物ではなくむしろ所有権であるという。

　　(ウ)　**権利の上の担保権の性質**　かくして、Bremerは、すべての担保権の対象を権利自体とし、その財産的価値から満足を受ける権利を担保権と見たが、担保権の対象に対する支配とはどのようなものなのだろうか。Bremerは次のようにいう。

　担保権は他人の財産権に成立することになるが、担保権の支配力とは、対象たる権利の財産的価値を自己の債権の金額まで自己のものとすることがで

きる点にある。それゆえ、Sohmが、担保権によって権利者は対象の財産的価値を自身で手に入れることができる、換言すれば、債権においてはあくまで権利者は債務者の履行まで待たなければならないのに対し、担保権では権利者は対象に関して自分に直接帰属している支配力によって自分自身で満足をすることができるとしている点は正当である。この際、対象の財産的価値を手に入れるために常に特別の手続を設ける必要があるわけではない。金銭を担保に供したときには、担保権者は直接に満足することができる。もちろん、売却によって対象を金銭化する必要もありうるが、その内容は様々であり、たとえば有体物が担保の対象となる場合には売却が必要となるが、債権が担保の対象となる場合にはそれに限られず、債権自体を行使するという方法もある。(62)

有体物が担保の対象となる場合、Dernburgは、担保権の本質が目的物の占有を取得してこれを売却する点にあるとしているが、ここで基本となる権利は売却の権利である。占有の取得が必要であるのは、担保権者が売主として買受人に対する所有権移転を実現させるために占有の移転が必要となる点を受けたものであるから、売却権とならんで占有の権利が独立して存在するわけではない。(63)

それでは、Bremerは担保権の法形式をどう見るのか。彼は、対象に対する支配力を行使できるものであるという点で、担保権を債権ではなく物権として位置づける。Dernburgは、有体物の上の担保権だけを物権として位置づけ、債権が対象となる場合には物権は問題とならないと見ているが、債権に関してはその占有はありえないけれども、その上の担保権の行使によってこれがその保持者から他人に移転する点からは、担保権者は債権を直接に支配しているといえるからである。(64)

b. 価値権理論

Bremerは、上記の研究を発表した２年後に、ドイツを支配しつつあった債権に付従しない土地債務の必要性を受けて、ローマ法上認められていなかった債権に付従しない権利を解釈学的にどのように位置づけるべきかに関する研究を発表した。(65) ここで彼は、ローマ法上付従性が前提とされていた担保権のカテゴリーにかかる権利を包含させることには矛盾があるとして、これを担保権とは別個の独立した権利、価値権として位置づける理論を展開す

る。

　Bremerはまず、当時提示されたプロイセンの土地所有権および抵当権に関する法律の草案ならびにその理由に対して、批判的な検討を加える。批判の中心は、草案理由が、ローマ法以来の抵当権のほかに債権から独立した権利を導入しているが、付従性の点で違いがあるにもかかわらず、双方をローマ法上の抵当権の概念に一括してしまっており、抵当権とは別個の独立した権利を導入した点の自覚がない、という点にある。すなわち、権利がどのような性質を持っているかは恣意的に決めることはできず、その内的性質によって決めなければならない。草案の理由では、一方では抵当権を債権に付従的なものといいながら、別の箇所では抵当権はその存続において現実には債権から独立していると述べられているが、このような矛盾は、抵当権の形式的独立性と実質的独立性との混同によるものである。抵当権は債権なくして観念できないという点は動かすことができないのであり、債権の効力に条件づけられない独立した権利が不動産信用で必要となる場合、そのような権利は抵当権の改造によっては得られない。ここで問題となるのは、移転だけが可能となるか、あるいは長期間をかけて償却できる独立した権利を創設することであり、そのような権利は抵当権とは関係しない。もっとも、そのような権利はすでにドイツ諸国において生きているのであるから、ここで本当に必要とされるのは、そのような権利の創設というよりも、かかる権利をその特性において認識することである。

　以上の問題意識のもとに、Bremerは、債権に付従しない不動産上の権利を価値権として捉える。その基礎づけとして、彼は物の所有者の有する権利を次のように分析する。すなわち、物の所有者は、物の自然的用途に従いこれを利用する権利と、物の抽象的な財産的価値を得るべくこれを換価(金銭化)する、すなわち売却する権利を有する。しかし、所有者は両者を同時に行使することはできない(二者択一的関係)。所有者が利用権を保持するならば物を譲渡することはできないし、物を譲渡すればもはや利用権は残らないからである。しかし、これには一定の修正がある。それは、所有者がなお利用権を保持しながら他人に目的物を換価できる権能を与えることができるという点である。なお、所有者が他人に役権を設定した場合には、もはやその排他的な利用権を持たないという点で、所有者にとって物の価値は減少する。

そのうえで、Bremerは次のようにいう。担保権とは、目的物の価値に対する権利、ないしはこれを換価してその収益から債権の支払いを受ける権利であり、所有者がこれを設定したならば、彼はもはや無条件の利用権を有さない。なぜなら、物は確かに担保権の設定によっては所有者からなお奪われないが、担保権者による換価の効果として奪われることになるからである。他方で、今日問題となっている債権から独立した権利は、まさにこの価値に対する権利、目的物を換価して支払いを受ける権利として捉えることができ、ただそれが債権の満足を目的とするものではない点で担保権とは異なる。この権利はGrundschuldまたはRealobligationと称される傾向にあるが、むしろここでは債務が問題とならない以上、これを価値権と呼ぶのが合目的的である。(69)

Bremerによれば、担保権は対象を権利行使の時点において存する価値についてのみ把握することになるが、担保権の対象はかかる価値ないし価値部分ではなく、あくまで物自体とされている。そして、このことは価値権においても変わらない。すなわち、価値権の保持者はそれ自身、誰に対しても、とりわけ物のその時々の所有者に対して人的な債権を有するのではなく、約定された限度の範囲で収益を得るために物の換価に対する直接の権利を有する。もちろん、価値権は物からの一定の金額の支払いを目的とするから、目的物の所有者はその支払いによってこの権利を解消させることができる。(70)

(2) 若干の検討

以上のように、Bremerは、Sohmと同じく担保権を価値に対する権利と位置づけつつ、その対象を権利そのものとすることによってすべての担保権を統一的に把握しようとした。そこでは、担保権の本質を売却権に限定せず、むしろ対象の金銭化、すなわち換価の権能に求めている。そのうえで、新たに問題となっていた独立の権利のために価値権というカテゴリーを提唱したのであり、ローマ法以来の付従性を有する担保権、抵当権のためにこのようなカテゴリーを提唱したものではなかった。しかも、彼のいう担保権ないし価値権は物の財産的価値を客体とするものとはされていない。むしろ、担保権・価値権は、物ないし権利を自身で換価しうるという点において物権の1つとして考えられており、その点ではローマ法以来の担保権、抵当権と異なるところはない。

とりわけ注目されるのは、Bremerが、担保権にせよ、価値権にせよ、所有者がこれを設定すれば、その実行によって最終的には所有者の利用権が奪われるとしている点である。このことは、日本の価値権理論が抵当権を目的物の交換価値のみを把握するものとし、利用権能への干渉に否定的評価を加えていることとは全く異なっている。しばしば日本では、物の交換価値と使用価値とを分離する論法がとられることもあるが、Bremerはむしろ、利用権の設定によって物の交換価値が減少することを前提にしていた点も見逃すことができない。

もっとも、Bremerが当初は物担保権の客体を物ではなく所有権としていたのに対し、その後は客体が物そのものであるという説明に転換している点は問題であろう。さらには、権利を対象とする担保権にも物上の担保権と同じ支配力を観念して物権性を基礎づける点が、はたして物の支配という伝統的な物権概念に調和するかが疑問となる。そのため、彼の見解はドイツ民法典第一草案の基礎となったJohowの物権法草案理由書においても批判されている。しかしながら、わが国の解釈論において意義深いのは、担保権を価値に対する権利として捉えたSohmも、Bremerも、担保権は物ないし権利の上に成立するとし、抽象的な交換価値自体が担保権の直接の客体になるとは決して主張していなかったという点である。

6. Exnerの説

(1) 概　要

Bremerの見解は、権利担保も含めた担保権の一般的概念を探求するものであり、その延長線上に価値権概念も生み出された。しかし、Bremerのようにすべての担保権の対象を権利そのものと見る立場は、Exnerによって強く批判されることになる。Exnerは、担保権の概念をあくまでローマ法源に忠実に従って規定しようとする研究の中で、解釈学的にも重要な意味を持つ理論を展開している。

a. 有体物担保を中心にした担保権概念

Exnerは、担保権がそもそも単一の権利形態なのか、あるいは内的には異なる存在が単に共通した経済的目的によって結び付けられているグループにすぎないのか、という難しい問題が生じる原因は、第一に、利用権に対する

内的対立と債務への類似性にあり、さらには、近時の展開で付加された担保権の対象の多様性がその統一的概念を打ち砕き、あるいはその修正を強く求めるように見える点にあるとする。そのうえで、彼は次のような考察の視点をとる。有体物の所有者がその現に負う債務のためにその物を担保に供するのが担保権の通常の事例であり、ローマ人の担保権概念がこれを歴史的にも解釈学的にも主たる担保関係としていた以上、まずはその概念をはっきりさせ、鮮明に規定しなければならない。この事例を超えるものはいずれにしても二次的な形態にすぎない。(75)

そのうえで、Exnerは有体物担保権の対象について次のように述べる。

まず、Bremerが物担保権の客体を所有権と見た点についてはこうである。ローマ法では明らかに、担保に供された物が契約によって基礎づけられた物権の対象として特徴づけられ、だからこそ所有者の訴権と並んで担保権者の物的訴えが認められていた。しかしながら、このことによってBremerのように所有権を担保権の対象とする見解を簡単に排除することはできない。所有権と所有権の対象を混同することは、世間の用語法でよくあることであるからである。しかし問題は、そのような考え方をとって何が得られるのかである。確かに、この見解によってすべての担保権の形式のために統一的基礎がもたらされることは明らかではあるが、しかしそれをその正当性の論証とみなすことはできない。(76)

担保権が物権であるにもかかわらず物自体への作用は担保権者に認められないというならば、担保に供された物はその対象とはなりえず、他の何かがその対象になる。しかし、物への作用、支配とは、必然的にその利用という方法にあるわけではない。担保権者は物を換価するためにそれを手に入れる支配力を有するのである。この換価には有体物の支配が存する。Bremer自身も、所有権への支配が属する者にはおのずから所有権の対象への一定の支配があるといっている点で、このことを認めているのである。ただ彼は、この支配は直接的ではなく、権利への支配を媒介にしたものとしているが、権利を媒介にした支配を語るのは正しくない。観念的な支配力としての権利は、対象への物理的作用を媒介することはできず、ただそれを承認するにすぎないからである。それは干渉の道具ではなく、その正当化の原因である。Bremerの担保権の概念から導かれる一般の見解とは異なる実際上の唯一の

帰結は、所有者の権利放棄によって担保権の対象が消滅することにより担保権も消滅するという点になるが、これが困ったことであるのは明らかである[78]。

Bremerは、少なくとも論理的側面からは、1つの関係において権利として現れる何かが、他の関係において権利の対象として現れることに反対するものはない、法的には権利の上の権利の概念に対峙するものは考えつかないと主張し、権利が基礎づけられれば、それは客観的な現実の存在となり、財産部分または財貨となるという[79]。しかし、その命題においては、いかにしてわれわれの権利の概念がそのような立場に調和しうるのか、すなわち、権利が権利にとどまりつつ権利の対象にもなりうるのか、それとも、これまでの権利概念を改造することができるのか、を説明するという課題がある。前者の選択は伝統的理論のとる権利概念によるかぎり不可能である。権利は法によって保護された支配力によって規定されるが、そのような主体の対象に対する観念的支配力が、どうしてさらなる支配の対象となるのだろうか。われわれが権利と呼ぶこのような観念的関係をその関係から剝がし、対象化し、外界の有体物と一列に並べるのは許されない[80]。

b. 価値を担保権の対象とすることの問題

さらにExnerは、有体物担保権における担保権者の物に対する法的支配力が、他の支配力とは異なり物の価値に向けられ、それは特に物の使用価値を重視するものではなく、その交換価値に向けられていることを認めつつ、しかし、SohmやBremerがこの点をあまりに誇張する傾向にあると批判する。

すなわち、彼らは、物が担保権の対象であるというより、むしろ物によって代表される、物の中に内在する財産的価値が担保権の対象であるという考えを基礎にしているが、これは担保権の概念をその真の基礎から押し出すことになる。仮に担保物の財産的価値を担保権の本来の対象として考察するならば、その価値を直接に物から出される売買代金と考えることはできない。というのは、そのように考えると担保権にははじめは対象がなく、すべての担保権が執行の場合に生じる金銭に設定されるということになりかねないからである。そのため、物が有用とされるその内在的特性がここでの価値とされることとなる。しかし、財産的価値（交換価値）を物の特性というのは正しくない。価値の概念をより詳しく検討すれば、それが確かに多かれ少なかれ

物の一定の特性に左右されつつも、しかしかかる特性自体ではない物に対する主観的な関係であることを認識しなければならない。物の交換価値は、取引において問題となる一般的支配的な判断によって得られるものである。すなわち、財産的価値は担保権の対象には入らず、むしろそれは現実には対象を保有しようとする人間の判断の中にあるものである。どうして、このような個物と多くの人間の需要・趣向との観念的関係が、権利の対象、とりわけ物権の対象として考えられようか。

c. 権利の上の担保権の否定

　以上の基本的見地から、Exnerは、用益権(Nießbrauch)上の担保権、転質、債権上の担保権などに検討を加えているが、ここで特に注目すべきは、用益権上の担保権や債権上の担保権を彼がどのように捉えているかである。なぜなら、あくまで担保権を物に対する支配と捉え、権利自体の上の担保権を否定する立場からは、その説明が特に問題となるからである。

　用益権上の担保権に関しては、彼は次のように説明する。担保権の設定において所有者の権能が担保権者に移転する性質は否定することができない。それは、担保権がその設定の時点における設定者の権利にかかっているが、その後の所有者の権利の運命に担保権が左右されないことに現れている。ここで設定者は、その権利によって担保権者に新たな独立した権利を創設するのである。それゆえたとえば、所有者は、すでに用益権の負担が付いた対象にこれを有効なものとして受け入れる担保権だけを創設することもできる。これと同じように、所有者は、担保権者が売買の方法によって用益権を設定する権利しか持たないという担保供与をすることもできる。これが用益権上の担保権であり、ここで担保権の対象となるのは用益権ではなく、やはり物自体である。

　債権上の担保権については、Exnerは次のように説明する。ここでの担保権者は、債権者にとって将来の支払いが期待される対象の上の担保権と、それと並んで直ちに、一方では担保供与者、他方では担保の対象となる債権の債務者に対する有効な債権的権利を取得する。前者は物権的な性質を持つのに対し、後者は債務法的な関係となり、それは、通常の債権譲渡によって譲受人と譲渡人および目的債権の債務者との間に基礎づけられる関係に類推される。債権上の担保権では、真の意味で債権の上に担保権があることにはな

らず、特殊な行為としての債権の担保供与があることになる。債権そのものを担保権の対象と見る立場は、目的債権の債務者によって支払われた物に対する効力を担保権の転換として説明するが、これは恣意的である[84]。

かくして、Exnerは、すべての担保権の客体を物自体と見て、担保権全体を物権として統一的に把握する立場をとる[85]。

(2) 若干の検討

Exnerの見解には、Bremerが担保権の統一的概念を保持するためにすべてを権利上の担保権として統合しようとした点に対するアンチテーゼの意味が認められよう。確かに、物への支配力が認められる担保権とそれ以外の権利に対する担保権とではその内容に違いがあり、権利自体を対象とすることによってこれらを統一することができても、逆にかくして拡張した担保権概念にはどれほどの有用性があるのかが問われる。Exnerの見解に対しては、Bremerの見解を基本的に支持するPfaffが、有体物担保権を中心にしてそれ以外を二次的なものとする点を批判しているが[86]、有体物担保権において、対象を物ではなくその所有権とすることにどれほどの積極的意義があるのだろうか。

もっとも、Exnerが権利は他の権利の対象になりえないという点に固執する結果、債権の上の担保権の権利関係は彼の見解によると非常に複雑なものとならざるをえない。ここでは将来の物に対する担保権が観念されることになるが、これだけでたとえば二重の担保設定がなされた場合の優劣関係を決することができるのだろうか。彼はこの場合には担保の設定の時点によってそれらの順位付けがなされるとするけれども[87]、ここでは端的に債権への担保権、支配を容認したほうが明快である。今日では、権利の上の権利を容認する考え方に対しては、少なくとも制限物権が問題となる場合には異論がなくなっている[88]。その意味で、あらゆる担保権を物に対する支配権として位置づけることもまた行き過ぎであろう。

しかしながら、本稿において重要であるのは、Exnerが、物の交換価値が所詮は人間の主観的判断の中にあるにすぎず、それを担保権の対象として位置づけることはできないとした点である。そして、目的物を換価するという点において有体物担保権を物への支配力を有する物権と捉えた点である。この点は、後にプロイセン法の抵当権を検討したDernburgによっても支持さ

れている$^{(89)}$。もちろん、SohmやBremerにおいても、担保権は価値に対する権利と称され、決して価値そのものが担保権ないし支配の対象となるとは断言されていなかった。しかし、この価値に対する権利という概念によって、あたかも価値自体が担保権の客体として理解される恐れが生ずる$^{(90)}$。Exnerの見解は、これを正す意味を持っていたといえよう。

7. まとめ

　ドイツの普通法学説においては、担保権ないし抵当権を物権と位置づけ、占有にも干渉しうるものと捉える立場が支配的であった。そして、抵当権を目的物の価値に対する権利として位置づける理論も、この点を否定しようとしたわけではなく、むしろ抵当権の対象は物自体とし、物に対する支配を肯定しながら、ただかかる権利の最終目的が金銭価値の獲得にある点と、その支配の内容が物の金銭化・換価である点を強調していたにすぎない。

　これに対して、わが国の価値権理論、とりわけ我妻説は、抵当権の対象を交換価値そのもののように捉え、抵当権を物への支配から切り離す傾向にある$^{(91)}$。しかし、Exnerがいうように、物の交換価値とは結局人・主体の主観的判断の中にあるものであるから、それが権利とりわけ支配権の客観的対象になるというのは背理ではないのか。そして、抵当権ないし支配の対象があくまで物自体であるとすれば、これを他の物権から切り離してその占有権原を完全に否定することにも疑問が生ずる。少なくとも、抵当権の占有に対する効力はその本来的性質から否定されるというものではない。

　ただし、ローマ法上の担保権は私的売却を容認するものであり、不動産と動産とを差別化しないものであったが、この点はⅢで検討するドイツ固有法の担保権と大きく異なっている。とりわけ、Dernburgも言及していた強制競売の原則の下では、改めて担保権の性質をどのように位置づけるべきかが問われてこよう。それでは、ドイツ固有法の担保権の性質についてはいかなる議論が展開されていたのだろうか。

Ⅲ　ドイツ固有法の担保権に関する性質論

1. はじめに

Ⅱで検討した学説は、Dernburgに代表されるように、基本的にはローマ法源に依拠して担保権ないし抵当権の性質を論じたものである。それでは、ローマ法継受前のドイツ固有法における担保権の内容・性質はどうだったのだろうか。中世ドイツ法の担保権については、AlbrechtがGewereに関する体系的研究の中でその歴史的展開を概説し、不動産担保権の物権性を肯定する立場をとったのに対し、Meibomがドイツ固有法の担保権に関する詳細な研究を発表して、特に非占有担保の物権性を否定する見解を主張した。そこで以下では、この2つの研究に焦点を当てたい。

後に触れるように、多くの見解は、Albrechtのようにドイツ固有法の担保権、特に非占有担保の物権的性質を肯定していた。しかし他方で、ドイツ固有法の担保権とローマ法の担保権との間には様々な差異が存在していたことにも留意しなければならない。とりわけ、裁判所の執行手続による担保物の売却というドイツ固有法の原則が、担保権の物権的性質を否定する立場の有力な根拠になっていたからである。

2. Albrechtの説

(1) 概　要

Albrechtによれば、ドイツ固有法において物権の基礎となるGewereは動産と土地との間で分別され、動産においては基本的に1つの物の上には単一のGewereしか認められないが、土地においては、異なった種類の複数のGewereがその法的原因が調和しうるものであるかぎり同時に並存しえたという。この区別を受けて、彼はドイツ法における担保権に関し、動産担保と土地・不動産担保を分けてそれぞれについてその内容を説明する。

a. 動産担保

中世ドイツ法における動産担保には2つの成立原因があり、1つが当事者の自由な意思による設定、もう1つが裁判官による設定であった。前者はeine Sache versetzenと称され、後者はpfändenとか、bekümmernとか、fronenと称された。後者の担保はさらに、召喚に従わない被告の債務者から奪

うものと、裁判所に出頭して有責の判決を受けた被告から設定履行期限以内に支払わない場合に奪うもの、に分かれる。任意の担保権、裁判官による担保権のいずれにおいても、担保権が有効になるには債権者に物の占有を移転しなければならない。すなわち、ここでは占有質しかなかった。しかし、この占有によって担保権者に目的物の利用権が認められたわけではない。[95]

担保物の売却による満足は裁判所によって実現されなければならなかった。任意の担保と被告の出廷拒否の場合に認められる裁判官による担保では、担保権者は、14日の間隔をあけた3度の公判において、担保物を売却する意思があることを告知しなければならなかった。すなわち、担保物を差し出すと同時に債務者にその請け出しを申し出なければならなかった。そして、4度目の公判において(つまり、6週間後に)売却することが許された。有責判決を受けた被告から設定履行期限後に奪った裁判官による担保の場合には、この6週間の期限と担保物の請け出しの申し出の方式は省略された。売却がなされた後には余剰金が債務者に返還されるのが通例であったが、いくつかの法(たとえば、フライベルク法)では、担保権者は売却金の全額を保持することができる一方で、売却金が債務額に満たない場合でも残余の請求権を喪失するものとされていた。[96][97]

担保権者は目的物の滅失の危険を、その真の価値すべてにおいてではなく、担保物の滅失と同時に自己の債務者に対する請求権を失うという形で負担するとされていた。これは、契約によって他人の物を占有する者は、その契約の利益が提供者の側にある場合には危険から解放されるが、対価なくして物の使用・収益の利益を有する場合には物の喪失について賠償しなければならない、という原則の中間に位置した。というのは、担保権者は使用と収益の利益は有さないが、彼の引き受けた保管は設定者のみならず彼自身の利益ともなり、そのためドイツ法は危険の引受けに関しても中間の原則を取り入れたからである。すなわち、各人はその物に対する利益の危険を負担し、物とともに設定者にとってはその所有権がなくなり、担保権者にとってはその債権がなくなる。[98]

b. 不動産担保

不動産担保は、Pfandとか、Satzungとか、Weddeschattなどと呼ばれ、裁判所によるAuflassungを要するものであった。これには古質と新質があ

った。

　㋐　**古質(Ältere Satzung)**　古質では、担保権者に目的物を占有し収益をあげる権限が認められる。時には収益が貸し付けた元本に充当されて徐々に返済がなされていくこともあったが、通常は収益は純粋な利得として担保権者に帰属するものであった。すなわち、前者の場合には行為の目的は債権の担保だけにあるが、後者の場合には行為の目的はそのうえに今日の利息付消費貸借のような利得にもあった。債務者は、貸し付けられた金額を支払うことによって質を請け出す権利を有していた。[99]

　古質は、取戻しの権利を留保した上での債権者への所有権の移転であるとされ、その結果、設定者のGewereはその間に完全に停止すると見られる傾向にある。しかし、担保権者のGewereのほかに設定者にはなお自身のGewereが存続する。すなわち、担保権者のGewereはそれ自体、設定者にとどまる所有権に対するGewereとは異なるものであり、所有者は担保権者の相続人に対してもあらゆる第三者に対しても訴えを提起することができる。このように考えても、質が請け出しの権利を留保した権利の移転であるということは維持されうる。なぜなら、ここで移転される権利は所有権ではなく、これとは異なる質のGewereといえるからである。はたして、古質に関する多くの史料には担保権者の売却の権利に言及するものはなく、むしろ請け出しの期限を定める史料は、請け出しがなされない場合に、質がなお変わらず継続するか、あるいは保証人に請け出しを申し出ることができるか、あるいは質流れによって目的物が債権者の所有物となるか、を定めるにすぎない。[100]

　㋑　**新質(Neuere Satzung)**　古質に対して、新質はザクセン法鑑(Sachsenspiegel)より後に特に都市法(ハンブルク法、リューベック法など)に見られたものである。ここでは、物の占有は担保権者に移転されず、動産担保の場合に類似する形式での売却がなされる。もっとも、古質も新質も、裁判所によるAuflassungによって成立し、その結果担保権者にGewereが具備される点では共通する。また、古質では、担保権者に占有が移転される性質から、質物を請け出さないかぎり設定者は他に質を提供することができないが、新質でもそれは明文によって禁止されている。古質と新質はそれぞれ全く異なる部外者の制度ではなく、古質がより洗練された形となって新質の中に現れたのであり、新質はローマ法の影響があってはじめてドイツ法に導入された

ものではない。古質から新質に進歩したのは、新質が実際上の有用性の点で優れていたからである。たとえば、単なる担保を目的とする場合には、債務関係が終了するのが時間的にかなり先になるときでも、新質では古質のような債務者に対する不利益(長期間目的物を利用できないという点)が生じない。[101]

質物の売却に関しては、動産担保においては3度の公判による請け出しの申し出の手続に6週間がかけられるが、新質においてはそれが1年と6週間と3日の期間になる。これは、債務者の相続人やその他の者の権利を排して物を譲渡することができるようにするためであり、このような事情がない場合には手続の期間は動産担保と同じになる。かかる期間が経過した後に、担保権者は物の占有を取得してこれを譲渡するか、または物の価格の査定と引換えにこれを保持し残余額を債務者に引き渡すのが通例であった。そのため、価格査定なしの所有権の取得は、本来の質の見地にはなじまないものとして債務者の側からの新たな裁判所によるAuflassungを要した。しかし、いくつかの法はこの通例から外れて、担保権者に物をそのままゆだねることにしていた。[102]

なお、Albrechtは、新質に関しては動産担保のごとく契約による質と裁判官による質の2つがあることを前提にしており、それぞれをvertragsmäßige Satzung、richterliche Satzungと称していた。また、古質も新質も基本的には個別の不動産を対象とするものであったが、占有を移転しない新質の登場によって一般抵当への発展の可能性も生ずる。Albrechtもこのことを指摘しているが、ただ、ドイツ法でこのことを指し示す部分は僅かであるとし、将来の財産を除いた現存の全財産の質入れの有効性が認められている例を確認するにとどめている。[103]

(2) **若干の検討**

以上のように、Albrechtによって、中世ドイツ法の不動産担保には、占有を移転する古質とそうではない新質との2つがあり、前者は収益をその内容とするのに対し、後者は売却をその内容とすることが明らかにされた。そして、前者の発展形態が後者であり、いずれのケースでも担保権者が質のGewere、すなわち物権を有する一方で、設定者には所有権のGewereが留保されるものと説明された。その根幹には、動産と不動産を区別し、不動産においてはGewereが分属しうるという考え方がある。古質、新質という分類・

用語法は、これ以後の多くのゲルマニステンによって受け入れられることとなる。

もちろん、Albrechtの説明に問題がなかったわけではない。たとえば、不動産担保の設定のために裁判所によるAuflassungが必要であったかどうかについては見解が分かれている。すなわち、一方でBeselerは、土地所有権の譲渡のためには裁判所によるAuflassungが必要であるという原則は、土地には物権としてのGewereがAuflassungによってのみ設定されうるというものであり、かかる原則は古質にも新質にも妥当するとしていた。しかし他方で、Stobbeは、古質はAuflassungを要するのが通例であったが、新質では裁判所における行為が必要ではあったものの、所有権譲渡の場合の伝統的な形式での本来のAuflassungはなされなかったとする。後にGierkeは、古質、新質の双方において単に裁判所における行為が必要であったとしている。

さらに、Albrechtの説明では、ドイツ固有法の担保権と債権との関係、とりわけ債権への付従性がはっきりしていない。このため、ドイツ固有法の担保権の付従性に疑問を呈するMeibomの詳細な研究が現れた。Meibomは、Albrechtの確立した古質から新質への発展というテーゼに反対し、質には、条件罰としての質、交換行為としての質、そして執行対象の指図としての質があるとするのである。

3. Meibomの説

⑴ 概　要

Meibomは、担保権の性質に関して、従来の議論ではローマ法源の探求に重点がおかれ、ドイツ固有法の検討が十分ではなかったとして、中世ドイツ法の質(Satzung)について詳細な検討を加えた。

彼はまず、前述のAlbrechtの見解を受けて、ドイツ固有法の担保権についてなお検討されなければならない点として、債権との相互関係をあげた。すなわち、担保権が債権の担保、債権の存在を前提にするということは、ゲルマニステンの間では了承されていると思われるが、この想定はドイツ固有法の法源から基礎づけられたわけではなく、担保権の当然の本質から生ずべき自明のものとして評されているにすぎない。さらには、古質が発展して新

質が生成したという、Albrechtによって一般化した命題にも疑問がある。[108]

そのうえで、Meibomは、債権者による強制的な差押え(Pfändung)と当事者の合意による質(Satzung)を明確に分別して、それぞれの歴史的変遷に関して検討を加える。[109]本稿との関係では、任意の契約によって認められる質が重要であるから、以下ではこれに関するMeibomの見解を要約しよう。

a. 3種の質とその内容

Meibomによれば、ドイツ固有法の質には次の3つがあったとされる。

(ア) **条件罰としての質**(Die Satzung als Strafgeding) 最も早い時期にあった質は、形式のない契約として現れ、また質物の引渡しに結び付けられ、もともと動産を対象としていた。この契約を結ぶ者の意思は、質物を一定の事件が生ずる場合には設定者に返還し、その事件が生じない場合には質物が罰として受領者に没収されるという趣旨であった。かかる条件の成否が不確定であるかぎり所有権は設定者にとどまり、それまでは受領者は質物を譲渡・消費し、あるいはそれが劣化するように使用する権利を有さない。通常のケースでは、債務者がその債務の履行のために債権者に質入れをしたが、しかし、質が債務の履行に関連するということが本質ではない。財産的価値の給付を対象とはしないその他の義務の履行や、そもそも義務の履行が問題とはならない事実を条件とすることもありうる。すなわち、これはローマ法の質入れとは異なり、条件罰を包含するものである。中世後期においてもなお、かかる質を時々見ることがあり、その対象として動産と不動産が現れている。[110]

(イ) **交換行為としての質**(Die Satzung als Tauschgeschäft) 次に現れたのが交換行為としての質であり、それは次のようなものであった。[111]

約束の給付がなされない場合には質物が罰として没収されるという取決めは、没収にかかわりなく約定の給付を提供すべきという意味においてだけでなく、没収される質物によって約定の給付が弁済されるべきという意味においてもなされることがありえた。後者の場合、質物は義務づけられた給付と等価物であると見るのが自然であった。こうして、質が条件罰を含むという考えと並んで、等価物として本来義務づけられた給付の代わりとなるという指定をつけた物の引渡しも、質入れと呼ぶべきものと考えられるようになった。たとえば、売主が買主に対し、売買目的物が追奪される場合のために他

の物を追奪請求権の除去までに質として指定するというものがある。質の概念はさらに拡張され、義務づけられた給付の代わりの等価物のみならず、受領した給付の返還または他の約束した給付によって請け出すことができるという条件で、受領した給付と引換えに反対給付として与えた等価物も、質と呼ばれた。この行為はまず質入れを、次に質物の請け出しを含む。すなわちこれは、価値の交換として、経済的な意味における交換行為として現れる。

　条件罰の意味における質が本質的には債務関係を前提としないように、交換行為の意味における質も債務関係の存在を前提とするものではない。そのことは、質権者には目的物の返還と引換えに支払いを求める権利が認められないこと、質権者が目的物を売却したときの代金額が低くても、質物提供者に対して補償を請求する権利は認められないこと、さらに、目的物が滅失した場合の危険は質権者に帰すこと、によって示される。

　　(ｳ)　執行対象の指図としての質（Die Satzung als Anweisung von Exekutionsgegenständen）　　最後に、執行対象の指図としての質がある。その内容は以下のとおりであった。

　この質は、債権の将来の返済のために執行対象の指図という直接的な方法での担保を債権者に与えるものである。この行為の内容は前二者の質とは異なる経済的意義を有する。これによっては、財産的価値が設定者の財産から債権者の財産へと移転しないからである。この違いからは双方で同種の法律関係が成立したとは考えがたいにもかかわらず、支配的見解はそのように考えている。しかし、執行対象の指図としての質はその基本思想において他の質とは全く異なる。というのは、これは、その対象を担保として取った場合に有するであろう権利を債権の担保のために執行の方法で債権者に認めるからである。都市、とりわけ大きな商業都市においては、商工業において投下される資本の増大のために土地所有権も動員する要請があり、土地所有権を手放すことなしにそれが保証する信用の活用を可能にする行為方式が探求された。資本を求める者にその信用の基礎となる土地所有権の保有と使用をゆだねる行為は、営業や家計に対する妨害が回避されるために、買戻しを期した売買などよりも好んで用いられた。

　　b.　執行対象の指図としての質の要件・性質

　上記の３種の質のうち、本稿との関係で重要であるのは執行対象の指図と

しての質である。これは、Albrechtが非占有担保として位置づけた新質に相当するからである。この質の要件と性質について、Meibomは次のように説明する。

　執行対象の指図としての質の要件の第一は、これによって担保されるべき債権があることであり、第二は、質入れに適した対象があることである。支配的見解は、この質では占有が移転されない点から、Gewereの獲得のために占有が必要となる動産は対象になりえないとしている。しかし、債務者に質物の占有がゆだねられるのは普通ではあったが、この質の本質に属するわけではないし、この質は常に債権者にGewereを得させるわけでもない。要は執行の対象として着手されうるものであれば、執行対象の指図としての質に服した。また、支配的見解は裁判所によるAuflassungをこの質の方式としているが、これには重大な疑念がある。確かに、質が裁判所において行われなければならないことに言及する法源があるから、いわゆる新質では常に不動産が問題となり、かつ債権者がGewereを取得するという前提をとるならば、これを裁判所によるAuflassungと理解するのが自然に思われる。しかし、不動産のみならず動産も質入れされるとすれば、動産ではAuflassungは問題とはならない。いわゆる新質の裁判所による方式を裁判所によるAuflassungの適用として考察することはできない。質が裁判所によることは、これが裁判所が差押えによって執行しなければならない担保の取得に代わるものであり、単に契約当事者の間でのみ作用するものではなく、裁判所にとってもさらなる執行行為の基礎となるべきものであるから、自然なことであった。[113]

　この質は、物の上に権利を取得するものではなく、差押えのように債務者の処分権を否定するものであり、他方で債権者に執行の方法でそれを処分する力を与えるものである。ただ、かかる差押えが裁判所ではなく、債務者の意思・契約によってなされるのである。それゆえ、質権者が目的物に対して物権を有するという支配的見解に従うことはできない。質権者には設定の次元でも満足の次元でも物権は存在しない。なぜなら、質権者には目的物の占有・使用収益の権利はなく、処分権もないからである。確かに、質権者には満足の段階で目的物を占有・譲渡する権利が認められることになるが、これはすべて裁判所への申立てによらなければならない。すなわち、譲渡の権利

は裁判所による判決を要件とするものであり、判決は質に基づく権利の承認ではなく、むしろ質にはない権利、すなわち債務者に代わって目的物を処分するという権利を付与するのである。したがって、質権者はいずれの段階でも物権を取得せず、彼が行使する権利は単にその債権にすぎない。ただ、質の設定による債務の承認に基づいて直ちに質物に対する執行にとりかかることができ、これに包含された処分権の制限によって債務者が執行を頓挫させることを阻止するという点で、債権者にメリットがある。質権者は、質の設定によってはGewereを取得せず、裁判所における質の請け出しの手続の後に、質物の占有に対する設定者よりも強力な権利を持ってはじめてGewereを取得する。(114)

このように、質が執行対象の指図にすぎず、質権者には債権しか認められないとした場合、かかる質が競合した場合の優劣関係が問われることとなるが、この点についてMeibomは次のように説明している。

いかなる債権が他に優先するかという問題はまず、すべての債権者が権利行使の対象を占有していないことによって同じ状況にあるのか、あるいは、一人の債権者が対象を占有することによって他より有利な状況にあるのか、にかかっている。債権者はその満足のために債務者の物に手をつけることができるというドイツ法の原則から、物を占有する債権者は事実上その満足について有利な状況にあり、この事実上の有利が法的な優先として承認されている。これに対して、債権者の誰もが権利行使の対象を占有していない場合、個別には優先・劣後の例外があったものの、通常、債権は同等の権利として現れる。債権が同等のものとされる場合、ドイツ法では、時には、各債権は執行に入った順番に従って満足されるものと、時には、裁判所で行使された債権はその金額に従って満足されるものと理解された。後者の原則が普通法上のもの、前者の原則がザクセン法の特殊性と称されることがあるが、むしろ先行優先による債権者の満足は本来的に普通法上の原則として現れ、それは中世後期になってはじめて金額による配当によって排除されたが、いたるところで排除されたわけではない。先行優先は、執行手続において行われる対象の差押えによって定められる。そして、裁判所で行われた執行対象の指図としての質は、債権の優先関係の基礎づけに関しては差押えに等しい。(115)

c. ローマ法継受との関係

最後に、Meibomは、3つの異なる質がドイツに継受されたローマ法の展開に対してどのような影響を残しているのかについて言及する。[116]

まず、条件罰としての質はこれには全く影響を及ぼさなかった。というのは、ローマ法の継受以来、債権の担保を目的とする契約においては、債務者にその義務の履行の刺激を与えることによって間接的に債権を担保するものと、債権の満足のための直接的手段を債権者に与えるものとが区別され、前者の部類に属する条件罰は担保権の理論から完全に排除されるからである。

次に、交換行為としての質は、概念的に債権担保としてのローマ法の担保権とは異なるため、ローマ法の継続形成に影響を与えるに適したものではなかったが、ローマ法の継受によってもなおこれは完全には消えてなくならなかった。

以上に対し、ドイツ法の影響によってローマ法の担保権が受ける修正があるならば、それは執行対象の指図としての質や差押えに帰着する。というのは、双方とも、まず債権を担保物によって担保し、さらには満足をもたらすという目的を有する点で、ローマ法の担保権に極めて類似するからである。ドイツ法でこの目的の達成のために用いられる手段が、物権の設定なしに設定者の処分権を制限し、債権者の譲渡の権限を裁判所の授権によるものとする点で、ローマ法とは異なるならば、自国の法命題の保持によってローマ法の担保権に修正を加える可能性が存するだろう。すなわち、ローマ法とドイツ法の担保権の融合の可能性である。

(2) 若干の検討

Meibomによる質の概念がAlbrechtとは根本的に異なり、対象が動産であるか不動産であるかにとらわれない要因には、質と債権との相互関係を重視する観点があるのだろう。とりわけ、「交換行為としての質」という概念には、質が債権を前提とするものではないことを強調する意味が認められる。

しかし、Meibomの考え方に賛同する者はほとんどいなかった。[117]たとえばStobbeは、Meibomは法源の法的な箴言によらない、経済的考察による見解をとっていると批判している。すなわち、土地の質との引換えに資本を供与する者はしばしば、その債権を担保しようとするというより、むしろその金銭を利益をもたらすと同時に安全な方法で投資しようとする、というのは

正しい。しかし、土地の所有者が、その土地を永代にわたって貸与しその所有権の行使を放棄した場合でも、なお依然として所有者であるというのと同じように、資本の供与者は債権を有する。債務関係が存在することは、動産の質入れの場合に質物を売却する前に質物の請け出しを設定者に申し出るという質権者の義務によって証明される。仮に債務関係が存在しないならば、質解消の権利は、一定の期間以内に行使されなければ自動的になくなるはずだからである。[118] Ⅳにおいて見るように、いわゆる新質の物権性を否定する点ではMeibomに賛同するSohmも、Meibomによる「交換行為としての質」を経済的効果による定義として批判している。

しかしながら、本稿において興味深いのは、Meibomが、執行対象の指図としての質の物権性を否定する根拠として、目的物の売却が裁判所による手続を要することから質権者には独自の処分権がないと主張した点である。ここには、公権力の執行手続によって満足しなければならない権利には物権性が欠けるという発想を見ることができる。この発想自体は、近代の担保権の性質論において重要な意味を持つことになる。

4. まとめ

ドイツ固有法の担保権に関して、支配的見解は、Albrechtのように動産担保と不動産担保を分別し、不動産質には占有担保たる古質と非占有担保たる新質の２つがあると見ていた。[119] また、Meibomの異論にもかかわらず、古質のみならず、新質についても物権としての性質が認められるというのが一般的見解であった。[120] それは、担保権の効力を第三者に対しても主張しうることの前提として、担保権者には物権が帰属していると見るべきだからであろう。[121]

もっとも、債権への付従性については見解が分かれていた。たとえば、Beselerは、古質でも新質でも、設定された物権は単に付従的なものではなく、人的な債権に左右されない独立した意義を持つものであったとするのに対し、Stobbeは、古質に関しては同様の立場をとりつつ、新質は債権に付従するものと捉えている。[122][123] さらにRothは、担保権の性質の解釈においては、ローマ法とドイツ法との原理的な差異を証明することはできず、ローマ法によるのと同じように、ドイツ法によっても担保権は債権を担保するための物

権であり、それゆえまた単に付従的な権利であったと断言する。[124]

　付従性について見解が一致しない要因には、次の事情もあるかもしれない。Meibomによる「交換行為としての質」の説明にも表れているように、中世ドイツ法では、質を供した債務者には約定の給付をすることにより質物を請け出す権利があるが、逆に担保権者には約定の給付を債務者に貫徹させる権利が保証されるわけではなく、基本的には質物しか保証されなかった。このことは、双方の帰責事由なしに質物が滅失した場合に、債権者はさらなる支払いを請求できないとされている点にも示されている。つまり、ここでは、強制力を有する債権と並んでこれを担保するために質を設定するというより、むしろ質物を約定の給付の代わりに提供しているという側面がある。これは、後に台頭した債務と責任との分別の理論によって明確にされたドイツ固有法の特徴である(第2章で触れる)。[125] ただ、付従性の有無は担保権の効力・権利内容にとって二次的な問題であり、その立ち入った検討は本稿では控えることにしたい。[126]

　いずれにしても、ドイツ固有法の約定担保権とローマ法のそれとの間には明らかな異同がある。第一に、ドイツ固有法では動産担保と不動産担保は分別され、それぞれ引渡しや厳格な方式(裁判所での行為)によって担保権の公示が徹底されていたのに対し、ローマ法ではそのような分別はなく、当事者の約定のみによって担保権は有効に成立しえた。それゆえ、ローマ法では債務者の総財産上の担保権、すなわち一般抵当も容認されていた。[127] 第二に、ドイツ固有法の不動産担保には、収益によって満足するものと売却によって満足するものがあったのに対し、ローマ法では基本的に目的物の売却が担保権者の満足の方法とされていた(ただし、果実ないし収益からの満足も、担保権者が目的物を占有するかぎりにおいて認められていた点にも注意すべきである。Ⅱ3.(1)d.参照)。そして第三に、ドイツ固有法の非占有担保たる新質は、目的物の売却によって満足するという内容においてはローマ法の担保権と共通するものの、ローマ法では担保権者自らが売却権を行使しえたのに対し、ドイツ固有法の新質の実行は裁判所の手続を要するものであった。

　上記の相違点のうち、本稿との関係で最も重要なものは第三の点である。Ⅳにおいて見るように、ローマ法の継受にもかかわらず、近代の担保法制ではドイツ固有法の規律が多く保持され、その1つに裁判所による強制執行の

原則があった。かかる原則の下では、ローマ法の担保権の性質に関する議論をそのまま維持することはできない。すでに見たように、普通法学説が担保権の物権性を容認する前提には担保権者自身の売却権の存在があるからである（Ⅱ3.⑴c.参照）。しかも、普通法学説は、担保権者の占有権原を自ら売主として買主に目的物の所有権を移転するための手段と位置づけているから（Ⅱ3.⑴d.参照）、強制執行手続の導入によって売却・所有権移転のすべてが裁判所によってなされるようになれば、担保権者、とりわけ抵当権者の占有権原の前提が崩れることになる。確かに、Albrechtらの説明によれば、ドイツ固有法の新質でも担保権の実行段階では担保権者による占有の取得が認められているが、強制執行の手続が徹底されてすべてが裁判所の手続によるものとされれば、担保権者の占有権原も否定されることとなろう。

　それでは、強制執行手続によって抵当権者の私的売却権が否定されれば、もはや抵当権の物権性は認められず、むしろ抵当権は債権の一種と見るべきなのだろうか。近代の担保権の性質に関しては、まさにこのことが議論の焦点となる。

Ⅳ　近代の担保権に関する性質論

1．概　観

　プロイセンでは1794年に一般ラント法[128]が制定され、そこでは担保権の基本的内容がほぼローマ法の担保権と同様に規定されたものの、ドイツ固有法に則った規律が多く導入されていた[129]。同法はまず、担保権を「債権の担保のために他人の物に対してある者に認められ、その満足をこの物本体からも要求することのできる物権」と規定した（第１部・第20章・１条）。しかし、ローマ法は不動産と動産とを区別することなく双方を抵当権の対象として容認し、債務者の総財産についての一般抵当も認めていたのに対し、一般ラント法は抵当権の対象を土地およびこれと同等の権利に限定し（同390条）、かつそれが登記によって成立するものとした（同411条）。さらに、一般ラント法では抵当権者は強制競売によって権利を行使するものとされている（同490条）[130]。もっとも、この法律では、任意の所有権譲渡の効力は引渡しによって生ずるとされていた点で（第１部・第９章・１～３条、５・６条）、また、担保権設定当事者の

特約による私的売却の余地も認められていた点で(第1部・第20章・29条)、なお不徹底な面が残っていた。[131]

これに対して、1872年(ドイツ帝国成立の翌年)に制定されたプロイセン土地所有権取得法[132]においては、抵当権設定のみならず土地所有権譲渡の効力もAuflassungに基づく登記によって生じるものとされ(1条)、登記による公示の原則が徹底された。[133]従前の研究では、同法がメクレンブルクの抵当権法の影響の下に債権に付従しない土地債務を導入したこと(18条)に焦点が当てられている[134]が、本稿との関係ではむしろ担保権の効力に関わる強制執行の原則[135]が重要である。すなわち、土地所有権取得法は、一方で、抵当権者および土地債務の権利者には土地所有者に対する物的訴えを認めつつ(37条)、他方で、抵当権者らは裁判所による強制管理および強制競売を申し立てる権利を有するものとした(43条)。このことはローマ法上認められていた担保権者の私的売却権の否定を意味し、それが担保権の性質にいかなる影響を及ぼすかが問題となる。

ローマ法の継受にもかかわらず、このような強制執行の原則は各地の抵当権法でも採用されており、この点から抵当権の物権性に否定的な見解も主張された。Meibomは、メクレンブルクの抵当権法に関して、抵当権および土地債務を所有者が権利者に対して支払いの債務を負担する物的債務(Realobligation)として位置づけるべきとする。すなわち、法律では抵当権は物権と称されているものの、抵当権の訴えは物の返還を求めるものではなく、所有者に対する支払いの請求となること、さらには、抵当権者は自身で目的物を売却して満足を受ける権利を持たず、単に強制執行の申立てによって目的物を売却してもらえるにすぎないことから、物の直接的支配は抵当権者には認められない。それゆえ、抵当権にはローマ法のような物権性はなく、これは所有者が目的物による支払いの義務を負う物的債務であるという。[136]同様の見解は、バイエルンの抵当権法を検討したRegelsbergerによっても主張された。[137]

しかしなお、かかる近代法の抵当権も物権として位置づける立場が支配的であった。たとえば、Dernburgは、プロイセン法の担保権に関して次のように述べる。担保権は物に負担を課すものであり、単に所有者の人格に負担を課すものではない。これには所有者に対する権利だけではなく、競合する

他種の物権を有する者に対する権利もある。このことは通常強制競売手続において現れるが、それは強制競売の前には権利を行使する必要性が認められないからであり、このことによって権利の原理的意義が変わることはない。担保権者は、強制競売において、その満足の妨げとなる場合には、担保権に後れる用益物権や物的負担から担保土地を解放して売りに出すことを求めることができるのである(プロイセン土地所有権取得法47条参照)。[138]

プロイセン法に関しては、やはりFörsterも、担保権の内容は債権者が物本体から満足を求めることができるというものであり、債権者には独立した譲渡の権利が物権として設定されると主張した。[139]

さらに、オーストリアの抵当権法に関して、Exnerは、ローマ法のような抵当権者の私的売却権と占有移転への権利が認められていないことを指摘しつつ、抵当権の成立の方式や消滅原因における違いは権利の内容に関わるものではなく、抵当権の内容はオーストリア法でもローマ法のように他人の物を換価すること、すなわち、債権の満足のために物の価値の一部を自分のものとすることに向けられているとした。[140]この際、Exnerは、抵当権者による請求は、担保に供された物の上に完全な満足を追求するという行為に存在するとし、抵当権者には所有者に対する支払請求権はないとしている。[141][142]

このような状況の中で現れたのが、近代法制における抵当権の物権性を否定するSohmの説と、その物権性を肯定するKohlerの研究である。

2. Sohmの説

(1) 概　要

MeibomやRegelsbergerに賛同し、近代の抵当権の物権的性質を否定する説を詳細に展開したのがSohmであった。[143]彼はまず次のような考察の視点をとる。

抵当権の本質に関しては、その内容についての法命題が決定的であり、その成立および消滅についての法命題は決定的ではない。すなわち、債権に対する付従性の存否も抵当権の成立および消滅に関する法命題であるから、かかる付従性の有無自体が抵当権の本質に関わるものではない。付従性のある抵当権も、付従性のない抵当権も抵当権なのである。ローマ法上の担保権の正しい定義も、ただこの権利の内容を表現するカテゴリーから出発しなけれ

ばならない。それはすなわち、財産的価値に対する物的権利である。債権は、財産的価値に対する人的権利、すなわち他人の行為によって財産的価値を受け取る権利である。ローマの担保権は、他人の財物から自分の行為によって財産的価値を得る権利である。そして、ローマ法はこの権利を単に付従的なものとして認めた。⁽¹⁴⁴⁾

しかし、Sohmによれば、近代法の抵当権は債権的性質を有するにすぎないという。

a. 近代法の抵当権とローマ法の抵当権との違い

Sohmは、近代法の抵当権がローマ法の抵当権とは異なることを次のように説明する。

抵当権法の分野における近代法の展開は、これまで特別法によるものだった。そのために、抵当権の本質の探究は難しくなっている。ただ、ローマ法の継受にもかかわらず、ドイツの抵当権法の展開に対するその影響は少ない。むしろ、抵当権の内容自体はローマ法の継受によっても動かないままである。抵当権の本質はドイツの抵当権のままである。中世のドイツ法が抵当権法ではなお活きている。⁽¹⁴⁵⁾

ただ、Meibomによるドイツ法の質権の説明には、体系的にも歴史的変遷の認識の点でも問題がある。Meibomは、質を条件罰としてのもの、交換行為としてのもの、さらには執行対象の指図としてのものの3つに区別し、これらが動産、不動産の双方に同じように存在したとしているが、これらの分別は統一的な基礎を持たない。たとえば、最後のものは法形式による定義だが、前二者は経済的効果によった定義である。前二者が同時に最後のものをかねることもありうるのである。⁽¹⁴⁶⁾

むしろ、ドイツの物権法がそもそもそうであるように、ドイツの質権も動産と不動産との対置によって支配されていた。ドイツ法では動産は元本支払いの手段であり、いわば金銭の役割を果たしていた。したがって、動産の質入れは執行対象の指図であり、不払いの場合には直ちに債権者は目的動産を支払いとして得ることができた。もちろん、後の時代には債権者は目的動産の売却とともに債務額との差額を債務者に返すようになった。これに対し、不動産は支払いの目的、執行の目的ではなかった。不動産の質入れは、その執行権のためではない、その収益権のための引渡しであった。ここでは質物

の収益、果実の収取が債権者の本質的権限であり、執行・満足の権限は債権者には認められなかった。すなわち、不動産の質入れは元本の支払いの担保ではなかった。要するに、動産は取引の交換の手段、抽象的な財産的価値の担い手として扱われていたのに対し、不動産は取引の目的としてではなく、占有の目的として、交換および財産的価値の担い手としてではなく、具体的な値のつけられない利用価値の担い手として扱われていた。それゆえ、動産質は交換価値しか現実化させることができず、不動産質は果実の価値しか現実化させることができなかった。(147)

ところが、ドイツ法でも都市においては動産と不動産が標準化され、土地保有も資本として評価されるようになり、土地の質入れも、利息に対応した収益の質入れから、元本支払いのための執行対象の指図へと変化した。もっとも、このような新たな質入れが現れた後にも、特に地方では古い収益の質入れが存続していた。その後、ローマ法の移入により、動産も不動産も、元本の支払いに、また利息の支払いにも適した財産的価値を担っているという考え方が確立された。しかし、財産的価値を現実化させる方式は、なおドイツ法古来の方式、すなわち裁判所による執行手続の方法での売却のままであった。(148)

ローマ法の抵当権には２つの権能、すなわち占有権原と満足権(Befriedigungsbefugnis)があり、後者は特に売却権として現れる。ところが、各地の特別法における抵当権にはこの２つ、特に満足権はない。なぜならそれは執行の訴えの権利しか生み出さないからである。ローマ法の満足権、換言すれば換価権は、執行の権利には含まれない。なぜなら、かかるローマ法の担保権には自らの行為で担保物の価値から満足する権利があり、それゆえにここでは私的売却の権利が認められていたからである。ところが、近代の抵当権には自らの行為で満足する権限はなく、強制執行によってしか満足はなされない。それは、私権としての満足権が抵当権には含まれないということである。そして、近代の抵当権に満足権がない結果、これには占有権原もない。というのは、占有権原は満足権の保護ないし手段として認められるものだからである。また、ローマ法の抵当権には抵当訴権が認められ、それは目的物の占有者に対する返還請求であるのに対して、近代の抵当権の訴えは、所有者に対する執行の訴えである。したがって、近代の抵当権はローマの抵当権

の歴史的発展ではなく、むしろ中世ドイツ法の執行対象の指図としての質の発展というべきである。(149)

b. 近代法の抵当権の物権性の否定

以上を受けて、Sohmは近代法の抵当権の物権性を次のように否定する。

中世の執行対象の指図としての質の本質は、物権の設定ではなく、債権への手続的な資格付与にすぎなかった。これは古い時代の土地の収益権の質とも異なり、決して新たな私権をもたらすものではなく、ただ執行手続の開始の効果をもたらした。そのために、債権者には訴えの提起は不要であった。これは第三取得者に対して行使しうる私法上の負担とはならないから、第三者への譲渡を禁止し場合によってはそれを取り消さなければならなかった。しかし、その後の展開により、第三者への譲渡は自由にされつつ、質によって第三者自身に対し行使しうる私法上の負担が生ずるようになった。このため、現在では、抵当権の設定は単なる手続的行為ではなく、私権の設定を意味している。そこで問われるのは、ここで発生する権利の性質である。(150)

支配的見解は、抵当権の第三者に対する効力を根拠にこれを物権と見ている。しかし、第三者に対する効力は、物権の存在の通常の効果であり、物権の基準ではない。物権の本質はむしろ、自らの行為によって対象に影響を及ぼす点にある。したがって、近代の抵当権が物権であるかどうかという問題は、近代法の抵当権者に抵当土地について自ら行為する権限があるかどうかという問題を意味する。そして、これは否定されなければならない。抵当権者には、占有の権利も自らの行為で満足する権利も与えられていないからである。ただ問題は、抵当権者の訴えの権利、もしくは訴えの方法で強制執行をする権利が自らの行為で土地に影響を及ぼす抵当権者の権限となるかである。支配的見解はこれを肯定している。(151)

しかし、執行への権利は自らが行為する権利ではない。ここでは法が私人に自らの行為によって実現できる権限を認めないから、当局の救済、すなわち国家権力の介入が不可欠である。執行による土地からの満足への権利は、抵当権者の私法上の土地への物的支配ではなく、むしろ逆に抵当権者の土地への無力(Ohnmacht)を表している。公権力だけが当局の権限によって抵当土地を処分することができ、債権者は抵当権の設定にもかかわらずそれをすることができない。執行への権利は、抵当権者自らが行為する権利ではなく、

当局が行為するという権利にすぎない。すなわち、この権利は物権でも債権でもなく、そもそも私権でもない。むしろそれは、もっぱら公法上の性質を持つものであり、抵当権にもその他の私権にも含まれない。それゆえ、執行は私権の満足、私権の内容の実現ではなく、逆にその不満足およびその通常の実現の欠如の現れである。抵当権も当局の行為によってはその内容の通常の実現には至らないのであり、その内容はあらゆる私権の場合のように私人の行為によって現実化する。問題はただ、それが権利者の行為によるかまたは義務者の行為によるかである。抵当権者のなしうる唯一の行為は訴えの提起であるが、これは私法上の権限の行使ではない以上、抵当権者には私権によって行為する権限はない。それゆえ、近代の抵当権はローマの抵当権でないだけでなく、そもそも物権でない。そして、抵当権の内容をその通常の実現に導きうる私人の唯一の行為は、債務者による金額の支払いであるから、近代の抵当権は債権なのである。[152]

　Sohmによれば、近代の抵当権は債権となるから、支配的見解とは異なり、抵当権者の訴えは債務の支払いの訴えとなり、第三者に目的不動産が譲渡された場合には、当該第三者がかかる債務の支払いの訴えに服することになる。また、抵当権が債権にすぎないとすると、その優先権をどのようにして基礎づけることができるかが問題となるが、Sohmは、抵当権の優先権は、中世の質では訴訟の法命題によって先行する質の優先権を基礎づけたように、訴訟の法命題、すなわち法定の請求特権(privilegium exigendi)によって導かれるものとしている。このように、抵当権が設定されるとその所有者に支払義務が課されることから、Sohmは結論として、抵当権を目的物のみを引当てとする物的債務と位置づけるMeibomの見解に与するのである。[153]

(2) **若干の検討**

　物権性の本質を自らの行為でもって目的を実現しうる点に求め、公権力の執行手続を介する満足しか認められない抵当権にはそれが欠けているとするSohmの見解は、ドイツ固有法の新質に関するMeibomの見解に類似している。ただSohmの説の意義は、近代の抵当権においても、執行手続を要することが何故に物権性の否定へと繋がるのかを詳細に論証しようとした点にある。

　確かに、ローマ法の抵当権は裁判所の手続によらずに権利を行使しうるも

のであったから、執行手続においてのみ満足が実現されるという、当時多くの地方特別法で妥当していた抵当権がこれと全く同じ性質を有するとはいえない。しかし、このことによって直ちに抵当権の物権性が否定されるかには大いに疑問がある。Sohmは、執行手続を要する点から抵当権の無力を語り、執行では私権は行使されないものとして抵当権の物権性を否定しているが、本来的に私権の実現とはならない執行などありうるのだろうか。さらには、抵当権が債権にすぎないならば、その設定後に現れた第三者に対する優先的効力、とりわけ追及効はどのようにして基礎づけられるのだろうか。[154]

はたして、以上の問題点はKohlerの研究において強く批判されることになる。

3. Kohlerの説

(1) 概　要

Kohlerは、ドイツ固有法、ローマ法の双方の担保権を参照しながら、担保権の性質および効力を検討する研究を発表した[155]。この研究では主に収益担保(Nutzungspfand)に焦点が当てられていたが、Kohlerは、それとの関係で担保権を目的物の換価を内容とする物権として捉え、また、換価の方式には物の売却のみならず物からの収益も包含されるという理論を展開した。

a. Meibomに対する批判

Kohlerは、Meibomがドイツ固有法の担保権、とりわけ執行手続での売却によって満足を受ける新質の物権性を否定した点について、次のように批判する。

Meibomは、新質が一方では債務者から目的物の処分の権限を奪い、他方では債権者に執行の方法でそれを処分する力を与えるという。確かに、新質において債務者が処分を禁止されていたというのはそのとおりである。しかし、債務者による目的物の譲渡は事実上の様々な不利益を担保権者にもたらすため、ローマ法ですら動産の担保物の所有者は譲渡を禁止されていたが、このことからローマ法上の担保権の物権性を否定しようと考える者はいない。これと同様に、ドイツ法における譲渡禁止が担保権の物権性を否定することにはなりえない。ドイツ法でも、ローマ法と同様に、担保権設定の後に目的物の所有権を得た者や目的物に2番目の担保権を得た者が現れても、そ

の所有権は担保権の負担を受け、また2番目の担保権は先の担保権に劣後するとされていたのである。このこと自体については、Meibom自身がその典拠を示している。もしこれで債務者が目的物を処分できないというならば、それは相対的には処分できないということにすぎないだろう。つまりそれは、担保権者に対する関係においてだけのことである。このことは、一方の当事者に物の上の一定の権限を与え、その権限が他方の当事者の処分権を奪い去るということであるから、通常は物権として特徴づけられる現象である。ドイツ法でも、担保に供された不動産はその負担付でしか譲渡することができず、そのような事情の下で容易に買い手が見つからなかったのである。[157]

b. 担保権の物的換価権たる性質

Kohlerは、役権上の担保権の考察に関連して次のようにいう。担保権を物の価値の上の権利として特徴づけることは間違っている。法によって保護される収益の対象は財物だけであり、その性質や機能ではない。また、役権上の担保権の対象を役権の内容をなす権原の総体と見るSohmの見解や、担保権を一定の方法で物の所有権を行使することができる権限の付いた所有権の上の権利と位置づけるBremerの見解をとることはできない。このような権利の上の担保権という構成をとると、権利者が権利を放棄したときに、担保権は対象を失って消滅してしまうという過大な結論になりかねないからである。[160]

そのうえで、Kohlerは担保権の本質を次のように捉える。

担保権の本質は、特定の財物の換価によって特定の価値を自分の財産に持ち込むことができる権限に存在する。すなわち、その独自性は、物権と特定の価値との結びつき、特定の価値を目標とする物権の機能にある。ただ、この価値との関係が、Büchelのようにこの権利を債権として構成しようとする誘引となっているが、しかし、この構成は、債務において人に課せられた給付の内容となっているものが、担保権では担保物に存在する収益権の最終目的となっていることを完全に見誤っている。債務では債務者が給付しなければならないが、担保権では担保権者は自身で金銭を持ってくるのである。担保権の本質は物を金銭的満足のために用いるところにあり、担保権は人と物との直接の法的関係となるが故に物権である。だから、担保権は、2番目

に設定された担保権に優先し、これに後れて目的物に用益権が設定されても影響を受けない。
(161)

　仮に担保権を物に対する債権として位置づければ、権利の成立時点によって優先順位を決めることができなくなってしまうだろう。この点について、Sohmは、時間的順番を基準にした優先順位をローマ法でいう請求特権(privilegium exigendi)を引き合いに出すことによって説明しようとしている。しかし、請求特権とは、債権ないし債権者の特性において他の特性を有する債権ないし債権者に対する関係で基礎づけられた、破産手続による満足における優先順位のことであり、そこでは債権の時間的順番は問題とならない。また、これによっては、担保権がその後に成立した物権、とりわけ用益権を競売によって根絶できる点を導くことができない。
(162)

　抵当権に関しては、近代法では権利者が目的物の売却を執行の方法でしかなしえない点、すなわち自分の手で行うことができない点が指摘されることがあるが、このことは権利の物的性質に対してなんら反証となるものではない。Sohmは、債権はそれ自体からは何もできず、国家に公法上の措置をとるように仕向けることしかできない、という債権無力説に関連づけて、抵当権に関しても、裁判所による行使の必要性から、やはり国家の公法的行為、すなわち執行の原因となりうるにすぎない、という抵当権の無力を導いている。しかし、自力救済が排除されているという理由で債権の無力をいうならば、所有者も自分の力で目的物を第三者の占有から奪取することが許されず、それには公権力を要するという理由で、所有権の無力もいわなければならなくなるだろう。そもそもSohmは私法と公法との絶対的対立という前提をとっているが、それは実際には存在しない。公法はその手続法としての適用において、私法の目的を実現させなければならない。手続は私法に寄与するメカニズムである。それゆえ、その訴えにより公的機構がその満足のために働くという私法上の権利者は全く無力ではない。
(163)

c. 収益担保の可能性

　このようにKohlerは、担保権を目的物を換価して満足を得る物権と位置づけているが、ローマ法の解釈においても、かかる換価の方法には売却のみならず収益も含まれる旨を次のように説明する。

　すなわち、物は使用および交換によって換価しうるように、物の換価に向

けられた担保権も以前から2つの変種、すなわち収益担保と売却担保を演じていた。この場合、担保は純粋な使用もしくは収益の担保か、または純粋な売却担保でありうるし、あるいは双方の結合でもありうる。ローマの質権は収益担保ではなく売却担保であるが、使用権限をつけて物が交付されている場合にはその利用は適法となるから、単なる売却担保の場合に収益に罰があることから収益担保の非許容性を結論づけてはならない。それは、譲渡が許されない場合の譲渡への罰から売却担保の非許容性を結論づけようとするのと同じように正しくない。[164]

ただ、ローマ法において売却権が担保権に通常内在する力として定着すると、かかる売却の力を取り去ることができないのではないかという疑問が生ずるが、担保権の目的は譲渡によらなくても実現されうる。確かに、担保権は売却の力がなければそれがある場合ほど徹底しないが、役に立たないものではなく、その目的に反するものでもない。売却権限のない抵当権は債権者の満足には役立たないということも正しくない。抵当権は、債務の弁済期限が到来した際に、果実の収取にせよ売却にせよ目的物から満足を受けるためにその占有を要求できる権利を債権者に与える。ローマで売却権が担保権に内在する権限とならなかった間は、果実の収取が唯一の満足の手段だったのである。それゆえ、ローマ法でも純粋な収益担保は可能であり、しかしそれには担保契約において売却を禁ずる約定が必要である。[165]

担保権者が目的物を自己の物権によって利用するのか、あるいは債務者に対する人的な関係によって利用するのかについては、多くの者は物権による果実の収取を否定している。しかし、この見解によれば、果実の権利が担保設定者によって第三者に移転されてしまうと、それによって担保権者の果実収取権は消滅してしまうという支持しえない結論へと繋がる。担保権者は債務者の人格および財産におけるいかなる出来事にも左右されない地位を有することをローマ法の一貫した帰結と考えるならば、収益担保権者には収益による物の換価につき債務的だけでなく物権的な権利が属する。[166]

(2) **若干の検討**

以上のように、Kohlerは、担保権では物の価値の獲得が目標とされる点に独自性があるものの、ここでも人と物との直接的関係が存在することを根拠にその物権的性質を肯定し、そのことが強制執行手続の導入によっても揺

るがない旨を説いた。

　Kohlerの説において注目すべきは、担保権の目的が物の価値(金銭)の獲得にあることを強調しながら、しかし価値自体が決して担保権の対象となるものではなく、担保権は物の上に成立しこれを換価しうるという点において物権性を有するとしたことであろう。しかも、物の換価権能の中には、単なる売却権のみならず収益権も包含されるとしている。これは、Bremerも指摘したように(Ⅱ5.(1)a.参照)、担保権では物の金銭化、換価が重要であって、その方法が売却に限られないことを示すものといえよう。さらには、担保権ないし抵当権設定後に成立した用益権が担保権ないし抵当権の実行によって覆滅する点も、Kohlerの説の前提になっている。

　もちろん、Kohlerが理論的に可能であるとした純粋な収益担保は、プロイセンの土地所有権取得法においては否定されており(同法45条)、現代法において純粋な収益担保としての抵当権を容認することはできない。しかし、換価・優先弁済の方法として売却と収益を並立させる考え方自体は、今日の解釈論においてもなお重要な意義を持っている。

4. まとめ

　近代法の抵当権については、その物権的性質を肯定する見解が支配的だったものの、他方ではこれを債権として位置づける見解も有力に主張された。その分岐点は、裁判所による強制執行の原則をどのように評価するかにあったといえよう。確かに、強制執行手続の徹底によって抵当権者にはもはや占有権原が認められないことには、抵当権の物権性を肯定する立場からも異論がない[167]。また、目的財産を差し押さえて競売に付し、その売却金をもって満足するという手続は、一般の金銭債権の強制執行手続に相当するものであり、抵当権の実行にも同様の手続が要求されるならば、さらに進んで、抵当権者の有する権利を一種の金銭債権と位置づけ、その訴えを金額の支払請求と見ることも自然に思われる。

　しかし、Kohlerの説にも現れているように、権利の行使に裁判所の手続を要する点は所有権に基づく返還請求においても問題となりうる以上、このことだけをもって権利の物権的性質を否定する根拠とすることはできないだろう。そして、抵当権者の行使する権利の内容が、目的物を換価して優先的

に満足しうるというものであるならば、目的物を強制競売または強制管理に付しその収益から満足することは、まさに裁判所の手続を介した抵当権者の換価権の行使と捉えることができる。この場合、抵当権者の所有者に対してなす訴えを、金額の支払請求ではなく、むしろ自己の換価権の行使を受忍するように求めるものと捉えることもできよう。

したがって、あくまで抵当権を債権・債務として構成しようとするならば、最終的には立法によって、強制執行において行使される抵当権者の権利を所有者に対する債権として定めなければなるまい。

V 総　括

19世紀の普通法学説においては、担保権の性質を債務として捉える見解もあったものの、抵当権を含めた担保権を物権の1つとして捉え、目的不動産の占有・利用関係にも干渉しうるものと見る立場が支配的だった。また、債権への付従性のない土地債務の出現をきっかけに、ローマ法以来の担保権と区別する意味でこれを価値権と称する説も現れたが、それは抵当権の物権的性質に否定的な評価を加えるものではなく、また、抽象的な交換価値を抵当権の客体として捉えるものでもなかった。かかる説においても、抵当権の客体はあくまで物自体なのである。そもそも、価値に対する権利という視点は、様々な種類の担保権をその共通する目的によって統一的に把握するものであり、特に抵当権に内在する効力を言い表すものではない。むしろ、価値権概念を唱えた見解も、抵当権の本質的効力を目的物の売却権などの換価権能に求めており、この点は近代の抵当権を視野に入れたKohlerの説において徹底されている。

すなわち、ドイツの価値権に関する理論は、日本の我妻理論のように抵当権を物の交換価値を支配するものとは捉えず、あくまで換価という内容の支配を物に及ぼすものと見ていた。しかも、担保権は本来、その実行の際にはこれに後れる役権、用益権および賃借権のすべてを覆す効力を持つものと考えられ、Kohlerもこのことを前提に自説を展開していた。もちろん、我妻博士も日本の抵当権の解釈論としてこのことは認めていたが、同時にそれを理想的な抵当権像から外れるものとして否定的に評価していたのであり、

この点では我妻説はKohlerらの議論とは異なっている。

　また、Kohlerの理論では、担保権者が目的物を換価する方法として単なる売却のみならず、その収益も強調されていた。ところが、担保権の収益執行制度が導入される前の日本法の解釈論では、抵当権の効力が認められるのはあくまで交換価値ないし売却代金であり、抵当権の実行とは競売のみをさすかのような議論もなされていた。それは不動産の売却のみを換価の内容と捉えるからかもしれない。しかし、何故不動産の金銭化の方法が売却に限定され、収益が排除されなければならないのだろうか。ドイツ法の歴史的経緯からは、直ちに収益権を奪う不動産質よりも、収益権を設定者にゆだねつつ債務不履行になってはじめて設定者の権限を奪う抵当が合理的な担保方法となったことは明らかであるが、そのことは換価の方法が売却だけに限定されるということを意味するものではない。収益担保の問題点は担保権設定によって直ちに設定者の収益権ないし経済活動の自由を奪うことのデメリットにあるのであり、債務不履行が生じた後に抵当権に基づいて目的物の収益から満足することにはそのような問題はないからである。それゆえにこそ、抵当権者には強制管理による収益からの満足も認められるのである。

　そして、抵当権の権利内容に関するドイツの理論は、債権への付従性があると否とに関わりなく妥当するものであり、これを単に流通抵当ないし土地債務にのみ当てはまる特殊ドイツ的な理論と見ることはできない。Sohmもいうように、付従性の存否は権利の内容に関するものではなく、権利の成立・消滅に関するものにすぎないからである。むしろ、ドイツの理論の根幹は、債権への付従性が厳格に維持される日本の抵当権にも妥当しうるものである。普通法学説に示されていたように、物の価値とは本来、人の主観的判断・評価の中に存するならば、これを権利とりわけ支配権の対象として位置づけることには大きな問題がある。それにもかかわらず、日本の価値権理論が交換価値支配を強調し、あたかも抵当権の物に対する支配を否定するかのような命題を立てたことには疑問を禁じえない。

　もちろん、ローマ法とは異なり、近代法制においては抵当権の実行は裁判所の強制執行手続によるものとされ、それゆえに抵当権者の占有権原も否定する立場が一般化した。そして、これを根拠に抵当権の物権性を否定する見解も有力ではあった。しかし、前述のように、公権力による手続を要するこ

とが直ちに担保権の物権性を否定する根拠にはならない。担保権の優先弁済的効力や追及力も単なる債権から導くことは困難であり、むしろこれらは物権性の発現というべきものである。それでも抵当権の物権性を否定し、これを債権として構成しようとするのであれば、むしろそのことを法律によって明示的に規定する必要があるのではないか。

それでは、その後のドイツ民法典の制定において、起草者は抵当権の物権性についていかなる認識を示したのだろうか。また、かかる統一法典の下で学説はどのように展開していったのだろうか。

(注)
(1) 石田文次郎『投資抵当権の研究』(有斐閣、1932年)111頁以下、松井宏興『抵当制度の基礎理論——近代的抵当論批判』(法律文化社、1997年)100頁以下。最近のものとしては、新井剛「ドイツ強制管理制度と担保不動産収益執行——抵当権＝価値権論の再検討と執行妨害排除効」私法70号(2008年)193頁以下、横田敏史「抵当権の価値権説再考——ゾーム・ブレーマー・コーラーの換価権および価値権に関する見解を手がかりに」法学政治学論究78号(2008年)89頁以下。
(2) 我妻栄『近代法における債権の優越的地位』(有斐閣SE版、1986年)81頁以下。
(3) 鈴木禄弥『抵当制度の研究』(一粒社、1968年)26-27頁。
(4) 高島平蔵『物的担保法論Ⅰ』(成文堂、1977年)39頁以下。
(5) すなわち、我妻説においては物の価値が使用価値と交換価値の２つに分別されているが、このような分別はKohlerの説にはないという指摘である(松井・前掲(注１)113頁)。
(6) ドイツの抵当制度の歴史的展開については、鈴木・前掲(注３)１頁以下、松井・前掲(注１)27頁以下、田中克志『抵当権効力論』(信山社、2002年)17頁以下等が、詳細な検討を加えている。しかし、価値権概念がドイツにおいていかなる解釈論的意義を持っていたのかについては、立ち入った検討がなされていない状況である。

　近時では、ドイツにおける価値権理論の解釈論的意義について焦点を当てる研究も現れているが(田口勉「担保権の価値権説について——ドイツ普通法学説と石田文次郎博士を中心に」関東学園大学法学紀要９号(1994年)173頁以下、横田・前掲(注１)参照)、それらもなお学説の部分的な検討にとどまっている。
(7) 平野義太郎『民法に於けるローマ思想とゲルマン思想[増補新版]』(有斐閣、1970年)３頁以下、391頁以下、山田晟『ドイツ法概論Ⅱ[第３版]』(有斐閣、1987年)８-13頁参照。
(8) ローマ法学では、質(pignus)および抵当(hypotheca)の双方をPfandrechtと呼んでいるが(船田享二『ローマ法第三巻[改版]』(岩波書店、1970年)668頁以下もこれらを質と呼んでいる)、ここでは狭義の質権と区別する意味でPfandrechtを担保権

と訳しておく。
(9) BüchelとDernburgの説については、田口勉「ドイツ普通法学における物的担保権——いわゆる典型性の観点から」高島平蔵教授古稀記念『民法学の新たな展開』（成文堂、1993年）199頁以下、208頁以下が簡潔に紹介している。
(10) *Konrad Büchel*, Ueber die Natur des Pfandrechts, 1833.
(11) *Büchel*, a.a.O.(Anm. 10), S. 1-3.
(12) *Büchel*, a.a.O.(Anm. 10), S. 4ff. これについては、船田・前掲（注8）668頁以下も参照。
(13) 周知のように、初期のローマ法では、所有権の承継取得のために、ローマ市民数人の面前において手中物の譲渡を行う握取行為(mancipatio)、法廷において手中物のみならず非手中物についての譲渡を行う法廷譲歩(in jure cessio)、という厳格な方式がとられ（船田享二『ローマ法第二巻［改版］』（岩波書店、1969年）455-481頁参照）、fiduciaの効力はこれによって生ずるものとされていた（船田・前掲（注8）668-670頁参照）。もっとも、ユスチニアヌス法ではこれらは廃止され、単なる占有の移転たる引渡しのみが所有権移転の方法とされるに至った。
(14) *Büchel*, a.a.O.(Anm. 10), S. 24-26.
(15) *Büchel*, a.a.O.(Anm. 10), S. 39ff.
(16) Vgl. *Friedrich Carl von Savigny*, Das Recht des Besitzes : Eine civilistische Abhandlung, 5. Aufl., 1827, §§ 9(S. 103-105), 24(S. 294ff).
(17) *Büchel*, a.a.O.(Anm. 10), S. 44-46.
(18) *Büchel*, a.a.O.(Anm. 10), S. 74ff, 79-81.
(19) *Büchel*, a.a.O.(Anm. 10), S. 82-84.
(20) *Büchel*, a.a.O.(Anm. 10), S. 120-122, 135ff.
(21) Vgl. *Christian Friedrich Mühlenbruch*, Die Lehre von der Cession der Forderungsrechte : nach den Grundsätzen des Römischen Rechts, 3. Aufl., 1836, S. 12ff ; *Karl Friedrich Ferdinand Sintenis*, Handbuch des gemeinen Pfandrechts, 1836, S. 5ff. ただし、Sintenisは、Büchelのように物自体を債務の主体と捉えるのではなく、物の所有者が債務の主体となるという修正を加えている。
(22) *Georg Friedrich Puchta*, Pandekten, 2. Aufl, 1844, § 193, Anm. d ; *derselbe*, Vorlesungen über das heutige römische Recht, Bd. 1, 1847, § 193(S. 376).
(23) *Heinrich Dernburg*, Das Pfandrecht nach den Grundsätzen des heutigen römischen Rechts, Bd. 1, 1860, Bd. 2, 1864.
(24) *Dernburg*, a.a.O.(Anm. 23), Bd. 1, S. 7-12.
(25) *Dernburg*, a.a.O.(Anm. 23), Bd. 1, S. 19-22.
(26) *Dernburg*, a.a.O.(Anm. 23), Bd. 1, S. 44-46.
(27) *Dernburg*, a.a.O.(Anm. 23), Bd. 1, S. 55-57.
(28) *Dernburg*, a.a.O.(Anm. 23), Bd. 1, S. 62-67, 74-76.
(29) *Dernburg*, a.a.O.(Anm. 23), Bd. 1, S. 84-87.
(30) *Dernburg*, a.a.O.(Anm. 23), Bd. 1, S. 93-95.

(31) *Dernburg*, a.a.O.(Anm. 23), Bd. 1, S. 97.
(32) *Dernburg*, a.a.O.(Anm. 23), Bd. 1, S. 104-109.
(33) Vgl. *Büchel*, a.a.O.(Anm. 10), S. 135ff; *Sintenis*, a.a.O.(Anm. 21), S. 12ff; *Johann Jakob Bachofen*, Das Römische Pfandrecht, 1847, S. 81ff.
(34) *Dernburg*, a.a.O.(Anm. 23), Bd. 1, S. 123-129.
(35) *Dernburg*, a.a.O.(Anm. 23), Bd. 1, S. 110, 112, 118ff.
(36) *Dernburg*, a.a.O.(Anm. 23), Bd. 2, S. 108-111.
(37) *Dernburg*, a.a.O.(Anm. 23), Bd. 2, S. 119ff, 134.
(38) *Dernburg*, a.a.O.(Anm. 23), Bd. 2, S. 148ff.
(39) *Dernburg*, a.a.O.(Anm. 23), Bd. 2, S. 53f.
(40) Vgl. *Savigny*, a.a.O.(Anm. 16), §§ 9 (S. 103-105), 24 (S. 294ff).
(41) *Dernburg*, a.a.O.(Anm. 23), Bd. 2, S. 62-64.
(42) *Dernburg*, a.a.O.(Anm. 23), Bd. 2, S. 67-70.
(43) *Dernburg*, a.a.O.(Anm. 23), Bd. 2, S. 257ff.
(44) Vgl. *Puchta*, a.a.O. (Anm. 22), Pandekten, § 205; *Bernhard Windscheid*, Lehrbuch des Pandektenrechts, Bd. 1, 7. Aufl., 1891, § 224.
(45) *Dernburg*, a.a.O.(Anm. 23), Bd. 1, S. 96, 461ff.
(46) *Rudolph Sohm*, Die Lehre vom subpignus, 1864.
(47) このSohmとBremerの見解については、横田・前掲(注1)95頁以下も参照。
(48) *Sohm*, a.a.O.(Anm. 46), S. 6f.
(49) *Sohm*, a.a.O.(Anm. 46), S. 7.
(50) *Sohm*, a.a.O.(Anm. 46), S. 9.
(51) *Sohm*, a.a.O.(Anm. 46), S. 9-14.
(52) *Sohm*, a.a.O.(Anm. 46), S. 14-17.
(53) *F.P. Bremer*, Das Pfandrecht und die Pfandobjekte: Eine dogmatische Untersuchung auf Grundlage des gemeinen Rechts, 1867.
(54) *Bremer*, a.a.O.(Anm. 53), S. 6-9.
(55) *Windscheid*, a.a.O.(Anm. 44), § 239, Anm. 14.
(56) *Bremer*, a.a.O.(Anm. 53), S. 8, 11-13.
(57) Vgl. *Puchta*, a.a.O.(Anm. 22), Pandekten, § 193.
(58) *Bremer*, a.a.O.(Anm. 53), S. 14, 19f.
(59) *Bremer*, a.a.O.(Anm. 53), S. 21-24.
(60) *Bremer*, a.a.O.(Anm. 53), S. 26-28, 34.
(61) *Bremer*, a.a.O.(Anm. 53), S. 35, 49.
(62) *Bremer*, a.a.O.(Anm. 53), S. 62-65.
(63) *Bremer*, a.a.O.(Anm. 53), S. 72-76.
(64) *Bremer*, a.a.O.(Anm. 53), S. 80.
(65) *F.P. Bremer*, Hypothek und Grundschuld: Eine dogmatische Untersuchung mit kritischer Berücksichtigung des Preußischen Gesetzentwurfs, 1869.

(66) Die preußischen Gesetzentwürfe über Grundeigentum und Hypothekenrecht nebst Motiven, 1869. Bremerはこの文献を引用しつつ批判的検討を加えているが、原典を参照することはできなかった。Bremerによると、これは当時の司法省の発行によるものであり、司法大臣のLeonhardtと政府委員のFörsterが議会演説において支持したものであるという(Vgl. *Bremer*, a.a.O.(Anm. 65), S. 1 Anm. 1)。
(67) *Bremer*, a.a.O.(Anm. 65), S. 3-15, 20f.
(68) *Bremer*, a.a.O.(Anm. 65), S. 23-25, 27.
(69) *Bremer*, a.a.O.(Anm. 65), S. 29-31, 53-55.
(70) *Bremer*, a.a.O.(Anm. 65), S. 32-34, 54, 60f.
(71) 我妻栄『新訂 担保物権法』(岩波書店、1968年)297-298頁。
(72) 我妻・前掲(注71)208-209頁、高橋眞『抵当法改正と担保の法理』(成文堂、2008年)5頁以下参照。
(73) *Reinhold Johow*, Entwurf eines bürgerlichen Gesetzbuches für das Deutsche Reich. Sachenrecht. Begründung, Bd. 3, 1880-1882, S. 1428ff.
(74) *Adolf Exner*, Kritik des Pfandrechtsbegriffes nach römischem Recht, 1873.
(75) *Exner*, a.a.O.(Anm. 74), S. 1f, 5.
(76) *Exner*, a.a.O.(Anm. 74), S. 6-8.
(77) Vgl. *Bremer*, a.a.O.(Anm. 53), S. 49.
(78) *Exner*, a.a.O.(Anm. 74), S. 8f.
(79) Vgl. *Bremer*, a.a.O.(Anm. 53), S. 36f.
(80) *Exner*, a.a.O.(Anm. 74), S. 11-17.
(81) *Exner*, a.a.O.(Anm. 74), S. 25-34.
(82) *Exner*, a.a.O.(Anm. 74), S. 63ff, 79ff, 133ff.
(83) *Exner*, a.a.O.(Anm. 74), S. 58-60, 63-65.
(84) *Exner*, a.a.O.(Anm. 74), S. 134f, 139ff.
(85) *Exner*, a.a.O.(Anm. 74), S. 188ff.
(86) *Leopold Pfaff*, Zur Kritik des Pfandrechtsbegriffes, Zeitschrift für das privat- und öffentliche Recht der Gegenwart, Bd. 1, 1874, S. 41ff, 54f. 要するに、担保権の概念が事後的な展開があっても元のままにとどまるというExnerの立場を問題視している。
(87) Vgl. *Exner*, a.a.O.(Anm. 74), S. 143.
(88) Vgl. *Martin Wolff/ Ludwig Raiser*, Sachenrecht, 10. Aufl., 1957, § 175；*Harry Westermann*, Sachenrecht, 5. Aufl., 1966, § 136；*Hans Josef Wieling*, Sachenrecht, Bd. 1, 2. Aufl., 2006, § 16；*Jan Wilhelm*, Sachenrecht, 3. Aufl., 2007, Rn. 121ff；*Fritz Baur/ Jürgen F. Baur/ Rolf Stürner*, Sachenrecht, 18. Aufl., 2009, § 60.
(89) Vgl. *Heinrich Dernburg*, Lehrbuch des Preußischen Privatrechts, Bd. 1, 1875, § 314.
(90) 実際に、Johowの物権法草案理由書も、Bremerの見解をそのようなものとして批判している。Vgl. *Johow*, a.a.O.(Anm. 73), S. 1430.

(91) 我妻・前掲(注2)83頁、同・前掲(注71)209頁参照。
(92) *Wilhelm Eduard Albrecht*, Die Gewere als Grundlage des ältern deutschen Sachenrechts, 1828, S. 130ff.
(93) *Viktor von Meibom*, Das deutsche Pfandrecht, 1867.
(94) *Albrecht*, a.a.O.(Anm. 92), S. 126f.
(95) *Albrecht*, a.a.O.(Anm. 92), S. 130-133.
(96) *Albrecht*, a.a.O.(Anm. 92), S. 133f, 136.
(97) この点については、後にPuntschartやGierkeによって、動産担保はもともと流担保であり、債権者は本来の給付に代わって物の所有権を取得し、その余剰価値を返還しなくともよかった一方で、物の価値の少ないことを理由にさらなる債権を主張することもできなかったが、その後、売却による債権者の満足が確立され、債権者が余剰金を所有者に返還しなければならなくなった旨が説明されている（Vgl. *Paul Puntschart*, Schuldvertrag und Treugelöbnis des Sachsischen Rechts im Mittelalter : Ein Beitrag zur Grundauffassung der altdeutschen Obligation, 1896, S. 242ff ; *Otto von Gierke*, Deutsches Privatrecht, Bd. 2, 1905, S. 959f.)。
(98) *Albrecht*, a.a.O.(Anm. 92), S. 134-136.
(99) *Albrecht*, a.a.O.(Anm. 92), S. 142f.
(100) *Albrecht*, a.a.O.(Anm. 92), S. 144-146.
(101) *Albrecht*, a.a.O.(Anm. 92), S. 147-149.
(102) *Albrecht*, a.a.O.(Anm. 92), S. 150f, 152f.
(103) *Albrecht*, a.a.O.(Anm. 92), S. 154-156. ちなみにBeselerは、これをザクセン参審裁判法の領域における異例の制度と位置づけている（Vgl. *Georg Beseler*, System des gemeinen deutschen Privatrechts, Abt. 1, 4. Aufl., 1885, S. 439.)。
(104) *Beseler*, a.a.O.(Anm. 103), S. 440.
(105) *Otto Stobbe*, Handbuch des Deutschen Privatrechts, Bd. 2, 2. Aufl., 1883, S. 304, 306.
(106) *Gierke*, a.a.O.(Anm. 97), S. 813, 819.
(107) *Meibom*, a.a.O.(Anm. 93), S. 1ff.
(108) *Meibom*, a.a.O.(Anm. 93), S. 12-16.
(109) *Meibom*, a.a.O.(Anm. 93), S. 23ff.
(110) *Meibom*, a.a.O.(Anm. 93), S. 248ff.
(111) *Meibom*, a.a.O.(Anm. 93), S. 264ff, 273ff.
(112) *Meibom*, a.a.O.(Anm. 93), S. 402ff, 408f.
(113) *Meibom*, a.a.O.(Anm. 93), S. 409-411, 414-419.
(114) *Meibom*, a.a.O.(Anm. 93), S. 427ff, 432-439.
(115) *Meibom*, a.a.O.(Anm. 93), S. 448-450, 454-456.
(116) *Meibom*, a.a.O.(Anm. 93), S. 461ff.
(117) Meibomの説、とりわけ「交換行為としての質」に対する諸学説の批判については、*Puntschart*, a.a.O.(Anm. 97), S. 264ffが簡潔にまとめている。

(118) *Otto Stobbe*, Zur Literatur des deutschen Privatrechts, Kritische Vierteljahresschrift für Gesetzgebung und Rechtswissenschaft, Bd. 9, 1867, S. 285ff, 296.

(119) Vgl. *Stobbe*, a.a.O. (Anm. 105), S. 297f ; *Beseler*, a.a.O. (Anm. 103), S. 439 ; *Andreas Heusler*, Institutionen des deutschen Privatrechts, Bd. 2, 1886, S. 131 ; *Carl Friedrich von Gerber*, System des Deutschen Privatrechts, 16. Aufl., 1890, §149 Anm. 3 ; *Gierke*, a.a.O. (Anm. 97), S. 811, 818f.

もっとも、StobbeやHeuslerは、占有担保の古質が非占有担保の新質へと発展したというAlbrechtのテーゼには反対している（Vgl. *Stobbe*, a.a.O. (Anm. 105), §106 Anm. 9a ; *Heusler*, a.a.O. (Anm. 119), S. 131.)。

(120) Vgl. *Beseler*, a.a.O. (Anm. 103), S. 438, 440 ; *Heusler*, a.a.O. (Anm. 119), S. 149 ; *Gerber*, a.a.O. (Anm. 119), S. 242 ; *Gierke*, a.a.O. (Anm. 97), S. 813, 820.

これに対し、Stobbeは、ドイツ固有法の新質は債権者に債務者に対する関係で担保目的物から満足する権利を与えるが、債権者には直接的な外部に示される物の支配が帰属しないため、権利の物権的性質が疑われ、第三取得者に対する関係でこれを行使しうるかが不確かであったとし、担保権の物権的効力は14、15世紀に一般的に認められるようになったという（Vgl. *Stobbe*, a.a.O. (Anm. 105), S. 309f.)。

(121) たとえば、Gierkeによれば、債務の期限到来前の段階では、新質の権利者には現在の事実的Gewereは帰属しないが、期待されるGewereが認められ、それは同時に現在の法的Gewereとして現れ、それゆえに、質権者は第三取得者に対する関係でも権利を主張することができるという（Vgl. *Gierke*, a.a.O. (Anm. 97), S. 820.)。

(122) *Beseler*, a.a.O. (Anm. 103), S. 441f.

(123) *Stobbe*, a.a.O. (Anm. 105), S. 299, 305.

(124) *Paul Roth*, Bayrisches Civilrecht, Theil 2, 1872, S. 374f.

(125) Vgl. *Puntschart*, a.a.O. (Anm. 97), §14 ; *Gierke*, a.a.O. (Anm. 97), S. 817, 823, 957.

(126) ドイツ法の担保権の付従性の問題については、すでにMinckeによって詳細な検討がなされており（Vgl. *Wolfgang Mincke*, Die Akzessorietät des Pfandrechts : Eine Untersuchung zur Pfandrechtskonstruktion in Theorie und Gesetzgebung des 19. Jahrhunderts, 1987.)、また我が国でも鳥山准教授による詳細な研究がある（鳥山泰志「担保権存在条件としての『債権』(1)〜(3・完)―付従性の原則の一考察」一橋法学3巻1号191頁以下、2号551頁以下、3号1013頁以下(2004年)参照)。

(127) Vgl. *Dernburg*, a.a.O. (Anm. 23), Bd. 1, §65.

(128) Allgemeines Landrecht für die Preußen vom 5. Februar 1794.

(129) 同法の条文については、*Hans Hattenhauer*, Allgemeines Landrecht für die Preußischen Staaten von 1794 Textausgabe, 1970を参照した。

(130) Johowもプロイセンの抵当権の概念は本質的にローマのそれと一致するとしつつ、両者の異同としてこれらの点を列挙する。Vgl. *Johow*, a.a.O. (Anm. 73), S. 1450f.

(131) プロイセン一般ラント法のこの部分については、田中・前掲（注6）38頁以下、

松井・前掲(注 1)47頁以下が詳しい。

(132) Gesetz über den Eigentumserwerb und die dingliche Belastung der Grundstücke, Bergwerke und selbständigen Gerechtigkeiten vom 5. Mai 1872.

(133) 同法の条文については、*F. Werner*, Die Preussischen Grundbuch-und Hypotheken-Gesetz vom 5. Mai 1872 nebst Materialie, Teil 1 (1872)を参照した。

(134) Vgl. *Otto Bähr*, Die preußisichen Gesetzentwürfe über die Rechte an Grundvermögen, Jahrbücher für die Dogmatik des heutigen römischen und deutschen Privatrechts, Bd. 11, 1871, S. 1ff, 30ff；*Werner*, a.a.O. (Anm. 133), Teil 2, S. 21.

(135) 田中・前掲(注 6)66頁以下、松井・前掲(注 1)55頁以下参照。

(136) *Viktor von Meibom*, Das Mecklenburgische Hypothekenrecht, 1871, S. 33ff.

(137) *Ferdinand Regelsberger*, Das Bayerische Hypothekenrecht, Abth. 1, 1874, S. 29-34.

(138) *Dernburg*, a.a.O. (Anm. 89), S. 691. もっとも、その後Dernburgは、担保権ないし抵当権の債務的性質も容認するようになった(Vgl. *Dernburg*, Lehrbuch des Preußischen Privatrechts und der Privatrechtsnormen des Reichs, Bd. 1, 3. Aufl., 1881, S. 770.)。

(139) *Franz Förster*, Theorie und Praxis des heutigen gemeinen preußischen Privatrechts, Bd. 3, 3. Aufl., 1874, S. 384, 416.

(140) *Adolf Exner*, Das Oestreichische Hypothekenrecht, Abt. 1, 1876, S. 37, 231f.

(141) *Exner*, a.a.O. (Anm. 140), S. 230f.

(142) なお、バイエルン法についてはRothが、ヴュルテンベルク法についてはRömerが、それぞれExnerのように抵当権の権利内容をローマ法の担保権と基本的に変わらないものと見て、その物権性を肯定する(Vgl. *Roth*, a.a.O. (Anm. 124), §§ 181, 184；*R. Römer*, Das Württembergische Unterpfandsrecht, 1876, § 2.)。ザクセン法についても、Siegmannが抵当権の物権性を肯定している(Vgl. *G. Siegmann*, Das Königlich Sächsische Hypothekenrecht nach dem Bürgerlichen Gesetzbuche für das Königreich Sachsen, 1875, S. 31.)。

(143) *Rudolph Sohm*, Ueber Natur und Geschichte der modernen Hypothek, Zeitschrift für das privat-und öffentliche Recht der Gegenwart, Bd. 5, 1878, S. 1ff.

(144) *Sohm*, a.a.O. (Anm. 143), S. 3-6.

(145) *Sohm*, a.a.O. (Anm. 143), S. 7f.

(146) *Sohm*, a.a.O. (Anm. 143), S. 9f.

(147) *Sohm*, a.a.O. (Anm. 143), S. 10-14.

(148) *Sohm*, a.a.O. (Anm. 143), S. 14-18.

(149) *Sohm*, a.a.O. (Anm. 143), S. 18-22.

(150) *Sohm*, a.a.O. (Anm. 143), S. 22-25.

(151) *Sohm*, a.a.O. (Anm. 143), S. 25-27.

(152) *Sohm*, a.a.O. (Anm. 143), S. 28-30.

(153) *Sohm*, a.a.O.(Anm. 143), S. 31-33.
(154) Sohmの見解に関しては、すでに石田博士が、「ゾームのやうに、執行権を私法の範囲から放ちやるならば、現代の抵当権者は私権として何等の力Machtを有しない。而も物権の本質は『力』であるが、債権の本質は『無力』であると構成した彼の説によると、抵当権は当然債権の領域に入らねばならぬ。然し無力の権利は権利の肯定でなく、権利の否定である」と批判していた(石田・前掲(注1)110-111頁)。
(155) *Josef Kohler*, Pfandrechtliche Forschungen, 1882.
(156) Vgl. *Meibom*, a.a.O.(Anm. 93), S. 302, 303, 429.
(157) *Kohler*, a.a.O.(Anm. 155), S. 23-30.
(158) Vgl. *Sohm*, a.a.O.(Anm. 46), S. 32.
(159) Vgl. *Bremer*, a.a.O.(Anm. 53), S. 202.
(160) *Kohler*, a.a.O.(Anm. 155), S. 38, 44f.
(161) *Kohler*, a.a.O.(Anm. 155), S. 47f, 53.
(162) *Kohler*, a.a.O.(Anm. 155), S. 54, 57.
(163) *Kohler*, a.a.O.(Anm. 155), S. 59-61.
(164) *Kohler*, a.a.O.(Anm. 155), S. 63-65.
(165) *Kohler*, a.a.O.(Anm. 155), S. 69-71.
(166) *Kohler*, a.a.O.(Anm. 155), S. 74f.
(167) Vgl. *Dernburg*, a.a.O.(Anm. 89), S. 755f;*Förster*, a.a.O.(Anm. 139), S. 420;*Exner*, a.a.O.(Anm. 140), S. 231;*Römer*, a.a.O.(Anm. 142), S. 203;*Siegmann*, a.a.O.(Anm. 142), S. 32f.
(168) 我妻・前掲(注71)294頁、297-298頁参照。
(169) たとえば賃料債権への物上代位に関して、松岡教授が、抵当不動産が競売されれば設定者の使用・収益も覆滅されることなどを根拠に、「使用価値の変形である賃料債権をも担保把握する形で抵当権が成立しているとすれば、端的に抵当権の実行の一方法として、賃料債権にも物上代位権を行使できると構成可能である」と主張したのに対し(松岡久和「物上代位権の成否と限界(1)」金融法務事情1504号(1998年)6頁、11頁)、高橋教授は次のように批判していた。すなわち、「目的物の競売によって設定者の使用・収益が覆滅されるという点については、実行がなされれば使用・収益権を含めた所有権そのものが奪われるのは当然であり、問題は、実行以前の段階において、設定者からいかなる権限ないし価値が奪われているかという点にあるということを指摘しなければならない。そして、いかなる段階においても、抵当権者が使用・収益することができるわけではなく、抵当権が交換価値以上に使用・収益の価値を把握しているということはできないであろう」(高橋・前掲(注72)4頁)。これは、抵当権があくまで交換価値しか支配せず、競売のための差押えだけがその実行に該当するという考え方を示すものといえよう。

第2章　ドイツ民法典の制定と担保権の性質論

I　序　論

　抵当権の性質論において重要なポイントとなる強制執行手続の原則は、ドイツ民法典(以下では、BGBという)にも受け入れられることになる。すなわち、BGB1113条は、抵当権を権利者に帰属する債権の満足のために一定の金額を土地から支払わなければならない負担と位置づけ、同1147条は抵当権者が強制執行によって満足を得る旨を規定した。そして、その具体的手続は強制競売強制管理法(以下では、ZVGという)によって規定された。また、債権に付従しない土地債務はBGB1191条によって規定され、その内容は債権への付従性の点を除けば基本的に抵当権と同じになっている(なお、BGB1199条では土地債務の一亜種である定期金債務が規定されている)。

　本章ではまず、法典の制定過程において、抵当権の性質がとりわけ強制執行の原則との関係でどのように捉えられたのかを概観する。周知のように、BGBの物権編は、Johowによる草案、第一草案、そして第二、第三草案を経て制定されている。(1) Johowの草案理由、第一草案の理由および第二草案の議事録を参照して判明するのは、第一草案の起草者が抵当権を物上の換価権と捉え、目的不動産の所有者が債務を負担するという構成に否定的な立場をとっていたのに対し、第二草案についての議論では抵当権の性質について明確な態度決定がなされなかったという点である。

　次に、かくして成立したBGBの規定を受けて、学説が抵当権の性質に関していかなる議論を展開したのかを検討する。BGB制定後もしばらくは、抵当権や土地債務の法的性質に関する議論が盛んに続けられ、そこでは主に、抵当権や土地債務を物上の換価権として捉え、所有者自身はその負担を受けるものの支払いの債務は負わないという立場と、抵当権や土地債務において所有者は支払債務を負担するという立場が主張されていた。ここで注目すべきは、価値権という権利のカテゴリーが前者の立場のみならず、後者の

第2章　ドイツ民法典の制定と担保権の性質論　73

立場によっても用いられ、しかも、抵当権の本質を物上の換価権に求める見解が支配的になるとともに、価値権概念が徐々に用いられなくなっていったという点である。このことは、抵当権の性質論の重点が、あくまでこれを純粋な物権として捉えるのか、あるいは債務的な性質を容認すべきかにあり、価値権というカテゴリーは抵当権の本質的効力を決定づけるものではなかったことを物語っている。

　ところで、BGB1123条は、目的不動産の賃料債権に対する抵当権の効力を認めつつ、同時に差押え前に発生する賃料債権の取立権限を所有者に認め、さらにBGB1124条・1125条は、差押え前に発生する賃料債権についての処分および相殺の効力を肯定している。また、ZVG57条は強制競売において既存の賃貸借が買受人に承継されることを規定しつつも、同57条a以下は、一定の要件の下に買受人にその解約権を付与することにしている。これらの規律も抵当権の効力に関する重要な問題であるが、それぞれに関しすでに詳細な先行研究があるので[2]、本稿では特に立ち入らない。もっとも、抵当権の性質との関係で次の点だけは指摘しておきたい。

　まず、抵当権に目的物を金銭化して満足を受ける権能があるとすれば、目的物の賃貸もその換価(金銭化)の一方法である以上、これによって生ずる賃料債権に抵当権の効力が及ぶことはその本来的性質に反するものではなく、むしろ相応するものであろう。もちろん、差押えによる換価権の行使がなされる前には、所有者に使用収益の権能が留保されるから、それまでに生ずる賃料債権を所有者が自由に処分しうることもまた、抵当権の性質に合致したものというべきである[3]。

　また、ZVG57条以下の規律は、抵当権に後れる賃貸借が結果として強制競売後も存続しうることを認めるものではある。しかしこれは、抵当権の有無およびその成立時点の如何に関わりなく、およそ強制競売における賃貸借の処遇を定めるものであり、抵当権という権利の性質から帰結するものとはいいがたい。むしろ、内田教授の研究によれば、ZVGの規律は、ドイツ法の競売観念、目的不動産に対する賃借人の特別の利益の配慮(賃借人が建設費用協力金を供出した場合の解約権の制限、ZVG57条c参照)、さらには、賃貸借の承継によって債権者・買受人が受ける不利益への配慮(賃料の事前処分の効力の制限、ZVG57条b)などが絡みつつ変遷してきたものであり[4]、関係者の様々な利

益を調整する一種の政策立法ともいえる。そして、抵当権と用益物権との関係は先行優先の原理によって処理され(BGB879条)、抵当権に劣後する用益権は原則として強制競売によって消滅することとされている点(ZVG44条1項・52条1項・91条1項)からは、一般論としては抵当権はこれに後れる利用権を覆す換価権を内包するといえるだろう。

以下では、抵当権の性質に関するBGBの起草者の見解と、それを受けた学説の議論に焦点を当てることにしたい。

Ⅱ　抵当権の性質に関する起草者の見解

1. はじめに

本節では、主として、抵当権の概念を定めるBGB1113条、強制執行の原則を明示したBGB1147条との関係で、起草者が抵当権の性質に関していかなる認識を示していたのかを検討する。BGBに先立って強制執行の原則を導入していたプロイセン土地所有権取得法は、抵当権者が所有者に対して物的訴えを提起できるとするものの、そもそもその訴えの中で行使される権利の内容を明示していなかった(同法37条・43条)。そのためでもあろう。学説上は抵当権の物権性が肯定されていたにもかかわらず、プロイセンの実務は抵当訴訟において、強制執行を回避するには一定金額を抵当権者に支払えと所有者に命ずる判決主文を用いていた。この実務の取扱いは、抵当不動産の所有者が一定金額の支払債務を抵当権者に対して負うという説に親しむものであるが、はたしてBGBの起草者は抵当権の性質についていかなる立場をとったのだろうか。

また、プロイセン土地所有権取得法は、目的不動産を劣化させる作用に対しては抵当権者にその除去を求める権利を認めており(50条)、これがBGB1133条・1134条に承継されている。かかる抵当権者の救済は抵当権の物権たる性質を現すものと思われ、これについてもBGBの起草者がいかなる認識を持っていたのかも問題となろう。

以上の点に関わる現行法の規定は、Johowの物権法草案規定を基礎にした第一草案の規定に若干の修正を加えた第二草案の規定とほぼ同じものとなっている。それゆえ、ここでは、Johowの草案理由書、第一草案の理由書およ

び第二草案に関する委員会議事録に記された内容を参照することにしたい。

2. Johow草案とその理由
(1) 抵当権の性質・内容

　Johowの草案はまず、担保権(Pfandrecht)の規定を物権編におくことでその物権としての性質を容認するが、その根拠を担保権が物を客体とする点に求める。もちろん、その物的性質がローマ法のそれとは異なり、不動産上の担保権、すなわち抵当権には占有の権利がないとしているが、その物権たる特徴として次の4点をあげる。すなわち、①抵当権がその対象を掴取すること、②抵当権には弁済期前にも対象の劣化に対して対抗する権利があること、③抵当権には満足のために対象を差し押さえ、裁判所の管理または競売に付す権利があること、④抵当権は設定者による対象の譲渡やその破産によって影響を受けないこと、である。

　また、草案は、現行民法典にいう抵当権、土地債務および動産質権をすべてPfandrechtの用語で統合し、とりわけ抵当権と土地債務の双方をHypothekと称していた。この点については次のような説明がなされている。担保権の付従的性質は、その対象が動産またはこれと同等に扱われる権利であるかぎりにおいてドグマとみなされる。これに対し、不動産上の担保権、すなわち抵当権は、はじめから債権の担保が設定の目的として登記されない場合のために、草案によって独立した権利として構成された。この権利の主たる内容をなすのは、登記された利息付の元本を土地から支払うことへの請求権であり、債権者は支払いが滞った場合に強制執行の方法で土地を換価しその収益から満足することを求める権限を有する。

　そして、抵当権の権利内容については次のような規定が設けられた。
　　第385条　債権者は、所有者に対し登記された元本のほか利息および費用の支払いの請求権を有する。
　　　所有者は、自身が義務を負担しないかぎりにおいて、第383条に従い単に土地をもって責任を負う。
　　　所有者に対して期限が到来した利息に関するその責任はこの制限に服さず、土地の譲渡によって消滅しない。
　本稿との関係で重要となるのは第1項の規定であり、この点に関する理由

書の説明は次のようなものであった。

まず、ローマ法では、担保権の対象の私的売却が認められ、抵当権者は目的物を占有することもできたのに対し、ドイツ法では、ローマ法の影響にもかかわらず、目的物の売却は裁判官の強制執行によってなされ、そこでは占有の取得が意味を持たないこととなったことに触れる。この際、所有者に対する判決その他の執行の名義が問題となるが、この点については2通りの見解がありうることを指摘する。すなわち、1つは、できるだけローマ法に接続して、抵当権者の目的物を売却する権利を競売において行使するものと見る立場であり、もう1つは、執行名義を一般の債権者の強制執行と同様に捉える立場である。[17]

そして、すでに存在する法律においてもこの2つの見解が主張されていることにかんがみ、草案が後者の立場を採用する理由を次のようにいう。

すなわち、ローマ法のように目的物から金銭を得るのを債権者にゆだねることは、ドイツにおける抵当権法の歴史的展開にも、近代法における土地占有の法的関係の多様性や重要性にも適しない。あらゆる土地で問題となる所有者その他の第三者の利益を抵当権の実行の場合に債権者にゆだねるのは許されないと思われるからである。そして、抵当権の設定が土地所有者の支払義務を基礎づけるとすれば、所有者を土地によって抵当権者を満足させなければならない債務者と捉える国民多数の自然な観念が正当化される。[18]もっとも、所有者の義務の履行は目的物のみによってなされることを規定しなければ、土地の譲受人の負担する責任がその全財産に及ぶことになり、不動産取引を困難なものにしてしまう恐れがあるから、その旨の規定が必要である。[19]

(2) **目的物の劣化に対する抵当権者の権利**

目的物の劣化に関しては、次のような抵当権者の救済規定がおかれた。

第394条　抵当権の担保が土地の著しい劣化によって危うくされる場合、債権者はその担保の保持のために必要な措置がとられることの請求権を有する。

　　従前の担保が裁判所によって所有者に設定される期限内に回復されない場合、または回復が相当の期限に実行されえない場合には、債権者は抵当権の期限到来前でもその満足を請求することができる。

草案理由書は、抵当権者に土地からの支払いを請求する権利を与えるなら

ば、これを現実化させる手段を認めなければならないとして、抵当権の物権としての性質から394条の請求権が導かれるとする。そして、プロイセン一般ラント法は所有者の行為による劣化の場合のみを規定するのに対し(同法第1部・第20章・441条)、土地所有権取得法ではそのような限定はなされていないことを指摘し(同法50条)、請求権の物的性質からは後者の立場が正しいと見て、第三者による劣化もありうる以上、草案が後者の立場をとることを述べている。[20]

そして、抵当権者の申立てに応じて、裁判所が所有者に対し相当な期限を定めて劣化の除去を求めたにもかかわらず、なおその除去がなされない場合に、弁済期前の競売による満足を認めることは、所有者の目的物による経済活動の利益と抵当権者の利益を調和するものであるという。[21]

3. 第一草案とその理由
(1) 抵当権の性質・内容
a. 抵当権の概念規定

Johowの物権法草案に対し、第一草案は、債権への付従性を有する土地上の担保権(Pfandrecht am Grundstück)のみを抵当権(Hypothek)と称し、内容においては同一であるが債権への付従性のない権利を土地債務(Grundschuld)と称した。この点について、理由書は次のようにいう。草案の担保権の体系は、土地上の担保権と動産上の担保権との間に土地債務が論ぜられることによって遮断される。土地債務は土地の物的負担であり、土地所有に関して担保権と同じように不動産信用が活動する法形式であることによって、その経済的目的は担保権と共通する。双方の形式はもちろん、土地債務が担保権のように債権の担保のために用いられるのではない点で、本質的に区別される。草案は、民法典が双方の形式の間に存在する対立を共通の規定によって弱め、曇らせてはならないということを出発点とする。この実際上重要でまた困難でもある体系に明確さをもたらすために、立法者は、そのとる視点をはっきりと認識させなければならない。かかる目標は、双方の形式の各々がそれ自体規定されることによって最も確実に実現される。[22]

そして、抵当権の概念は1062条1項において次のように定められた。
「土地は、特定人が特定の金銭債権のためにその土地からの満足を求める

権利を有するという方法で、負担を付すことができる。」

　この点に関し、理由書は次のように述べている。

　担保権の性質について、ある者は債権がその担保のために供された対象に拡張するものと説き、また他の者は、物が担保権の対象ではなく、設定者の権利が担保権の本来的対象であるとか、物の価値が担保権の対象であると主張している。この問題に対して草案は、法典の体系における担保権の位置が問題となるかぎりにおいて、物担保権は物上の権利として解釈することができるという、判例・学説において支配的な見解に従う。このことと、担保権を設定者の権利の上の権利と構成し、または物の価値の上の権利と構成することが調和しうるかは、本質的に理論的な問題である。もちろん、これを肯定することは、対象を顧慮することのない担保権の統一的な法的性質に有利に働くが、法典の体系におけるこの権利の位置にとってはほとんど重要でないだろう。そしてこれを否定しても、担保権の概念は、担保権者がその債権の満足という目的のために自分に供された対象の換価への権利を有するかぎり、同一であり続ける。

　抵当権はそもそも質権と同様に物権である。諸州の法律においてこの性質は強調されている。しかし、その物権性は、近代の抵当権に関しては、ローマ法のそれと同じ意味を持たない。というのは、このことは、ローマ法によれば、抵当権者はその債権の期限到来後は土地の占有を得て、一定の期間の後にその満足のためにこれを売却することができる点にあるのに対し、今日の法によれば、所有者の占有の除去および土地の換価は強制管理または強制競売の方法によってしかなされないからである。この近代の抵当権のローマの抵当権との相違はしかし、権利の性質に関わるというよりも、権利の行使および実現の種類と方法に関わるものである。

　ちなみに、第一草案の理由書は、学説上の支配的見解に従い、物権の本質は人の物に対する直接の支配にあるという立場にあった。

b. 強制執行の原則の規定

　さらに、第一草案1075条は強制執行の原則を明示的に規定した。すなわち、

「抵当権は債権者に、債権の期限が到来したかぎり、その設定された土地およびこれとともに責任を負う対象から土地の強制管理および強制競売の方

法で債権を取り立てるという請求権を基礎づける。」

　理由書は、これに関しても次のように述べている。

　草案は、抵当権者の請求権が所有者に土地による支払いを義務づけるという見解に対しては、担保権の本質に関する論争に立ち入ることはせず、ただ、債権者がその物権を追求するときに、1062条で確定した抵当権の概念から帰結することを述べなければならない。仮に所有者の支払義務を想定すれば、抵当権を債務的な法律関係に変えてしまうだろう。この思想の主張者はその関係を、時には、所有者が支払うかまたは土地への強制執行を許さなければならないという選択的債務として、時には、義務が土地による責任に限定されるところに独自性のある、人的債務関係と並んだ義務として構成する。すなわち、これらの見解によれば、所有者が支払わなければ、単に債権者が土地への強制執行の方法をとることを覚悟しなければならない。しかし、このことから導かれるのは、双方を債務的な束縛が結ぶのではなく、所有者は単に、不動産から満足することへの債権者の請求権を回避するために債権者を満足させる権利を有するということである。もちろん、日常生活においては、所有者が人的な責任を負わない場合でも、債権者が所有者をその債務者と称することもまれではない。しかし、この事実だけでは、立法者にとって所有者の共同債務を想定する根拠にはなりえない。というのは、これには抵当権の付従性に調和しえない効果が結びつくからである。(26)

(2)　**目的物の劣化に対する抵当権者の権利**

　担保を危うくする目的物の劣化に関しては、第一草案では次の２つの条文がおかれた。

　第1072条　抵当権の担保を危うくする土地の劣化が憂慮されうる場合には、債権者は裁判所による危殆化の回避のために必要な措置の命令を求めることができる。

　第1073条　抵当権の担保を危うくする土地の劣化がすでに生じ、かつ債権の期限がなお到来していない場合には、債権者は所有者に、担保の危殆化を土地の改良によって、または他の抵当権の設定によって除去しなければならない相当の期限を定め、期限が徒過した後には直ちに土地からの満足を求めることができる。しかし、債権が無利息の場合には、債権者は支払いから弁済期までの期間の法定利息の加算によって債権全額に

等しくなる金額のみを求めることができる。

　まず、1072条はJohow草案394条1項に相当するものである。理由書はこれについて次のように説明する。抵当権の物的性質からは、債権者のために土地の責任によって与えられる担保への請求権、および担保を危うくするすべての土地への作用の回避への請求権が導かれなければならない。請求権はしかし、法律がそれをすでに生じた土地の危殆化の場合に限定するならば、その目的を不完全にしか達成できないだろう。むしろ、抵当権の担保を危うくする土地の劣化が憂慮されるべき場合に、すでに債権者を保護する実際上の要請がある。しかし、担保が事実上なお残っているかぎりでは、期限未到来の債権のために抵当権の実行を容認することは正当化されない。債権者には裁判所による危殆化の回避に必要な措置の命令を求める権利を認めれば、債権者は有効にかつ相当に保護される。草案は、この権利を債権者に与えると同時に、いかなる措置が抵当権の保護に適しているのかについては個別の事例の諸事情が決定しなければならないという立場にある。債権者は、所有者に対する訴えの方法で裁判所によってとられるべき措置を申し立てなければならない。命令を出す判決は同時に被告にそれに従うように宣告することになる。さらに債権者には、判決の前に必要な措置の命令が下される仮処分を勝ち取る権利もある。しかし、所有者に対して行為をするように強制することは、請求権が物的性質を持つ場合には許されない(27)。

　次に、1073条はJohow草案394条2項に相当するものである。これに関して理由書は、Johow草案394条では要求されていた「著しい劣化」の「著しい」を除いた点について次のように説明する。草案が要件とする土地の劣化は、多くの場合には同時に土地の価値の減少として現れる。しかし、かかる減少を証明しなければならないとすれば、債権者の訴求を不当に困難なものとしてしまうだろう。ましてその減少が価値の特定の部分、すなわち、従前の担保の土地の価値に対する割合の特定の部分を超えたことを要求するならば、この範囲にある価値の減少は所有者の自由となるだろうが、それは抵当権の物権的性質に調和しえないだろう。所有権と抵当権との関係に相応するのはただ、所有者の利用権限が債権者の物権にその限界を有しているということであり、所有者は自由に利用できるが、抵当権の担保が危うくなるほどに土地を劣化させることは許されない。著しさを殊更に強調することは、誤った

解釈の余地を残すことになるだろう。「劣化」の前の「著しい」という言語は、事実上重要ではない土地の劣化は法的にも意義を持たないというように解される可能性がある。[28]

4. 第二草案と委員会議事録
(1) 抵当権の性質・内容
a. 抵当権の概念規定

第二草案では、Pfandrechtの用語は動産質権および権利質に限定され、抵当権、土地債務および動産質権は概念的に完全に分離されるに至った。さらには、土地債務のほかに、土地からの定期金の取得を目的とする定期金債務(Rentenschuld)の規定も設けられた。そして、抵当権の概念は、第一草案1062条1項を受けた第二草案1022条1項（現行民法1113条1項に相当する）によって次のように定められた。

「土地は、その利益のために負担が生ずるところの者にこれに属する債権の満足のためにその土地から一定の金額を支払わなければならないという方法で、負担を付すことができる。」

議事録によれば、委員会では3つの案が出されており、第一の案は土地の所有者に対する請求を強調するもの、第二の案は債権の支払いを強調するものであり、いずれも抵当権の本質的内容が債権の土地からの満足の請求にあると見るものだった。これに対して、委員会が採択したのは、抵当権が土地から一定の金額を求める権利を権利者に与えるという第三の案であり、これによれば土地の負担は債権から独立したものとなる。しかしながら、抵当権をどのように法的に構成するべきかという問題は、この案の採択によって先取されるべきものではないとされた。もちろん、委員会の議論はこの構成の問題にも触れており、第一の案の主張者は、債権者は抵当権によって土地の所有者を債務者とするという見解をとり、第二の案の主張者は、抵当権を物的債権とする構成には、これによって債権のための個別の規定、とりわけ解約告知や遅滞についての規定を繰り返さなくてもよくなるかぎりで実際上のメリットがあるという考えであった。第三の案の主張者は、これによって様々な土地負担の形式を、たとえば土地債務のように債権に付従しない不動産の負担も統一の基礎に帰させることができると述べていた。[29]

b. 強制執行の原則の規定

　第一草案1075条を受けた第二草案1054条(現行民法1147条に相当する)は、次のような規定であった。

　「土地および抵当権が及ぶ対象からの債権者の満足は、強制執行の方法でなされる。」

　議事録によれば、この修正は抵当権の概念規定の修正に対応したものとされている。抵当権の概念規定と強制執行に関する法律との結び付きから、抵当権者が強制執行で満足するのは明らかになるかもしれないという点から、この規定の削除案もあったが、動産質や権利質に関して債権者の満足の方法を定める規定との均衡を考慮して、このような規定が存置されることになった[30]。

(2) 目的物の劣化に対する抵当権者の権利

　目的物の劣化に関する第二草案の規定は次のとおりであった。

第1041条　土地の劣化の結果として抵当権の担保が危うくされる場合、債権者は所有者に危殆化の除去のために相当の期限を定めることができる。危殆化が期限内に土地の改良またはその他の抵当権設定によって除去されない場合、債権者は直ちに土地から満足を得る権利を有する。債権が無利息でかつなお期限が到来していない場合、支払いから期限までの期間の法定利息を加算して債権額と等しくなる金額のみが債権者にあてられる。

第1042条　所有者または第三者によって抵当権の担保を危うくする土地の劣化が憂慮されうるような作用が土地に対してなされる場合、債権者は中止を訴えることができる。

　　その作用が所有者から発する場合、裁判所は債権者の申立てに応じて危殆化の回避に必要な措置を命じなければならない。所有者が第三者の作用またはその他の侵害に対して必要な措置をとらないために危殆化が憂慮されうる場合にも、同様とする。

　第二草案1041条は第一草案1073条に、第二草案1042条は第一草案1072条に対応するものであるが、それぞれ現行民法1133条、1134条にほぼそのまま受け継がれている。委員会の議事録によれば、これらについては次のような議論がなされていた[31]。

まず1042条について、第一草案を修正した理由はこうだった。危険の回避のために必要な措置が訴えの方法でなされるべきであるというならば、債権者にはその物権によって所有者または第三者に対してその作用の中止を訴える権利を与えるのがよい。しかし、訴えの要件は、所有者または第三者側からの積極的作用である。というのは、債権者はその物権によっては積極的行為を求めることはできず、その権利を侵害する作用の中止を求めうるにすぎないからである。それから、所有者の行為の結果として、または第三者の作用に対して所有者が必要な措置をとらないことから、抵当の担保を危うくする土地の劣化が憂慮されるべき場合には、債権者には裁判所による必要な措置の命令を求める権利があることを明言すべきである。

1041条については、抵当貸しをする者はその担保の危険を考慮しなければならないとして、債権者が直ちに満足しうる権利を所有者による危殆化のケースに限定すべきとする案なども出された。しかし、多数意見は次のような理由から内容において第一草案を採用した。すなわち、債権者にとっては、土地の劣化が抵当権の担保を危うくする場合、それが所有者の行為によるものかあるいはこれから独立した事実によるものかは重要ではない。所有者が危険を除去できないならば、通常は土地による担保を理由に債権の弁済期限を先送りする指定を受け入れる債権者が、その満足を待ってさらなる担保の危殆化にさらされることを我慢することはできない。

5. まとめ

Johowの草案理由は、一方では抵当権の物権性を謳いながら、他方では、所有者が目的不動産による支払いの債務を負担するとも見ていた。この後半部分は、抵当権を物的債務(Realobligation)として捉えるMeibomらの説(第1章・Ⅳ1.参照)を支持するものといえる。しかし、この物権性と支払債務の負担という2つの要素は十分に両立しうるものだろうか。確かに、目的不動産をめぐる関係者の様々な利益を考慮するには、裁判所による公正な強制執行が適しており、抵当権者の占有権原をこれとの関係で否定するという措置には一定の合理性が認められる。しかしながら、権利の行使に裁判所の手続が必要とされても、直ちにその権利が債務として構成され、その訴えが支払請求の訴えになるわけではない。むしろ、強制執行の原則から所有者の債務負

担を基礎づけるのは、理由書に記されている国民多数の自然な観念の域を出ないのではないだろうか。

これに対し、第一草案は、物権の本質を物の支配に求めるローマ法以来の考え方に立脚しつつ、抵当権を目的物を換価するという内容を持つ物権として明確に位置づけている。すなわち、草案の抵当権は強制執行による満足の実現の点ではローマ法のそれとは異なるが、これはあくまで権利行使の方法にすぎず、権利の性質を左右するものではないとの見地に立っていた。そのうえで、Johowの草案のように目的不動産の所有者が金銭の支払義務を負うとする考え方に対して否定的な立場をとった。

抵当権の物権性との関係では、第一草案の考え方が理論的に一貫しているといえよう。また、第一草案の理由書が、抵当権の対象を価値に求める見解の是非については言及していないものの、目的不動産の劣化に対する抵当権者の救済に関し、抵当権の物権性との関係で目的物の価値の減少を問題としない点は興味深い。このことは、抵当権の対象が価値そのものではなくあくまで物であり、その本質がこれを換価する権能にあることを反映していると見ることができるからである。

ところが、第二草案における議論では、所有者による債務負担の有無については明確な態度決定がなされなかった。そのため、BGBの成立後も、抵当権や土地債務の性質についてなお学説上の議論の余地が残ったといえよう。この際、抵当権と土地債務が別個に規定され、それらを統一する概念規定もなされなかったことから、これらを体系的にどのように整理するかも学理上の課題になったといえる。

いずれにしても、BGBの制定によって、抵当権は物権の1つとして位置づけられたからには、もはや抵当権の物権性を正面から否定する解釈論的構成は困難になったといえよう。しかし他方で、抵当権者は強制執行によって満足を受けることになり、その占有権原は否定されるようになった。そして、これを受ける形で、不動産への強制執行の具体的手続がZVGによって定められた[32]。それゆえ、物権としての抵当権の侵害に当たりうるのは、その客体たる物を劣化させる作用、たとえば物の有形的な毀損に限定され、他人による目的不動産の占有自体は抵当権の侵害とは判断されなくなる。

それでは、かかるBGBの下で、抵当権の性質に関する学説はどのように

展開していったのだろうか。

Ⅲ　民法典の制定と学説の展開

1. はじめに

BGB制定後もしばらくは、抵当権や土地債務の法的性質に関する議論は活発になされた。学説を大きく分ければ、一方には、抵当権の物権的性質を徹底して、それ自体からは支払債務は生じないという立場があり、他方には、所有者は抵当権の設定によって支払債務を負担するという立場があった。

ここで注目すべきは、前者の立場は抵当権の本質を物上の換価権に求めていたが、後者の立場の多くも、かかる換価権能が抵当権者に属することを否定せず、むしろそれを前提にしてなお所有者による債務負担を論ずる傾向にあった点である。しかも、価値権概念はしばしば前者のみならず後者によっても用いられていた。それはおそらく、BGBが抵当権を物権として位置づけた以上、物権としての換価権を否定するのは困難であり、これを前提になお債務の負担がありうるのかを問わざるをえなかったからと思われる。はたして、BGBの制定前には抵当権の物権的性質を否定していたSohmも、BGBにおける抵当権を換価権として位置づけるに至った[33]。また、Dernburgも、いったんは自説を修正してプロイセンの抵当権の債務的性質を容認したものの[34]、BGBにおいては抵当権などの不動産担保権は物権であり、もはやこれを債務として位置づけることができないとしている[35]。

このように、抵当権や土地債務の物権的性質はもはや否定しがたいにもかかわらず、なお所有者による支払債務の負担を論ずる学説は絶えなかった。しかし結局は、所有者の債務負担という構成は一般化せず、抵当権の本質はもっぱらその換価権に求められるようになっていった。またそれとともに、学説上価値権概念が用いられることも少なくなっていった。本節では、こうした学説の流れやその要因を明らかにすべく、BGB制定から今日までの主要な学説を検討することにしたい。

2. Kohlerの価値権理論

(1) 概　要

　第1章で見たように、すでにKohlerは、抵当権などの担保権の性質を目的物を換価するという内容の物権と位置づけ、その目的が物の価値の獲得にある点を強調していた。Kohlerはこのことを前提に、物の価値の獲得を目的とする各種の物権を価値権というカテゴリーに統合する理論を展開した。[36]

a. 実体権と価値権

　Kohlerによると、価値権は物権の領域において実体権(Substanzrecht)と区別・対置される概念として規定される。すなわち、実体権とは、物が個人の支配に服するかぎり、その物を普遍的に、その永続的な経済的関係において把握する権利とされる。その原型は所有権であるが、用益権や役権においても物は少なくとも一定の関係ではその総体において問題とされるから、これらも実体権とされる。[37]

　これに対して、価値権は物から1つの価値、1つの財産的金額を取り出すことを基本とする。すなわち、物自体が問題とされるのではなく、物はその価値の特性によって問題とされる。物がこの価値の請求権をかなえれば、この請求権は消滅する。この価値権の原型、そして従来価値権を見出すことのできたほとんど唯一の形式が、担保権である。担保権は、物から一定の価値を引き出すという目的だけのために物を把握する。もちろん、用益権から遠くない収益担保権も存在するが、収益担保権も一定の価値の獲得のためだけに物の収益を利用しようとする。[38]

　Kohlerは、上記の価値権を3つのグループに分けることができるという。第一は、総額として現れる特定の金額に対する価値権、第二は、一連の回帰的給付に対する価値権、第三は、物の価値全体を把握し、それゆえに不特定で変化しうる、すなわち物または財産の価値とともに変化しうる価値権、である。第一のグループには土地債務と抵当権が属するが、これ以外にも、破産における差押権や船舶債権者の権利などがある。第二のグループには物的負担(Reallast)が属する。第三のグループには、株主権とこれに類似する権利が属する。[39]

　抵当権や土地債務以外に物的負担と株主権も価値権とされる点について、Kohlerは次のように説明している。

まず、物的負担については、従来、これを物権、あるいはドイツ法の地役権、あるいは不特定の債務者による債務として構成しようと試みられてきたが、これらは半分しか正しくない。債務としての構成は、BGB1108条において受け入れられているように、土地所有者のその所有する間に期限が到来した負担に対する債務法的な責任が価値権に結び付けられうるかぎりにおいて、意味を有する。しかし、権利はそのような債務法的な責任で尽くされない。債務法的責任は、抵当権と並んで人的な義務があるのと同じように、物権と並んであるのである。物的負担は、物の価値の給付に向けられており、それは価値権である。担保権と物的負担とでは、共通した上位概念に服する、しかし独立した個性において相対する同族の権利が問題となっており、物的負担の権利は、単にその時々の所有者に対する債務的権利であるだけでなく、同時に物の上の物権でもある。

また、株主には物の収益が一定程度帰属し、株式会社の解散の場合には株主には相応の財産割合が帰属する。問題となるのは、この価値権に対する関係で誰が会社の財産の上に実体権を有するかであるが、通常、所有者となるのは、株主の総体によって形成される株式会社、すなわち、株主が価値権者としてではなく、機関、構成員および総会の参加者として現れる法人としての株式会社である。それゆえ、株主は二重の権利、すなわち一方では価値権、他方では会社統治へ参加する権利を有する。

b. 価値権の物権性

Kohlerによれば、価値権、とりわけその代表たる抵当権はあくまで物権の1つとされる。たとえば、価値権の物権性は、価値の担保を減少させる劣化が危惧される危険なやり方で目的土地に作用を及ぼすすべての者に対する防御権に示され（BGB1134条）、また、時間的前後関係による優劣にも示されている。

ちなみにKohlerは、価値権と債権との異同について次のように述べている。価値権は特定の価値を目標とする点で債権と共通する。すなわち、権利はこの目的にねらいを定めるが、権限の性質はそれにもかかわらず双方において根本的に異なる。価値権は物権によって物の無条件の恭順の結果として価値を取り出すのに対し、債権は、債務法によって、すなわち、ある権利主体の他の権利主体への条件付の服従によって、そのような服従を時には必然

的にする人間の社会的拘束によって、価値を取り出す。債権は義務の中に現れるが、価値権は人間の支配への服従の中に現れる。[44]

さらに、価値権者が不動産から満足する方法については次のようにいう。

価値の満足は、不動産から価値を引き出す様々な方法によってなされる。それは収益によってなされることもあるが、収益担保は現行民法典には受け入れられなかったため、価値の満足はもっぱら強制管理によってなされる。しかしまた、価値の満足は土地の資本化によってもなしうるものであり、これが価値権の行使の主要な方法となっている。土地の資本化が国家の助力なしに価値権者によってなされ、あるいは単に国家の助力によってなされる、ということ自体にはなんら妨げとなるものはない。しかし、土地の場合には、価値権者が国家の助力によってしか目標に達しえないとすることには十分な理由がある。というのは、抵当権者が私的に優先するために占有を獲得しなければならないとすると、そのような資本化は所有者のみならずすべての土地の権利者の利害に強く干渉することになるからである。それゆえ、法秩序は、土地の利害を個人の恣意あるいは無分別にはゆだねないという保証を要求する十分な理由を有する。それが、強制執行による満足の体系の持続に有利に働く合理的な理由である。[45]

強制執行のためには執行名義が必要であり、これはあらかじめ執行服従の意思を抵当権設定登記に表示すれば具備されるが、仮にそれがない場合には抵当権者は訴えの提起等をする必要が生ずる。この場合の抵当権者の所有者に対する訴えは、執行名義の要件が具備されていることの確認の訴えになる。[46]

(2) **若干の検討**

以上のように、Kohlerによる価値権というカテゴリーは、抵当権や土地債務のみならず、物的負担や株主権をも包含する広い概念であった。もともと価値権概念を提唱したBremerが土地債務のみを表現するためにこれを用いていたにもかかわらず、何故Kohlerは価値権をこのように広いカテゴリーとしたのだろうか。

第1章で見たように、Bremerが価値権概念を提唱した背景には、ローマ法以来の担保権の統一的概念を規定するとともに、これに包含されない権利をどのように位置づけるかという問題意識があった。また、Bremerに先立

って価値に対する権利という視点を提示したSohmも、これによって様々な財産を客体とする担保権を統一的に把握しようとしていた。つまり、価値権概念は権利の体系的整理・位置づけに関連するものであったといえよう。ところが、BGBにおいては、抵当権、土地債務などがそれぞれ個別に規定されるにとどまり、これらを包含する上位概念は法典上規定されなかった。そのために、これらの権利を体系上どのように位置づけるべきかが学説の関心事になったことは間違いない。そのことは後述の責任構成を提唱した学説にも現れている。おそらく、Kohlerは、抵当権や土地債務などに共通する価値の獲得という目標に着目して、価値権というカテゴリーの下にこれらを統合しようとしたのかもしれない。

しかし、このように価値権概念が権利のカテゴリーの上位概念にすぎないとすれば、逆にこの概念は、これに属する個別の権利に内在する効力、それ自体の本質を直截に表現するものとはいいがたい。価値権概念が、抵当権とは権限の内容において大きな差異がある株主権をも包含することになれば、逆にかかる概念の実際上および理論上の有用性自体がなくなってしまうだろう。むしろ、抵当権の本質ともいうべき効力とは、Kohlerもいうように、権利者自らが目的物から価値を取り出すこと、すなわち目的物を換価して満足するという支配権能にあるといわなければならない。したがって、抵当権や土地債務に関しては、単なる権利のカテゴリーよりもかかる換価権能こそが重要な意味を持っている。そして、Kohlerも改めて確認するように、物の換価の内容には売却のみならず、収益が包含されることにも留意しなければならない。

なお、抵当権の本質を換価権に求める場合、強制執行の名義を獲得する訴訟の形態をどのように捉えるかが問題である。Kohlerはこれを執行の要件が具備されていることの確認訴訟と捉えており、同様の見解は抵当権の本質をその譲渡権限ないし物権性に求めるHirschによっても主張されていた。しかし、強制執行がその相手方に一定の義務を強制的に履行させる意味を持つ以上、単なる確認訴訟がその執行名義を基礎づけうるかには疑問がある。この問題については、項を改めて検討することにしたい(5.参照)。

3. 責任構成

(1) 概　要

BGBの制定前に、ロマニストのBrinzとゲルマニストのAmiraによって、債務関係(Obligation)においては債務(Schuld)と責任(Haftung)が分別されるという理論が確立され、その影響の下でBGBにおける担保権の性質を論ずる学説も現れるようになった。これらは、担保権の物に対する効力を基本的に責任と位置づけ、これに対応する債務の処遇に関していくつかの見解に分かれていた。その代表的論者が、PuntschartとGierkeであった。

BrinzとAmiraの理論についてはすでに詳細な先行研究があるので、ここではその要点のみに言及したい。そのうえで、これを基礎に展開されたPuntschart、Gierkeの説に焦点を当てることにする。

a. BrinzとAmiraの理論

Brinzは、普通法学説の多くがローマ法のobligatioの概念を単に義務(Verpflichtung)ないし債務(Schuld)と理解する傾向にあったのに対し、ローマではobligatioには義務の意味はなく、むしろ羈束(Gebundenheit)の意味があったことを強調した。すなわち、obligatioとは本来、債権者に対する給付がなされない場合に対する責任であり、その客体は決して人の行為ではなく、人自身である。もちろん、後期のローマ法では人の身体への強制執行は否定されているが、人が責任の客体であればこそ、これに従属する財産への強制執行が認められる。また、ローマ法で担保権を指していたrei obligatioとは、まさに給付がなされない場合に物がそれに対する責任を負うことを意味している。要するに、obligatioとは、客体が人であれ(これをpersonae obligatioという)物であれ(これをrei obligatioという)、本来なされるべき給付の担保・責任である。そして、債務とはこのような拘束・責任に関連したものであり、これには給付の強制(Leistenmüssen)が存在する。

Brinzによれば、担保権の本質は物のobligatioに求められる。しかし、これは、かつてBüchelがobligatio reiという用語法を根拠にして担保権の本質を物の債務と捉えていたこととは全く異なる。むしろ、Brinzのいうobligatio(責任)とは、人または物が権利者に服従することを意味しており、その実質においては担保権を物権と捉える立場とあまり異ならない。

ただBrinzは、債務にも強制力を認めていたため、債務と責任との分別が

なお曖昧なものとなっていた。これに対して、Amiraは、北ゲルマン法を素材にして、債務と責任との分別をより明確なものとした。すなわち、中世ゲルマン法においては債務関係について、ある事柄に対する責任を表す言語と、給付すべきこと(Leistensollen)、または受け取るべきこと(Bekommensollen)、すなわち債務を表す言語が用いられていた。そして、責任を負う者が必然的に債務を負うことにはならないし、逆に債務を負う者が必然的に責任を負うことにもならない。債務と責任は対立するものであり、責任は債務の履行ではなく、その代償である。したがって、債務は責任の原因であるが、責任が成立すると同時に債務も成立している必要はない。債務は給付すべき状態にとどまり、強制(Müssen)はあくまで責任から生ずる。そして、かかる責任には人的責任(Personenhaftung)と物的責任(Sachhaftung)の2つがある。

このように、債務と責任を分別し、債務の履行に代わる責任のみが強制力を伴うという理論を基礎にして、BGBの抵当権や土地債務の本質を論ずる学説が現れるようになる。

b. Puntschartの説

Puntschartは、Amiraによって確立された債務と責任との分別・対置の理論が中世ザクセン法においてもとられていたことを詳細な史料をもって明らかにしつつ、物の上の担保権が債務に対して物のみが責任を担う意味を持っていることを強調した。そして、すべての担保権はその目的によれば債務関係に従属し、これに役立つように定められているという観点の下に、BGBに取り込まれた土地債務の性質を論ずる研究を発表した。彼は、BGBの立法者にとっては、不動産信用を媒介しつつ投資として役立つという土地債務の経済的目的に対応した規定を講ずることが重要視され、土地債務の概念についての理論的、法律構成的な問題は二次的な意義しかなく、土地債務の法律構成は学説の課題とされたことを指摘しつつ、土地債務の概念を論究することの重要性を説く。

　　(ア)　**BGBの土地債務の概念の批判的検討**　　Puntschartはまず、BGBによる土地債務の概念を次のように位置づける。

土地債務は権利の体系においては物権に位置していることから、問題となるのはこれが独立した種類の物権となるか、あるいは担保権の一亜種となるかである。法律上は抵当権、動産質権および土地債務が分離され、これらに

共通する担保権(Pfandrecht)の概念はない。しかし、抵当権は現行法では明文で担保権とは呼ばれていないが、そのようなものとして理解されており、土地債務は抵当権と関連して扱われ、これらは担保権の中に位置している。ということは、土地債務は抵当権の一亜種として現れる。そして、土地債務は、担保権にとって本質的であるように、債権のために存在することもできるが、債権の担保のために設定されなければならないわけではない。したがって、土地債務は経済的には担保権として、法的には単に担保権の一変種として考察される。[64]

土地債務の制度の枠内ではその権利者のみが存在し、法律の考えによれば彼は人的な債権を有さず、物権的請求権を有する。それにもかかわらず、この物権的な法律関係に債務法的な何かが入り込んでいるという思想を取り除くことはできなかった。たとえば、土地債務では、「支払われ」、「給付され」、「利息を付され」(BGB1191条、1192条等参照)、告知およびこれによって生ずる土地債務の給付の「満期」の後に(BGB1193条)、場合によっては「強制執行」が実行され、かつ権利者が「満足する」とされる。土地債務に基づく請求権は、ある意味では債務的な請求権であり、それゆえ民事訴訟法は、土地債務に基づく請求権も金額の支払いを対象とする請求権とみなされると説明するのである。[65]

一方で、法律が実際上の理由から債務法的な意味における人的な債権および義務を土地債務の制度の枠組みから排除しなければならないことを熟慮し、他方では、法律によれば、ここでもやはり給付に向けられた債権者の受け取るべき状態が存することを熟慮するならば、ここでは以下の観念に基づいた独特の法律関係が想定されているという考えが浮かんでくる。すなわち、土地への執行によってはじめて実現されるが故に土地にはめ込まれた給付が問題となり、物の中に満足の対象のみならず、債務の対象が包含される。債務は土地の中に存し、ここでは物が債務者自身に代わるため、「土地債務」と呼ばれる。[66]

以上のようなBGBの土地債務の概念に対して、Puntschartは次のように批判する。

土地債務の場合には確かに債権は存在しうるが、しかし土地債務は債権から独立し、これを前提とすることも担保することもないという法律の考え

は、債務者自身に対して強制しうるBekommensollen、すなわち、債務者の人的な責任によって担保されたBekommensollenを用いる場合には、正しい。しかし、純粋な債務は存しなければならない。物権的な法律関係が独立していると説明されるならば、それは内在的な目的の結合の観点からは正しくない。土地上の法律関係は目的において債務と関連しなければならない。(67)

　物権的な負担には実際の生活においては原因がなければならない。土地への強制執行を導入する権利は、目的すなわち支払請求権に依拠しなければならない。土地債務が設定されるのは、消費貸借、売買その他に基づいて債権者に対し債務が負担されるからである。土地債務の権利者が受け取るべきものは一定の金額であるから、それが土地債務の対象である。もし債務が存在しなければ、金額の支払いは問題となりえないだろうし、それと同様に、金額の支払いが物的訴えを挫折させ、物権的な負担の消滅を求める権利を基礎づけることができなくなるだろう。法律の考え方によれば、土地債務は強制執行の方法で土地から支払われるべきことになるが、この給付が債務となりうるだろうか。もし法律の思想が正しければ、実際の生活においては土地債務が通常土地からの支払いとして実現されなければならないが、現実はそうではなく、むしろ、問題の金額は通常、人によって支払われ、その支払いがなされない場合にはじめて土地への執行へと至るのである。また、法律の考え方は必然的に、物が債務の担い手になるという、今日では克服された考え方へと至ってしまう。人だけが債務を負担することができるのであり、物は単に責任を負いうるにすぎない、すなわち、給付がなされない場合に対して担保として保証するにすぎない。そして、責任の実現には、すなわち執行による土地からの支払いには、決して債務の給付は存しない。(68)

　(イ)　**価値権構成・物的債務構成への批判**　　Puntschartは、土地債務の概念に関する諸説のうち、土地債務が土地の価値に対する独立した権利を基礎づけるという見解と、土地債務においては所有者が土地からの支払いの債務を負担するという見解に対して、次のように批判している。

　まず、価値権という構成に対してはこうである。この見解は土地債務を経済的側面から見る場合にはよく理解しうるが、これによっては法的な本質を得ることはできない。というのは、もっぱら効用だけに留意する経済的観点は、もっぱら形式だけが決定的となる法的観点とは対立するからである。法

的には土地債務の権利者の私権は物自体に向けられ、理念的な尺度であり物自体の上の権利とは異なるその価値には向けられていない。さらには、債務法的な特徴は価値権の観点とは調和しえない。この理論は、いかにしてそのような価値権が債務なくして成立すべきことになるのかを、また、何故通常は物の換価によってではなく、人によって支払われるのかを、しかもそれが物の換価を排除するためではなく、債務の履行のためであることを、さらに、何故土地債務の権利者はこの種の支払いを受領しなければならないのかを、そして何故彼はその権利を支払いと引換えに放棄または譲渡しなければならないのかを、説明することができない(69)。

また、物的債務構成に対しては次のようにいう。Realobligationという表現を用いることに対してはなんら反論すべきことはない。というのは、土地債務では土地に責任が課されているからである。しかし、Obligationが世間一般での意味において解釈されるならば、担保関係を特徴づけるために、さらに担保に供された土地のその時々の所有者が担い手となる債務を特徴づけるために、Realobligationを語ることは適当ではない。土地債務はこの説の意味での債務ではないからである。物的債務の説においては、担保関係が債務関係に受け入れられ、債務の中に物権的な要素が入ってしまう。所有者たる人に対して支払いを求める権利とは、土地からの支払いを求める権利と同一視されるからである。物的債務とは、債務と責任を分別しない理論の忠実な映像であり、それを一貫させれば物と人とを同等に扱うことになる。債務と責任との同一視のために債務も物に結びつけなければならなくなったが、物を債務者とすることには尻込みをしたために、さらには、担保物が単にその所有者の財産の部分として考察されうるように、すなわち執行がその財産において行われるために、そして、執行は債務の中に存し債務から生ずるために、所有者を債務者とし、しかも担保物による債務者としなければならなかったのである(70)。

　㈦　**抽象化された債務と純粋な物的責任との結合**　　結論として、Puntschartは以下のように、土地債務を抽象化された債務と物的責任との結合と位置づける。

すなわち、土地債務は債務であるが、債務関係の構成要件はその全体の構成要素においては土地債務の権利には受け入れられない。土地債務の権利に

は、形式的には債権者と、ある人からの一定の金額の給付によって債務が履行されるという法的事実しかない。債務の原因および債務者自身は問題にならない。土地債務は形式的には単なる支払人によって給付される。この権利の枠内では、「A人が支払うべき」という内容の法的命令は存在せず、ここでは、支払われれば債権者は権利によって与えられるべきものを受け取ることになり、債務が履行される、というにすぎない。土地債務の権利は誰が債務を負うのかはかまわない。確かに、通常は土地所有者が支払い、土地債務の期限を到来させる告知の効力は、BGB1193条によれば債権者から所有者に対して出された場合に生ずることになっているが、所有者が債務者として支払うか否かは問われない。土地債務では債務が問題となり、債務の原因および債務者たる人が問題とはならないことは、これと、債務のための担保権であり、債務の原因と債務者たる人が通常の方法で問題となる抵当権とを区別する(71)。

この極めて独特な債務はもちろん、土地の責任との密接な結合においてのみ考えられる。土地債務では純粋な物的責任が存在し、土地のみが債務を担保する。人的責任はこの権利の枠内では存在しない。債務の原因および債務者たる人から切り離され、この意味において非人的な純粋の債務と純粋のBekommensollenが対峙する一方で、土地債務の権利者の私権は、一定の金額が支払われない場合に、その金額を限度とした土地の責任の実現だけに向いている。この解釈が法律に可能なかぎり適合した唯一のものと考える。なぜなら、それが、法律構成に欠くことのできない法律関係の債務的性格を、債務を物権的なものとすることなしに保持し、法律の物権的な観点にも配慮するからである(72)。

以上のように、Puntschartによれば、抵当権は特定人が負担する債務を担保する土地上の担保権であるのに対し、土地債務は抽象化された債務とその引き当てとなる土地の物的責任とされ、両者の性質は区別されている。

c. Gierkeの説

Gierkeも、債務(Schuld)は、一方では給付すべきこと(Leistensollen)、他方では受け取るべきこと(Bekommensollen)を意味し、この双方的な当為(Sollen)に限定され、これを超えて給付を強制する力を有しないが、責任は、債務にはない攫取力を包含し、権利者に履行されない債務のために対象にまとわり

つく力を与えるものであり、債務のための羈束の状態であるとした。[73]

　しかし、Puntschartとは異なり、Gierkeは、抵当権にせよ土地債務にせよ、責任の対象となる物の所有者は責任に対応する債務を負担するという立場をとった。これが物的債務(dingliche Schuld)の構成である。彼は抵当権、土地債務および定期金債務を不動産担保権(Grundpfandrecht)と総称し、その性質について次のように説明する。

　不動産担保権の第一義的内容をなすのは物の責任である。しかし、近代の不動産担保権では、その時々の所有者に課される物的債務が物の責任に結び付けられる。あらゆる責任はそれが担う債務を前提とするから、人的な債務がないところでは物的債務が概念的に不可欠である。土地債務はすでにその名称によって物的債務の存在を表している。もちろん、抵当権でも人的な債務と並んで物的債務がある。不動産担保権の統一的構造に則れば、抵当権にも土地債務があるのであり、ただそれは人的な債務によって一方で補完され、他方では内容において規定される。物的債務は所有権から分離されえず、土地に結び付けられているから、これは新たな所有者に移転する。それは土地が責任を負う金額の支払いに向けられる。不動産担保権に基づく物上請求権は金額の給付に向けられるから、これは訴訟上の権利行使については債務法上の金額支払請求権と同等に扱われる。ただし、物的債務の履行はただ物の責任の現実化によってのみ強制される。[74]

　このようにGierkeは、不動産担保権に債務があるとしながら、しかしこれも物権的性質を持つものとしている。すなわち、物的債務は物権関係の本質的な構成要素であり、これは、それ自身独立性に適さない物の責任の権利を完結した物権へと補完する。物的債務は、決して人それ自身の義務を基礎づけるのではなく、土地に負担を課し、土地財産の受動的構成要素としてその時々の土地所有者をその主体とするにすぎない。[75]

　他方で、Gierkeは、不動産担保権に価値権としての性質をも認める。すなわち、不動産担保権は物をその価値において把握し、権利者の支配には最終的には物体ではなく、その交換価値が服する。しかしそれは、対象を物から分離された価値とする純粋な価値権ではない。むしろ、不動産担保権は物自体を把握し、ただその効力が換価しうるという特性に限定されているにすぎない。[76]

(2) 若干の検討

　責任構成は、PuntschartやGierkeのほかに、Schwindによっても主張された[77]。これらは、抵当権や土地債務がBGBにおいて物権とされていることに配慮し、その物権的性格を土地上の責任という概念によって表現しつつ、他方でこれに対応する債務を観念したものといえよう。ただ、Puntschartが人的な債権とは異なる強制力なき債務を土地債務において観念し、その債務を抽象化されたものと位置づけるのに対し、Gierkeにおいては、強制力なき債務は抵当権においても存在し、さらにそれが物に従属する性質を持つ結果、物の所有者が債務を負うこととされる。人的な債権への付従性を除けば抵当権と土地債務は同等の権利内容をもっていることにかんがみると、この点に関してはGierkeの説に一貫性が認められよう[78]。

　では、これらの責任構成はいかに評価されるべきか。確かに、債務と責任とを分別することには一定の有用性がある。たとえば、限定承認をした相続人と被相続人の債権者との法律関係やいわゆる物上保証の法律関係を説明しようとする場合がそうである。また、担保権の物に対する効力が責任の性質を持っていることにも特に疑問はない。しかし、問題であるのは、抵当権や土地債務において、一般の人的な債権以外に、主体や原因が問題とならない抽象的債務や所有者に向けられた強制力のない債務を観念することに、具体的にいかなる解釈論的意義が認められるのかである。

　なるほど、Puntschartがいうように、土地債務の権利者は通常は所有者からの任意の支払いによって満足するのであり、それによって所有者は責任から免れることになっている。これを債務の弁済による効果として説明することは非常に明快である。しかし、たとえ土地債務を債務の裏打ちのない純粋な物権として位置づけても、その目的が一定額の金銭的満足にある点から、金銭の受領による権利の喪失をその目的達成によるものとして説明することも不可能ではない。この説明が技巧的であるというならば、主体・原因の特定されない抽象的な債務を観念することもまた技巧的といわざるをえない。

　責任構成において何より問題であるのは、責任として現れる物の上の権利の具体的内実が、これによっては直ちには明らかにならない点である。所詮、責任があるというだけでは、法的な負担の存在を表現するにすぎないからである[79]。むしろ、権利の実質的内容は、Gierkeもいうように、物を換価し

て満足するという点にある。そうであれば、権利の本質はまさにその換価権能にあるというべきではないか。

もっとも、責任構成の意義として、抵当権と土地債務を統一的に説明し、これらを担保権(Pfandrecht)という概念に統合しうる点をあげることはできる。すなわち、抵当権も土地債務も、人的な債権以前に、抽象的あるいは物上の債務を担保する物の上の権利、責任を表し、それはドイツ法でいう担保権に該当するといえるからである。実際に、Dernburgは、ドイツ民法が抵当権や土地債務を包括する概念を規定することを回避したことを受けて、これらを概念的に統合するためにはドイツ法古来の責任概念によるべきであるという考え方をとるに至っている。[80] 権利の体系的整理のためには、ローマ法やドイツ固有法にあったわけではない価値権概念より、むしろ担保権概念によるほうが穏当であろう。[81] はたして、今日の体系書・教科書では、抵当権や土地債務が不動産担保権(Grundpfandrecht)という概念の下に一括され、それらの物に対する効力はHaftungと称されている。[82]

しかし、このことは権利の体系的整理の意義を持つにすぎない。強制力なき債務を観念することに格別の解釈論的意義が認められないならば、抵当権の本質はその換価権能にあるというべきであろう。

4. 物的債務構成

(1) 概　要

BGB制定後においても、責任構成によることなく、なお抵当権や土地債務において所有者には一定金額の支払債務が課せられるという諸説、すなわち物的債務(Realobligation)の構成も主張された。もっとも、これらの見解は、BGB制定前にMeibomやSohmらが主張したように担保権の物権的性質に否定的評価を加えるものではなく、あくまでその物権としての性質を認めながら、なお所有者に支払義務が存するという。その代表的論者がCromeとFuchsであった。[83]

a. Cromeの説

Cromeは、Kohlerと同様に、物を直接に占有し利益をあげる所有権等を実体権、物から一定の財産的価値を取り出すことに向けられた権利を価値権と見て、後者には物的負担と担保権が属するという。ここでの担保権には、

抵当権、土地債務および定期金債務のすべてが包含される。価値権者は、第一には自ら物から価値を取り出すことはできず、所有者がそれを給付するのを待たなければならない。それゆえ、これは第一には債権にとどまるが、しかし所有者が給付しない場合には、所有者は価値権者が価値を強制的に物から得ることを受忍しなければならない。つまり、この関係は単なる債務関係にとどまらず、物が直接に責任を負う。権利は物に課せられ、所有権の変動の場合には物に追随する。新所有者は、自身が義務を負担しなかったにもかかわらず、旧所有者のように給付し、または強制執行を受忍しなければならない。[84]

そして、特に担保権の性質については次のようにいう。担保物に対する支配は、一定の価値が給付されない場合に、権利者がこれを担保物から強制的に得る地位につくために不可欠なかぎりにおいて存在する。所有者には担保金額の給付義務が存在し、給付をなさない場合にのみ、価値権に基づいて担保物から債務を取り立てる権限が生ずる。すなわち、ここでは物権が担保債務の支払いに向けられた所有者の物的債務関係に結び付けられている。後者は物権の付属物としてそれとともに他の人に移転する。義務は担保物上の債務者の所有権とともに成立・消滅し、担保物による責任のみを把握する。債権は物権の付属物であり、債務者に対する強制は担保物の価値を超えては存在しない。[85]

このように、Cromeによれば、担保権ないし抵当権は物権と債務という２つの要素が結合したものと位置づけられているが、物権のほかに債務の存在を認めなければならない理由は明らかではない。あるいは、物的負担においては所有者に一定の債務が課せられるために、これと価値権として統合される抵当権や土地債務も同列に扱おうとしたのかもしれない。また、彼が単なる物権構成が自然の概念としての担保債務を用いる実生活を無視していると批判している点からは、責任に対応する債務が存在しないことへの違和感も[86]その背景にあるといえよう。

b. Fuchsの説

Cromeが抵当権や土地債務を担保権と位置づけ、これらと物的負担を価値権として統合していたのに対し、Fuchsは、物的負担、抵当権、土地債務および定期金債務をすべて物的債務として統合する説を唱えた。[87]

彼の見解の根本には、法律上の権利関係を人の人に対する関係に還元する発想がある。すなわち、物の直接支配とは事実上の占有から派生するものにすぎず、権利としての物権の本質は、権利者が満足していない場合に他人に対して有する請求権(たとえば、所有者の占有者に対する請求権)に絶対的な保護が認められる点にあるとするのである。そして、抵当権や土地債務にもこの考え方をあてはめ、その物権性は、目的物からの一定金額の支払いを所有者に対して請求できる権利が絶対的に保護される点にあると見る。

　Fuchsは、このように抵当権者らが一定の金額の支払請求権を所有者に対して有するとする根拠を、BGBの条文の文言、および抵当権・土地債務と物的負担との類似性に求める。すなわち、抵当権、土地債務および定期金債務の概念規定である1113条、1191条および1199条における「土地からの支払い」という言葉によって、これらは、物的負担が積極的な給付の権利に向けられているように、支払いへの権利として定義されている。物的負担の場合には回帰的給付が支払われ、抵当権と土地債務では元本または定期金が支払われる。給付への権利が存するところでは、給付義務者が存しなければならない。給付義務を負うことができるのは、所有者、あるいは、所有者がない場合には物を処分する力を有する者である。しかし、彼らは不動産だけから給付すればよい。すなわち、給付義務の範囲は土地によって限定される。したがって、抵当権や土地債務は物的負担と同種であるから、これらは物的債務と称される。

　この立論の背景には、抵当権・土地債務をローマ法以来の担保権から切り離し、むしろドイツ法固有の物的負担に近づけて解釈しようとする意図がある。Fuchsはいう。抵当権に担保権の性質を付与することは、その起源にかんがみれば理解しうる。というのは、それはローマの担保権から展開してきたからである。ローマの物権は本質的に、権利者は自己の行為でその権利の対象に影響を及ぼし、義務者はただ受忍または不作為をしなければならないが、給付はしなくともよい、という有体物の支配であった。後期のローマ法にも物的負担と物的債務はなかった。いまや抵当権と土地債務が統一されれば、土地債務も普通法上の担保権概念に組み入れることは理解しうる。しかし、抵当権の歴史的なさらなる展開とそのBGBにおける完結は、担保権の性質に有利に作用せず、むしろ不利に作用し、物的債務の受け入れに有利

作用する。というのは、土地債務は普通法上の担保権概念から展開したのではないからである。土地債務は、ローマの担保権のように債権を追求するのではなく、債権に左右されない独立した負担として作られ、法の展開は土地債務が抵当権になることへと進んだのではなく、むしろ抵当権がその担保権の性格をますます拭い去られ、最後にそれはBGBにおいて土地債務の性質を得て、「修正された土地債務」となった。

このようにFuchsが抵当権・土地債務の物的債務たる性質を主張する理由としては、BGB第二草案についての委員会の議論において、物的債務を否定するような態度決定がなされなかった点も援用されている。

(2) **若干の検討**

物的債務という構成は、所有者が一定金額の支払債務を負担し、抵当権者はその履行を請求することができるが、所有者の義務は物からの支払いに限定されるというものである。そして、この構成も、抵当権者や土地債務の権利者には目的物上の物的換価権があることを前提にしている。しかし、このように物権としての換価権のほかに所有者の支払債務を観念することにいかなる解釈論的意義が認められるのだろうか。

所有者に金銭支払債務があるとすれば、抵当権者はその一般財産に対して強制執行をなしうるとも考えられるが、それはこの構成も認めるわけではない。もともと、抵当権者は目的物からしか強制的に満足を得ることができないというのが不動の前提だからである。また、たとえば抵当権者が物上保証人の地位にある所有者に対して金銭債務を負担している場合に、抵当権者が所有者に対して有するとされる金銭支払請求権とかかる金銭債務とを相殺できる可能性も生ずるが、それによる所有者の不利益を考慮すると（とりわけ、抵当権の被担保債権の金額が目的物の評価額を超える場合）、かかる相殺も認めがたい。はたして、BGB1142条も、弁済や相殺などによって抵当権者を満足させる所有者の権利しか語っていない。この点に関して、Fuchsは、抵当権者側からの相殺が否定されるのは、所有者が支払債務を負担しないからではなく、所有者は土地を限度にのみ抵当権者に対して責任を負うからであり、そのことは土地から支払うという負担としての抵当権の性質から導かれるとしている。しかし、このような主張自体が、所有者の一定金額の支払債務を観念してもそれには金銭債務としての実質が伴っていないことを端的に表して

いる。そのためか、所有者の支払債務の負担を論ずる学説の中には、この債務を自然債務として位置づける見解もある。

このように、所有者に一定金額の支払債務を観念するとしても、抵当権者による強制的満足の引当てとなる財産は抵当不動産に限定されるならば、むしろ責任構成のように債務と責任を分別した上で、債務には強制力がないものとするほうが明快であろう。しかし、強制力なき債務の存在を前提としなくとも、抵当権者と所有者との法律関係について一応の説明をなしうることはすでに述べたとおりである。

Fuchsの見解に現れているように、物的債務という構成にも、物的負担と抵当権、土地債務を統一しようというねらいがあると思われる。しかし、物的負担においては目的土地の所有者が一定の給付義務を負うことには異論がないが、これと同じ義務が抵当権や土地債務において所有者に課されるわけではない。その点では、両者の間には大きな差異があり、これらを概念的に統一しても格別の解釈論的意義があるとは考えられない。他方でCromeは、Kohlerのように、物的負担、抵当権および土地債務を価値権というカテゴリーに統合しているが、物的負担とその他を統合することの意義が疑われるうえに、特に抵当権と土地債務に共通する権利内容は、やはり目的物の換価権能にあるといわざるをえない。そのことを超えて、あえて価値権を語ることにどれほどの積極的意義があるのだろうか。

5. 抵当訴訟・執行名義の問題

3.および4.で見たように、抵当権や土地債務においてその換価権のほかに所有者の債務負担を論ずることの実益は疑われる。しかしなお、所有者による債務負担を論ずる側からは、執行名義を獲得するための抵当訴訟の内容が単なる物権ないし換価権構成によるかぎり問題となる旨が主張されていた。

抵当権や土地債務そのものの中に債務を観念しないKohlerやHirschは、執行名義を獲得する訴えを執行の要件が具備されていることの確認訴訟として位置づけていた。しかし、強制執行がその相手方に義務を強制的に履行させる意味を持つとすれば、執行名義を具備するための訴えはかかる義務の履行を求める訴訟形態、すなわち給付訴訟と見るのが自然であり、確認訴訟が強制執行の名義を基礎づけるとはいいがたい。そのためであろう。所有者の支

払債務を認めない支配的見解は、抵当訴訟の内容を目的不動産の所有者に対して強制執行の忍容を求めるものと見ていた。[98]

ところが、強制執行忍容の請求権を観念することに対しては、以前からSohmが、執行を求める権利は公法上の権利であって私権ではないと批判していた。[99]第１章で触れたように、Sohm自身は抵当権・土地債務の本質を所有者による一定金額の支払債務の負担と見ていたから、この立場では、抵当訴訟も所有者に対して一定金額の支払いを求める訴えとなり、これによって目的不動産への強制執行の名義が比較的容易に基礎づけられる。BGBの下でもやはり、責任構成をとりつつ所有者による債務の負担を肯定するGierkeや物的債務構成を主張するFuchsが、Sohmに類似する見解をとった。[100]

とりわけ、Siberは次のように主張した。物への執行へ至る債務名義は、ドイツ民事訴訟法(以下では、ZPOという)によれば積極的な給付への請求権を基礎とする名義からのみ可能となる。しかし、換価権からはせいぜい換価の忍容への請求権が生ずるだけであろう。また、それはZPO890条の間接強制によってのみ執行されうるのであり、物の強制換価によっては執行されえない。物の強制換価に至る債務名義は換価権からはありえない。なぜなら、これは積極的な給付への請求権を生み出さないからである。[101]このように主張しつつSiberは、抵当権や土地債務においては、その換価権のほかに、所有者が目的不動産から、すなわちその収益および売却金から給付する義務が存在するという構成をとっている。[102]

しかし、この問題についてはすでにStaubが次のような見解を示していた。裁判所による担保物の譲渡は実体法の制度であり、それは担保権設定者に課される法的義務の直接的な実体的内容である。設定者は裁判所による譲渡を忍容するように義務づけられており、この忍容の義務は裁判所による担保物の譲渡が義務者に発令されることによって果たされる。[103]

Staubの説明は、抵当不動産の所有者には担保物の譲渡、すなわち換価権の行使の忍容が義務づけられており、また、強制執行とは抵当権者の換価権の行使を裁判所の手続によってなすことであるから、所有者の忍容の義務はまさに強制執行手続によって履行される、ということを示すものといえよう。そのように考えれば、所有者に対し換価権の行使、すなわち強制執行の忍容を求める訴えによって、目的不動産に対する強制競売・強制管理の執行

名義は十分に基礎づけられよう。

6. その後の議論状況
(1) 換価権構成の一般化

上記の一連の議論の後にも、抵当権や土地債務において一定金額の支払債務が生ずるという構成は一般化せず、これらの権利の本質をその換価権能に求める立場が支配的になっていった(104)。それは、所有者が債務を負担するという構成をとるとしても、その債務自体に強制力が認められない以上、かかる債務を認めることの積極的意義に乏しく、また、強制力なき債務を語ること自体にも問題があるからかもしれない(105)。判例においても、抵当不動産の所有者が抵当権者に対して一定金額の支払債務を負担するという構成は採用されず、むしろ判例は、抵当権者の所有者に対してなす訴えをその強制執行を忍容するように求めるものと捉えている(106)。

そして、抵当権や土地債務の本質を換価権に求める支配的見解によれば、換価の方法には強制競売と強制管理があるとされ、しばしば、前者は目的物の実体の換価と、後者は目的物の収益の換価と称されている(107)。

ただなお、Ernst Wolfは抵当権者が所有者に対して物権的な支払請求権を有するという立場をとり(108)、近時でもEickmannらがそのような構成を強く主張している(109)。その根拠は、基本的にはFuchsと同様にBGBの条文の文言、とりわけ1113条が抵当権を土地から一定金額を支払わなければならない負担と表現している点に求められているが(110)、なお注目すべき論拠としては、Wolfが、支配的見解によって抵当権者が所有者に対して有するとされる請求権に基づいては目的不動産への強制執行を導くことができないと主張している点がある。この点について、Wolfは次のようにいう。多くの見解は抵当権者の所有者に対する請求権を強制執行の忍容を求めるものと位置づけるが、強制執行の忍容を命ずる判決はそれを命ぜられた者に裁判所が課す間接強制によってしか執行されえない(ZPO890条参照)。強制執行の忍容を命ずる判決を忍容されるべき強制執行を実行することによって執行することはありえない。というのは、強制執行はその忍容とは異なるものであり、忍容を命ずる判決は、忍容されるべき強制執行の実行にとって不可欠な判決を不要にはしないからである。むしろ、強制執行は抵当権者の所有者に対する金銭支払請

求権のためになされうるとみなければならない。⁽¹¹¹⁾

　このWolfの見解は前述のSiberの見解に類似するものであるが、これに対してはSchappが改めて次のように反論している。

　不動産担保権の譲渡ないし換価の権利は所有権の権能が譲渡されたものであり、不動産担保権は所有権から派生した制限物権である。それゆえ、かかる制限物権の保護のために与えられるべき請求権は、物の所有者に他のあらゆる物への作用を排除する権限を認めるBGB903条の意味における排除権限の具体化として捉えることができよう。ただ、この換価権限に関係する排除権限も、それ自体が法律によって肯定されてはじめて生ずる防御請求権の思想的基礎にすぎない。換価権の保護のために明文で規定された防御請求権はBGB1134条にあるが、この規定は土地の劣化の場合に関するにすぎない。しかし、所有者に対して不動産担保権の換価の忍容を求める請求権は次のように肯定することができる。すなわち、BGB1004条1項によれば、占有侵奪等以外の方法によって所有権が侵害される場合でも所有者は妨害の排除を求めることができるが、同2項によれば、所有者にその忍容が義務づけられている場合にはかかる請求権は否定されており、この1004条の考え方は、所有権に制限物権による負担が課されている所有者に対する制限物権の保持者の忍容請求権の承認を求めている。⁽¹¹²⁾

　そして、強制執行の基礎となる訴訟の判決の対象は換価権から生ずるその忍容の請求権であり、換価の忍容を求める請求権はZPO890条によってその忍容を強制することによって執行されるのではなく、むしろかかる請求権の名義は、担保権者に法律によって唯一許された国家による譲渡という方法でその換価権を土地に関して行使する可能性を開くのである。⁽¹¹³⁾

　以上のSchappの見解は、抵当権の実行としての換価権の行使は、目的物の売却などを所有者に対して忍容するように求めるものであり、抵当権実行としての強制執行の名義は、所有者に対する換価権行使ないし強制執行の忍容の請求の訴えによって具備されるとするものといえよう。このことは、たとえ抵当権者が所有者に対して一定金額の支払請求権を有しなくとも、不動産に対する強制執行は十分に基礎づけられることを示している。今日の教科書・体系書のほとんども、強制執行の名義は抵当権者の所有者に対する強制執行忍容の訴えによって基礎づけられるとしている。⁽¹¹⁴⁾

(2) 価値権概念の後退

　価値権という権利概念については、Kohler以降にも、Chesneがこれを債権とも物権とも異なる第三の権利のカテゴリーとして位置づける考えを主張した。この説は、価値権に属するとされる抵当権や土地債務には物の占有権原がないことを根拠にその物権性を否定し、さらに権利者は国家権力の発動たる執行手続によってしか満足しえないという点から、これらを国家に対する公法的な執行の請求権として位置づけるものであった。それゆえ、Chesneの見解は、価値権ないし抵当権を物権として位置づけるKohlerの説とはその内容において異なっており、むしろ抵当権の物権性を問題とする点で以前のSohmの見解に類似している。しかし、裁判所による手続を要する点から抵当権の物権性を否定することができないのは、すでに第1章のⅣで説明したとおりである。結局、Chesneの説が一般に受け入れられることはなかった。

　その後は、抵当権や土地債務の本質を換価権に求める立場が支配的になるとともに、価値権概念は用いられないようになっていった。たとえば、Martin Wolffの物権法の体系書では、抵当権、土地債務および定期金債務のすべてが不動産担保権(Grundpfandrecht)として一括され、それらの本質が物権的な換価権にあるとされるが、価値権という概念はほとんど取り上げられていない。その後のWestermannやBaurの体系書においても、抵当権や土地債務は不動産担保権と称されつつ、価値権という概念は用いられていない。この傾向は、最近の教科書・体系書においても全く変わっていない。

　このような価値権概念の後退は何を意味するのだろうか。すでに述べたように、価値の獲得という目標において共通する権利を統合するために価値権という権利のカテゴリーを定立しても、これに属する個別の権利の内容が異なっているならば、かかる概念が権利の本質を直截に表現しているとはいいがたく、せいぜい、様々な権利を1つの共通点の下に体系的に整理する意義を持つにすぎない。その意味で、この概念に格別の解釈論的意義がないとすれば、一般の体系書がこれによらずに、むしろ伝統的な担保権概念の下に抵当権や土地債務を位置づけることになるのも自然であろう。Minckeは、Kohlerが価値権は一定の価値を獲得すべき点で債権と共通しつつも、双方においては権限の種類が異なっているとしていた点に関して、価値権という

特徴づけは、物に対する物権的支配と給付に対する債務的な請求権との間を通じる道を示さず、ただ物権と債権との限界を曖昧にするだけである、と批判している。
(120)

7. まとめ

　BGBの制定によって、抵当権者らの占有権原には否定的評価が加えられる一方で、抵当権・土地債務の物権的性質を否定する構成は困難となった。それにもかかわらず、これらの権利の設定によって所有者が一定金額の支払債務を負担するという構成も主張された背景には、被担保債権を前提としない土地債務の場合でも権利者が通常は所有者からの任意の支払いによって満足しているという実態への配慮と、権利の体系的整理に対応しようという目的があったと思われる。しかし、そこにいわゆる債務は強制力を欠くものであり、そのような特異な債務を容認する解釈論的意義が問われる。むしろ、抵当権・土地債務の基本的な権利内容はその換価権能にあり、今日の体系書・教科書のほとんどは抵当権の本質をこの換価権能に求めている。さらに留意すべきは、一般にかかる換価の内容には売却のみならず収益も包含されると理解されている点である。

　他方で、抵当権、土地債務、物的負担などを価値権というカテゴリーの下に統合する見解も主張されたが、これらの権利内容にはそれぞれの特性があるのであり、価値権という呼称は、価値の獲得という共通した権利の目標に対応したものにすぎない。それゆえ、価値権という概念は、抵当権の目的物に及ぼす効力内容を規定するような解釈論的意義まで持つわけではない。

　ただ、このように抵当権を物上の換価権、物権として捉える場合に、強制執行による満足を実現する訴えの形式が問題とはされた。確かに、抵当権の性質を一種の金銭債権と捉えるならば、その支払いの訴えによって明快に目的財産への金銭執行を基礎づけることができるかもしれない。しかし、抵当権は目的物を換価して満足するという権利であるところ、かかる換価権を行使することは所有者に対してその権利の剥奪を受忍するように求めることを意味するから、所有者に対して換価権の行使を受忍するように求める訴えは、その後の目的財産に対する強制競売ないし強制管理を基礎づけうるものといえよう。それゆえ、この手続の問題を根拠に抵当権の債権性を論ずるこ

とも適切ではない。

Ⅳ　ドイツ法理論の総括——日本法との接点

　ドイツの普通法学説においては、担保権、とりわけ抵当権の物権性が議論の対象とされ、その債権的性質を主張する学説もあったものの、支配的見解は抵当権を物権として捉え、占有・利用関係にも干渉しうるものと見てきた。その一方で、担保権の統一的概念規定の試みとの関係で、その目的物の価値に対する関係が強調され、価値権という概念も生成することになったが、その論者も担保権の物権たる性質を否定したのではなく、むしろその本質を目的物の換価権能に求めていた。とりわけ注意しなければならないのは、価値権概念を用いた論者も、わが国の価値権理論のように抵当権の客体を交換価値そのもののように捉えてはいなかった点である。

　ところが、近代法制における強制執行の原則との関係で、抵当権者にはもはやローマ法のような占有権原が認められないとされるようになり、再びその物権性が問題とされた。しかしやはり、第三者に対する優先的効力などにかんがみ、抵当権の物権としての性質、その換価権能を肯定するのが一般的見解であった。そして、この換価の内容には目的物の売却のみならずその収益も包含されると理解されていた。

　その後、強制執行の原則はBGBに導入されたが、法典において抵当権・土地債務は物権として位置づけられ、かつてのようにその物権性を正面から否定する説をとることは困難となった。しかしなお、抵当権の物権的性質を維持しながら、所有者による債務負担を論ずる見解も主張され、他方では、抵当権や土地債務を価値権というカテゴリーに統合しようとする見解も主張された。その背景には、抵当権や土地債務を統一した権利概念の下に体系的に整理しようとする意図もあったと考えられる。しかし、論者のいう債務は、責任とは分離された強制力を伴わないものとか、抵当不動産のみをもって支払うものといった特異な存在であり、そのような債務を認める解釈論的意義が疑われる。また、価値権という概念も、様々な特性を持つ権利の共通した目標を表現するものにすぎず、かかる概念を用いた論者も抵当権や土地債務の権利内容の本質を目的不動産を換価する権能に求めており、価値権概

念自体に格別の解釈論的意義があるともいえない。今日の体系書・教科書のほとんども、抵当権や土地債務の本質を換価権に求めているが、もはや価値権という概念には言及しなくなっている。

以上のようなドイツの議論状況にもかかわらず、日本の価値権理論、とりわけ我妻理論が、ドイツの議論から価値権概念のみを切り離し、しかも抵当権が交換価値を支配するという、ドイツでは想定されなかった意味内容にこれを置き換えたことは、それによって追求した実践的な目的の評価は措くとしても、それ自体極めて問題のあるものといわざるをえない。純理論的に考えても、究極的には人の主観的判断によって決定される物の金銭的価値、すなわち交換価値を法的支配の対象と位置づけることはできないのではないか。むしろ、金銭的価値の獲得は抵当権者の経済的目標であり、それ自体が法的な支配権の対象となるのではない。抵当権者の有する権利は物を強制的に処分・管理しうるという、物の上の支配権なのである。

もともと、ドイツの議論が前提としていた担保権・抵当権は、権利者が目的不動産から優先的に満足するという権能を持つものであり、この内容は日本民法369条に謳われている抵当権の内容、すなわち優先弁済権と基本的には変わらない。ドイツの学説のいう換価権能がこの満足権から導かれるものであるならば、日本法の抵当権の本質も基本的にはその満足権ないし換価権能に求めるべきであろう。そして、かかる換価権能には売却権能のみならず収益権能も含まれるとすると、抵当権の実行とは競売による満足のみならず収益による満足も意味することになる。また、抵当権の占有に対する効力、たとえば不法占有者に対する妨害排除請求権のあり方なども、交換価値支配云々より、かかる抵当権の換価権能との関連において解釈されなければならない。

もちろん、今日のドイツ法では、抵当権が物権、換価権と捉えられつつも、強制執行の原則との関係で抵当権者には占有権原が認められず、抵当権は占有に一切干渉しえないものと考えられている。そして、競売における買受人への目的不動産の引渡しも、執行手続の中で実現されるようになっている（日本の民事執行法83条の引渡命令に相当する制度が、ZVG93条1項によって規定されている）。そうすると、民事執行法による抵当権実行の手続が導入されている日本法においても、やはり抵当権者には占有権原は認められず、たとえ第

三者が不法に目的不動産を占有していても、抵当権者は自らの権利に基づいてこれを排除することができなくなるのだろうか。その答えは、日本民法において抵当権が規定されたときに、その実行のあり方に関していかなる立法的決定がなされたかにかかっている。筆者は、かかる立法の経緯にかんがみると、日本法においてはなお解釈論として抵当権者に占有権原を認める余地があると考えるのである。

第3章では、日本民法の制定段階において抵当権の性質・効力がどのように捉えられていたのかを概観したうえで、その後の学説の展開を検討する。そして、従前の学説、とりわけ価値権理論の問題点を指摘しながら、抵当権の占有および収益に対する効力についての自説を提示したい。

（注）
(1) BGBの抵当権・土地債務に関する立法過程については、田中克志『抵当権効力論』（信山社、2002年）93頁以下が詳細に検討している。
(2) 抵当権の賃料債権に対する効力に関する規定については、占部洋之「ドイツ法における抵当不動産賃料の事前処分（一）～（三・完）」大阪学院大学法学研究23巻2号99頁以下、24巻1号39頁以下、25巻1号133頁以下（1997～1998年）が、強制競売における賃貸借の処遇については、内田貴『抵当権と利用権』（有斐閣、1983年）131頁以下が、それぞれ詳細な検討を加えている。
(3) BGB1123条以下の規定の立法趣旨は、所有者の自由な経営活動を確保するために、抵当権の効力が及んでいる不動産の果実等の処分権限を所有者に認める代償として、抵当権の賃料債権に対する効力をも認めつつ、さらに差押え前までに生ずる賃料債権の処分権限も所有者に認める、という点にあった（これについては、占部・前掲（注2）23巻2号111頁以下参照）。

しかし、かかる規律を抵当権の換価権能から基礎づけることも十分に可能である。すなわち、目的物の収益という換価による満足も抵当権者には認められるものの、換価権の行使たる差押えまでには所有者には目的物の収益の自由が認められるために、それまでに生ずる果実・賃料債権には抵当権の効力は確定的に認められないが、換価権の行使たる差押え以降に生ずる収益には抵当権の効力が確定する、というロジックである。実際に、Baurは、換価権は第一には潜在的であり、実行の段階で現実的なものになるとし、差押え前における賃料債権への効力を潜在的なものと位置づけている（Vgl. *Fritz Baur/ Jürgen Baur*, Sachenrecht, 15. Aufl., 1989, §36 II 2 (S. 321), §39 V 3 (S. 374).)。
(4) 内田・前掲（注2）157頁、168頁以下、199頁以下参照。
(5) Vgl. *F. Werner*, Die Preussischen Grundbuch-und Hypotheken-Gesetz vom 5. Mai 1872 nebst Materialie, Teil 2, 1872, S. 23.

(6) Vgl. *Franz Förster*, Theorie und Praxis des heutigen gemeinen preußischen Privatrechts, Bd. 3, 3. Aufl., 1874, S. 384, 416；*Heinrich Dernburg*, Lehrbuch des Preußischen Privatrechts, Bd. 1, 1875, S. 691f.
(7) Vgl. *Christian Friedrich Koch*, Anleitung zur Preußischen Prozeßpraxis mit Beispielen, Teil 1, 1860, S. 305f.
(8) ドイツ民法1133条・1134条の沿革については、すでに、田島順「抵当権者の妨害排除請求」法学論叢31巻4号(1934年)627頁以下、占部洋之「抵当権侵害に対する抵当権者の保護手段――ドイツにおける歴史的展開」大阪学院大学通信34巻8号(2003年)53頁以下、堀田親臣「抵当権に基づく物権的請求権序説(一)(二・完)―ドイツ法における抵当権保護を中心に」広島法学27巻4号(2004年)111頁以下、30巻3号(2007年)27頁以下が検討しているが、本稿でも抵当権の性質との関連で言及することにしたい。
(9) *Reinhold Johow*, Entwurf eines bürgerlichen Gesetzbuches für das Deutsche Reich. Sachenrecht., 1880.
(10) Entwurf eines bürgerlichen Gesetzbuches für das Deutsche Reich. Erste Lesung., 1888.
(11) Entwurf eines Bürgerlichen Gesetzbuches für das Deutsche Reich. Zweite Lesung., 1894.
(12) *Reinhold Johow*, Entwurf eines bürgerlichen Gesetzbuches für das Deutsche Reich. Sachenrecht. Begründung, Bd. 3, 1880-1882.
(13) Motive zu dem Entwurfe eines Bürgerlichen Gesetzbuches für das Deutsche Reich., Bd. 3, 1888. 以下では、Motive Ⅲ として引用する。
(14) Protokolle der Kommission für die zweite Lesung des Entwurfs des Bürgerlichen Gesetzbuchs. Im Auftrage des Reichs-Justizamts, Bd. 3, 1899. 以下では、Protokolle Ⅲ として引用する。
(15) *Johow*, a.a.O.(Anm. 12), S. 1455f.
(16) *Johow*, a.a.O.(Anm. 12), S. 1456.
(17) *Johow*, a.a.O.(Anm. 12), S. 1649f.
(18) *Johow*, a.a.O.(Anm. 12), S. 1650, 1652f.
(19) *Johow*, a.a.O.(Anm. 12), S. 1653f.
(20) *Johow*, a.a.O.(Anm. 12), S. 1697-1699.
(21) *Johow*, a.a.O.(Anm. 12), S. 1700f.
(22) Motive Ⅲ, S. 596f.
(23) Motive Ⅲ, S. 595.
(24) Motive Ⅲ, S. 602f.
(25) Motive Ⅲ, S. 2.
(26) Motive Ⅲ, S. 675f.
(27) Motive Ⅲ, S. 669f.
(28) Motive Ⅲ, S. 671f.

(29) Protokolle Ⅲ, S. 539f.
(30) Protokolle Ⅲ, S. 571f.
(31) Protokolle Ⅲ, S. 568ff.
(32) ZVG草案に関する覚書(Denkschrift)では、BGBによって共通の不動産法が創設されることから不動産の強制執行法を統一して形成する必然性が生じたが、BGBには抵当権およびその他の権利の行使に関する規定のための余地はないために、これとは別個の法律の制定が必要である旨が謳われている(Vgl. *E. Hahn/ B. Mugdan*, Materialien zum Gesetz über die Zwangsversteigerung und die Zwangsverwaltung und zur Grundbuchordnung, 1897, S. 34.)。
(33) Vgl. *Rudolph Sohm*, Institutionen. Geschichte und System des römischen Privatrechts, 16. Aufl., 1919, S. 467.
(34) Vgl. *Heinrich Dernburg*, Lehrbuch des Preußischen Privatrechts und der Privatrechtsnormen des Reichs, Bd. 1, 3. Aufl., 1881, S. 769f;*derselbe*, Das Preußische Hypothekenrecht, Abt. 2, 1891, S. 12.
(35) Vgl. *Heinrich Dernburg*, Das bürgerliche Recht des Deutschen Reichs und Preußens, Bd. 3, 1. Aufl., 1898, S. 576.
(36) *Josef Kohler*, Substanzrecht und Wertrecht, Archiv für die Civilistische Praxis, Bd. 91, 1901, S. 155ff.
(37) *Kohler*, a.a.O.(Anm. 36), S. 155.
(38) *Kohler*, a.a.O.(Anm. 36), S. 156.
(39) *Kohler*, a.a.O.(Anm. 36), S. 157ff.
(40) 物的負担(BGB1105条)はドイツ固有法に由来する制度であり、権利者は土地から(その収益を基礎にした)回帰的な給付を受ける権利を有し、任意の給付がなされない場合には土地から強制的に満足を受ける権利を有する。この点では権利者には目的物の換価権があるといえるが、物的負担では、所有者もその所有権を保持する期間に相当する給付に関する人的債務・責任を負うものとされており(BGB1108条1項参照)、これと抵当権・土地債務とは明確に分別するのが今日の一般的な見解である(Vgl. *Manfred Wolf*, Sachenrecht, 22. Aufl., 2006, §32Ⅶ(S. 406);*Hans Josef Wieling*, Sachenrecht, 5. Aufl., 2007, §25Ⅳ(S. 398);*Jan Wilhelm*, Sachenrecht, 3. Aufl., 2007, S. 753;*Fritz Baur/ Jürgen F. Baur/ Rolf Stürner*, Sachenrecht, 18. Aufl., 2009, §35Ⅰ7(S. 430).)。
(41) *Kohler*, a.a.O.(Anm. 36), S. 161f.
(42) *Kohler*, a.a.O.(Anm. 36), S. 163f.
(43) *Josef Kohler*, Lehrbuch des Bürgerlichen Rechts, Bd. 2, Teil 2, 1919, S. 370f.
(44) *Kohler*, a.a.O.(Anm. 36), S. 168f.
(45) *Kohler*, a.a.O.(Anm. 43), S. 385.
(46) *Kohler*, a.a.O.(Anm. 43), S. 369f, 389f. 抵当権の執行名義に関するKohlerの見解の詳細については、*derselbe*, Die Vollstreckungsurkunde als Verkehrsmittel, Archiv für Rechts-und Wirtschaftsphilosophie mit besonderer Berücksichtigung

der Gesetzgebungsfragen, Bd. 10, 1917, S. 386ff, Bd. 11, 1917, S. 145ff参照。
(47) Vgl. *Andreas von Tuhr*, Der Allgemeine Teil des Deutschen Bürgerlichen Rechts, Bd. 1, 1910, §6 Anm. 7.
(48) Tuhrも同じ趣旨のことを述べている (Vgl. *Tuhr*, a.a.O. (Anm. 47), S. 135.)。
(49) このことは、彼の別著において改めて強調されている。Vgl. *Josef Kohler*, Recht und Persönlichkeit in der Kultur der Gegenwart, 1914, S. 130f.
(50) Vgl. *Hans Christoph Hirsch*, Die Übertragung der Rechtsausübung : Vervielfältigung der Rechte, Teil. 1, 1910, S. 453ff.
(51) 中田薫「独仏中世法ニ於ケル債務ト代当責任トノ区別」法学協会雑誌29巻10号 (1911年) 1507頁以下参照。
(52) *Aloir Brinz*, Der Begriff obligatio, Zeitschrift für das privat-und öffentliche Recht der Gegenwart, Bd. 1, 1874, 11ff.
(53) *Brinz*, a.a.O. (Anm. 52), S. 16f, 39f.
(54) *Aloir Brinz*, Lehrbuch der Pandekten, Bd. 2, 2. Aufl., 1882, §346.
(55) *Brinz*, a.a.O. (Anm. 52), S. 15f.
(56) Vgl. *Wolfgang Mincke*, Die Akzessorietät des Pfandrechts : Eine Untersuchung zur Pfandrechtskonstruktion in Theorie und Gesetzbebung des 19. Jahrhunderts, 1987, S. 123.
(57) 中田・前掲（注51）1526頁参照。
(58) *Karl von Amira*, Nordgermanisches Obligationenrecht, Bd. 1, Altschwedisches Obligationenrecht, 1882, §§4-7.
(59) *Amira*, a.a.O. (Anm. 58), §§15, 27.
(60) *Paul Puntschart*, Schuldvertrag und Treugelöbnis des sächsischen Rechts im Mittelalter : Ein Beitrag zur Grundauffassung der altdeutschen Obligation, 1896, §14.
(61) *Paul Puntschart*, Der Grundschuldbegriff des Deutschen Reichsrechtes in Gesetz und Literatur, 1900.
(62) Vgl. Motive Ⅲ, S. 788, 610.
(63) *Puntschart*, a.a.O. (Anm. 61), S. 7f.
(64) *Puntschart*, a.a.O. (Anm. 61), S. 18-21, 24.
(65) *Puntschart*, a.a.O. (Anm. 61), S. 29-31.
(66) *Puntschart*, a.a.O. (Anm. 61), S. 33f.
(67) *Puntschart*, a.a.O. (Anm. 61), S. 62.
(68) *Puntschart*, a.a.O. (Anm. 61), S. 68-70.
(69) *Puntschart*, a.a.O. (Anm. 61), S. 74-76.
(70) *Puntschart*, a.a.O. (Anm. 61), S. 85f, 91f.
(71) *Puntschart*, a.a.O. (Anm. 61), S. 112ff.
(72) *Puntschart*, a.a.O. (Anm. 61), S. 115f.
(73) *Otto von Gierke*, Schuld und Haftung im älteren deutschen Recht insbesondere

die Form der Schuld-und Haftungsgeschäfte, 1910, S. 7ff, S. 11ff.
(74) *Otto von Gierke*, Deutsches Privatrecht, Bd. 2, 1905, S. 852-854.
(75) *Gierke*, a.a.O.(Anm. 74), S. 856.
(76) *Gierke*, a.a.O.(Anm. 74), S. 857.
(77) Vgl. *Ernst Freiherr von Schwind*, Wesen und Inhalt des Pfandrechts : Eine rechtsgeschichtliche und dogmatische Studie, 1899. Schwindは、ザクセン法、プロイセン法、バイエルン法およびオーストリア法といったドイツ固有法の詳細な検討を通じて、特に土地債務の本質をその時々の所有者が負担する強制力なき債務に対応する純粋な物的責任が土地に課されるものとみている(Vgl. *derselbe*, a.a.O., S. 132.)。
(78) この問題について、Schwindは、人的責任を負う債務者と並んで所有者が債務を負うと考えることによって、BGBが抵当権実行の際の告知を所有者に対してなすべき旨を定めている点を明快に説明することができるとしつつ、かかる構成が必然的になるわけではないという(Vgl. *Schwind*, a.a.O.(Anm. 77), S. 139ff.)。
(79) 責任構成に対しては、すでに、中島玉吉「質権本質論」『続民法論文集』(金刺芳流堂、1922年)52頁以下、96-97頁も、ほぼ同じ趣旨の批判をしている。
(80) *Dernburg*, a.a.O.(Anm. 35), S. 568f, 577.
(81) たとえば、Planck＝Streckerは、担保権が、単に債権の満足の権利ではなく、債権を顧慮することなく対象の換価によって金額を得る、すなわち物の財産的価値の一部を自分のものとする権利を与える、ということをその本質と見ようとするならば、抵当権および土地債務も広義の担保権に属する、と述べている(Vgl. *G. Planck/ O. Strecker*, Kommentar zum Bürgerlichen Gesetzbuch nebst Einführungsgesetz, Bd. 3, 4. Aufl., 1920, Vorbem. vor § 1113 3.(S. 762).)。
(82) Vgl. *Wolf*, a.a.O.(Anm. 40), § 32(S. 390, 397) ; *Wieling*, a.a.O.(Anm. 40), §§ 26, 28 (S. 405, 435) ; *Wilhelm*, a.a.O.(Anm. 40), S. 556, 600 ; *Baur/ Stürner*, a.a.O.(Anm. 40), § 36 I 1, § 39(S. 435, 512).
(83) そのほかに、CosackやSiberらも物的債務構成を主張していた(Vgl. *Konrad Cosack*, Lehrbuch des Deutschen bürgerlichen Rechts auf der Grundlage des bürgerlichen Gesetzbuchs für das Deutsche Reich, Bd. 2, Abt. 1, 1899, § 221 ; *Heinrich Siber*, Zur Theorie von Schuld und Haftung nach Reichsrecht, Jherings Jahrbücher für die Dogmatik des bürgerlichen Rechts, Bd. 50, 1906, S. 55ff, 136ff.)。
(84) *Carl Crome*, System des Deutschen Bürgerlichen Rechts, Bd. 3, 1905, S. 1-4.
(85) *Crome*, a.a.O.(Anm. 84), S. 639f, 643-645.
(86) *Crome*, a.a.O.(Anm. 84), S. 644 Anm. 41.
(87) *Eugen Fuchs*, Grundbegriffe des Sachenrechts, 1917, S. 85ff.
(88) *Fuchs*, a.a.O.(Anm. 87), § 3(S. 18ff) ; *derselbe*, Das Wesen der Dinglichkeit : Ein Beitrag zur allgemeinen Rechtslehre und zur Kritik des Entwurfs eines bürgerlichen Gesetzbuches für das Deutsche Reich, 1889, § 3(S. 16f).
(89) *Fuchs*, a.a.O.(Anm. 87), S. 21f.

(90) *Fuchs*, a.a.O.(Anm. 87), S. 87f.
(91) *Fuchs*, a.a.O.(Anm. 87), S. 100.
(92) *Fuchs*, a.a.O.(Anm. 87), S. 101f.
(93) Vgl. *Fuchs*, a.a.O.(Anm. 87), S. 85, 98.
(94) Vgl. *Fuchs*, a.a.O.(Anm. 87), S. 113.
(95) Vgl. *Otto Stobbe/ Heinrich Lehmann*, Handbuch des Deutschen Privatrechts, Bd. 2, 3. Aufl., 1897, S. 165ff.
(96) Dernburgも同様の見解をとっていた(Vgl. *Dernburg*, a.a.O.(Anm. 35), S. 642.)。
(97) Vgl. *Crome*, a.a.O.(Anm. 84), S. 755 ; *Planck/ Strecker*, a.a.O.(Anm. 81), § 1147 2. b(S. 906).
(98) Vgl. *Hermann Oberneck*, Das Hypothekenrecht des Bürgerlichen Gesetzbuchs, 1897, S. 27 ; *derselbe*, Das Reichsgrundbuchrecht, Bd. 2, 4. Aufl., 1909, S. 379 ; *Ludwig Kuhlenbeck*, Das Bürgerliche Gesetzbuch für das Deutsche Reich nebst dem Einführungsgesetze, Bd. 2, 2. Aufl., 1903, § 1147 ; *Johannes Biermann*, Das Sachenrecht des Bürgerlichen Gesetzbuchs, 2. Aufl., 1903, § 1147 Bem. 2 ; *Planck/ Strecker*, a.a.O. (Anm. 81), Vorbem. vor § 1113 3. (S. 764) ; *J.v. Staudinger/ Karl Kober*, Kommentar zum Bürgerlichen Gesetzbuch und dem Einführungsgesetze, Bd. 3, Teil 2, 9. Aufl., 1926, § 1147 Ⅲ. 2.
(99) Vgl. *Rudolph Sohm*, Ueber Natur und Geschichte der modernen Hypothek, Zeitschrift für das privat-und öffentliche Recht der Gegenwart, Bd. 5, 1878, S. 1ff, 28f.
(100) Vgl. *Gierke*, a.a.O.(Anm. 74), § 158, Anm. 16 ; *Fuchs*, a.a.O.(Anm. 87), S. 115f.
(101) *Siber*, a.a.O.(Anm. 83), S. 143.
(102) *Siber*, a.a.O.(Anm. 83), S. 136.
(103) *H. Staub*, Der Tenor im Pfandprozesse, Beiträge zur Erläuterung des Deutschen Rechts, Bd. 27, 1883, S. 707ff, 709ff.
(104) Vgl. *Planck/ Strecker*, a.a.O.(Anm. 81), Vorbem. Vor § 1113 3(S. 762) ; *Martin Wolff*, Lehrbuch des Bürgerlichen Rechts, Bd. 3 : Das Sachenrecht, 9. Aufl., 1932, S. 467 ; *Harry Westermann*, Sachenrecht, 5. Aufl., 1966, § 94 Ⅱ 3(S. 468) ; *Hansjörg Weber*, Sicherungsgeschäfte, 3. Aufl., 1986, § 11 Ⅱ 3(S. 144f) ; *Karl Heinz Schwab*, Sachenrecht, 22. Aufl., 1989, § 50 Ⅲ 2 (S. 240) ; *Baur*, a.a.O. (Anm. 3), § 36 Ⅱ 2 (S. 321) ; *Hans-Armin Weirich*, Grundstücksrecht, 2. Aufl., 1996, S. 368.
　Lübtowは、債権への付従性のドグマが、抵当権、土地債務および物的負担を統一的に把握する法的構成の障害になっているとし、これらに共通する権利内容として、それ自体には強制力も義務主体もないAnrecht(要求権)という権利概念を強く主張したが(*Ulrich von Lübtow*, Die Struktur der Pfandrechte und Reallasten : Zugleich ein Beitrag zum Problem der subjektlosen Rechte, Festschrift für Heinrich Lehmann zum 80. Geburtstag, Bd. 1, 1956, S. 328ff.)、これも一般には受け入れられていない。

(105) Planck = Streckerは、物的債務等の構成が持つ実際上の唯一の意義は抵当訴訟の位置づけにあるとしており(Vgl. *Planck/ Strecker*, a.a.O.(Anm. 81), Vorbem. Vor § 1113 3(S. 762).)、Nußbaumにいたっては、物的債務等の構成には実益がないと断言している(Vgl. *Arthur Nußbaum*, Lehrbuch des Deutschen Hypothekenwesens nebst einer Einführung in das allgemeine Grundbuchrecht, 2. Aufl., 1921, S. 47f.)。また、Westermannらは、責任構成や物的債務構成における特殊な債務はBGBの立場に適合しないと評している(Vgl. *Westermann*, a.a.O.(Anm. 104), § 94 II (S. 467f); *Weber*, a.a.O.(Anm. 104), S. 144f.)。

(106) Vgl. RG 12.10.1901, RGZ 49, 106, 109; RG 5.7.1918, RGZ 93, 234, 236.

(107) Vgl. *Wolff*, a.a.O.(Anm. 104), § 140 I 1 (S. 515f); *Westermann*, a.a.O.(Anm. 104), § 101 II 2 (S. 502); *Weber*, a.a.O.(Anm. 104), § 11 VII 4 (S. 171ff); *Baur*, a.a.O. (Anm. 3), § 36 II 2 (S. 321); *Weirich*, a.a.O.(Anm. 104), S. 368; *T. Soergel/ W. Siebert/ Horst Konzen*, Bürgerliches Gesetzbuch mit Einführungsgesetz und Nebengesetzen, Bd. 16, 13. Aufl., 2001, Vor § 1113 Rdn. 1; *Wieling*, a.a.O.(Anm. 40), § 29 III 2-4 (S. 447ff).

(108) *Ernst Wolf*, Lehrbuch des Sachenrechts, 2. Aufl., 1979, S. 431ff.

(109) *Dieter Eickmann*, Münchener Kommentar zum Bürgerlichen Gesetzbuch, Bd. 6, 4. Aufl., 2004, § 1147 Rdn. 3-5; J.v. *Staudinger/ Hans Wolfsteiner*, Kommentar zum Bürgerlichen Gesetzbuch mit Einführungsgesetz und Nebengesetzen, 13. Aufl., Einl. zu §§ 1113ff Rdn. 24-26; *Fritz Jost*, Duldung der Zwangsvollstreckung?, Jura 2001, S. 153f.

(110) Vgl. *Wolf*, a.a.O.(Anm. 108), S. 432f; *Eickmann*, a.a.O.(Anm. 109), § 1147 Rdn. 4a.

(111) *Wolf*, a.a.O.(Anm. 108), S. 440-442.

(112) *Jan Schapp*, Zum Wesen des Grundpfandrechts, Freundesgabe für Alfred Söllner zum 60. Geburtstag, 1990, S. 477ff, 484-489.

(113) *Schapp*, a.a.O.(Anm. 112), S. 492f.

(114) Vgl. *Wolf*, a.a.O.(Anm. 40), § 32 III 1b (S. 396); *Wieling*, a.a.O.(Anm. 40), § 26 I 1 (S. 406); *Wilhelm*, a.a.O.(Anm. 40), S. 603; *Baur/ Stürner*, a.a.O.(Anm. 40), § 36 I 1.

(115) *du Chesne*, Wertrecht und Pfandrecht, Jherings Jahrbücher für die Dogmatik des bürgerlichen Rechts, Bd. 76, 1926, S. 207ff.

(116) *Chesne*, a.a.O.(Anm. 115), S. 208ff, 218ff.

(117) *Wolff*, a.a.O.(Anm. 104), S. 462, 467.

(118) *Westermann*, a.a.O.(Anm. 104), § 91; *Baur*, a.a.O.(Anm. 3), § 36 I.

(119) Vgl. *Wolf*, a.a.O.(Anm. 40), § 32; *Wieling*, a.a.O.(Anm. 40), § 26; *Wilhelm*, a.a.O.(Anm. 40), S. 556f; *Baur/ Stürner*, a.a.O.(Anm. 40), § 40 IV 3 (S. 535).

(120) Vgl. *Mincke*, a.a.O.(Anm. 56), S. 165.

(121) すなわち、我妻博士の理論には、抵当権が交換価値のみを支配するとするこ

とによって、抵当権者には目的不動産上の利用関係をそのままに投下資本を回収させ、不動産上の利用権能を基礎にした事業活動を頓挫させまいとする意図があったと思われる(我妻栄『近代法における債権の優越的地位』(有斐閣SE版、1986年)81頁以下、213頁参照)。これについては、第3章で検討を加えたい。

(122) 今日のドイツの教科書・体系書では、このことは当然の前提とされている(Vgl. *Wieling*, a.a.O.(Anm. 40), §29 I (S. 445) ; *Baur/ Stürner*, a.a.O.(Anm. 40), §11 I (S. 110).)。

第3章　日本法における抵当権の性質

I　序　論

　本章においては、日本民法において抵当権がいかなる権利として定められ、その効力・性質について学説がいかなる議論を展開してきたのかを検討する。もともと抵当権は民法上価値権として規定されたものではなく、これも物権の1つであり所有者の利用権に対しての制限として働くものと考えられていたことは、旧395条の短期賃貸借保護制度との関係で、すでに内田教授によって明らかにされている。また最近では、抵当権の性質に関する従来の諸学説について、付従性の問題を含めた詳細な研究も現れている。それゆえ、単に抵当権の性質に関する諸説を紹介することにはもはや格別の意味がないし、また、今日までの学説の詳細を網羅的に説明することが本稿の目的に相応するわけでもない。

　むしろ本稿では、民法制定段階の支配的見解が、抵当権には目的不動産に対して具体的にいかなる権能があると見ていたのか、とりわけ抵当権の実行方法との関係で目的物の占有権原についてはいかなる認識を持っていたのか、また、その後の学説も価値権理論の確立前にはこの点につきいかなる議論を展開していたのかが重要である。そして、これらの問題に関して、価値権理論とそれ以前の学説との間にはどのような違いがあるのかを検討することによって、価値権理論の問題点をより明確にすることができるだろう。

　さらに、価値権理論が支配的学説として定着した後には民事執行法が制定されており、かかる手続法の制定が抵当権の性質・効力にとっていかなる意味を持つのかも検討しなければならない。ドイツの議論から明らかなように、抵当権に内在する権能の考察に当たっては手続法的視点も欠くことができないからである。

　以下では、民法制定段階の議論を概観してから、価値権理論が提唱されるまでの学説の流れを追っていき、それらの特徴・問題点を指摘したうえで、

価値権理論の検討へと論を進める。そのことによって、価値権理論が少なくとも解釈論としては日本民法の抵当権の性質に適合せず、むしろ、本来、抵当権には目的物からの満足のためにこれを換価する権能が内包され、その占有・収益に対する効力も十分に容認しえたことを明らかにしたい。そして、かかる換価権としての抵当権の性質が民事執行法の制定によっても揺るがないことを、法律制定時の議論の検討を通じて明確にしたい。また、このような日本法の抵当権の効力・性質にかんがみ、平成15年になされた抵当権についての法改正をいかに評価すべきかをもあわせて論じることにしよう。

II 民法制定期における議論

1. はじめに

　現行民法典がボワソナード(Boissonade)による草案を基礎にした旧民法典の修正によって成立したことは周知の事実であり、抵当権の規定にはフランス法に由来するものが多い。ドイツ法における流通抵当・土地債務が日本法には存在しない点もその現われである。そのような意味で、現行民法における抵当権の検討の前提として、これに対応する旧民法の規定の意義を検討することは不可欠であろう。そこで、ここではまず旧民法の段階で抵当権者の有する権能がどのように捉えられていたのかを概観し、その後の現行民法典の制定時において起草者らは抵当権の権能をどのように理解していたのかを見てみる。

2. 旧民法における抵当権の位置づけ

(1) 抵当権の概念規定

　旧民法債権担保編195条は、抵当権の概念・性質について次のように規定していた。

　　抵当ハ法律又ハ人意ニ因リテ或ル義務ヲ他ノ義務ニ先タチテ弁償スル為メニ充テタル不動産ノ上ノ物権ナリ

　『民法理由書』[3]によれば、この規定は次の4点を指示するものとされている。第一に、抵当権が物権であること、第二に、抵当権は不動産に対してのみ設定しうること、第三に、抵当権は法律の規定によっても人の意思によっ

ても生ずること、そして第四に、抵当権を有する債権者は他の債権者に対して優先する権利を有すること、である。さらに理由書は、抵当権が第三取得者に対して追及する権利を有するのは、抵当権の物権たる性質から必然的に生ずる結果であるとしている。

債権担保編195条は、ボワソナード氏起稿『再閲修正民法草案註釈』によれば、草案1701条を基礎としたものであり、その実質的内容は草案とほとんど変わらず、草案注釈においても上記とほぼ同じことが語られていた。

この規定に関して、宮城博士は次のように説明していた。数人の債権者がある場合に、一人の債権者が他の債権者を排除し、または債務に関係を有しない第三所持者(第三取得者)に対して債務者から得た不動産を差し押さえこれを競売に付するに至って、物上担保を有することが債権者に最も有益となる。抵当を物権とするのはまさにこのためである。抵当権が物権であるが故に、債権者は優先権と追従権(追及権)を有する。すなわち、抵当権者は他の債権者に先んじて不動産の代価から債務の弁済を受ける権利を有し、第三所持者に対してはその不動産を競売することができる権利を有する。

また、井上博士は、抵当権では目的不動産を競売に付し優先権をもって弁済を受けるにとどまり、占有を債権者に移転せず債務者が依然として目的不動産を占有することが不動産質と著しく異なる点であるとしていた。

ちなみに、旧民法の段階では、抵当権が所有権の支分権であるか否かという問題が議論され、ボワソナードはこれを肯定していたが、かかる議論次第で特に抵当権者の目的物に対する権能の内容が左右されることはなかった。

(2) 収益に対する効力の有無

抵当不動産の収益に対する抵当権の効力に関しては、債権担保編202条が次のように規定していた。

> 抵当財産ノ差押ナキ間ハ債務者ハ財産編第百十九条及ヒ第百二十条ニ定メタル期間其不動産ヲ賃貸スルコトヲ得又其果実及ヒ産出物ヲ譲渡シ及ヒ管理ノ総テノ行為ヲ為スコトヲ得

『民法理由書』はこの規定について次のようにいう。抵当権が所有権の支分権であるといえども、債務者が抵当目的物に関する一切の権利を失うわけではない。債務者はただ債権者を害すべき処分行為をすることができないにとどまり、管理の行為は完全にすることができる。これが、抵当権と不動産質

権との間に存する大きな差異である。なぜなら、不動産質権の場合においては、債務者は質物の占有を失い、これが債権者の手に帰するからである。

債権担保編202条はボワソナード草案1708条を基礎にしており、その実質的内容は草案とほとんど変わらず、草案注釈にも上記と同じことが述べられていた。(10)

宮城博士は、『民法理由書』と同様の説明をしたうえで、本条を債務者のなしうる管理行為の限度を指示したものとして、次のようにいう。(11)管理行為に属するものとしては、本条の定めた期間内の賃貸と不動産から生ずる果実または産出物の譲渡があり、債務者はこのような収益を債権者の担保を害しない時期まで継続することができる。すなわち、債権者が抵当物件を差し押さえるまでは自由に収益をすることができるが、差押え後は賃貸その他の一切の管理行為をすることができなくなる。

井上博士も、債権者より不動産の差押えを受ける前には、不動産の使用収益、管理行為は債務者にゆだねられ、不動産から生ずる果実および産出物を処分することもその自由であるが、差押えを受ければ債務者は管理の権利を失う、としている。(12)

(3) 抵当権と利用権

最後に、債権担保編248条は、抵当権の追及効に関して次のように規定していた。

　　抵当不動産カ譲渡サレ又ハ用益権其他ノ物権ヲ負担シタルトキハ其権原ノ登記前ニ登記ヲ為シタル抵当債権者ハ第三取得者ニ対シ債務ノ弁済ヲ請求スル権利ヲ保有シ又此不動産ノ売却代価ヲ以テ弁済ヲ受クル為メ其不動産ノ徴収ヲ訴追スル権利ヲ附随ニテ保有ス

　　然レトモ財産編第百十九条及ヒ第百二十条ニ規定シタル期間ヲ以テ為シ又ハ更新シタル賃貸借ハ抵当債権者之ヲ遵守スルコトヲ要ス

この規定について、『民法理由書』は以下のように説明している。(13)

抵当権は、単に優先権によって他の債権者との競合を免れることができるだけでなく、追及の権利によって抵当物件の譲渡から生ずる損害を免れることができる。たとえその譲渡が善意でなされてもそうである。

追及の権利が問題となるのは、債務者が抵当権の目的となる不動産を譲渡し、または当該不動産に用益権を設定し、あるいは他の物権の負担をつけた

場合である。追及の権利の主たる効力は、第三所持者(第三取得者)に対して債務の弁済を請求することができる点にある。抵当債権者は第三所持者に対し抵当不動産の追及を請求するに至るであろうが、これは付随の請求であって、第三所持者が任意に弁済をなさない場合においてのみなされる。第三所持者は、この債務に関し単に抵当不動産の差押えおよび競売を受けるにとどまるべきである。なぜなら、第三所持者が負担を有するのはこの不動産のみにとどまり、それはこの不動産の取得者であるが故であるからである。要するに、第三所持者は物上の義務を負担するにとどまり、債務者のように一切の財産をもって義務を負担するのではない。

ただ、期間がはなはだ短い賃借権であり、その設定行為が管理の行為に属するものは、常に抵当権に対して有効となるべきである。けだし、もしそうでなければ抵当に入れた不動産を賃借する者がほとんどいなくなるだろう。抵当権の追及効によって賃借物の追奪を被ることを恐れ、債務者と賃貸借の合意をなす者がなくなるからである。かくのごときは決して、債務者の利益および一般経済上の利益のため望ましいものではない。

債権担保編248条の規定はボワソナード草案1762条の規定を基礎とし、その実質的内容はやはり草案とほとんど変わらず、草案注釈においても上記と同じことが述べられていた。宮城博士と井上博士も、『民法理由書』と内容的には同様のことを説明していた。

(4) 若干の検討

以上のように、旧民法の段階においては、物権たる抵当権には、他の債権者に対する優先権と第三取得者に対する追及効があり、基本的には抵当権設定後に現れた用益権・賃借権を覆す効力もあると考えられていた。優先権とは不動産の代価から優先的に配当を受ける権利を意味しており(債権担保編248条1項)、また、規定上、抵当権者の満足は競売手続によることが前提とされていた(同278条1項)。抵当権の概念規定においては目的不動産の占有の所在は明らかではないが、少なくとも差押えまでに不動産の管理が設定者にゆだねられることが規定されている以上、抵当権の設定段階では占有が移転されないことも明らかである。

しかし、競売による満足が抵当権者のいかなる権能に基づいているのかは判然とせず、まして、抵当権の実行手続との関係で抵当権者の占有権原があ

りうるのかなどは全く問題とされていない。そもそも、旧民法の段階では増価競売に関する手続法は制定されていたが、競売一般に関する手続法はない状況であった。また、収益による満足の可能性も不透明である。差押え以降には収益に対する抵当権の効力も認められるようではあるが、収益から満足を受ける手続に言及する規定が存在しないからである。

ただし、このことが直ちに抵当権の占有権原や収益から満足する権能に対する否定的評価に繋がるわけではない。むしろ、旧民法の段階では、抵当権には目的物から優先的に満足を受ける権能があることは認識されつつも、そのために具体的に目的物に対していかなる権能を行使しうるかが十分に分析されていなかったというべきであろう。また、旧民法では、天然果実にせよ法定果実にせよ、抵当権の収益に対する効力は債権担保編202条によって規定され、法定果実たる賃料を物上代位の範疇に取り込んではいなかった点にも留意すべきである(債権担保編201条1項。詳しくは、第2部第1章II参照)。これは、果実に対する効力の是非はあくまで抵当権の本来的効力との関係で論ぜられるべきことを物語っているからである。

3. 現行民法制定段階における抵当権の位置づけ

(1) 法典調査会での議論

現行民法においては、抵当権の概念は369条によって、果実ないし収益に対する抵当権の効力の有無は旧371条によって規定され、これらはそれぞれ旧民法債権担保編195条、202条を引き継いだものである。また、旧民法債権担保編248条2項を引き継いで短期賃貸借保護の制度(旧395条)が規定されたが、第三取得者に対して弁済を請求できるという規定(旧民法債権担保編248条1項)はなくなり、他方で、旧民法では認められていなかった抵当権の賃料債権に対する物上代位が規定された(372条・304条)。

法典調査会において、起草委員の梅博士は、民法369条に関し、抵当権と質権との差異を明らかにするために占有を移さないということを記した旨を説明しているが、抵当権の権利内容については特に何も語らず、ただ抵当権の目的は、弁済がなされない場合に目的物を差し押さえて売却しその代価から弁済を受けることにあると述べていた。これは、占有のほかは抵当権の権利内容が質権と同じであることを前提にしたものといえよう。

興味深いのは、強制執行による債権質の実行を明示していた民法旧368条に関する議論である。ここでは、債権質に関してのみかかる規定を設けることについて疑義が生じ、起草委員の富井博士が、質権は目的物を売ってその代価から優先弁済を受ける権利であり、動産質や不動産質については当然それが民事訴訟法の強制執行の普通の規定によると説明した[18]。これに対しては、高木委員、長谷川委員から、質権の実行は訴訟法に従うものではなく、任意競売のように執行力の正本なくしてできるものであるとの反論がなされ[19]、起草委員による再検討の結果、民事訴訟法による競売方法は煩雑であるから、民法実施と同時に簡便な競売手続法とでもいうべきものを設ける、という方向性が示された[20]。この際、富井博士と梅博士は、動産質には特に簡便な競売方法が適していると見ていた[21]。そして、これを受けて民法制定と同時に競売法が制定されるに至っているが、その起草・制定過程に関する資料は明らかになっていない[22]。

次に、抵当権の果実に対する効力を差押え後に認める民法旧371条について、梅博士は、その趣旨が旧民法債権担保編202条と基本的には同様であると説明しているが、差押え後に効力が及ぶ果実から抵当権者がいかにして満足をするのかについては言及していない[23]。他方で、先取特権の物上代位を準用する民法372条についても、賃料債権に対する物上代位がなぜ認められるのかについては全く説明がなされていない。ただ、果実に関する旧371条の規定との関係で賃貸のケースを372条に包含させることに疑問が呈されたのに対し、旧371条の果実は天然果実のみを指している旨が説明されたにとどまる[24]。

最後に、短期賃貸借の保護を規定する旧395条に関しては、旧民法における理由とほぼ同様のことを梅博士が述べていた。すなわち、抵当権の設定登記の後に賃借権が設定された場合には、賃借権は抵当権に対抗できないため、抵当権の行使によってこれは当然消滅することになる。しかし、抵当権によってその後の短期の賃借権も許されないことになれば目的物の利用を止めることになりかねない点、短期の賃貸借は管理行為である点から、これを抵当権に対抗できなければ不都合であるという[25]。

なお、『未定稿本／民法修正案理由書』には、以上の法典調査会における議論内容のほかに特に注目すべきことは記載されていない[26]。

(2) 注釈書における説明

(1)のような議論を経て制定された現行民法の抵当権に関し、その施行前に公表された主要な注釈書においては、いかなる説明がなされていたのだろうか。

a. 梅謙次郎『民法要義』

梅博士は、その注釈書においては抵当権の性質を次のように語っていた。抵当権は物上担保であり、優先権および追及権が生ずることは他の物上担保と同じである。ただ、占有を権利者に移すことを要しない点で、抵当権は質権とは異なる。抵当権設定者は不動産の使用収益を継続することができ、他方で、抵当権者は質権者のごとく抵当財産の管理をする煩累を避けることができるため、抵当権は質権より概して便利である[27]。

優先権と追及権の内容については、質権の説明の中で言及していた。すなわち、優先権は、債務者が弁済をしないときに質物を公売してその代価から他の債権者に先んじて弁済を受けることであり、追及権は、設定者が質物を他人に譲渡しても質権者がその譲受人に対して権利を行使することができることであるという[28]。したがって、これが抵当権にも同じように妥当することになる。

また、所有者の使用収益を妨げないという抵当権の性質から果実への効力は否定されるとしつつ、差押え以降に果実にも効力が及ぶことの理由については、抵当権の実行がなされれば抵当権設定者の収益を止めることが至当であるというのみであり、収益から抵当権者が満足するための手続は明らかではない[29]。また、賃料債権への物上代位が特に問題視されることもなかった[30]。そして、短期賃貸借保護の制度は、抵当権設定後の賃借人を特別に保護する制度として位置づけられている[31]。

なお、梅博士は、権利質の位置づけとの関連で、質権や抵当権の客体が物そのものというより正確にはその所有権であるという考えをとっていた。その理由は、質権は物の代価によって満足する権利であるところ、物の代価とは物の所有権の代価といえるという点にある[32]。しかし、これも質権・抵当権の物に対する直接的効力を前提にしたものであった。

b. 松波仁一郎＝仁保亀松＝仁井田益太郎『帝国民法正解』

松波博士、仁保博士、仁井田博士の注釈書によれば、抵当権は他の債権者

に先んじて自己の債権の弁済を受ける権利であり、これは質権と同様であるという[33]。そして、質権についてはこう説明されている。質権者は質物を売却しその代金をもって他の債権者に先んじて債権の弁済に当てる権利を有し、質物売却の権利は質権の主要な効力である。ローマ法のはじめには質権者は質物売却の権利を有さず、ただ特約がある場合に限ってその権利を有することができたが、後世には質権者は当然に質物売却の権利を有するものとなり、特約によってもこれを排除することができなくなった。質権者が質物を売却するのは、自己の権利を行使するものであり、所有者に代わってその権利を行使するものではない。ただ、質権者が質物を売却するには競売手続によらなければならない。質権者が質物を競売する手続については民法は何の規定も設けないため、特別法においてこれに関する規定が設けられるに至っている[34]。

また、抵当権と不動産質権を区別する標準として非占有担保の性質を指摘する[35]。そして、抵当権では所有者に使用収益がゆだねられることから果実に対する効力が否定されるというが、差押え以降に果実に対する効力が肯定される理由ははっきりせず[36]、賃料債権に対する物上代位についても特別の説明はない[37]。短期賃貸借保護の制度の理由についても、特別のことは語られていない[38]。

c. 岡松参太郎『注釈民法理由』

上記の2つの見解では、抵当権と質権には等しく目的物を売却することによって満足する権利が存在し、ただ、両者の差異は占有が移転されるか否かにあるとされているが、岡松博士の見解の特徴は、動産担保と不動産担保を区別する点にある。博士の質権と抵当権に関する説明はこうである。

質権は債務者が弁済をなさない場合に目的物件を換価することができる権利であり[39]、近代の質権に必ず存在する効力として目的物の売却権がある[40]。ただ、ローマ法においてとは異なり、近代法では、動産質権に関しては売却権があるが、不動産を対象とする質権にはこれがなく、単に不動産の競売を請求する権利があるにすぎない。この競売とは質権者の売却権の行使による質物の売買とは全く異なり、強制執行の一種に属する[41]。

また、抵当権は物権であり、それゆえに優先権と追及権が生ずる[42]。優先権が生ずるのは抵当権特有の性質ではなく、すべての物上担保がこの権利を生

ぜしめる。ただ、抵当権や先取特権から生ずる優先権は直接に不動産の代価に対して行われ、この権利を有する債権者は不動産を差し押さえて競売にかけ、その代価から優先して弁済を受けることができる。これに対して、他の物上担保、たとえば留置権や不動産質権は、債権者が不動産の果実を収めてこれを元本または利息に充当するものであり、その権利は直接に代価に対して行われるものではない。

なお、果実に対する抵当権の効力に関する岡松博士の説明は梅博士らの説明と特に異ならないが、ただ、短期賃貸借が保護される理由をそれによって不動産の価値が減少しないことに求める点が特徴的である。

(3) 若干の検討

現行民法制定段階においては、抵当権が質権と同様に優先権を有するとされながら、両者の違いとして占有の移転の有無が強調されるようになったといえる。また、優先権の内容も、明確に目的物を売却して満足を受ける権利として位置づけられ、それが競売手続によることもはっきりと謳われるようになった。その際に、ローマ法における抵当権の沿革が説明の材料とされている点からは、抵当権の本質的権限が目的物の売却権にあると理解されつつあったといえよう。そのことは、質権や抵当権の実行手続について競売法が設けられたことや、抵当権者が収益から満足する手続が問題とされていない点に現れている。さらに、かかる売却権の行使・抵当権の実行によってこれに後れる利用権が覆されることが原則とされていた。

しかし、抵当権においては設定時に占有が移転されないとはいえ、売却権が行使される段階でもそれが貫かれるべきなのか、さらには、占有移転の可能性が競売手続の導入によって左右されるのかなどは全く問題とならなかった。ただ、動産質権には売却権が内在するものの、不動産を対象とする質権では強制執行手続によって満足が実現される点からこれには売却権がない、という岡松博士の説明は、おそらくは同じく不動産を対象とする抵当権も射程にした主張といえる。それは、同博士が抵当権の説明においては売却権に言及せず、単に優先権という表現を用いるにとどめていることにも表れている。しかし、ローマ法で認められていた売却権に伴う占有権原が強制執行手続の導入によっていかなる影響を受けたのかは、そこでも十分に検討されていない。

また、民法制定時には、抵当権者の満足の方法としての収益がほとんど問題とされなかった。しかし、民法典自体は決して収益からの満足に対して否定的評価を加えていなかった。というのは、抵当権は差押え以降には果実に対して効力を及ぼすとされ、また、賃料債権への物上代位も容認されているからである。ただ、賃料への効力を物上代位の中に取り込んでしまったことにより、これが抵当権の本来的効力とは別次元の問題と理解される素地が生じたといえよう。しかし、天然果実も法定果実も抵当不動産の収益であることに変わりがなく、双方の規律をこのように分断することは問題であった。そして、果実・賃料に対する抵当権の効力は、抵当権が目的不動産の収益によって満足しうる権能があるからこそ正当化されるものである。それゆえ、本来であれば、このことを前提に収益からの満足の手続も検討されるべきであった。

4. まとめ

　旧民法から現行民法制定にかけて、もともと抵当権はその実行段階には目的物の利用権能にも干渉しうることが前提とされていた。また、現行民法制定期には、抵当権には目的物からの優先的満足のためにこれを売却しうる権能が内在しているという考え方が確立されつつあった。そして、これを受けた手続法として競売法が制定されたが、これは強制執行手続とは一線を画するものであった。

　他方で、抵当権者が売却権を行使する段階に目的物の占有に干渉しうるか否かは議論されず、まして、占有権原と抵当権の実行手続との関係が問題とされることもなかった。また、現行民法制定時には賃料債権に対する物上代位が認められたものの、そもそも抵当権者に収益による満足が認められるかどうかは問題とされず、むしろ法律上抵当権の実行手続としては競売手続しか定められなかった。

　しかしながら、これによって抵当権には占有権原が一切認められないことになったと理解すべきではあるまい。抵当権には質権と同じく売却権能が内在するという思想はローマ法の担保権に由来するものであり、その考え方を一貫させれば、抵当権者はその売却権の行使の段階では目的物の占有権原をも有することになるはずだからである。しかも、ドイツ法とは異なり、競売

法という独自の手続法を導入することにより、抵当権に内在する権利の行使を強制執行手続によって制限するという思想を日本法はとらなかったならば、抵当権者にはなお占有権原が認められる余地が残っている。

　また、ローマ法における担保権者の満足の方法は基本的には売却であったが、そこでも収益による満足が完全に否定されていたわけではない。動産質権における満足の方法が売却に制限されるとしても、これと不動産上の担保権を全く同視することには問題がある。このことは、競売法の導入に関し、梅博士らが動産質をその主たる適用事例として位置づけていたことにも現れている。民法の規定では差押え以降に抵当権の果実に対する効力が肯定されているのであり、不動産担保権たる抵当権においてはむしろ収益からの満足を認める余地が十分にあった。当時の立法では、このことを十分に考慮することなく早急に競売手続のみが導入されたのではないだろうか。そしてまた、収益の1つである賃料に対する効力を物上代位という制度の枠内に入れてしまったことも、抵当権の収益に対する本来的効力が十分に検討されなかった結果かもしれない。

III　民法施行から価値権理論確立前までの学説

1. はじめに

　本節では、民法施行から石田理論・我妻理論が登場する直前までの学説の流れを見ていく。民法施行後には、ドイツ法学説の強い影響もあって、抵当権の性質に関してもドイツの議論に類似する説が主張されるようになる。とりわけ、大正前期には抵当権に内在する権能として売却権が強調されていたのに対し、大正後期からは抵当権の経済的効用や目的不動産の金銭的価値に対する関係が強調されていったのが特徴的である。

　しかしながら、この段階の学説においても、抵当権は目的物を売却して満足しうるという点で物に対して支配を及ぼす権利であり、抵当権の実行によって目的物の利用関係も覆される、という考え方には格別の異論がなかった。以下では、抵当権に内在する権能、とりわけその実行方法と占有権原との関係に着目して、学説の推移を見ていきたい。

2. 民法施行から大正前期までの議論

(1) 概　要

a. 横田説

初期の学説である横田説は、抵当権を次のように説明していた。

抵当権は物権の1つであり、目的物を売却してその売却代金をもって債権の優先弁済を受ける権利であるが、売却は競売法の手続に従う。また、抵当権は、その設定登記に後れる用益権や賃借権に優先する効力を持つから、その実行によってこれらの用益権や賃借権は消滅することになるが、用益権を取得した者の利益の保護や所有者が他人に目的物を賃貸して収益をあげているという観点から、滌除や短期賃貸借の保護の制度がある。[47]

他方で、抵当権は目的物を占有する権能を包含しない。すなわち、抵当権を不動産上の権利として第三者に対抗するためには登記をすれば足り、その発生のために目的物の占有は必要とならないのみならず、目的物の占有は抵当権の内容を組成しない。それゆえ、抵当権の設定にかかわらず抵当権設定者は使用収益を継続することができるから、抵当権の効力は目的不動産から生ずる果実には及ばない。[48] 差押え以降に果実に対する効力が認められるのは、差押えには目的物に関する所有者の一切の権能を剥奪する効力があり、これによって所有者がもはや収益をすることができない以上、抵当権者に果実に対する優先的権利を認めるのが正当であるからである。[49]

しかし、横田説では、果実から満足を受ける方法や賃料債権への物上代位の問題については特に何も語られていない。また、抵当権者に占有権原がないということが、その売却権が行使される段階でも貫かれるべきなのか、また、かかる問題に関して競売手続がいかなる意味を持っているのかは全く問題とされていない。

なお、横田博士も、梅博士のように、地上権・永小作権上の抵当権の位置づけに関連して、抵当権の目的が不動産そのものというよりむしろその所有権であるという立場をとっていた。[50]

b. 富井説

富井博士は、質権と抵当権に共通する効力として売却権をあげる。

すなわち、質権の主要な効力は売却権と代価に対する優先権であり、質権者は自己の権利として売却をなす。[51] 一般債権者が債務者の財産に権利を行使

するには強制執行の方法によらなければならないが、質権の実行として質物を売却するには執行名義は必要でなく、競売法の規定に従う。そして、抵当権は、占有の移転を必要としない点において質権とは異なるが、債務の弁済がない場合に目的物を売却しその代価から優先弁済を受けることができる点において、質権や先取特権と異ならない。抵当権の実行は目的不動産を売却しその代価から優先弁済を受けることであり、売却の要件・方法は質権と異ならず、競売法の規定に従う。

　富井説によれば、抵当権の効力が果実に及ばないのは、抵当権が設定者の使用収益権能を奪わないことによるとされているが、差押え以降に果実に効力が及ぶ点については、抵当権者らが権利の実行に着手したならば、抵当権者のために所有者の収益権を制限して抵当権の効力を全うするのが至当であるというにとどまる。また、果実からの満足の方法については説明がなく、抵当権の賃料債権に対する物上代位が特に問題とされることもなかった。

　富井博士は、他人の所有物の上に存する他物権は、所有権の行使を制限しその内容たる利益の一部を失わせるとし、このとき権利者に帰せられる利益には物の使用収益と交換価格との２種があり、担保物権においては後者が権利者に帰すと見ていた。しかし同時に、担保物権には物を処分する権能が存在するとし、物に対する直接的効力を認めていた。だからこそ、抵当権は追及効を有し、これに後れる第三取得者の権利や賃借権を競売によって覆しうるのが原則であるが、ただ抵当不動産の流通性や利用の確保という観点から、その修正としての滌除や短期賃貸借保護の制度があるという説明がなされていた。また、権利質や用益権上の抵当権の位置づけに関連して、すべての物が権利を離れては何等の価値を持たず、質権者は債務の弁済がない場合には質物の所有権を処分することができるという点から、梅博士のように、質権や抵当権の客体が物自体というより、むしろその所有権であるとの立場をとっていた。しかし、これも物に対する直接的効力を前提にした立論というべきである。

　c. 川名説

　川名博士は、抵当権が優先弁済受領権を有する点では質権と異ならず、この優先弁済受領権とは目的物を処分してその収得金をもって弁済に当てることを内容とするとしつつ、ただ抵当権は、目的物の占有の移転を必要としな

い点で質権と異なり、抵当権には目的物を占有する権利は包含されないという。また、抵当権の実行は抵当不動産を競売してその代金から弁済を受けることであり、これは競売法の手続によるものであり、ドイツ民法のように強制執行の方法によってなされるのではないとする。さらに、抵当権が物権であるが故に、これに後れる用益権や賃借権が抵当権に劣後するのは当然の前提とされている。

しかし、抵当権の実行と占有権原との関係は問題とされず、果実に対する抵当権の効力やそれによる満足の方法についても、特別の説明はなされていない。そのような点も含めて、川名説も抵当権の権利内容の理解に関しては横田説や富井説と基本的には同様といえよう。

なお、梅説や富井説が、抵当権の客体を物の所有権としていたのに対して、川名博士は、物について権利が存することとその権利の内容とは区別することができるから、抵当権も物について存する権利であり、所有者がその所有権を放棄しても抵当権が消滅することはないと説明していた。

d. 三潴説

三潴博士は、担保物権を目的物を換価しその売得金を権利者に帰属させるものと捉える見解に対し、そのような説明は留置権をも担保物権とする日本の法制では成り立ちえないと述べ、また、担保物権の目的物を物の交換価格とする考え方に対しては、そのような無形のものを担保物権の目的物とすることはできないと主張する。

そして、抵当権と不動産質権との差異は占有の移転の有無にあるとしつつ、抵当権は優先弁済権が存在する点において質権とは異ならないというが、目的物の売却権能が抵当権に内在しているかについては言及がない。もっとも、抵当権の実行方法がドイツ民法におけるような強制執行ではなく、競売法による競売であるとしている点からは、抵当権には売却権が内在しているという立場をとるように思われる。

三潴説においても、抵当権に後れる用益権や賃借権はこれに対抗できないことが原則とされており、また、抵当権の実行と占有権原との関係や果実に対する抵当権の効力等についても他の説と特に変わった点はない。

e. 中島説

中島博士は、担保権の性質に関するドイツ普通法学説の議論を参照しなが

ら、質権は物権であり他の債権者を排除する優先権を有するが、この優先権を実行する手段として質権者に競売権があり、競売権は質権の本質を構成すると説明する。そして、抵当権は目的物を占有する権利を包含しない点で物に対する物理的支配を有しないものの、抵当権者は債務者の行為を要しないで目的物を競売し直接にその売得金を取得することができる点で、抵当権も物権であるという。すなわち、抵当権にも競売権があるとされている。

中島説の特徴は、抵当権の非占有担保性を徹底する点にある。すなわち、抵当権には占有の権利がなく、目的物が第三者によって占有されていてもそれは抵当権の内容の侵害とならないから、抵当権者は目的物の返還を請求することができない。抵当権の実行に当たっては必ず一定の手続による競売を必要とし、抵当権者が自ら物を占有してこれを売却することはできない。この点では、権利者が債権におけるように客体上に直接の力を有しないものとの疑いがあるが、抵当権の実行のためにする競売は権利者がある機関を通じて物を支配するものであり、抵当権を直接支配権と見ることへの障害とはならない。

さらに中島説は、抵当権が所有者による目的物の利用を妨げないという点から、賃料債権への物上代位を否定している。もっとも、果実に対する抵当権の効力や抵当権と用益権・賃借権との関係については、他の説と特別に異なるところはない。

このように、中島博士は、抵当権の非占有担保性を徹底し、競売手続との関係で抵当権者の占有権原が否定されるという考え方を示していた。しかし、ドイツ法とは異なり抵当権の実行手続に強制執行を導入しなかった日本法においては、抵当権者の占有権原を完全に否定しうるかも問われるべきであったが、この点に立ち入った検討は加えられなかった。

f. 雉本説

a.～e.の実体法学説は、基本的に抵当権者がその売却権を競売手続において行使するという理解をとっていたのに対し、手続法学者の雉本博士は、競売手続においては抵当権者が売主として目的物を売却するのではないという見解を主張していた。

すなわち、ローマ法においては抵当権者自らが売主として目的物の売却をしていたが、ドイツ法における抵当権の実行・換価は、ローマ法の継受にも

かかわらず国家機関がその名において行う公売によっていた。(76)また、ドイツ民法においても、抵当権者の満足は強制執行の方法によるものとされ、この場合に、抵当権者は抵当不動産の所有者に対して執行をなしうる債務名義を有する必要がある。(77)そして、日本の競売法の認める競売も、国家の競売機関が国家の名において行う強制売買であり、担保権者自らが売主として行う私売ではない。なぜなら、ドイツ民法第一草案として定められた私法制度を大体において継承した日本の民法が担保権の実行についてローマ法の古い制度に帰ったと認める証拠はないし、日本の民法および競売法の条項に照らしても、担保物の換価に関する法制がドイツ民法の認めるところと大体において等しいからである。(78)

かくして、競売法の定める競売は、国家機関が金銭債権の強制執行の形式に従って行う担保物件の換価にほかならない。それゆえ、競売法に反対の規定がないかぎり、担保権の実行にも強制執行に関する民事訴訟法の規定を準用すべきことになる。(79)

この雉本説は、抵当権者の有する権能とその実行手続との関係を問うものとして注目される。しかし、抵当権の実行が私売ではなく公売であるという指摘は抵当権者の私的売却権を否定するものではあるが、それがさらに抵当権に換価権が内在するという思想までも否定するものなのかは明らかではない。むしろ、ドイツ法学説を忠実に反映させるならば、なお抵当権の換価権自体は存在するというべきなのであろう。また、その換価権能が執行手続との関係でどのように制約されるか、とりわけ抵当権の実行段階における占有権原がこれによって否定されるのかは、雉本説によっては検討されていなかった。

(2) **若干の検討**

以上の学説に見られるように、民法施行から大正期に入ると、抵当権の主たる権能としてその売却権を強調する見解が支配的になり、競売手続も抵当権者の売却権を実現するものと位置づけられている。そして、抵当権設定において占有が権利者に移転されないとはいえ、かような売却権を行使しうるという点から、抵当権の物に対する支配、物権性が肯定されていた。富井説のように権利の対象を物ではなく所有権と捉える立場も、その実質においてはこのことを容認するものである。ところが、天然果実、法定果実に対する

抵当権の効力に関しては、なぜそのような効力が容認されるのか、そもそも抵当権者が収益から満足を受けることができるのかが、十分に説明されていなかった。

この背景にはドイツ法学説、とりわけ普通法学説の影響があったといえよう。第1章で見たように、担保権の本質をその売却権に求めるのはDernburgを中心にした普通法学説であり、実際に多くの論者がローマ法やDernburgの説に言及しているからである。(80)しかし、当時の学説が近代法の抵当権の性質に関するドイツ法理論を正確に反映していたとはいいがたい。なぜなら、近代ドイツ法では、収益による満足も抵当権の換価権能に包含されるとされ、他方で、強制執行の原則が抵当権者の換価権、とりわけ占有権原にいかなる影響をもたらすかが問題となっていたにもかかわらず、この点を日本法の解釈において十分に考慮した学説はほとんどなかったからである。もちろん、雉本説においては、抵当権者の私的売却権が否定されていることを考慮して、抵当権の実行手続を強制執行として位置づけており、ここには一応近代法の理論が反映されている。また、抵当権者の占有権原に関する中島博士の説明にもその一端は見て取れよう。しかし、これらも換価権の内容としての収益を度外視している点で不十分であり、また手続法に関するドイツ法と日本法との異同をもふまえた解釈論ではなかった。

3. 価値権理論の萌芽——鳩山説と末弘説

(1) 概　要

大正時代の後半から昭和初期にかけて、担保物権の持つ経済的効用や目的物の金銭的価値・交換価値との関係を重視する学説が現れてくる。その代表的学説が鳩山説と末弘説であり、これらは後の価値権理論の萌芽ともいうべきものであった。

a. 鳩山説

鳩山博士は、用益物権と担保物権を対比しつつ、担保物権の経済的な効用を説明する。

すなわち、地上権、永小作権のごときは物を使用することを目的とし、経済的には物の使用価格を内容とするものであるのに対し、担保権は物を使用することを目的とせず、物をもって債権確保の用に供することを内容とす

る。そして、債権確保の用に供する方法は、主として物を換価してその売得金をもって債務の弁済に当てるというものであり、担保物権は交換価格をもってその内容とすると説明されるのが常である。もっとも、民法上は留置権もなお担保物権の1つとされるから、担保物権の全部が交換価格を内容とすると説明するのは正確ではない(81)。

担保物権の主たる効用は債権の実行を担保する点にあるが、ただ担保物権の経済的効用はそれに尽きるものではない。すなわち、担保物権は不動産の価格を融通化・流通化する点においても看過しえない効用を有する。日本民法においてはいまだこの目的のために担保物権の制度を使用することはないが、ドイツの土地債務のごときは主としてこの目的のために認められた物権である。土地の価格を流通化することは、一面において、土地以外の財産を有しない農民がその土地の大規模な利用または改良の費用を融通するために有益であり、他面において、投資しようとする者が土地との間に密接な関係を作り、安全な貸付けをするために便利である。土地の流通化のために抵当制度を利用するならば、抵当権の安全が確保されなければならない。抵当権が債権に従たる権利であるかぎりは、これを取得するためには債権の成立、存在、範囲を調査しなければならない。そこで、ドイツ法などは抵当権の担保すべき債権を無因債権に限るものとし、さらに抵当権を証券的権利としている(82)。

このように、抵当権と交換価格との関係や抵当権の流通性を強調する点で、鳩山説は後の価値権理論に通じている。しかし、これはあくまで経済的効用に関する説明であり、鳩山博士は抵当権の法的性質を次のように説明している。すなわち、抵当権の内容たる物の支配は、質権と異なり占有をなすことを包含せず、ただ一定の場合において物を処分しその価格の全部または一部を取得することのみにあるが、なおこの権能を物の支配と見ることは妨げられない(83)。抵当権には排他性・追及効があるために、抵当権設定登記後に目的物について所有権や地上権を取得した第三取得者が抵当権を害しない範囲内においてのみその権利を取得することは明らかであり(84)、抵当権設定登記後の賃借権も抵当権者に対抗できないのが原則である(85)。

後年、鳩山博士は、抵当権の物上代位における差押えを抵当権者の優先権を保全するための要件と解した大審院連合部大正12年4月7日判決(民集2巻

209頁)に関する評釈において、「物権には物自体を目的とし、物の使用価格を対象とするものと、物の経済価格、交換価格を目的とするものとがある。地上権、永小作権、地役権等所謂収益物権は物自体を目的とするものであるから物自体が滅失すれば之等の物権の消滅すべきこと勿論『当然』である。併し担保物権は物の経済価格を目的とするものであるから、物が滅失してもその経済価格が残存するときは担保物権は寧ろ存続すべきが本則である」と述べ、大審院判例を「担保物権が物の経済的価格を内容とするものなることを忘れたるもの」と批判した。しかし、これも物上代位の趣旨説明にとどまるものであり、抵当権が物ではなく交換価値そのものを支配するとは断言されていない。むしろ、担保物権ないし抵当権も物の上の権利であり、物への支配が存在するということはなお維持されていた。

b. 末弘説

末弘博士は、抵当権の目的物に関して次のように説明する。抵当権は、担保物について優先弁済を受けることを主要な内容とする権利であるから、担保物の金銭的価値を目的とする権利であって、物それ自身の利用を目的とするものではない。それゆえ、抵当権の目的物は金銭に換価しうるものであることを必要とする。

このように金銭的価値との関係を強調する点は、近代社会では債権そのものが交換財として取引の対象となっているという指摘と無関係ではないと思われる。それは、質権の目的物は必要な場合に金銭に換価しうるものであれば、債権その他の財産権でもよい、という命題にも現れている。さらに、末弘説は、抵当権の設定は抵当権者が将来抵当物について優先弁済を受うる点において所有者の権利を制限するが、それ以外の点ではその権利に制限を加えるものではなく、使用収益権は所有者にあるとしている。もっとも、ここでも抵当権が交換価値そのものを支配する権利であるという命題は立てられていない。むしろ、目的物件が競売に付されれば所有者の使用収益権は停止させられ、また、抵当権の実行によってこれに後れる賃借権は覆されるのが原則であり、ただ、これによって目的不動産の賃貸が妨げられる危険性があることから例外的に短期の賃貸借のみが保護されるという。

(2) 若干の検討

鳩山説や末弘説においては、担保権と目的物の金銭的価値との関係や、債

権・抵当権の流通性という観点が強調されており、それは後の我妻理論に通じるものであった。しかし、これらの説は、抵当権が物の金銭的価値・交換価格を目的とするとはいうものの、価値そのものを支配の対象・客体とするものではなかった。むしろ、抵当権は物権の1つであり、物を処分・売却する権能を有し、かかる権能の行使によってこれに後れる利用関係が覆される、という立場がとられていた。末弘説は、抵当権には売却権ないし換価権が内在するとは明言していなかったが、抵当権の実行との関係でその競売権を語っており、これは結局抵当権に内在する換価権能を指しているとしかいいようがない。それゆえ、これも従前の学説と同様に抵当権の物への支配を認めるものであったというべきである。

そして、このように抵当権に目的物を換価・売却しうる権能があるとすれば、その実行段階における占有権原の所在、また、換価権能と収益との関係が問われてこようが、両説ともこの問題には全く言及していなかった。その意味で、やはり当時の学説はドイツ法理論の影響を受けつつも、しかしこれを完全に反映していたものではなかった。

4. まとめ

民法施行以来、大正期にはドイツの学説の影響の下で目的物を売却する権能を抵当権の中心的効力と位置づける立場が支配的になったが、大正時代の後半からは、抵当権と目的物の金銭的価値との関係も強調されるようになった。しかし、ここでも交換価値そのものを支配の対象と位置づける説が主張されたわけではない。むしろ、抵当権は目的物を換価・売却しうる権能を有する点で物を支配すると解されていたといえよう。だからこそ、抵当権に後れる利用権が抵当権の実行によって覆されるのが原則とされ、短期賃貸借保護の制度なども例外的にこれに修正を加えるにすぎないと考えられていた。

しかし、このように抵当権には利用権をも覆す換価権能があるとすれば、ドイツ法学説に示されているように、実行手続のあり方次第では抵当権にも占有権原が認められる余地があるにもかかわらず、この点に立ち入った検討を加える学説はほぼ皆無であった。民法旧371条に関して差押え以降には果実に抵当権の効力が及ぶことが説明されつつも、果実・収益からの満足の手続が等閑視されていたことも問題であった。

このような状況で、石田博士、我妻博士によって価値権理論が確立されるに至る。Ⅳで見るように、とりわけ我妻理論は、交換価値そのものを抵当権の支配の対象と位置づけることによって、抵当権者の占有権原および収益から満足する権能を否定する傾向を決定的なものとした。

Ⅳ　価値権理論の検討

1.　はじめに

　鳩山博士らの説では、担保権、とりわけ抵当権の流通性の促進によってそれが単なる貸付けを超えた投資・不動産流通の手段としての意味を持つことや、抵当権が目的物の交換価格ないし金銭的価値を目標とすることが強調されつつも、なお、抵当権は物権の１つとして位置づけられていた。これに対して、石田博士と我妻博士は、抵当権を目的物の交換価値を目標とする点において他の物権と分別し、これを特徴づけるために価値権という権利のカテゴリーを導入するに至った。ただ、双方の理論は抵当権の交換価値との関係を強調する点では共通しているが、それぞれに特有の主張内容もあり、一口に価値権理論といってもすべてが一致するわけではない。
　そこで本節では、石田理論、我妻理論の２つに焦点を当て、それぞれの内容・問題点を明らかにしたい。[95]

2.　石田理論
(1)　**概　要**

　石田博士は、『投資抵当権の研究』[96]において、近代の抵当権が債権の保全というより、むしろ投資を媒介する作用を営んでいるという認識の下に、抵当権の本質を価値権と位置づける説を詳細に展開し、また、担保物権法の体系書[97]においては民法上の抵当権の具体的な効力を論じていた。以下にその内容を要約したい。

a.　**付従性を離れた抵当権の概念規定**

　石田博士は、資本主義経済の発達とともに抵当権が債権から独立した権利となるべき旨を説く。すなわち、抵当権は、これを債務者の側から見ると資本を作るがための法的手段であり、これを債権者の側から見ると資本を投ず

るがための法的手段である。財産法における動的理論の展開のためには、できるだけ権利関係から人的要素を排斥し、人的抗弁を排除しなければならない。できるだけ権利そのものに客観性を与え、それを一個の財貨として取り扱い、さらにそれを商品化して転々と流通させなければならない。それゆえ、担保権の付従性と無関係に、付従性を概念構成の要件とせずに抵当権の内容からその本質と観念を明らかにしなければならない(98)。

このような観点の下に、石田博士は、ギリシア法、ローマ法、ドイツ法における抵当制度の展開を検討しつつ(99)、以下のごとく近現代の抵当権の本質を価値権として捉える。

近現代の抵当権にはローマ法の抵当権における私的売却権と占有取得の権能はないが、抵当権者の競売申立権も裁判所の競売行為もすべて抵当権の実行の経過であり、担保物を換価してその価値を優先的に取得するための手段であるから、抵当権の本質は今日でも担保物の交換価値の取得を目的とする権利である(100)。

そして、権利者が目的物に対して自己の行為により干渉しうる権能を有するか否かが物権性の基準であるならば、抵当権は物権に組み入れられるべきものであろうが、外部的形式論を離れて権利の内容を見るときには、物権と抵当権との間には重大な差異がある。すなわち、所有権や用益物権は物の実体(Substanz)を把握する実体権であるが、抵当権は物の実体を把握せず、物の交換価値(Tauschwert)の取得を目的とする価値権である。実体的物権は、物の使用収益を内容とし、物の有形的支配を必要とし、物の利用による利益の享受のために役立つが、特定の価値によって量定される目的のためには役立たない。これに対し抵当権は、物の所有も物の利用も設定者にゆだねて、その物の保有する交換価値を目的とし、その物に対する執行による価値の優先的取得を内容としているから、その物を有形的に支配する必要はない。物の使用価値を目的とする物権と物の交換価値を目的とする担保権との間には明確な区別の限界が立っている。また、物権は存在することによって権利者が利益を受ける権利であるが、抵当権はそれを実行し消滅することによって権利者が価値を取得する権利である。物権の取得は目的の到達であるが、抵当権の取得は目的のための手段の取得であり、目的の点において抵当権は物権よりむしろ債権に近い(101)。

他方で、抵当権と債権は価値の取得・移動を目的とする点では同じであるが、債権は債権者と債務者との拘束関係を基調として債務者の行為を介して価値を取得する権利であり、抵当権は権利者が担保物から直接に価値を取得する権利である点で、両者には内容上の差異がある。すなわち、債権は人的義務の形で現れるが、抵当権は物的支配の形で現れる。(102)

従来のように、経済関係と極めて密接な交互作用を営んでいる抵当権を、債権の弁済を確保する従たる物権という形式的・静的な理論をもって構成しては、到底近代抵当権の真相に触れることはできない。抵当権の本質をその経済的作用から見れば、抵当権は、目的物の実体上の支配とは無関係にその物の保有する交換価値を捉え、それを換価して直接に価値を取得する権利である。法律によって付与された換価権に基づき他人所有の財貨に潜む交換価値を換価して、それを直接に取得することができるかぎり、その財貨の有する交換価値は権利者の支配に服するものといえるだろう。(103)

このように、石田博士は、抵当権の本質を価値権と捉えるが、ただ、物権、債権のほかに財産法上一般的に価値権なる独立の権利定型を立てることができるかどうかを将来の課題とした。(104)そして、次のような近代の抵当権の作用にかんがみ、価値権の純粋型は、債権から切り離されそれ自体が転々と流通していくドイツの土地債務にあると見た。(105)石田博士はこう述べる。現代における資本家は借主の人的信用の如何にかかわらず提供された担保物の価値に従って投資をし、純粋な価値取得の交換関係が両者を支配するに至った。抵当権の設定によって土地所有の中に存在する価値が債権と結合して資本化し、抵当権に基づく債権を証券化することによって土地の保有する価値が動産化し、転々と流通しうるようになる。不動産の有する価値の分解、その個性喪失、資本化、商品化などはすべて抵当権の媒介によって完成しなければならず、そこに価値権たる抵当権の本来の作用があると。(106)

b. 民法上の抵当権の効力

それでは、石田博士は日本民法の担保権ないし抵当権の具体的効力をどのように捉えていたのか。その体系書においては次のように説明されている。

まず、担保権は、債務者が弁済期に債務の弁済をなさないときに担保物を売却し、その売却代金より優先して弁済を受けることを目的としている権利であるから、その権能として目的物の売却権をそれ自身の中に保有してい

る。したがって、担保権の実行は目的物を売却し、換価することにある。[107]

　特に、抵当権においては、設定者は目的物を所有しかつ占有して、設定前の状態と何等の変化がなく依然として目的物の使用収益を継続しうる。しかも、債権者に目的物の売却権を授与することによりその物の有する交換価値をもって債権の弁済の引当てとなすから、抵当権は担保権として最も完成した権利であり、また価値権としての本体を最もよく顕現するものである。[108]

　問題は、抵当権の果実に対する効力や賃借権との関係についての説明である。

　まず、民法旧371条1項本文は、抵当権設定後も設定者が目的物の使用収益を継続しうることから当然に導かれる帰結であり、ただ、但書において差押え以降には果実に効力が及ぶとされる理由は、抵当権の実行段階に抵当不動産の所有者が故意に競売手続を遷延させて果実をむさぼるという弊害を阻止する点にあるとする。そして、抵当不動産の所有者が本来果実収取権を有するのは抵当権の性質上当然のことであるから、ここでの果実には天然果実のみならず法定果実も包含されるという。[109]

　また、石田博士は、次のような物上代位の性質論を前提にしつつ、抵当権者には果実収取権がないからこそ目的物の価値の一部たる賃料への物上代位が認められるという。すなわち、担保権の本質を目的物の実体を把握せずに目的物の有する交換価値の取得を目的とする価値権とするとき、担保物の価値が他の形態に変じた場合には、本来の担保権は同一性を保ちつつその変形物に及ぶことは当然の事理であるから、物上代位の原則は担保権の本質から自然に引き出される当然の規定である。[110]

　他方で、民法旧395条の制度については次のようにいう。抵当権の設定後に対抗要件を具備した賃借権は抵当権に対抗しえないが、そうなると、抵当不動産の所有者は被担保債権の弁済期までの期間でしか不動産を賃貸しえないこととなり、この結果は抵当不動産の利用の妨げとなる。抵当権は抵当物の所有者に完全なる利用を許しながらその交換価値のみを引当てとする担保権の形態であるから、かかる結果は抵当権の経済的作用にも反する。そこで民法は、抵当権の登記後に登記された賃借権といえども、一定の条件の下に抵当権に対抗しうることと定めた。[111]

(2) 検　討

　石田博士は、抵当権を他の物権から切り離して、これを目的物の交換価値の取得を目的とする権利としているが、ここではなお抵当権の支配の対象は交換価値ではなく、物自体とされている。確かに、財貨の有する交換価値が権利者の支配に服するとも述べられているが、これはあくまで抵当権を経済的な作用から観察した場合の命題であり、むしろ、抵当権は物に対してその換価という内容の法的支配を及ぼすとされている。だからこそ、換価権の行使たる抵当権の実行がなされれば抵当権に後れる利用権が覆される、という原則が承認されるのである。仮に物に対する支配がないというならば、抵当権に後れる用益権や賃借権など、いわば物の実体を把握する権利は存続すべきこととなろう。石田説はそこまで徹底したものではなかった。

　石田博士が抵当権の物的支配を認めていることは、「債権者の私的売却が裁判所の行為による競売的執行に移っても、担保権設定の意義は単に私的売却の目的物の指図から、公的執行の目的物の指図に変じたのみであって、無占有質の内容の変更ではない」とし、Sohmが抵当権の実行が強制執行によることを根拠にその物権性を否定したのを批判している点に現れている。(112)また、所有権や用益物権という実体権と価値権とを対置させる論法は基本的にはKohlerの理論に従ったものだろうが、そのKohlerが抵当権ないし価値権の物権性を容認していたことも、当然石田博士によって十分考慮されていただろう。

　目的物の換価権能が抵当権の主たる内容を構成し、かかる換価権能を無視しては抵当権の本体を捉えることはできないとしている点で、石田説はKohlerの理論と同様であった。(113)しかし、目的物の換価の方法としては売却のみならず収益もありうるにもかかわらず、実体権と価値権との対比において物の使用価値と交換価値とを分別し、抵当権の実行とは競売だけであるかのように説いている点は、Kohlerの理論から大きく離れていた。とりわけ、民法旧371条は収益からの満足の可能性を認めていたにもかかわらず、これを単に設定者による果実の不当な獲得を阻止する規定として位置づけている点に、その傾向は如実に現れている。しかも、収益に対する効力を否定するならば、賃料に対する物上代位も当然疑問視されるべきであるが、賃料を価値の一部と位置づけてこれを簡単に容認する点は問題であろう。また、ロー

マ法とは異なり近代法において抵当権の占有権原が強制執行手続との関係で否定されたことは指摘されつつも、日本法の解釈として、抵当権の行使が競売法という独特の手続に取り込まれることによって、抵当権者の占有権原がいかなる影響を受けるのかは検討されていなかった。

このように、石田理論は、ドイツ法理論から大きな影響を受けており、抵当権の物的支配を容認する点ではこれと共通していたが、必ずしもドイツの理論全体を十分に反映していたものではなかった。

3. 我妻理論

(1) 概 要

我妻博士は、「近代法における債権の優越的地位」[114]において、抵当権の価値権たる性質、そして、抵当権の把握する交換価値の使用価値からの分離・独立を強調し、かかる観点から、その体系書において民法上の抵当権の効力に関する解釈論を展開した[115]。

a. 財産の債権化における抵当権の位置づけ

我妻博士は、資本主義経済の発達によって、不動産の所有権はその所有者にとって不動産の物質的利用を確保するというより、むしろその不動産を他人に貸し付けて対価を取得するという支配的作用を持つようになり、所有権は「資本」としての存在を取得するとともに、物に対する支配から人に対する支配に移った旨を説く。そして、このような支配的作用の程度が増すに従って、所有権と結合した契約ないし債権が前面に出るようになるという。というのは、所有権ないし資本はこれを他人に与えることによって債権と化すからである[116]。

かくして、不動産・財産が債権化すれば、債権の譲渡可能性・流通性の確保が重要な課題となり、この際、抵当権などの担保制度は、債権の弁済力を確保しその財産的価値を支える点で債権の流通性にとって重要となる。このことに関連して、我妻博士は抵当権が不動産の交換価値のみを把握することを次のように説明する。

「不動産の有する使用価値(Nutzwert)は、不動産のあらゆる財産的価値の基礎である。けれども、我々は、不動産の財産としての作用を考察する場合には、この使用価値を直接の対象とするものと、この使用価値あるがために

不動産の取得する貨幣価値(Geldwert)を直接の対象とするものとに分つことが出来る。従って、不動産の上に成立する財産権も亦、そのそれぞれを客体とすることによって、二種に区別することが出来る。而して、コーラーに従えば、前者が不動産の物質(Substanz)を客体とすることを理由としてこれをSubstanzrechtと呼び、後者がその不動産に潜む貨幣価値または資本価値(Kapitalwert)を客体とすることを理由としてこれをWertrechtと名付くべきである」(117)。

　また、近代経済組織において不動産を担保とするのは、その不動産に潜んでいる貨幣価値ないし資本価値を抽出し債権の弁済力を確保するためであり、かかる価値はもっぱら不動産の交換価値を意味するから、不動産所有権の支配的作用がその使用の対価の獲得にある以上に、担保権は不動産の「物質」としての存在から離れる。もちろん、「不動産担保の方法としては、担保権者に使用収益せしめる不動産質もあり、また不動産抵当権の実行方法としては強制管理の方法もある。これ等の場合には、必ずしも不動産の交換価値のみを客体とするとはいい得ない。けれども、資本主義経済組織の発達において、少くも生産資本投下の対象としての不動産担保は、全く右の如き形態を棄てて、専ら不動産の交換価値を目的とするに至っていることも、極めて明かな現象であろう」(118)。

　さらに、近代法における抵当権を概観すると、抵当権の重心が所有者の金銭借入から資本家の金銭投資に推移しており、抵当権が大量の金銭投資を仲介するには、抵当権投資者の権利が容易に譲渡しうるものにならなければならない。はたして、ドイツ法においては、抵当権の流通性を確保するために債権への付従性を修正した流通抵当と土地債務が認められている(119)。

　このように、我妻博士は、近代の資本主義経済では、所有権自体が自らの利用といった物に対する支配ではなく、他人に利用をゆだねることへの対価を徴収する権利と化し、いわんや抵当権は目的物の利用から離れた交換価値のみを客体とすると考えていた。つまり、抵当権を、物の上に成立している利用関係をそのままに、所有者が獲得する対価の上に成立する権利と見ているといえる。このような発想を徹底すれば、たとえ抵当権の実行・競売がなされても、目的物上に成立していた利用関係が新所有者の下で存続することになる。実際に、我妻博士は、他人の不動産上の賃借権を基礎に企業経営が

なされている場合に、企業の社会的価値の存続のために、「他人の企業に利用せしめる不動産の所有権は、他人に利用せしめて対価を得るものとしての存在しかなきものと見、所有者の権利はこの内容においてのみ自由に…存続するものと見ることが、考え得べき理想点であり、近代法は無意識的にもここに進みつつあるのではあるまいか」と述べている[120]。それゆえ、かかる所有権の上に成り立つ抵当権も、企業経営の存続のために不動産の利用権に干渉しえない、とするのが我妻理論であったといえる。

b. 民法上の抵当権の効力

我妻博士は、その体系書においても、「所有者は目的物の使用価値を保留してその交換価値のみを抵当権者に付与する」とし、抵当権が「目的物の物質的存在から全然離れた価値のみを客体とする権利」であるという観点の下に、民法上の抵当権の効力に関する解釈論を展開した[121]。

とりわけ、抵当権と利用権との関係については、民法が抵当権の実行によってこれに後れる用益物権や賃借権が覆される原則に対し滌除や短期賃貸借保護によって若干の修正を加えている点を、価値権と利用権の調和という観点からは不徹底なものと批判しつつ[122]、根本的には抵当権と用益権との関係を次のように捉える。

「抵当不動産を自ら用益する者が競売によってその用益者としての地位を覆滅せられることも批判の余地ある問題である。蓋し、現代に於ける不動産所有権は、漸次、客体を物質的に利用する内容を失ひ、これを他人に物質的に利用せしめて対価を徴収する権能に化せんとするものであり、法律の理想も『所有』に対する『利用』の確保へと向ひつつあるときに、不動産所有権の上の抵当権のみが不動産の『所有』と『利用』の両者を把握するものとなすことは右の法律理想を裏切るものである。不動産所有権の上の抵当権も亦対価徴収権能の有する交換価値のみを把握するものとなし、目的物の物質的利用権は抵当権によって破壊せられざるものとなすことが、『所有』と『利用』の調和を図らんとする現代法の理想を貫くものであり、又価値権と利用権との間の真の調和を図る所以ではあるまいか。現行の制度をして直ちにこの理想に達せしむることは不可能であらう。しかし我々はここに現行法解釈の目標と改正の理想とを置くべきである[123]」。

このように抵当権が利用関係に干渉しえないという観点からは、民法旧

371条により抵当権が差押え以降に果実にも効力を及ぼすとされている点には疑問が生じよう。しかし、我妻博士はこれを、「抵当権が既に活動を開始したる以上、その後の収益権をも含めた目的物の交換価値をもって抵当権の内容とするを妥当となす趣旨」とする。さらに、物上代位を目的物の交換価値を支配する抵当権の性質から当然に認められる効力と位置づけつつ、民法372条において賃料債権の物上代位が認められている点も、「賃貸による対価の収受は交換価値の漸次的実現をも意味する」として正当化する。

(2) 検 討

抵当権の流通性を強調し価値権という概念を用いる点で、我妻理論がドイツ法理論の影響を受けていることは否定できない。しかし、抵当権の物への支配を否定的に捉え、これが目的不動産の利用関係に干渉すべきではないという点、さらには収益から満足する権能にも否定的である点は、ドイツの理論にはない我妻博士特有の発想である。このように抵当権の物に対する支配が否定されるようになれば、その設定段階のみならず、実行段階に至っても抵当権は一切占有に干渉しえないと解されることとなろう。

我妻理論は、抵当権の不動産・物に対する支配を制限し、抵当権を介して投下された資本の回収は権利の譲渡などによって実現しつつ、抵当不動産を基礎にした事業を存続させることを企図したものともいえる。かかる思想を昭和初期の金融恐慌という経済情勢が後押ししたことも否定しえない。それは、我妻博士が、昭和恐慌に関連して、銀行の不動産に投下した資金が固定化して容易に回収できなくなったことが銀行破綻の最大の原因であり、不動産金融制度の改善として不動産の動化が必要であること、換言すれば、抵当権ないし価値権の流通の促進の方向性を指摘している点に現れている。

しかし、民法上の抵当権は、決して物への支配のない権利として規定されたのではない。抵当権には目的物を金銭化して満足する権能があり、換価権能を行使することによってこれに劣後する利用権は覆されるのが原則であった。それゆえにこそ、民法旧395条の制度は我妻理論のいう価値権と利用権との調和からは程遠いものであったのである。また、収益に対する効力を否定する我妻理論からは、民法旧371条1項但書の規定も明快に基礎づけることができず、これをいわば便宜的な規定として位置づけざるをえなかったのであり、賃料債権への物上代位についても、交換価値の漸次的実現という技

巧的な説明をせざるをえなかったといえる。すなわち、抵当権をもっぱら交換価値のみを支配する権利と位置づけることは、日本民法の抵当権に関する解釈論としてはもともと困難なことであった。

　もちろん、このような我妻理論には、当時の経済情勢との関係で少なくとも立法論としては相当の合理性があったのであろう。しかし、抵当権を実行する段階において抵当不動産の利用関係をそのまま存続させることが、本当に妥当な取扱いであるのかが問題である。確かに、このことによって企業倒産が一時的には回避されるかもしれない。しかし、抵当権者が目的不動産を競売しようというときには、多くの場合、その不動産を基礎にした事業からは十分な利益が生じないために、被担保債権の回収も困難となっているのだろう。たとえば、抵当不動産の所有者自身が当該不動産を基礎に事業を展開している場合、被担保債権の弁済はかかる事業の収益によってなされようが、その弁済が滞っているということは事業自体が機能していない蓋然性を示している。また、第三者への賃貸による賃料によって被担保債権の弁済を実現しようという場合、その弁済が滞っているということは、賃料収入ないしは賃借人の事業がうまく機能していない蓋然性を示している。それにもかかわらず、このような事業をそのまま維持することが経済的に妥当なことといえるのだろうか。本来、抵当権が物の上の権利であるということは、その物自体を債権回収のために自由に処分しうるということを意味するにもかかわらず、その後に現れた第三者の権利がこれに優先するということは、先行優先の原理を修正する点で取引に不安定な要素を持ち込むことになる。それでもそのような扱いをするには、かかるデメリットを上回るメリットがなければなるまい。ここでは、事業の更生によって得られる社会経済的な利益が強調されることになるだろう。しかし、これによって直ちに抵当権が原則として利用権に劣後するという命題まで正当化されるわけではない。

4.　まとめ

　石田理論と我妻理論は、ともにドイツの理論の影響を受けつつ展開されたものではあるが、必ずしもそれを忠実に反映したものではなかった。すなわち、ドイツの価値権理論は、抵当権者が収益から満足を受けることに否定的ではなかったにもかかわらず、石田理論も我妻理論も、抵当権の収益に対す

る効力を極力否定しようとした。その背景には、当時の経済情勢との関係で、抵当権が目的不動産の利用関係に干渉することに対する否定的評価があったと考えられる。

もっとも、石田理論においては、交換価値の取得に重点がおかれつつも、抵当権の物に対する支配は否定されなかった。これは、経済的作用においては抵当権が交換価値を把握するとはいえるが、法律の解釈論としては抵当権の物に対する支配を否定することができなかったからであろう。石田理論と同じ時期に現れた他の学説も、担保物権ないし抵当権の価値権としての経済的意義に言及するようになっていたが、同時に抵当権の物権性、その物への支配を決して否定していなかった。[127] むしろ、この時期には、抵当権の非占有担保たる性質を指摘しつつも、目的物を換価する権能のある点で抵当権には物に対する法的支配があることを強調する学説が少なくなかった。[128]

ところが、我妻理論にいたっては、抵当権の物に対する支配を否定的に捉え、抵当権の実行があっても従前の利用関係をそのまま維持すべきとする思想が前面に出された。その結果、ますます抵当権が本来的に占有・収益に干渉しえない権利として理解される傾向が強まったといえよう。実際に、この時期に現れた大審院判例も、「抵当権ハ其ノ設定者カ占有ヲ移サスシテ債権ノ担保ニ供シタル不動産ニ付他ノ債権者ニ先チテ自己ノ債権ノ弁済ヲ受クル一ノ価格権タルニ止マリ抵当不動産ノ使用収益ハ勿論其ノ占有ヲ為ス権利ヲモ包含セサルカ故ニ縦令何人カカ無権原ニ当該不動産ヲ占有シ其ノ使用収益ヲ為シタリトテ之カ為例ヘハ抵当物ソノモノヲ損壊シ其ノ価格ヲ低減スル虞アルカ如キ場合ヲ外ニシテ抵当権ハ何等増損セラルルコト無キハ多言ヲ俟タス」と述べている。[129]

もちろん、価値権理論の確立の後にも、なお抵当権の物に対する支配を強調する見解はあった。たとえば、勝本博士は、担保物権の本質を構成する要素として価値権としての側面、すなわち担保物権が目的物の価値を目的とする点をあげつつも、同時にまた目的物の処分権たる換価権、すなわち物権的色彩も担保物権の本質の1つとして位置づけていた。[130] また、柚木博士も、抵当権の有する物の支配とは物の実体の支配とは関係のない物の価値の支配を意味するとしつつ、抵当権はなお法律的に物を支配し、その物より直接に価値を取得することができるとして、抵当権の物権性、物への支配を強調し

ていた。ところが、この物に対する支配という観点も徐々に後退していったように思われる。

　我妻理論は、立法論として抵当権のありうる１つの形態を示したものといえる。しかし、民法上の抵当権は、全く占有・収益権に干渉しえない権利として規定されたわけではない。抵当権の概念規定は、設定の段階において占有が移転されないことを示すにすぎない(民法369条１項)。むしろ、抵当権の優先弁済権とは目的物を金銭化して優先的に満足をえる権利であり、ここには物に対する支配が存在する。また、その金銭化・換価の方法としては、売却のみならず収益もありうるのであり、民法も抵当権実行段階以降の収益に対する効力を否定していなかった。ドイツ法理論が抵当権の本質を換価権に求めた基礎には目的物から優先的に満足しうる権能があったが、同じことは日本法の抵当権にも妥当しうるのである。抵当権がもっぱら交換価値のみを支配するという命題は、必ずしも民法上の抵当権に内在する効力に相応せず、むしろ、交換価値という観念的存在を法的支配の対象とすること自体が問題である。ドイツの議論でも見たように、物の価値・交換価値とは人の主観的判断の中にあるというべきだからである。

　抵当権は換価という支配を物に及ぼす権利であるからこそ、これに後れる利用権はその実行によって覆されるのである。また、抵当権者自身が目的物を売却する権能を有するならば、その権能を行使する段階においては目的物の占有権原もありうるし、この時点で抵当権者に対抗できる利用権なくして目的物を占有する者がいるならば、かかる占有を端的に抵当権の侵害と捉えることもできるだろう。確かに、抵当権の実行段階において占有権原が認められるかは、最終的には実行手続についていかなる法制をとるかにかかっている。しかし、もともと日本法では、換価権能の行使をすべて国家権力・裁判所の統制によって制限するのではなく、むしろ抵当権者は競売においてその売却権能を行使するものと位置づけられていたから、かかる売却権の行使の段階では占有権原も十分に認められたはずである。ただ問題は、従前の競売法に代わって民事執行法が制定されたことにより、この点に何らかの修正が生ずるのかである。

V　民事執行法制定・平成15年担保執行法改正の意義

1.　はじめに

　担保権の実行手続を定める競売法については、その問題点が早くから指摘されていた。もともと、競売法の規定は簡易すぎるためにその穴をいかに補うかが問題とされ、判例は、競売手続に関して民事訴訟法の強制執行手続の規定の準用を認めるようになっていた(133)。さらに学説の中には、担保権による競売と強制執行との同質性を根拠に強制執行手続の規定の準用を正当化する見解も現れていた(134)。そして、強制執行と担保権の実行とを分別し、後者の手続の開始には債務名義を要しないという考え方に対しても、主に手続法学者によって異論が唱えられるようになった(135)。というのは、この考え方では、何故担保権の実行手続に強制執行の規定を準用しうるのかが問題となるうえに(136)、競落人が代金を納付して手続が終了しても、競売の根拠となった担保権が目的物件上に現実には有効に存在していなかった場合には、なお従前の所有者らが競落人による所有権の取得の無効を主張することができるようになり、手続が著しく不安定になるからである(137)。

　このため、強制執行と担保権の実行との差別を解消し、担保権の実行も強制執行によるものとして両者の手続を統合すべきという議論が有力になされるようになり、これが最終的には民事執行法の制定にも反映された。ここで特に注目すべきは、担保権の実行と強制執行を区別する根拠となっていた換価権の存否に関する議論である。また、民事執行法制定に際しては、担保権に関する実体法上の規律と手続法上の規律との齟齬も問題になっていた点にも留意しなければならない。その代表例が、民法旧371条が差押え以降に抵当権の効力が果実に及ぶとしているにもかかわらず、手続法においてはこれに対応する規定がなかったことである。

　民事執行法の制定によって、上記の問題のうち一応の決着を見たものもあったが、なお未解決であった問題は、その後の平成15年の担保執行法改正において再び取り扱われるに至った。本節では、抵当権に内在する換価権の意義、およびその収益に対する効力に関して、民事執行法制定時の議論と平成15年担保執行法改正の内容を概観し、前節までに明らかにした抵当権の性質がこれらの立法によって修正されるのかを問うことにしたい。

2. 民事執行法制定時の議論
(1) 担保権実行手続と換価権との関係
a. 法律制定前の有力説

　民事執行法制定への動きの中で、担保権の実行手続も強制執行手続に統合すべき旨を力説したのは、三ヶ月博士であった。三ヶ月博士は、その主張と関連して担保権ないし抵当権の換価権につき次のような理解をとっていた。

　従来、「『担保権の実行』とは、一般無担保債権者による債務者の一般財産の強制的摑取としての『強制執行』とは本質的に異なり、担保権の設定行為の内に含ましめられた『換価権』の自己発動であるから、それは相手方の意思を抑圧するという意味をもたぬという意味では争訟的要素が少いとみるべく、従ってそれは非＝訴訟すなわち『非訟』であり、それは権利の強制的実現というより、換価権の自己展開であるから非強制的すなわち『任意的』な手続であり、何れにせよ、訴訟法の定める煩瑣な手続とは別建の簡略な手続を設置することこそが事の『本質』に合致する」という思考が、実体法学者、訴訟法学者の意識の底に存在していたといえる。[138]

　「しかしながらこのように『換価権』と『執行権』を無前提的に峻別し、そこから何等かの帰結を引き出そうとする態度も、今や根本的に反省されなければならないと私は考える。確かに、担保物権の多くのものの中には——少くも質権・抵当権というその典型的なものの中には——換価権とも称すべき権能が内在的に含まれているとみてよいのであろう。しかしそのことを認めたからといって、換価権の発動は、常に強制執行と一線を画するという点で共通な、いわば同じ形をとらねばならぬということには決してならないのであって、その換価権がどのようなステップをふむのでなければ実現されえないのか、ということは、当該担保物権がどのような構造の担保物権なのか、という問題によって違ってこざるをえないのだということをはっきり認識すべきなのである。たとえば動産質権の場合には、質権者は、いわば差押の効果を先取りしているともいえるのだから、換価権の行使は、手続的には自助売却と同じ形をふんで行なうことが可能なのであるが、抵当権の場合は、差押という、正しく強制執行の場合には不可欠な段階を経過することなしには、真に有効且つ安定した形で換価の手続を進めることはできないのである。換価権の行使とは、かくて、手続の帰結ないし目的においてそういいうるのみ

であって、そこに至るプロセスにあって、換価権実現のための売却と強制執行のための売却とで本質的に手続の構造までが常に異なるものだというわけでは決してないのである」[139]。

このような観点の下に、三ヶ月博士は、抵当権の実行手続を強制執行手続に統合すべき旨を主張し[140]、その後、法制審議会の議論を受けて提示された「強制執行法案要綱案(第二次試案)」がこの方向性をとっていたことを積極的に評価した[141]。

b. 民事執行法の規律

法制審議会の議論を受けて提示された「強制執行法案要綱案」の第一次試案[142]および第二次試案[143]においては、担保権の実行手続は体系的に強制執行ないし強制競売に取り込まれていたが[144]、最終的に制定された民事執行法では、担保権の実行手続も基本的には強制執行の規定に倣うこととされつつも、なお、担保権の実行手続を強制執行手続から分別して、これを独立の編で規定する方式がとられた。そして、不動産上の担保権の実行手続の開始のためには、担保権の存在を証する一定の文書の提出が必要とされたが、強制執行手続におけるような債務名義は要求されなかった。

この民事執行法の規律については、その立案担当者によって次のような説明がなされていた。すなわち、「わが国において明治三一年の競売法の制定以来債務名義なしで実行を許してきた取引界の現状を変更することによる利点と、その変更による実務界の混乱を比較するとき、後者の点が大き過ぎると考えられ」、担保権の実行には債務名義を要しないこととした。その意味で、「新法においては、担保権の実行としての競売における債務者又は所有者の財産の換価の権限は、担保権に内在する換価権に基づくという前提で立法された」[145]。もっとも、債務名義なしでの執行から生ずる混乱を最小限にする配慮はなされており、その例が、買受人による代金の納付があれば、たとえ担保権が不存在であることが判明してもその所有権取得の効果が覆られないという規律である[146]。このような結論を導き出すために、競売の開始に際しては担保権存在の公文書の提出を要求し、また、開始された手続において実体法上の異議を主張することができるほか、一定の文書によって執行停止・取消しをする旨の特則を設けることにした[147]。

この説明に対しては、生熊教授が、民事執行法では担保権の実行手続はこ

れに内在する換価権に基づくものではなく、むしろ一般の強制執行手続と同じ性質を持つものであり、担保権者にはもはや競売申立ての権利しか認められない、という見解を主張した[148]。生熊説の論拠は、担保権の実行手続には厳密な意味での債務名義が要求されていないものの、そこでは差押えが要求され、買受人が手続に則り代金を納付すれば担保権が存在しなかった場合でも所有権を取得しうるなど、実質的に強制執行と同視しうる取扱いがなされているという点にある[149]。

しかし、このように担保権の換価権能を否定する見解に対しては、中野博士が次のように反論していた。

「実体法の理論として、『担保権に内在する換価権』の観念を否定し去ることは、できないであろう。債権じたいには、債務者の責任財産に属する各個の財産との直接の関係がなく、個別財産の強制換価には債務名義の執行力による媒介を必要とする。しかし、担保権は、被担保債権と特定の目的財産との対象関係の、契約または法定原因による措定であり、その特定財産の換価金の交付または配当によって被担保債権の優先弁済を受けることができる権利として実体法が認めているのである。それは、物の担保でいえば、所有権につき、所有者が物を使用収益できる権能とならんで有する、物を譲渡によって換価できる権能の担保権者への移譲と解しうるし、それが法定の典型に従う場合には、担保権者の地位は物権として保護される[150]」。

「『担保権に内在する換価権』の観念を競売申立権の観念に置きかえることはできない。換価権と競売申立権との関係は、理論上、債権に内在する摑取権(摑取力、執行可能性)と執行請求権との関係と同じである。換価権なり摑取権は、私人相互間にはたらく実体私法上の権能であり、実体権としての担保権なり債権の属性に他ならないのに対し、競売申立権なり執行請求権は、私人と、強制権限を伴う執行権を専有する国家との間に認められる公法上の関係であって、前二者と後二者は、いわば次元を異にする[151]」。

(2) 果実・収益に対する抵当権の効力

　a. 法律制定前の議論

三ヶ月博士は、民法旧371条1項但書が差押え以降に抵当権の効力が果実にも及ぶとしていながら、果実から満足を受ける手続の規定が欠けている点も、担保権実行の手続の整備において改めるべき問題点として強調した。博

士は、民法の規律がフランス法における「果実の不動産化」の原則、すなわち、抵当権の実行のみならず不動産執行全般において、差押え後の果実は不動産の代金とともに債権者に配当されるという原則に由来するものであるのに対し、旧民事訴訟法の強制執行の規定はドイツ流のものであり、とりわけ旧民事訴訟法644条2項が「差押ハ債務者カ不動産ノ利用及ヒ管理ヲ為スコトヲ妨ケス」としている点で、実体法と手続法との齟齬が生じている旨を説いた(152)。そして、その解決策としては、民法上の規定を改めて執行法上の原則に統一し、フランス的処理を清算してドイツ的処理に接近させること、すなわち、果実からの満足は強制管理によるとする案を示唆し、そのようにしても決して、抵当権の本質・効力を根底から揺るがすものではないと主張した(153)。

また、竹下博士も、民法旧371条がフランス法の不動産執行における「果実の不動産化」の原則に由来することを指摘しつつ、手続法との齟齬を解消するために、抵当権実行のためにも強制管理を認めて、民法旧371条1項但書を強制管理による差押えのみに関するものと位置づける考え方を示した(154)。

他方で実体法学者のサイドからは、鈴木博士が、民法旧371条の規定を修正することなしに、抵当権の実行手続にも強制管理制度を導入し、収益からの満足はこれに一本化して、民法372条ないし304条によって規定されている抵当権の物上代位のうち、賃料債権への物上代位と売買代金債権への物上代位を否定すべきとする立法案を提示した(155)。かかる立法論の背景には、抵当権の非占有担保という性質にかんがみ、抵当権者の果実からの満足は法定果実も含めて民法旧371条1項但書の範囲内でのみ認められるべきであるから、本来は賃料債権への物上代位を否定すべきであるが、果実からの満足の手続が整備されていない状況では、いわば便宜的に、不動産の競売のための差押えの後には物上代位の手続、すなわち賃料債権の差押えを認めるべきであるという解釈論があった(156)。

b. 民事執行法の規律

「強制執行法案要綱案」の第一次試案においては、民法旧371条により差押えの効力が不動産の天然果実に及ぶ場合における果実の収取、換価の方法等につき所要の特則を設けるべきか否かについては、なお検討することとされ(157)、また、物上代位権実行の手続につき所要の特則を設けるべきか否かに

ついては、①物上代位権の目的物の範囲、②物上代位権の行使方法およびその優先権の順位、③物上代位権の実行手続と強制執行手続とが競合した場合の処置、と関連してなお検討することとされていた[158]。しかし、抵当権による強制管理手続の案は試案には盛り込まれなかった[159]。

また、第二次試案においては、民法旧371条の規定により抵当権、先取特権または質権の効力の及ぶ天然果実については、差押債権者の申立てにより、執行裁判所が執行官に対し金銭債権に基づく動産に対する強制執行の方法によって当該果実を換価すべき旨を命ずるものとすることとされ、また、民法304条その他の物上代位の規定により債権等執行の申立てをするには、担保権者は、当該担保権の存在、当該担保権が第三者に対抗することができるものであること、被担保債権の原因および金額ならびに物上代位の原因を証明しなければならないものとすることとされた[160][161]。

結局、民事執行法では、抵当権のための強制管理の手続は設けられなかった。そして、旧民事訴訟法644条2項をほぼそのまま承継する形で、強制競売のための差押えは債務者による通常の用法に従った不動産の使用収益を妨げないとする規定がおかれた(民事執行法46条2項)。他方で、物上代位に関する手続は民事執行法193条によって規定されたが、特に賃料債権の物上代位を他と区別する取扱いはなされなかった。

これらの点について、民事執行法の立案担当者は次のように説明している。担保権の実行として競売しか認めず、強制管理を認めないのは、不動産について使用権能を伴う不動産質権を除き、他の不動産を目的とする担保権は目的物の交換価値を把握しているにすぎず、使用収益権能は依然として担保権設定者が保持しているため、担保権の実行によっては、換価が終わって所有権が移転した場合を除き、使用収益権能を奪うことができないと解されるからである。担保権者が不動産の収益から弁済を受けるには、物上代位による賃料債権の差押えか、民法旧371条によって果実に効力が及ぶことに基づく動産競売の方法によるほかない[162]。また、強制競売は、債務者所有の不動産を強制的に換価し、その換価代金をもって債権の弁済に充てる制度であるから、換価の終了まで債務者が目的不動産につき使用収益をなすことを認めても制度に反することはなく、強制競売のための差押えがあったとしてもそれだけでは債務者の占有が奪われるわけではないので、差押えは債務者の

通常の用法による使用収益権に影響を及ぼさない。
(163)

(3) 検 討
　a. 換価権
　民事執行法制定の経緯からは、少なくともこの法律は抵当権に内在する換価権能を否定しようとしたものではない。ただ、担保権実行の手続が強制執行手続に極めて類似している点から、生熊教授は担保権者には単なる競売申立権しかないという見解を主張していたが、ドイツの議論にも示されているように、権利行使の手続如何によって担保権の性質自体が修正されるわけではない。執行手続は抵当権者が本来有する私権を公権力の監督の下に実現するものにすぎず、中野博士のいうように、私法上の権利たる換価権と執行請求権ないし競売申立権は分別されなければならない。生熊説は、仮登記担保、譲渡担保などの非典型担保では法定手続によらない権利行使が認められていることから、かかる非典型担保には換価権能が存在するとしているが、
(164)
むしろ、それは私的売却権であって、私的売却を制限して権利の行使を公権力の統制下においても、抵当権に内在している換価権能自体が否定されるわけではない。

　もちろん、抵当権に換価権能が内在するとしても、強制執行の原則によってその行使をすべて公権力の統制下におき、換価権能に伴う占有権原もそのかぎりで否定されうることは、ドイツの議論の中で見たとおりである。そして、民事執行法の制定によって換価権の行使を裁判所の統制下におくべきとの立法的決定がなされたことも否定しえない。しかし、この法律が、担保権に内在する換価権にかんがみ、なおその実行手続を一般の強制執行と区別したという点からは、裁判所が担保権者の本来有する権限の行使をすべて制限する、すなわち、抵当権に内在する換価のための占有権原も制限する、というような明確な決定が存在したとはいえないだろう。

　それゆえ、民事執行法制定後も、抵当権には目的物の換価権能が内在し、その行使においては占有権原もありうる、という抵当権の本来的効力に立法的な修正は加えられなかったというべきである。ただ、抵当権者の占有権原については、差押え以降も債務者に使用収益が認められるとする民事執行法46条2項との関係が問題となろうが、これはあくまで執行裁判所のなす差押えの効力に関するものにすぎず、この規定が抵当権に内在する換価権の行使

としての占有権原までも制限するとはいえない。

b. 収益からの満足

民事執行法制定において抵当権による強制管理の制度が導入されなかったことの理由として、抵当権は目的不動産の交換価値のみを把握するという考えがあったことは、明らかである。しかし他方で、天然果実からの満足や賃料債権への物上代位を認めることは、抵当権が交換価値のみを把握するという命題とは緊張関係にあったはずである。立案担当者は、抵当権の物上代位に基づく賃料債権の差押えや競売手続に伴う抵当権の天然果実への効力が一般債権者の強制管理手続と競合する場合には、強制管理による執行手続より、優先権の行使である物上代位による差押えや抵当権者の天然果実に対する権利主張が優先すると解される、と述べており[165]、これは明らかに抵当権者が収益から優先的に満足しうることを意味している。民事執行法制定直後にも、抵当権者が目的不動産の果実・収益に対して優先権を有する以上、一般債権者のなす強制管理手続においてその優先権を配当要求によって行使しうるのではないか、という問題提起もなされていた[166]。したがって、本来であれば、抵当権が交換価値のみを把握するという命題の是非自体を問うべきだった。しかし結局、民事執行法の制定においては、抵当権の収益に対する効力という実体法上の問題の究明が放置されたというしかない。

もともと、日本民法の抵当権は交換価値のみを支配する権利として定められたわけではない。我妻理論は、解釈論というより、むしろ抵当制度の立法論としての意味合いを強くもっていたというべきである。民法上の抵当権が目的物を換価して満足するという物権であり、収益からの満足権能も包含するのであれば、民事執行法の制定において強制管理ないし収益執行の制度を導入することは十分に可能であった。そのことが、平成15年の担保執行法改正において表面化したともいえるだろう。

3. 平成15年担保執行法改正の意義

(1) 改正法における収益・利用権の取扱い

平成15年の担保執行法改正は、抵当権の効力や執行手続の実効性を強化するものであった。その中で、特に本稿との関係で重要であるのは、担保不動産収益執行制度(民事執行法180条2号)の導入と民法旧395条の短期賃貸借保護

制度の廃止である。

a. 担保不動産収益執行の導入

　担保不動産収益執行は担保不動産競売と並立した担保権の実行手続である。その導入の背景としては、①抵当不動産の売却には時間を要するが、賃料等の収益が継続的に見込まれる場合があり、抵当権者が抵当不動産の収益から優先弁済を受けることができることへのニーズが高まっていたこと、②判例が賃料債権に対する物上代位を肯定した結果[167]、抵当権に基づく物上代位による賃料債権の差押えの手続が実務上定着し、抵当権の実行としての強制管理類似の手続を導入することは、抵当権の本質と相容れないものではない、という考え方が有力になってきたこと、があげられている。[168]

　そして、この制度の導入のためには、抵当権の効力が担保不動産収益執行の開始後の天然果実および法定果実に及ぶという規律を実体法上明確にしておく必要があると考えられ、民法371条で抵当権の効力が被担保債権の不履行以降に生ずる抵当不動産の果実に及ぶ旨が規定されたという。[169]もっとも、法制審議会が決定した改正の要綱においては、強制管理による差押えの後に抵当権の効力が果実に及ぶ旨が謳われていたところ[170]、国会法案では、被担保債権の不履行以降に生ずる果実に抵当権の効力が及ぶと定められるに至った。その経緯ははっきりしないが、「実体法上効力が既に及んでいるからこそ差押えができると定式化しなければならないと考えられたため、条文化の段階で『債務不履行時』からという定式に変わった」という見方がなされている[171]。

　また、賃料債権への物上代位は、担保不動産収益執行の導入にもかかわらずなお存置され、ただ、物上代位のための債権差押えがなされた後に収益執行の手続が開始する場合には、その後の収益からの満足の手続は担保不動産収益執行に一本化されるという措置がとられるようになった（民事執行法188条・93条の4）。法改正要綱の中間試案の段階では、賃料債権への物上代位を容認すると、抵当不動産の管理に必要な費用まで抵当権者に差し押さえられる可能性があり、不動産の荒廃の問題が生ずる恐れもあることから、賃料債権への物上代位は否定すべきとする案も提示されていたが[172]、すでに実務上容認されている債権回収方法を否定すべきではないという意見にかんがみ、物上代位も存続させることとなったようである[173]。

b. 短期賃貸借保護制度の廃止

　短期賃貸借保護の制度はしばしば抵当権の実行を妨害する便法として悪用されることから、従前よりその改正の立法論も唱えられていたところ、この制度は平成15年の法改正において廃止されるに至った。[174]

　改正法の解説においては、この点は次のように説明されている。[175]すなわち、一方では、①短期賃貸借保護の制度によって抵当不動産の価額が低下し抵当権者が損害を受け、②抵当権者がこの損害をあらかじめ考慮して融資額を低くすることになり、抵当不動産の担保価値の有効活用が妨げられ、③この制度が抵当不動産を安値で競落する手段や、立退料等を要求する口実として悪用される、といった弊害が生ずる。他方では、この制度は、①賃借人の受ける保護の有無・内容が、賃貸借の期間満了・更新の時期と競売による差押えの時期との先後関係などといった偶然の事情に左右され、②賃借人が制度の適用要件を充たすか否か(建物賃貸借契約の期間が3年以内にとどまるか否か)でその扱いに大きな差異が生じてしまう(賃貸借の期間が3年を超える場合には、賃借人は競売物件を直ちに明け渡さなければならない)、などといった点で、合理性に乏しい。そこで、短期賃貸借保護の制度は廃止する一方で、保護すべき賃借人に合理的な範囲で確実に保護を与えるという観点から、抵当権者に対抗しえない賃貸借により建物を占有する者に対して6カ月間の明渡猶予を与える制度を創設した。

(2) 検　討

　収益執行制度の導入に際しては、抵当権者が収益からも満足しうるとする理論的根拠を問題とする見解があり[176]、また、短期賃貸借保護制度の廃止案に対しても、それによるメリットに疑問を呈する見解があった。[177]

　しかし、抵当権が目的物を換価して満足するという物権であるならば、目的物からの収益も換価の一方法であるから、収益から満足する権能も認められてよい。また、かかる抵当権の換価権能は本来これに後れる利用権を覆しうるものであり、短期賃貸借保護制度は、抵当不動産の利用の促進のためにこの原則に修正を加えたものにすぎず、かかる制度自体が健全に機能しないのであれば、その制度を廃止することにしても、何ら抵当権の本質に反することにはならない。むしろ、2つの法改正は本来抵当権の有する効力をそのまま反映させたものというべきであろう。

ただし、収益に対する効力を明示するために改正された民法371条の規定には疑問が残る。換価権としての抵当権の効力が及ぶべき収益とは、かかる換価権の発動に伴う収益のはずであり、それは必然的に抵当権の実行としての差押えの時点から生ずる果実でなければならない。たとえ、被担保債権について不履行があっても、換価権の行使の手続がとられるまでは抵当不動産の収益権能は所有者に留保されるのであり、差押え時点までに生じた果実・収益は抵当権の効力の対象外となるべきである。仮に、差押え以前に果実に対する効力がなければ差押えの根拠を欠くという理由で不履行段階から収益に対する効力を認めたというのであれば、それは、収益に対する効力の究極的根拠が抵当権設定時点にすでに成立している換価権にあることを看過しているのではないか。すなわち、差押えの根拠となる実体法上の権利とは不動産本体に存在する換価権能であり、むしろ、かかる換価権能の行使としての差押えによってそれ以降の収益に対する効力が確定化すると見るべきなのである。たとえ債務不履行が生じても換価権の行使たる差押えがなされるまでは、所有者の収益権限を認めなければならない。この点で、法制審議会による要綱の内容を修正してしまった現行法には大きな問題がある。

　また、担保不動産収益執行の導入にもかかわらず、賃料債権への物上代位をそのまま存置したことによって、かかる物上代位の意義・性質が改めて問われることになる。確かに、比較的小規模の抵当不動産を所有者がすでに賃貸している場合には、管理コストの問題を考慮すれば、抵当権者には収益からの簡易な満足の方法として、物上代位、すなわち不動産本体を差し押さえることなく、賃料債権をそのまま差し押さえる方法を認めることには合理性がある。しかし、ここでの物上代位も収益から満足を受ける点では実質的には担保不動産収益執行と変わらず、双方とも抵当権を根拠として認められる権利であるならば、それらを民法の条項で区々に規定することには疑問を禁じえない。この点については、物上代位は抵当権の本来的効力とは別次元の問題であり、双方は無関係に併存しうるという考え方もあるかもしれない。[178]しかし、そのような考え方は目的不動産の滅失における物上代位には当てはまるとしても、これと同じ論法を賃料債権への物上代位にもとることは困難ではないか。近時では、滅失のケースを代償的ないし代替的物上代位、賃貸のケースを派生的ないし付加的物上代位と呼んで、双方の取扱いを区別する

見解が有力になっているが、これは、一口に物上代位といってもその対象次第では性質上の差異があることを示している。

Ⅱで見たように、もともと現行民法制定において、旧民法にはなかった賃料債権への物上代位が付加された理由は明らかではなく、これを他の物上代位と同列に扱うこと自体が問題だったといえよう。むしろ、所有者の賃貸によって生ずる賃料債権に抵当権の効力が認められる根拠は、抵当権には収益という換価によって満足する権能も包含されるという点にあるというべきである。というのは、抵当権者自らが換価権の行使としての賃貸をなさずとも、権利行使の手続をなした後に生ずる賃料から満足することはその本来的効力に相応するからである。したがって、いわゆる賃料債権への物上代位は、他の物上代位とは異なり、抵当権の本来的効力の1つとして位置づけられる。

民法制定当初から、収益に対する効力をどのように捉えるのかがはっきりしていなかったが、平成15年の法改正においても物上代位の位置づけが曖昧である点で、この問題は十分に解消されたとはいえない。立法論としては、民法371条および372条はなお修正を要するものと考えるが、現行法の解釈論としても、担保不動産収益執行と賃料債権への物上代位は究極的には抵当権の換価権を根拠とする点で共通し、ただ、その実行の手続が前者においては不動産の差押え、後者においては賃料債権の差押えになるにすぎない、と理解すべきである。そして、いずれにおいても抵当権者は、権利行使としての差押えがなされた以降に生ずる果実・収益からのみ優先的に満足しうると見るべきである。

4. まとめ

抵当権の換価権たる性質は、民事執行法の制定によっても変わることなく維持されたというべきである。同法は、抵当権に内在する権能の行使を完全に制限するというものではない。それゆえ、抵当権実行段階における占有権原はなお容認されうるといえよう。もちろん、抵当権は民事執行法の手続の下で実行されなければならず、抵当権に内在する権能の行使も同法の要求する公正な手続を害するものであってはならない。したがって、裁判所による公正な手続が妨げられ、他の関係者の利益が不当に侵害されると判断される

場合には、抵当権者の占有権原の行使を否定すべきであろう。しかし、抵当権者が裁判所に競売を申し立て、かつ競売開始決定がなされた場合にかぎり占有を認めるならば、公正な手続が害される危険性はほとんどないだろう。なぜなら、売却の方法や所有権移転、抵当不動産上の権利の処遇はすべて裁判所によって決定されるからである。

　確かに、抵当権者の占有を認めると、所有者または抵当権者に劣後する利用権者が買受人の登場までに目的不動産を使用しうる可能性も閉ざされることになる。しかし、競売開始決定以降における所有者らの使用はその本来的権利に基づくものともいいがたい。競売開始決定は裁判所が抵当権に基づく売却の正当性を承認するものであり、所有者らはその時点から所有権ないし利用権を失ってもやむをえないからである。もちろん、所有者らの占有・使用が実際には売却・優先的満足の妨げにならない場合には、これらに対する抵当権者の明渡請求を否定するのが穏当であろう。抵当権の換価権能は、被担保債権の優先弁済という目的のために存在するからである。ローマ法の私的売却においては、抵当権者には自己の満足の妨げにならない範囲において所有者らの利益に配慮する義務があるとされていたが、これは抵当権者による占有権原の行使においても斟酌されるべき要素といえよう。また、抵当権者に優先する利用権者や現行民法395条による明渡猶予が認められる建物賃借人との関係では、当然、抵当権者の占有権原も否定すべきである。

　さらに、抵当権者に不動産の占有を認めるといっても、その私的な収益による満足までが認められるわけではない。現行法は、収益による満足は担保不動産収益執行等によるという立場をとっているからである。そして、収益執行や強制管理の手続が開始した場合には、もはや目的不動産の占有・管理は法定手続によるべきであり、抵当権者自身の占有権原も否定されなければならない。したがって、抵当権者の占有は競売手続だけが開始している場合にのみ限定され、また、その占有においては自らの売却権の実現のために必要な目的不動産の保管およびそれに必要な使用だけが許される。

　このように、民事執行法の手続や他の権利者の利益を尊重するという制約はありつつも、抵当権はその実行段階における占有権原を内包する権利である。また、その換価権能には目的不動産の収益も包含される。もともと、収益による満足の手続は民事執行法制定の段階で導入することも十分に可能で

あった。平成15年法改正における担保不動産収益執行手続の導入は、それが現実化したものというべきである。短期賃貸借保護制度の廃止も、抵当権はこれに後れる利用権を覆しうるというその本来の効力を容認したにすぎない。ただ、賃料債権に対する物上代位の位置づけは、平成15年の法改正の後にも依然として不透明になっている。
(181)

VI 総括——抵当権と占有・収益

　日本民法の抵当権は、目的物から優先的に満足しうる権利として規定されている。このような優先的満足は目的物の金銭化・換価によって実現される以上、抵当権には物上の換価権が内在していると見なければならない。この際、換価の方法には物の売却処分のみならず、その収益も包含され、かかる権能が行使される段階には権利者自身が目的物の占有を取得することも、抵当権の本質に反することにはならない。抵当権の非占有担保性とは、条文上も、権利の設定の段階では占有が移転されないことを示すにすぎないからである。価値権理論が確立される前の諸学説は、抵当権には物の売却権があるとしていた点で、その換価権能の一面は捉えていたといえよう。しかし、収益による満足も抵当権の換価権能の1つであることや、売却権を行使する段階においてはその手続次第で抵当権者が占有権原も有する可能性をほとんど顧慮していなかった点で、当時の学説はその模範としていたドイツ法理論を十分に反映していなかった。ドイツ法の抵当権も日本法の抵当権も等しく目的物からの優先的満足をその権利内容としている以上、この点は大きな問題であった。

　もちろん、換価権の行使を公権力・裁判所の手続に服せしめるという原則との関係で、抵当権に内在する権能の自由な行使がどこまで認められるのかも考慮しなければならない。ドイツ法の強制執行の原則は、いわば公正さの担保のために抵当権者がその権能を自由に行使することを完全に制限したものといえよう。そこでは、実行段階における抵当権者の占有権原も否定される。しかし、日本の法制においては、抵当権に内在する権能の行使を完全に制限するという態度決定はなされなかった。確かに、目的物の換価は裁判所による競売・収益執行手続を介さなければならず、買受人への所有権移転も

抵当権者自身によってではなく裁判所の売却許可決定によってなされるが、かかる手続に反しないかぎり、抵当権者はなおその占有権原を行使することができるのではないか。

ところが、我妻理論は、交換価値支配を強調するあまり、抵当権の物に対する支配を否定的に捉えた結果、抵当権は本来的に占有に干渉しえない権利として理解される傾向が強まった。目的不動産の利用関係を基礎にした事業を維持しつつ、抵当権者は当該不動産が生み出す代価のみから満足すべきというこの理論は、立法論としては抵当制度の1つのありうる姿を表現したものといえよう。しかし現実には、抵当権の実行段階において目的不動産の占有・利用関係を放置すると、抵当権者は十分な弁済を受けることができなくなる恐れがある。そのため、実務では抵当権者が占有者を排除しようとするケースが少なくない。むしろ、抵当権の実行段階においては、目的不動産を基礎にした事業も破綻しているのが常であるならば、これをいったん清算・解消することにも合理性がある。その場合に、目的不動産を円滑に売却するために、抵当権者が無権原の占有者を排除して自らが占有することを認めても、決して過大な保護とはいえない。けれども、抵当権が交換価値のみを支配するという理論は、このことの障害となりかねないのである。

また、価値権理論が抵当権を目的不動産の使用収益関係から切り離す立場をとった結果、収益からの満足が抵当権本来の効力とは理解されない傾向も強まった。そのために、民事執行法の制定においては、賃料債権への物上代位の規定を放置しながら、収益から満足を受ける手続の導入は見送る、という一種のねじれ現象が生じてしまった。平成15年の法改正においては、担保不動産収益執行が導入されたものの、物上代位の規定はそのまま存置された結果、民法上は果実・収益に対する効力を定める規定として371条と372条の2つが併存し、両者の関係は不透明になっている。しかし、賃料債権への物上代位といっても、その実質は抵当権者の収益からの満足にほかならず、かかる権利も収益という換価権能を包含する抵当権の効力から導かれるものであるならば、収益執行と物上代位は、手続上の差異があるとしても実体法的には統合的に理解されなければなるまい。

それでは、かような換価権としての抵当権という観点からは、判例上問題とされてきた抵当権者による目的不動産の明渡請求や賃料債権の物上代位に

ついては、具体的にいかなる解釈論が成り立ちうるのだろうか。第4章においては、これらの問題に関する近時の判例、そしてこれを受けた学説の議論を概観し、価値権理論による解釈手法の限界を指摘するとともに、換価権としての抵当権の効力から導かれる解釈論的帰結を明らかにしたい。

(注)
(1) 内田貴『抵当権と利用権』(有斐閣、1983年)21頁以下。
(2) 鳥山泰志「抵当本質論の再考序説(1)(2)(3)」千葉大学法学論集23巻4号1頁以下、24巻1号1頁以下、24巻2号1頁以下(2009年)。
(3) ボワソナード民法典研究会編『民法理由書 第4巻債権担保編』(雄松堂出版、2001年)。以下では、『民法理由書Ⅳ』として引用する。
(4) 『民法理由書Ⅳ』555-556頁。
(5) ボワソナード氏起稿『再閲修正民法草案註釈 第四編』(1883年)443-444丁参照。
(6) 宮城浩蔵『民法正義 債権担保編 巻之弐』(1890年)3-4頁(日本立法資料全集別巻61(信山社、1995年)による)。
(7) 井上操『民法詳解 債権担保編之部下巻』(1892年)350-351頁(日本立法資料全集別巻233(信山社、2002年)による)。
(8) ボワソナード氏起稿・前掲(注5)446-447丁参照。宮城博士も、この問題には実益が少ないとしながらも肯定説をとっていた(宮城・前掲(注6)9頁以下参照)。
(9) 『民法理由書Ⅳ』582頁。
(10) ボワソナード氏起稿・前掲(注5)467-468丁参照。
(11) 宮城・前掲(注6)62-64頁。
(12) 井上・前掲(注7)412-413頁。
(13) 『民法理由書Ⅳ』665-669頁。
(14) ボワソナード氏起稿・前掲(注5)554-559丁参照。
(15) 宮城・前掲(注6)212-214頁、井上・前掲(注7)579-584頁。
(16) 斎藤秀夫『競売法』(有斐閣、1960年)5頁以下参照。
(17) 法務大臣官房司法法制調査部監修『法典調査会民法議事速記録 二』(商事法務研究会、1984年)784-785頁。以下では、『民法議事速記録Ⅱ』として引用する。
(18) 『民法議事速記録Ⅱ』749頁。
(19) 『民法議事速記録Ⅱ』749-751頁。
(20) 『民法議事速記録Ⅱ』756-757頁。
(21) 『民法議事速記録Ⅱ』758-759頁。
(22) 斎藤・前掲(注16)10-13頁参照。
(23) 『民法議事速記録Ⅱ』814-815頁。
(24) 『民法議事速記録Ⅱ』819-820頁。民法旧371条1項は、「前条ノ規定ハ果実ニハ之ヲ適用セス但抵当不動産ノ差押アリタル後又ハ第三取得者カ第三百八十一条ノ通知ヲ受ケタル後ハ此限ニ在ラス」というものであった。

(25) 『民法議事速記録Ⅱ』958頁。
(26) 広中俊雄編著『民法修正案(前三編)の理由書』(有斐閣、1987年)360-361頁、363-364頁、383-384頁参照。
(27) 梅謙次郎『民法要義 巻之二』(和仏法律学校、1896年)453頁。
(28) 梅・前掲(注27)384頁。
(29) 梅・前掲(注27)461頁。
(30) 梅・前掲(注27)462頁参照。
(31) 梅・前掲(注27)527頁。
(32) 梅・前掲(注27)436-437頁、455頁。
(33) 松波仁一郎＝仁保亀松＝仁井田益太郎『帝国民法正解 第四巻物権』(1896年)1134頁(日本立法資料全集別巻98(信山社、1997年)による)。
(34) 松波＝仁保＝仁井田・前掲(注33)1065-1066頁。
(35) 松波＝仁保＝仁井田・前掲(注33)1137頁。
(36) 松波＝仁保＝仁井田・前掲(注33)1146頁。
(37) 松波＝仁保＝仁井田・前掲(注33)1148-1149頁参照。
(38) 松波＝仁保＝仁井田・前掲(注33)1179頁参照。
(39) 岡松参太郎『注釈民法理由 物権編』(有斐閣書房、1897年)404-405頁。
(40) 岡松・前掲(注39)409頁以下、445頁。
(41) 岡松・前掲(注39)454-455頁。
(42) 岡松・前掲(注39)509頁。
(43) 岡松・前掲(注39)513-514頁。なお、岡松博士によれば、追及権は優先権に付随するものであり、この権利によって、抵当債権者は、抵当財産の行くところに従いこれを保持する何人に対しても弁済を請求することができ、もし弁済がなされない場合には目的物を競売し、その代価をもって債権の弁済に当てることができるという。これは、旧民法において第三取得者に弁済義務が課されていた点を維持した説明であろうが、現行民法の下ではこのような考え方は廃れていった。
(44) 岡松・前掲(注39)543-544頁参照。
(45) 岡松・前掲(注39)580頁。
(46) 横田秀雄『物権法[訂正第7版]』(清水書店、1909年)767頁、769頁、842頁。
(47) 横田・前掲(注46)814-815頁、838-839頁。
(48) 横田・前掲(注46)768頁、780頁。
(49) 横田・前掲(注46)781頁。
(50) 横田・前掲(注46)772頁。
(51) 富井政章『民法原論 第二巻物権下』(有斐閣、1914年)480頁。
(52) 富井・前掲(注51)481頁。
(53) 富井・前掲(注51)538頁。
(54) 富井・前掲(注51)582-583頁。
(55) 富井・前掲(注51)546-547頁。
(56) 富井政章『民法原論 第二巻物権上』(有斐閣、1906年)38頁。

(57) 富井・前掲(注51)557頁、579-580頁。松岡博士も、用益物権は物の使用および収益を内容とする物権であるのに対し、担保物権は物の交換価格を権利者に帰属させる内容を有する物権であるが、担保物権の実行は目的物を換価しその売得金を権利者に帰属させるから、担保物権の目的物を物自体ではなくその交換価格と速断すべきではなく、物の交換価格はその物から独立して担保物権の目的物とはならない、と述べていた(松岡義正『民法論 物権法』(清水書店、1908年) 9 頁参照)。
(58) 富井・前掲(注51)510頁、542頁。
(59) 川名兼四郎『物権法要論』(金刺芳流堂、1915年)197頁、263頁。
(60) 川名・前掲(注59)263、265頁。
(61) 川名・前掲(注59)299頁。
(62) 川名・前掲(注59)285頁、297頁。
(63) 川名・前掲(注59)274頁参照。
(64) 川名・前掲(注59)267-268頁。
(65) 三瀦信三『担保物権法』(有斐閣書房、1915年) 4 -5頁。
(66) 三瀦・前掲(注65)407-408頁。
(67) 三瀦・前掲(注65)489頁。
(68) 三瀦・前掲(注65)420頁参照。
(69) 中島玉吉『民法釈義 巻之二下』(金刺芳流堂、1916年)768頁以下、780頁。
(70) 中島・前掲(注69)1021頁。
(71) 中島・前掲(注69)1041頁。
(72) 中島・前掲(注69)1022-1023頁。
(73) 中島玉吉『民法釈義 巻之二上[訂正 5 版]』(金刺芳流堂、1917年) 4 頁。
(74) 中島・前掲(注69)1067頁。
(75) 中島・前掲(注69)1063頁以下、1114頁、1183頁参照。
(76) 雉本朗造「競売法ニ依ル競売ノ性質及ヒ競売開始ノ効力」京都法学会誌 8 巻 8 号(1913年)90頁以下、92-93頁。
(77) 雉本・前掲(注76)96頁。
(78) 雉本・前掲(注76)98-99頁。
(79) 雉本・前掲(注76)103頁、106頁。
(80) 富井・前掲(注51)423頁以下、川名・前掲(注59)194頁以下、264-265頁、三瀦・前掲(注65)223頁以下、391頁以下、中島・前掲(注69)761頁以下、1018-1019頁参照。
(81) 鳩山秀夫『担保物権法』(大正九年度東大講義、1920年) 6 頁。
(82) 鳩山・前掲(注81) 7 -9頁。
(83) 鳩山・前掲(注81)238頁。
(84) 鳩山・前掲(注81)263頁。
(85) 鳩山・前掲(注81)280-281頁。
(86) 鳩山秀夫「民法判例研究」法学協会雑誌42巻 6 号(1924年)162頁。

(87) 実際に、その後発刊された東大講義案においても、担保物権における物の支配が語られている(鳩山『担保物権法』(1927年) 5 頁参照)。
(88) 末弘厳太郎「債権総論」『現代法学全集 第八巻』(日本評論社、1928年)183頁。
(89) 末弘「債権総論」『現代法学全集 第五巻』(日本評論社、1928年) 6 頁、17頁参照。
(90) 末弘・前掲(注88)138-139頁参照。
(91) 末弘・前掲(注88)221-222頁。
(92) 末弘・前掲(注88)222頁、214頁。
(93) 末弘・前掲(注88)198頁。
(94) 鳥山・前掲(注 2)24巻 1 号33-37頁は、末弘説を担保権が交換価値を客体としこれを支配するという見解として捉えているが、これには疑問が残る。
(95) 石田理論と我妻理論については、すでに、田口勉「担保権の価値権説について──ドイツ普通法学説と石田文次郎博士を中心に」関東学園大学法学紀要 9 号(1994年)173頁以下、183-190頁、松井宏興『抵当制度の基礎理論──近代的抵当権論批判』(法律文化社、1997年)104-115頁、鳥山・前掲(注 2)24巻 1 号59-78頁、 2 号 1 頁以下等が検討を加えているが、ここでは筆者の問題意識との関連で必要な範囲において 2 つの理論を取り上げたい。
(96) 石田文次郎『投資抵当権の研究』(有斐閣、1932年)。以下で引用する同書 1 -118頁の「抵当権の本質と価値権」は、法学協会雑誌47巻 5 、 6 、 7 号(1929年)に掲載されたものである。
(97) 石田文次郎『担保物権法論 上巻』(有斐閣、1935年)。
(98) 石田・前掲(注96) 3 -4頁。
(99) 石田・前掲(注96) 8 -48頁。
(100) 石田・前掲(注96)103-104頁。
(101) 石田・前掲(注96)105-107頁。
(102) 石田・前掲(注96)108-110頁。
(103) 石田・前掲(注96)112-113頁。
(104) 石田・前掲(注96)116頁。
(105) 石田・前掲(注96)298頁。
(106) 石田・前掲(注96)117-118頁。
(107) 石田・前掲(注97)44-45頁。
(108) 石田・前掲(注97)119頁。
(109) 石田・前掲(注97)161頁、163-164頁。
(110) 石田・前掲(注97)62-63頁、72-73頁。
(111) 石田・前掲(注97)209-210頁。
(112) 石田・前掲(注96)85頁、110-111頁。
(113) 石田・前掲(注96)100頁。
(114) 我妻栄「近代法に於ける債権の優越的地位」法学志林29巻 6 、 7 、 9 、10号、30巻 3 、 5 、 6 、10、11号、31巻 2 、 3 、 4 、 6 、10号(1927-1929年)。以下では、我妻『近代法における債権の優越的地位』(有斐閣SE版、1986年)から引用する。

(115) 我妻栄『担保物権法』(岩波書店、1936年)。
(116) 我妻・前掲(注114)7-24頁。
(117) 我妻・前掲(注114)81-82頁。
(118) 我妻・前掲(注114)82-84頁。
(119) 我妻・前掲(注114)87頁以下。
(120) 我妻・前掲(注114)213頁。
(121) 我妻・前掲(注115)188頁以下。
(122) 我妻・前掲(注115)233-237頁。
(123) 我妻・前掲(注115)237-238頁。
(124) 我妻・前掲(注115)228頁。
(125) 我妻・前掲(注115)23頁、228頁。
(126) 我妻栄「資本主義と抵当制度の発達」(初出、1930年)『民法研究Ⅳ』(有斐閣、1967年)1頁以下。
(127) いくつかの例を列挙すれば、次のとおりである。
　まず、岩田博士は、担保物権が物権ではなく単に経済的価値を目的とする価値権であるという思想があることを指摘しつつ、担保物権には債務者が弁済をしない場合に直接に担保物を売却しうるという処分権があるという点で、物への支配力が存在するとしていた(岩田新『物権法概論』(同文館、1929年)113頁)。
　小池博士は、抵当証券法によって抵当権は価値権としての本質を具有することになったとしつつ、なお解釈論としては、抵当権も担保物権、すなわち物権の1つであり、抵当権の支配は目的物を換価して優先弁済を受けることができる点にあるとした(小池隆一『日本物権法論』(清水書店、1932年)220頁、296頁)。
　小林博士は、経済的意義としては抵当権の成立を抵当不動産の有する交換価値の条件付売買と捉えつつ、抵当権の法律上の性質をあくまで担保物権と見ていた(小林俊三『担保物権法』(白門堂中央書房、1934年)136頁、196-197頁)。
　最後に、柚木博士は、担保物権は目的物の実体の利用を目的とするものではなく、ひとえにその有する交換価値の取得をその経済的目的とするが、かかる価値権的性質は単に1つの経済的性格を示すにとどまり、これによって担保物権の物権性を否定することはできないとした(柚木馨『判例物権法各論』(巌松堂書店、1936年)108-109頁)。
(128) たとえば、松岡博士はこう述べている。抵当権は物の使用収益を目的とはしないが、物の譲渡を目的とし、抵当権者は直接に抵当物件を支配しこれを売却することができる。これが、抵当権の本質でありその物権たる所以である(松岡義正『民法論 物権法 下』(清水書店、1931年)884頁)。
　また、近藤博士は、担保物権は目的物から一定の価格を取得することを内容とする権利(価格取得権)であるが、物の直接支配をその内容とするという。そして、抵当権の目的物の支配の内容は、抵当権実行期前には目的物の価格を減少させる行為を排除しうる点に存するにすぎないが、その実行期には目的物を換価処分しうる権能が生ずるとする(近藤英吉『物権法論』(弘文堂書房、1934年)114頁、187-

さらに、田島博士は、抵当権の支配権は、占有を伴わないために不動産の有形的な支配権ということができないにしても、不動産換価の独立的な処分権能を内容として法律的な支配権たる性質を有することは疑いない、という(田島順「抵当権者の妨害排除請求」法学論叢31巻4号(1934年)627頁以下、656頁)。

(129) 大判昭和9年6月15日(民集13巻1164頁)。
(130) 勝本正晃『担保物権法 上巻』(有斐閣、1949年)16-17頁、19-20頁。
(131) 柚木馨『担保物権法』(有斐閣、1958年)3-4頁。
(132) たとえば、槇博士や高木博士の教科書においては、抵当権の価値支配は語られているものの、物への支配は強調されなくなっている(槇悌次『担保物権法』(有斐閣、1981年)114頁、高木多喜男『担保物権法』(有斐閣、1984年)9頁、83-84頁参照)。

　ただ、川井博士が、抵当権が究極的には設定者の所有権を奪う点に着目すると価値権という説明は不十分であり、抵当権者は抵当権の実行によって目的物の価値を取得するという期待権を有し、その期待権に基づき必要限度で目的物の支配権を有する、としていたのは、注目に値しよう(川井健『担保物権法』(青林書院、1975年)12-13頁参照)。

(133) 大決大正2年6月13日(民録19輯436頁)。
(134) 雉本・前掲(注76)106頁、岩松三郎「競売法」『現代法学全集第32巻』(日本評論社、1930年)11-12頁、小野木常「競売法」『新法学全集第22巻』(日本評論社、1938年)4-5頁。
(135) 岩松・前掲(注134)6-7頁、小野木・前掲(注134)3-4頁。
(136) 岩松・前掲(注134)11頁参照。
(137) 小野木・前掲(注134)33頁参照。
(138) 三ヶ月章「任意競売と強制競売の再編成――抵当権の実行における債務名義の必要性をめぐって」小野木常・斎藤秀夫先生還暦記念『抵当権の実行 下』(有斐閣、1972年)1頁以下、7-8頁。
(139) 三ヶ月・前掲(注138)17頁。
(140) 三ヶ月・前掲(注138)31頁以下。
(141) 三ヶ月章「『任意競売』概念の終焉――強制執行制度改正の担保物権法に及ぼす影響の一考察」鈴木竹雄先生古稀記念『現代商法学の課題(下)』(有斐閣、1975年)1595頁以下、1605頁。
(142) 法務省民事局参事官室「強制執行法案要綱案(第一次試案)」(1971年12月)ジュリスト517号(1972年)137頁以下参照。以下では、これを「第一次試案」として引用する。
(143) 法務省民事局参事官室「強制執行法案要綱案(第二次試案)」(1973年9月)金融法務事情696号(1973年)5頁以下参照。以下では、これを「第二次試案」として引用する。
(144) 「第一次試案」第六十四以下、「第二次試案」第百十七以下。

(145) 田中康久『新民事執行法の解説[増補改訂版]』(金融財政事情研究会、1980年)400-401頁。
(146) 田中・前掲(注145)401頁。
(147) 田中・前掲(注145)21頁。
(148) 生熊長幸「執行権と換価権——担保権の実行としての競売をめぐって」岡山大学創立三十周年記念論文集『法学と政治学の現代的展開』(有斐閣、1982年)263頁以下、285頁以下。
(149) 生熊・前掲(注148)280頁以下。
(150) 中野貞一郎「担保執行の基礎」民商法雑誌93巻臨時増刊号(2)『民商法雑誌創刊五十周年記念論集②特別法からみた民法』(1986年)208頁以下、211頁。
　　この問題に関して、奥田博士は、担保物権が単に優先弁済を受ける効力をもつにとどまるか、担保目的物を換価処分する権能を有するかは、各種の担保物権の実体法的効力の問題であり、実体法の定めるべきものであるとしており(奥田昌道『請求権概念の生成と展開』(創文社、1979年)293頁)、林博士は、民事執行法の下でも、換価権ないし換価を促す権能に支援された担保的支配が担保物権の本質的内容であることに変わりはないとしている(林良平「担保の機能」加藤一郎＝林良平編代『担保法大系第１巻』(金融財政事情研究会、1984年)50頁)。
(151) 中野・前掲(注150)211-212頁。
(152) 三ヶ月・前掲(注138)35頁(注７)、同・前掲(注141)1612頁(注１)。
(153) 三ヶ月・前掲(注141)1614-1615頁。
(154) 竹下守夫『不動産執行法の研究』(有斐閣、1977年)90-91頁。なお、松本財団「強制執行法案要綱案」研究会「強制執行法改正要綱と民法」ジュリスト517号(1972年)２頁以下、34頁[竹下発言]も参照。
(155) 松本財団「強制執行法案要綱案」研究会・前掲(注154)32-33頁[鈴木禄弥発言]。
(156) 鈴木禄弥『物権法講義[改訂版]』(創文社、1972年)182頁、185頁参照。
(157) 「第一次試案」第六十四の注２。
(158) 「第一次試案」第百五十三の注。
(159) 要綱案に関与した竹下博士によれば、抵当権実行のための強制管理も一応考えられたが、民法には304条の規定しかなく、これだけで抵当権の効力が賃料債権に及ぶとし、そのための手続規定として強制管理の方法を定めることができるのかが疑問であったため、抵当権の強制管理を要綱案には書かなかったという(松本財団「強制執行法案要綱案」研究会・前掲(注154)35頁[竹下守夫発言])。
(160) 「第二次試案」第百二十の一項。
(161) 「第二次試案」第二百五十七。
(162) 田中・前掲(注145)402-403頁。
(163) 田中・前掲(注145)127頁。
(164) 生熊・前掲(注148)288-290頁。
(165) 田中・前掲(注145)241-242頁。
(166) 竹下守夫ほか『ジュリスト増刊・民事執行法セミナー』(1986年)205-206頁[竹

下守夫、中野貞一郎発言]参照。
(167) 最二小判平成元年10月27日(民集43巻9号1070頁)。
(168) 谷口園恵＝筒井健夫『改正担保・執行法の解説』(商事法務、2004年)51頁。
(169) 谷口＝筒井・前掲(注168)56頁。
(170) 平成15年2月5日法制議会総会決定「担保・執行法制の見直しに関する要綱」NBL755号(2003年)74頁参照。
(171) 鎌田薫ほか「(特別座談会)担保・執行法制の改正と理論上の問題点」ジュリスト1261号(2004年)32頁以下、36頁[松岡久和発言]。
(172) 平成14年3月19日法制審議会担保・執行法制部会決定「担保・執行法制の見直しに関する要綱中間試案」NBL734号(2002年)68頁以下、69頁、法務省民事局参事官室「担保・執行法制の見直しに関する要綱中間試案補足説明」NBL735号(2002年)8頁以下、15頁参照。
(173) 谷口＝筒井・前掲(注168)55頁(注39)参照。
(174) とりわけ、内田教授は、詳細な比較法的考察をふまえたうえで、一定の例外的措置を留保しつつ原則として抵当権に後れる賃借権を抵当権の実行によって覆滅させる、という立法論を提示していた(内田・前掲(注1)320頁以下)。
(175) 谷口＝筒井・前掲(注168)32-33頁。
(176) 高橋眞「強制管理」(初出、2002年)『抵当法改正と担保の法理』(成文堂、2008年)64頁以下。
(177) 吉田克己「短期賃貸借保護制度改正の方向」ジュリスト1223号(2002年)19頁以下、工藤祐巌「短期賃貸借保護制度の見直しについて」法律時報74巻8号(2002年)31頁以下。
(178) 鎌田ほか・前掲(注171)36-38頁[鎌田薫発言]、38頁[山本克己発言]参照。これに対して、松岡教授は、収益執行と賃料債権に対する物上代位とには実行手続の違いがあっても、双方の本質的性質は同じであるという(同38頁[松岡久和発言])。
(179) 松岡久和「物上代位権の成否と限界(1)」金融法務事情1504号(1998年)12頁、高橋眞「賃料債権に対する物上代位の構造について」(初出、1998年)前掲(注176)14頁、高木多喜男『担保物権法[第4版]』(有斐閣、2005年)138頁、道垣内弘人『担保物権法[第3版]』(有斐閣、2008年)143頁。
(180) 筆者は、担保執行法改正に際してもこのような立場をとっていた(古積「抵当権による収益管理制度と賃料債権への物上代位」法律時報74巻8号(2002年)37頁以下)。
(181) 近時、加賀山教授は、抵当権を含めた担保物権を単なる債権の一効力・財産への攫取力にすぎないとする見解を主張している(加賀山茂『『債権に付与された優先弁済権』としての担保物権――債権以外に別個の担保物権が存在するわけではない」國井和郎先生還暦記念『民法学の軌跡と展望』(日本評論社、2002年)291頁以下)。ドイツの普通法学説において担保権の物権性、債権性が議論されていたことにかんがみれば、このような説が日本で主張されることも不思議ではない。

しかし、その論拠とされる内容にはかなり疑問がある。まず、加賀山教授は先取特権の特質からその物権性を否定しつつ、これと抵当権を同列に捉える傾向にある（加賀山・前掲298頁以下、313頁以下参照）。確かに、法定担保物権たる先取特権は各種の債権の特性にかんがみて特定の債権に法律が優先権を与えたものと説明することはできよう。しかしながら、当事者の合意によって成立する抵当権の優先的効力をこのような論法によって説明することはできない。むしろ、他の債権者を排除して自己が目的財産から優先的に満足しうるのは、契約によって当該財産に直接の権利を獲得したからであり、それはまさに物権であるといわざるをえない。教授はまた、一般の見解が担保物権を債権とは別個の権利としつつ債権への付従性を容認することを論理矛盾と評しているが（加賀山・前掲319頁参照）、結局これは、権利は常に独立しなければならないという主張であろう。しかし、はたして権利概念からそのような帰結が論理的に導かれるのだろうか。

最後に教授は、抵当権を用益権には関与できない権利と断言したうえで、担保物権ないし抵当権をこれに後れる賃借権や用益権に優先させることを危険な考え方と位置づけ、このような考え方によって、抵当権には優先弁済権を超えた不当な権利が与えられ、新築建物の取壊しなど、国民経済に大きな損失を与える事態が抵当権の実行の下に行われているという（加賀山・前掲321-322頁参照）。しかし、抵当権の物権性を否定しえなければ、抵当権の用益権への干渉を端的に否定することもできない。むしろ、抵当権が用益権に干渉することによって国民経済に大きな損失を与える事態があるというならば、その実態を詳細に説明しなければならない。そして、実際に新築建物の取壊しなどによる損失があるとしても、抵当権がこれに後れる利用権にすら劣後するとされる場合のデメリットとの比較考量をしなければ、このような論法には説得力がない。

第4章　個別問題に関する解釈論

I　概　観

　我妻博士が抵当権の価値権としての性質との関係を強調していた制度には、物上代位(民法372条・304条)、法定地上権(民法388条)、平成15年の担保執行法改正前の滌除(民法旧378条以下)と短期賃貸借保護(民法旧395条)があった。[1] このうち、短期賃貸借保護制度が廃止されてしまったことはすでに第3章で見たとおりであるが、それ以外についてはなお抵当権の性質との関係を問う意味が残っている。実際に、これらについては、具体的な解釈論において抵当権の価値把握という観点が問題となっていた。

　たとえば、物上代位に関しては、我妻博士が、価値権たる抵当権の効力が目的物の交換価値の具体化である債権に及ぶのは当然であり、民法372条ないし304条が目的債権の差押えを要求する理由は物上代位の対象の特定性の維持にあるにすぎないとしていたのに対し、有力説はそのような論法には疑問があるとしていた。[2] この論点について、大審院の判例は差押えを優先権保全の要件と位置づけていたのに対し、[3] 最高裁の判例はこれを主に第三債務者の保護との関係で要求されるものと位置づけるに至ったが、[4][5] いずれもそこでは目的物の交換価値という概念には言及していない。また、法定地上権に関して、最高裁の判例は、土地および建物に共同抵当権が設定された後に建物が再築されたケースにおいて、抵当権による土地および建物全体の担保価値の把握という論理によって、原則として法定地上権の成立を否定する結論を導いた。[6] さらに、滌除については、抵当不動産の共有持分を譲り受けた者がその持分についてのみ滌除をなしうるかという問題が生じ、判例は、抵当権者が一個の不動産全体の交換価値を把握しているという理由づけによって、これを否定した。[7] この考え方は、滌除に代わった現行法の抵当権消滅請求制度(民法379条以下)の下でも妥当するといえよう。

　ただ、価値権理論が抵当権の占有・収益に対する効力に関して否定的な評

価を加えるものである以上、特にこの理論との関係で重要となる具体的問題は、抵当権者による目的不動産の占有者に対する明渡請求と賃料債権に対する物上代位であろう。実際に、この２つの問題については、判例が相次いで現れ、また学説によって活発な議論がなされた。賃料債権に対する物上代位については、平成15年の担保執行法改正において導入された担保不動産収益執行制度との関係も問題となる。

そこで本章では、この２つの問題に関する近時の判例・学説を検討することを通じて、解釈論における価値権理論の限界、抵当権を換価権として捉える立場から導かれる理論的帰結を明らかにしたい。

II　抵当権者の占有者に対する明渡請求

1. はじめに

抵当権者の無権原占有者に対する明渡請求権は、最高裁平成３年判決(最二小判平成３・３・22民集45巻３号268頁)によっていったんは否定された。しかし、最高裁平成11年大法廷判決(最大判平成11・11・24民集53巻８号1899頁)は、これを変更して所有者の不法占有者に対する物権的請求権の代位行使による明渡請求を容認し、さらに、最高裁平成17年判決(最一小判平成17・３・10民集59巻２号356頁)は、抵当権に劣後する賃借権に基づく占有者との関係で、抵当権自体に基づく妨害排除請求権としての明渡請求権を認めた。そして、このような判例の展開を受ける形で、明渡請求に関わる諸問題についての学説上の議論も深化していった。

本節では、３つの最高裁判例とこれを受けた学説の議論を検討することにより、この問題における価値権理論の限界を明らかにしていきたい。

2. 判例・学説の概況

(1) 短期賃貸借の解除請求と明渡請求

a. 問題の背景

抵当権者による目的不動産の明渡請求は、しばしば、民法旧395条の短期賃貸借保護制度の悪用によって抵当権の実行を妨害する占有者との関係で問題となった。このような占有者の存在によって、競売における売却価格が下

落し、さらには競売自体が円滑に進行しないこともあるために、抵当権者はその占有を排除しなければならなかった。これを実現するために、抵当権者は、裁判によって、短期賃貸借が抵当権者に損害を及ぼすとしてその解除を請求するとともに(民法旧395条但書)、目的不動産の明渡しを請求することになる。この際、明渡請求の原因としては、賃貸借の解除によって所有者が占有者に対して有することになる物権的請求権の代位行使と、抵当権自体に基づく物権的請求権が考えられる。平成3年の最高裁判例が出る前には、抵当権者の明渡請求権を否定する裁判例が多かったが、これを肯定する裁判例も少なくなかった(9)。

b. 平成3年判決(最二小判平成3・3・22民集45巻3号268頁)

平成3年判決の事案は、抵当不動産の短期賃貸借および転貸借に基づく占有者に対して、抵当権者が民法旧395条但書による解除を条件とする抵当不動産の所有者への明渡しを請求した、というケースだった。最高裁は、短期賃貸借の解除請求は容認したものの、以下の理由から、抵当不動産の明渡請求については、所有者の物権的請求権の代位行使も抵当権自体に基づく物権的請求権も否定する立場をとった。

①「抵当権は、設定者が占有を移さないで債権の担保に供した不動産につき、他の債権者に優先して自己の債権の弁済を受ける担保権であって、抵当不動産を占有する権原を包含するものではなく、抵当不動産の占有はその所有者にゆだねられているのである。そして、その所有者が自ら占有し又は第三者に賃貸するなどして抵当不動産を占有している場合のみならず、第三者が何ら権原なくして抵当不動産を占有している場合においても、抵当権者は、抵当不動産の占有関係について干渉し得る余地はないのであって、第三者が抵当不動産を権原により占有し又は不法に占有しているというだけでは、抵当権が侵害されるわけではない。」

②「いわゆる短期賃貸借が抵当権者に損害を及ぼすものとして民法三九五条ただし書の規定により解除された場合も、右と同様に解すべきものであって、抵当権者は、短期賃貸借ないしこれを基礎とする転貸借に基づき抵当不動産を占有する賃借人ないし転借人(以下『賃借人等』という。)に対し、当該不動産の明渡しを求め得るものではないと解するのが相当である。けだし、民法三九五条ただし書による短期賃貸借の解除は、その短期賃貸借の内容(賃料の

額又は前払の有無、敷金又は保証金の有無、その額等)により、これを抵当権者に対抗し得るものとすれば、抵当権者に損害を及ぼすこととなる場合に認められるのであって、短期賃貸借に基づく抵当不動産の占有それ自体が抵当不動産の担保価値を減少させ、抵当権者に損害を及ぼすものとして認められているものではなく(もし、そうだとすれば、そもそも短期賃貸借すべてが解除し得るものとなり、短期賃貸借の制度そのものを否定することとなる。)、短期賃貸借の解除の効力は、解除判決によって、以後、賃借人等の抵当不動産の占有権原を抵当権者に対する関係のみならず、設定者に対する関係においても消滅させるものであるが、同条ただし書の趣旨は、右にとどまり、更に進んで、抵当不動産の占有関係について干渉する権原を有しない抵当権者に対し、賃借人等の占有を排除し得る権原を付与するものではないからである。そのことは、抵当権者に対抗し得ない、民法六〇二条に定められた期間を超える賃貸借(抵当権者の解除権が認められなくても、当然抵当権者に対抗し得ず、抵当権の実行により消滅する賃借権)に基づき抵当不動産を占有する賃借人等又は不法占有者に対し、抵当権者にその占有を排除し得る権原が付与されなくても、その抵当権の実行の場合の抵当不動産の買受人が、民事執行法八三条(一八八条により準用される場合を含む。)による引渡命令又は訴えによる判決に基づき、その占有を排除することができることによって、結局抵当不動産の担保価値の保存、したがって抵当権者の保護が図られているものと観念されていることと対比しても、見やすいところである。」

③「したがって、抵当権者は、短期賃貸借が解除された後、賃借人等が抵当不動産の占有を継続していても、抵当権に基づく妨害排除請求として、その占有の排除を求め得るものでないことはもちろん、賃借人等の占有それ自体が抵当不動産の担保価値を減少させるものでない以上、抵当権者が、これによって担保価値が減少するものとしてその被担保債権を保全するため、債務者たる所有者の所有権に基づく返還請求権を代位行使して、その明渡しを求めることも、その前提を欠くのであって、これを是認することができない。」

c. 学説の状況

最高裁は、平成３年判決に先立って、抵当権実行の妨害を目的として賃貸借を結ぶ詐害的な賃借人を排除するために抵当権者自らが取得する賃借権、

第4章　個別問題に関する解釈論　179

すなわち併用賃借権には賃借権としての実体がないという理由から、これに基づく抵当権者の明渡請求権を否定していた(10)。ただ、学説上は、抵当権自体を原因とする明渡請求権、特に物権的請求権としての妨害排除請求権を認めるべきとする見解が多数を占めるようになっており(11)、判例もそのように解するであろうとの見方があった(12)。そのため、最高裁がこれを否定したことに対しては多くの学説が批判的な立場をとった(13)。とりわけ、判例が第三者の占有によって抵当不動産の担保価値が減少しないと判断した点は、実際の競売においてはこのような占有によって売却価格が下落している現実に相応しない、と強く批判されていた(14)。

　もっとも、結論として抵当権に基づく妨害排除請求権を認めるとしても、抵当権者に対する明渡しまで認められるのか、また、何時から抵当権者は明渡請求をなしうるのか、たとえば競売開始決定の後にはじめて請求をなしうるのか、という問題があった。前者の問題については、抵当権者に占有権原がないという理由から所有者への明渡しのみを容認する裁判例があり(15)、学説においても、これと同様の見解や(16)、抵当権者には占有者に対する退去請求権のみが認められるとする見解があった(17)。しかし、多くの学説は、所有者による抵当不動産の不受領などの問題があるとして抵当権者自身への明渡しも容認していた(18)。また、後者の問題については、民法旧371条１項但書などを根拠として、抵当権実行時以降に占有への干渉・明渡請求を認めるにとどめる学説が多かったが(19)、抵当権実行前の明渡請求を容認する見解もあった(20)。

　また、第三者の占有を抵当権の侵害とする理論構成としては、抵当権が交換価値を把握するという伝統的理論によるものと、むしろ、かかる伝統的理論にとらわれず抵当権にも物に対する支配があることを強調するものがあったといえる。前者は、第三者の不法占有によって目的物の売却価格が下落することが交換価値の減損であり、この点で抵当権は侵害されているから、抵当権者には妨害排除請求権が認められるという(21)。ただ、このような理解が可能であれば、伝統的理論を修正しなくとも抵当権に基づく妨害排除請求権は認められそうであり、後者のごとく物的支配を強調することの意味が問われる。この点について、ある論者は、「抵当権はその価値維持の範囲内で消極的にせよ確実に物的支配を行って」、「抵当権実行の段階に至っては、より積極的に目的物に対する物的支配を行うことは明白である」と言い(22)、また他の

論者は、抵当権が価値権であり目的物の用益権にはその支配が及ばないとするのは1つのドグマである、と述べ、さらに別の論者は、抵当権は非占有担保であり価値権にすぎないから抵当不動産の占有関係に一切介入できないという考えは、自明の理ではない、と主張していた。それゆえ、物的支配という構成の意味は、抵当権が目的物の占有利用関係に干渉しえない権利ではないことを強調する点にあったといえよう。

このように請求をなしうる時期や理論構成については見解が様々であったが、結論として抵当権者の明渡請求権を容認するのが学説の大勢ではあった。しかしその一方で、抵当権が目的物の交換価値を把握するという伝統的理論を支持しつつ、目的物の使用収益権が設定者に留保されている以上、設定者らによる目的物の通常の占有ないし使用・収益による評価額の減損は抵当権の侵害に当たらないとして、単なる第三者の占有によっては抵当権の侵害はなく、抵当権に基づく妨害排除請求は認められないという説も有力に主張されていた。

以上のような議論の展開を受けて、その後、抵当権の本質を換価権と捉える見解も現れることになる。たとえば、松井教授は、ドイツ法の抵当権の検討を通じて、目的物の占有に対する干渉を基礎づけるためにも抵当権を換価権として捉えるべき旨を主張した。さらには、抵当権の本質が物権的性質を持つ換価権にあるとして、その換価作用が具体化した段階、すなわち競売開始決定がなされた段階には、抵当権は使用収益権を含めた形で目的物の所有権全体を支配するため、抵当不動産上の無権原占有者への妨害排除請求権が認められ、その際の引渡しは抵当権者に対してなされるべきであるという説も唱えられた。

(2) 判例変更と学説――不法占有者に対する明渡請求

a. 平成3年判決後の実務・立法の動向

平成3年判決以降には、実務上は、抵当権者による明渡請求以外の方法によって第三者の不法占有を排除することが模索されるようになった。とりわけ、事前に第三者の占有を排除することが円滑な売却に寄与するため、民事執行法上の売却のための保全処分(同法55条)が注目されるようになった。この保全処分の原因とされる価格減少行為には基本的には目的不動産の物理的破壊が該当すると考えられ、また、当時の規定では保全処分の相手方は債務

者ないし所有者に限られていた。しかし、最高裁平成3年判決の後に、東京地方裁判所は、競売妨害のための第三者への占有移転も価格減少行為に該当するとし、かつ抵当不動産の占有者を所有者の占有補助者と位置づけて、第三者の占有を排除し抵当不動産を執行官に保管させる措置を認めるようになった。そして、平成8年の民事執行法改正においては、単なる占有者も保全処分の相手方の範囲に取り込み、執行官に目的不動産を保管させるための要件を緩和する措置や、担保権者のための競売開始決定前の保全処分の導入(民事執行法187条)などがなされるに至った。

このような状況において、平成3年判決を変更し、抵当権者の無権原占有者に対する明渡請求を容認する平成11年大法廷判決が現れることになる。

b. 平成11年大法廷判決(最大判平成11・11・24民集53巻8号1899頁)

平成11年大法廷判決の事案は、抵当権者(根抵当権者)が競売を申し立てたにもかかわらず、目的不動産が第三者によって無権原で占有され、これを買い受けようとする者が現れないため、抵当権者はかかる占有者に対して所有者の有する物権的請求権を代位行使して不動産の明渡しを請求した、というものであった。最高裁は、次のような理由に基づき抵当権者の明渡請求を認容した。

「抵当権は、競売手続において実現される抵当不動産の交換価値から他の債権者に優先して被担保債権の弁済を受けることを内容とする物権であり、不動産の占有を抵当権者に移すことなく設定され、抵当権者は、原則として、抵当不動産の所有者が行う抵当不動産の使用又は収益について干渉することはできない。

しかしながら、第三者が抵当不動産を不法占有することにより、競売手続の進行が害され適正な価額よりも売却価額が下落するおそれがあるなど、抵当不動産の交換価値の実現が妨げられ抵当権者の優先弁済請求権の行使が困難となるような状態があるときは、これを抵当権に対する侵害と評価することを妨げるものではない。そして、抵当不動産の所有者は、抵当権に対する侵害が生じないよう抵当不動産を適切に維持管理することが予定されているものということができる。したがって、右状態があるときは、抵当権の効力として、抵当権者は、抵当不動産の所有者に対し、その有する権利を適切に行使するなどして右状態を是正し抵当不動産を適切に維持又は保存するよう

求める請求権を有するというべきである。そうすると、抵当権者は、右請求権を保全する必要があるときは、民法四二三条の法意に従い、所有者の不法占有者に対する妨害排除請求権を代位行使することができると解するのが相当である。

なお、第三者が抵当不動産を不法占有することにより抵当不動産の交換価値の実現が妨げられ抵当権者の優先弁済請求権の行使が困難となるような状態があるときは、抵当権に基づく妨害排除請求として、抵当権者が右状態の排除を求めることも許されるものというべきである。」

この判決には、次のような奥田裁判官の補足意見が付加されていた。

① 第三者の行為等による抵当権侵害の成否について

「抵当権は、抵当不動産の担保価値（交換価値）を排他的に支配し、競売手続において実現される交換価値から他の債権者に優先して被担保債権の弁済を受けることを内容とする物権である。」「抵当権に認められる抵当不動産の交換価値に対する排他的支配の権能は、交換価値が実現される抵当権実行時（換価・配当時）において最も先鋭に現われるが、ひとりこの時点においてのみならず、抵当権設定時以降換価に至るまでの間、抵当不動産について実現されるべき交換価値を恒常的・継続的に支配することができる点に、抵当権の物権としての意義が存するものとみられる。したがって、抵当権設定時以降換価に至るまでの間においても、抵当不動産の交換価値を減少させたり、交換価値の実現を困難にさせたりするような第三者の行為ないし事実状態は、これを抵当権に対する侵害ととらえるべきであり、かかる侵害を阻止し、あるいは除去する法的手段が抵当権者に用意されていなければならない。」

② 抵当権に基づく妨害排除請求権について

「抵当権は目的物に対する事実的支配（占有）を伴わずにその交換価値を非有形的・観念的に支配する権利であるが、本件におけるように、第三者が抵当不動産を何らの正当な権原なく占有することにより、競売手続の進行が害され、抵当不動産の交換価値の実現が妨げられ抵当権者の優先弁済請求権の行使が困難となるような状態が生じているときは、右不法占有者に対し、抵当権者は、抵当権に基づき、妨害の排除、すなわち、不動産の明渡しを請求することができるものといわなければならない。もちろん、この場合に、抵当権者が自己への明渡しを請求し得るのか、抵当不動産の所有者への明渡し

を請求し得るにとどまるのかは、更に検討を要する問題である。」
　③　抵当権者による所有者の妨害排除請求権の代位行使について
　「抵当権設定者又は抵当不動産の譲受人は、担保権(抵当権)の目的物を実際に管理する立場にある者として、第三者の行為等によりその交換価値が減少し、又は交換価値の実現が困難となることのないように、これを適切に維持又は保存することが、法の要請するところであると考えられる。その反面として、抵当権者は、抵当不動産の所有者に対し、抵当不動産の担保価値を維持又は保存するよう求める請求権(担保価値維持請求権)を有するものというべきである。そして、この担保価値維持請求権は、抵当権設定時よりその実行(換価)に至るまでの間、恒常的に存続する権利であり、第三者が抵当不動産を毀損したり抵当不動産を不法占有したりすることにより、抵当不動産の交換価値の実現が妨げられるような状態が生じているにもかかわらず、所有者が適切な措置を執らない場合には、この請求権の存続、実現が困難となるような事態を生じさせることとなるから、抵当権者において、抵当不動産の所有者に対する担保価値維持請求権を保全するために、抵当不動産の所有者が侵害者に対して有する妨害停止又は妨害排除請求権を代位行使することが認められるべきである。」
　「代位権行使の効果として抵当権者は抵当不動産の占有者に対して直接自己への明渡しを請求することができるかの点については、抵当権者は抵当不動産の所有者の妨害排除請求権(明渡請求権)を同人に代わって行使するにすぎないこと、抵当不動産の所有者の明渡請求権の内容は同人自身への明渡しであることからすれば、抵当権者による代位行使の場合も同じであると考えるべきもののようにもみえるが、抵当不動産の所有者が受領を拒み、又は所有者において受領することが期待できないといった事情があるときは、抵当権者は、抵当不動産の所有者に代わって受領するという意味において、直接自己への明渡しを請求することができると解するのが相当である。そして、本件のような事実関係がある場合は、原則として、抵当権者は、直接自己に抵当不動産を明け渡すよう求めることができるものというべきである。その場合に抵当権者が取得する占有は、抵当不動産の所有者のために管理する目的での占有、いわゆる管理占有であるといい得る。」

c. 学説の反応

　平成11年大法廷判決の結論に対して、学説はおおむね好意的な立場をとった[30]。しかし他方では、抵当権者の明渡請求の容認に伴ういくつかの問題点も浮かび上がってきた。

　(ア)　**明渡請求をなしうる時期**　まず、抵当権者は何時から占有者に対して明渡しを請求しうるのか、という問題がある。平成11年大法廷判決の事案は、すでに抵当権者の申立てにより目的不動産の競売開始決定がなされていた場合であり、法廷意見が、「競売手続の進行が害され適正な価額よりも売却価額が下落するおそれがあるなど、抵当不動産の交換価値の実現が妨げられ抵当権者の優先弁済請求権の行使が困難となるような状態があるとき」に抵当権の侵害を認める点からは、代位請求であれ、物上請求であれ、判例は明渡請求権を抵当権実行以降に認めるようにも思われる。しかし、奥田裁判官の補足意見によれば、抵当権の実行前における抵当権の侵害や、抵当権者の所有者に対する恒常的な価値維持請求権が容認されており、抵当権実行前における明渡請求が認められる余地が十分に残っている。

　この問題について、平成11年大法廷判決を検討する学説には、抵当権の実行段階においてはじめて明渡請求が認められるとする立場[31]と、被担保債権について履行遅滞が生じた時点以降には明渡請求が認められるとする立場[32]があった。ただ、何故このような限定が付されるべきことになるのかは必ずしも明らかではない。仮に抵当権が交換価値を支配する権利であるという立場を前提にして、第三者の占有による目的物の価値の下落を抵当権の侵害と捉えるならば、そのような価値の下落は抵当権設定後に直ちに問題となりうる以上、抵当権侵害を根拠とする請求権は抵当権実行、債務不履行前にも生じうるはずである[33]。また、抵当権の物的支配を強調する場合でも、第三者による占有がその支配を妨害するというならば、それは抵当権実行前でも問題となる余地が残る。それにもかかわらず、抵当権者の明渡請求権を被担保債権の弁済期到来後に限定しようとする学説が多いのは、被担保債権が十分に弁済されれば抵当権者の利益が害されないからであろう。抵当権の実行と無関係に明渡請求を認めることを問題視する説があるのも[34]、そのことを表している。

　また、抵当権の侵害とはその優先弁済請求権の侵害であり、優先弁済請求

権は抵当権の実行としての換価権と被担保債権の弁済としての配当受領権を要素とするとして、換価権の侵害には競売手続の開始が要件となるが、配当受領権の侵害には被担保債権の履行遅滞で足りるという見解もあった[35]。この説は、抵当権を価値権とする伝統的理解を必ずしも前提にせず、むしろその換価権能を重視している[36]。他方で、抵当権が目的物の交換価値を把握するという伝統的理論を前提にしつつ、かかる価値権は換価手続によって実現されるという点から、第三者の占有がこの換価手続を妨害する場合には抵当権が侵害されるという見解もあり、これも、占有による抵当権の侵害が基本的にはその実行段階以降に生ずると理解しているといえよう[37]。

さらに、競売申立て以降には抵当権者は売却のための保全処分によって第三者の占有を排除することができる点に着目し、むしろ法定手続によらない任意売却の可能性を確保するために競売申立て前の明渡請求を容認すべきとする見解もあった[38]。ただこれについては、「任意売却は抵当権の実行ではないのみならず、抵当権に基づく換価権ではなく所有者の処分権に基づき、しかも抵当権を外して行われるものであるから、この場合における妨害排除を抵当権の効力として認めるのは背理である」という指摘もなされていた[39]。

(ｲ)　**代位構成の問題**　次に、平成11年大法廷判決は、抽象論としては抵当権自体に基づく妨害排除請求権も容認する立場をとっており、それでもなお所有者の物権的請求権を代位行使することの是非が問われている。この点について、奥田裁判官の補足意見は、抵当権に基づく物権的請求権の内容が確立されていない状況では、なお代位行使の方法を認めるべきとしていたが、学説では、このような方法を容認することに批判的な見解も少なくなかった[40]。

とりわけ、松岡教授は、代位行使において被保全権利とされる所有者に対する侵害是正・維持請求権の実質は、抵当権の侵害に基づいて発生する妨害排除請求権が抵当権者と所有者との間に反映している仮象的なものにすぎないから、代位行使の構成は迂遠なものであり、端的に抵当権に基づく妨害排除請求を認めるべきであるという[41]。代位行使を肯定的に捉える見解は、債権者は本来の権利者が目的物を受領しない場合に代位権の行使によって自らが受領をなしうるとされていることから、代位構成によれば抵当権者自身への不動産の明渡しを容認しやすくなる旨を指摘しているが[42]、松岡教授は、代位

債権者への直接的な給付が認められてきた例では、いずれも被保全債権自体が目的物の引渡しを内容とするものであり、代位行使の構成が直ちに抵当権者への明渡しという効果に結びつくわけではない、と反論している。

代位構成に対してはさらに、所有者との関係で利用権を有する占有者に対して明渡しを請求する場合には、代位行使の構成は適切ではなく、物上請求によらざるをえない旨も指摘されていた。

　　(ウ)　**抵当権者への明渡し・管理占有の問題**　　抵当権者自身への明渡しを認める場合、その後の抵当権者の占有を法的にどのように位置づけるかが問題となる。奥田裁判官の補足意見は、所有者の物権的請求権の代位行使によって抵当権者が取得する占有を所有者のために目的物を管理する目的での占有と位置づけているが、かかる管理占有という概念の民法上の位置づけが問われる。ただ、代位権の行使には所有者の財産を管理する意味があるので、学説は、この場合には抵当権者は所有者に対し目的財産を善良な管理者の注意をもって保管する義務を負い、また、保管のために要した費用の償還を所有者に対して請求しうると解していた。しかし、費用償還請求権を十分に保護することができないなど、この占有が抵当権者にとって負担になる恐れがあることも指摘されていた。

他方で、抵当権自体に基づく妨害排除請求権を認める場合、抵当権者自身への明渡しまで容認しうるかは、抵当権に占有権原がないこととの関係で問題とされた。しかし、所有者への明渡しでは、所有者の不受領やそれによる適切な管理がなされない恐れがあるなど、抵当権の保全にとって十分ではない可能性があるため、抵当権者への明渡しも容認する立場が多かった。もっとも、後順位抵当権者の占有取得による先順位抵当権者への害などを考慮し、抵当権に基づく妨害排除請求権の内容としてはあくまで所有者への明渡しにとどめるべきとする見解も主張された。

　(3)　**抵当権に劣後する賃貸借を基礎にした占有者に対する明渡請求**
　　a.　**平成17年判決**（最一小判平成17・3・10民集59巻2号356頁）

平成11年大法廷判決に関連して指摘されていたように((2)c.(イ))、抵当不動産の利用権を有する者に対して明渡しを請求するには、基本的には抵当権に基づく物権的請求権によらざるをえないこととなろうが、そのような場面における抵当権者の明渡請求の可否を扱ったのが、平成17年の最高裁判決であ

った。

　平成17年判決の事案は、抵当権設定者が目的不動産の賃貸のためには抵当権者の承諾を要するとされていたにもかかわらずこれを無断で第三者に賃貸し、さらにそれが転貸されていたため、競売を申し立てた抵当権者が、抵当権自体に基づく妨害排除請求として抵当不動産を自らに明け渡すように転借人らに請求し、さらにその占有によって損害を受けたとしてその賠償、すなわち賃料相当金の支払いを請求した、というものであった。ここで問題となった賃貸借は、民法旧395条の適用される短期の賃貸借ではなく、もともと抵当権に対抗しうるものではなかった。最高裁は、以下の理由から抵当権者の明渡請求を認容しつつ、損害賠償請求は棄却した。

　「所有者以外の第三者が抵当不動産を不法占有することにより、抵当不動産の交換価値の実現が妨げられ、抵当権者の優先弁済請求権の行使が困難となるような状態があるときは、抵当権者は、占有者に対し、抵当権に基づく妨害排除請求として、上記状態の排除を求めることができる(最高裁平成8年(オ)第1697号同11年11月24日大法廷判決・民集53巻8号1899頁)。そして、抵当権設定登記後に抵当不動産の所有者から占有権原の設定を受けてこれを占有する者についても、その占有権原の設定に抵当権の実行としての競売手続を妨害する目的が認められ、その占有により抵当不動産の交換価値の実現が妨げられて抵当権者の優先弁済請求権の行使が困難となるような状態があるときは、抵当権者は、当該占有者に対し、抵当権に基づく妨害排除請求として、上記状態の排除を求めることができるものというべきである。なぜなら、抵当不動産の所有者は、抵当不動産を使用又は収益するに当たり、抵当不動産を適切に維持管理することが予定されており、抵当権の実行としての競売手続を妨害するような占有権原を設定することは許されないからである。

　また、抵当権に基づく妨害排除請求権の行使に当たり、抵当不動産の所有者において抵当権に対する侵害が生じないように抵当不動産を適切に維持管理することが期待できない場合には、抵当権者は、占有者に対し、直接自己への抵当不動産の明渡しを求めることができるものというべきである。」

　「抵当権者は、抵当不動産に対する第三者の占有により賃料額相当の損害を被るものではないというべきである。なぜなら、抵当権者は、抵当不動産を自ら使用することはできず、民事執行法上の手続等によらずにその使用に

よる利益を取得することもできないし、また、抵当権者が抵当権に基づく妨害排除請求により取得する占有は、抵当不動産の所有者に代わり抵当不動産を維持管理することを目的とするものであって、抵当不動産の使用及びその使用による利益の取得を目的とするものではないからである。」

b. 学説の反応

(ア) **妨害排除請求権の要件**　抵当権者の妨害排除請求権を容認する平成17年判決の結論に対しては、学説上特に異論はなかった。平成11年大法廷判決が不法占有者に対する妨害排除請求権の要件とした交換価値の実現の妨害のほかに、平成17年判決が占有権原の設定に抵当権の実行としての競売手続を妨害する目的が存することを妨害排除請求権の要件としたのは、所有者の使用収益権と抵当権者の交換価値把握の権能を調和する観点に立つものと理解されている。ただ、このように要件を付加することに関しては賛否両論がある。

松岡教授は、賃貸借の契約内容の不当性自体が競売価格の低下に繋がるのではなく、そのような不当な契約を行う者の異常な占有によって買受けを躊躇させることが抵当権侵害という評価を基礎づけるとして、妨害目的を独立した要件とする必要はなく、かかる要素は客観的な抵当権侵害の判定に取り込むこともできるとする。これに対して、生熊教授は、正常な賃貸借に基づく利用権者に対しては抵当権者の明渡請求を否定すべきとする観点から、抵当権実行妨害目的という要件こそが重要であり、抵当権の不可分性からは抵当権者が十分に満足しえないことは抵当権侵害の要件とはならない、と主張する。田高教授も、正常な賃貸借による利用権者は妨害排除請求の対象とはならないことを明確にするためにも、執行妨害目的という要件には意味があるという。他方で道垣内教授は、この要件を、新たな民法395条の明渡猶予制度との関係で、正常な賃借人に対しての明渡請求を否定すべきとする考量が働いた結果と位置づける。

(イ) **抵当権者への明渡しと管理占有**　平成17年判決が所有者による維持管理を期待できない場合に抵当権者自身への明渡しを容認することに対しても、学説上は特に異論がないようである。しかし、その際に抵当権者が取得する管理占有について様々な問題点があることが、改めて指摘されている。すなわち、抵当権者が善管注意義務を負うとすればそれはかなりの負担

となること、また、かかる管理占有はいつまで続けられるべきか、さらには、管理の費用をいかにして回収することができるのか、などである。そのため、抵当権者にとっては、その妨害排除請求権より、むしろ民事執行法上の保全処分が有用である旨が指摘され(56)、妨害排除請求権を有用なものとするために、法定手続によらない任意売却のための明渡請求を容認すべきとする見解も改めて主張されている。(57)

また、抵当権に基づく妨害排除請求権という構成では、何故抵当権者が管理占有を取得しうるのかが問題になるが、債権者代位権の構成によれば、所有者の有する管理権限が債権者にゆだねられるという点から、抵当権者の管理占有も理論的に正当化されるとして、代位構成の有用性を説く見解も主張された。(58)

なお、平成17年判決が、抵当権者の取得する占有が管理のためのものであることを根拠に、抵当不動産の使用利益相当額の賠償請求を否定した点は、理論的には正当なものとして評価されている。(59)ただ同時に、これによって結果的に占有者が利益を得ることに対しては疑問も呈されている。(60)

(ウ) **賃貸借契約の有効性**　平成17年判決は、賃貸借に基づく占有が抵当権侵害となる場合に、その賃貸借が無効となるか否かについて明言していなかった。ただ、仮にこの場合でも賃貸借が依然として有効であるとすると、抵当権者によって占有排除がなされても、有効な賃貸借に基づいて再び占有が賃借人にゆだねられる余地が残るとして、賃貸借の効力を否定する必要性を説く見解も主張された。その法的構成としては、民法424条の詐害行為取消権の転用があげられている。(61)さらに、フランス法における判例理論を参考にしつつ、平成17年判決が抵当権侵害の要件としてあげたファクターには詐害行為取消権の判断要素が組み込まれている、という分析をなす見解も主張されている。(62)

3. 検　討
(1) 従前の議論の限界
近時の判例・学説は、結論としては抵当権者の明渡請求権を容認するものの、その明渡請求が何時から認められるのか、また、抵当権者自身への明渡しを認めるとしてもその占有をどのように位置づけるのか、さらに、明渡請

求権を基礎づける法的構成としては、抵当権者自身の物権的請求権、所有者の物権的請求権の代位行使のいずれが適切であるのか、という点において問題を残しているといえよう。では、何故このような問題が生じるのだろうか。

　抵当権が目的物の交換価値を支配するという立場をとりつつ、第三者の占有によってかかる価値が減損するというならば、抵当権者は侵害の原因たる占有の排除を求めることができるだろう。そして、それは理論的には、抵当権の実行段階前でも被担保債権の弁済期到来前でも容認されうるはずである。しかし、もともと抵当権者は被担保債権が弁済されれば何等不利益を受けることはないから、被担保債権の満足のための権利行使が問題となる以前に占有に干渉しうるとすることには行き過ぎの感がある。そのため、多くの論者は、抵当権の実行以降、またはその要件となる被担保債権の弁済期到来以降にのみ抵当権者の妨害排除請求権を限定しようとするが、かかる限定を抵当権が交換価値を支配するという命題から明快に導くことはできない。たとえ抵当権の物に対する支配を強調しても、占有による価値ないし価格の下落がその支配の侵害になるから妨害排除請求権が認められると説明するだけでは、妨害排除請求権の時間的限界を明確に基礎づけることはできない。抵当権が交換価値を支配するという命題を維持する学説の中には、交換価値支配の内容は抵当権設定から実行までの間に変化するとし、「時価5000万円の物件に被担保債権額5000万円で抵当権を設定したとしても、実際に5000万円の交換価値を支配しているかどうかは、売却・配当手続を経なければわからない」、「抵当権に基づく交換価値支配には必然的にこの種の不確実さが内在するが、実行が近づくにつれ、不確実な要素は少なくなり、支配力はより強力になる」と述べる見解がある。[63]しかし、このように対象が確定しない支配を語ること自体が問題であるし、仮にこの点を措くとしても、支配の内容が変化するという結論の理論的基礎づけがまさに問われるのである。

　このような問題は、従来の学説が、抵当権が目的物に対していかなる権能を有するかを十分に明らかにしてこなかったために生じたものといえよう。筆者のように、被担保債権について不履行が生ずれば抵当権には目的物を換価する権能があり、その換価権の行使においては占有権原も認められるとするならば、抵当権ないし換価権の実行段階においては、抵当権に対抗しうる

利用権を持たない者の占有は、抵当権者の占有の権利を侵害するものであり、抵当権者は端的に物権的請求権の行使として目的物の引渡請求をなしうることになる。しかし、換価権の行使がなされない段階では抵当権には占有権原がない以上、第三者の占有は抵当権の侵害には当たらない。したがって、価値権理論を支持する見解が抵当権の支配の内容が実行の段階までに変化するというのも、結局は、抵当権に内在する換価権という権能の特質を言い表しているにすぎない。むしろ、抵当権が交換価値を支配するという命題は、換価権行使前の他人の占有による抵当権の侵害をも認める余地を残す点で、抵当権の占有に対する干渉を不当に広げる危険性すら内包する。

　本来、物の価値とは人の物に対する主観的な評価を表し、これを支配権の対象と捉えること自体が問題である。なぜなら、物の金額的評価は評価主体によって様々であって決して特定された存在ではなく、その具体化である代金も実際に売却がなされるまでは得られず、それまではその支配もありえないからである。しかも、売却代金を得た時点では抵当権は消滅してしまう。このように、目的物の評価・価値自体が抵当権の直接的支配の対象になりえないならば、かかる評価・価値が占有によって左右されることを支配権の侵害と解することもできない。むしろ、抵当権の支配とは第一に目的物を換価しうるという物上の権能にあり、かかる支配権・換価権の行使によってはじめて価値の具体化である金銭を獲得することができる。したがって、占有による抵当権の侵害は、目的物を占有して売却するという換価権の行使を妨害することにほかならず、それは自ずから抵当権の実行段階においてしか問題にならない。抵当権の実行段階の前にその侵害となりうるのは、その対象である物自体を客観的に劣化させる作用だけであろう。抵当権が交換価値を把握するという理論を支持する見解の中にも、目的物の換価の妨害を抵当権の侵害と位置づける説があるが、このことは、むしろ抵当権の支配が目的物の換価権能にあることを暗に示している。最高裁平成11年大法廷判決の法廷意見も、交換価値の実現を妨げることを抵当権の侵害と位置づけており、決して抵当権が交換価値自体を支配するとは述べていない。むしろこれは、抵当権の侵害が換価権の行使の妨害にあると見ているようにも受け取れる。

　また、従前の議論では、抵当権には占有権原がないという前提に固執するために、抵当権に基づく妨害排除請求において端的に抵当権者自身への明渡

しを認めることが困難となっている。それにもかかわらず、抵当権の保全の必要性の観点からいわば便宜的に抵当権者への明渡しを容認する立場が多数となっており、また、そのために所有者の妨害排除請求権の代位行使という構成の有用性もなお説かれている。しかし、根本的には抵当権には占有権原がないという命題の是非自体が問われるべきだろう。抵当権実行時には占有権原が認められるとするならば、むしろ抵当権者への明渡しは当然の結論となる。また、従前の議論では、抵当権者の占有を管理占有という特殊なものとして位置づけざるをえず、その際、抵当不動産の管理費用を優先的に回収することができない恐れも指摘されている。しかし、抵当権者の占有がその換価権行使の一内容であるならば、それに伴う費用は抵当権実行の費用として競売代金から回収しうると解すべきであろう。かくして、抵当権者の明渡請求が換価権行使における占有権原に基づくとすれば、抵当権者自身の占有をより明快に説明することができるのである。もっとも、抵当権者の占有権原ないし明渡請求権は、第３章で述べたように(第３章Ｖ4.)、法定手続と調和するかぎりにおいて認められるから、その要件として抵当権実行としての競売開始決定が必要となる。

(2) 抵当権に基づく明渡請求権の性質・要件

私見の換価権構成による場合、抵当権に基づく競売開始決定がなされれば、抵当権者は、目的不動産の不法占有者のみならず、所有者に対しても、抵当権者に劣後する賃借人に対しても、抵当権に基づく物権的請求権の行使として明渡しを請求することができる。かかる請求権は抵当権者自身の占有権原の侵害に基づくものであって、明渡請求権の行使によって取得する抵当権者の占有は、まさに自己の権利の行使の一内容であり、所有者のための管理占有ではない。むしろ、抵当権の実行の内容としてなされる占有は、目的物の所有権を奪う意味を持っているから、自主占有の性質すら有するといえよう。したがって、抵当権者は所有者に対して善管注意義務を負うことにはならず、むしろ、自己の物の保管に必要な注意義務を負えば足りることとなろう。また、換価権行使の段階に占有権原が抵当権者にゆだねられる以上、第三者の占有による抵当権侵害を根拠として所有者に対する侵害是正・維持請求権なる概念を持ち出すべきではない。

このように抵当権者に強い占有権原を認めれば、所有者や賃借人の利益が

第4章 個別問題に関する解釈論 193

不当に侵害されるのではないかという疑念も生じよう。しかし、占有による抵当権侵害の要件としては、あくまで抵当権に基づく競売開始決定を必要とする点に留意すべきである。第3章において論じたように(第3章V4.)、所有者や抵当権設定後の賃借人らの利用権能は、本来抵当権の実行によって覆される運命にあり、その意味でその占有が奪われるのも権利の優劣の原則に従った結果にすぎない。また、抵当権者の占有権原はあくまで目的物の換価のために認められるものであり、換価権の行使の究極の目的は被担保債権の優先的満足にあるから、所有者や賃借人による目的物の占有が実際には優先的満足の妨げにならない場合(かかる占有が適正な価格での買受けの阻害要因となっていないという場合)には、抵当権者の明渡請求を否定すべきである。すなわち、この場合にも形式的には換価権の侵害は認められるが、権利の最終的目標との関係で物権的請求権の行使は制限されるべきである。したがって、私見によっても、抵当権者の明渡請求権は、判例のいう「抵当不動産の交換価値の実現が妨げられて抵当権者の優先弁済請求権の行使が困難となるような状態」がある場合に、限定されることになる。

ただ、判例では、所有者による利用権の設定に基づいた占有者に対する明渡請求については、占有権原の設定に抵当権の実行としての競売手続を妨害する目的が存しなければならないとされ、この点で利用権に基づく占有者に対する明渡請求権はより限定されている。生熊説は、正常な利用権者に対する明渡請求は否定すべきであり、判例が掲げるこの要件のみによって明渡請求の可否を決すべきとしている。しかし、このような妨害目的という要件は曖昧であり、その立証責任を抵当権者に課すことの是非が問われよう(なお、判例では、交換価値の実現が妨げられる等の状態が明渡請求権の積極的要件とされるのに対し、私見では、このような要素の不存在が明渡請求権に対する抗弁となるにすぎない)。生熊説は、正常な賃借人に対する明渡請求を容認することを危険な考え方と捉えているが、それは、同説が債務不履行前の明渡請求権の可能性を認めるからではないか。本来、抵当権に劣後する利用権は抵当権の実行によって覆されるのが原則であるならば、たとえ正常な利用権に基づく占有であっても目的不動産の換価を妨げるものは、一般理論としては抵当権実行時の抵当権者の換価権能を制約するとはいいがたい。この問題については、民事執行法46条2項が競売開始決定後も所有者に目的物の通常の使用を認めていること

が指摘されようが、この規定が直ちに抵当権者との関係で所有者の積極的利用権限の根拠となるわけではないことは、すでに第3章で述べたとおりである(第3章Ⅴ2.(3)a.)。むしろ、利用権者の占有の保護は、民法395条によって特別に明渡猶予が認められる範囲に限定すべきであろう。

このように、換価権としての抵当権の実行手続、すなわち競売のための差押えがなされているかぎり、原則として抵当権者は自己に対抗しうる利用権を持たない占有者に目的不動産の明渡しを請求しうる。しかし、逆に事後的に競売手続が取り下げられれば、抵当権者は目的物をすみやかに所有者または利用権者に返還しなければならない。一部には、抵当権者の任意売却に寄与するためにその占有取得を認めようとする立場があるが、民事執行法が目的不動産をめぐる利害関係を公正に処理するために競売手続を導入している以上、これと無関係に抵当権の実行として占有を取得することは、否定されるべきである。ただし、後順位抵当権者や一般債権者の申立てによって競売ないし強制競売の手続が開始している場合でも、執行裁判所が売却を容認するかぎり、これによって先順位者の抵当権ないし換価権も自動的に行使されることになる以上、かかる先順位者による明渡請求も認められることになる。他方で、もともと競売代金から配当を受けることができないかもしれない後順位抵当権者による明渡請求が問題視されているが、理論的には、先順位抵当権者に劣後するものの後順位抵当権者にも換価権が認められる以上、所有者との関係では換価権の行使としての明渡請求が認められる余地がある。しかし、後順位抵当権者の申立てによる競売手続が無剰余を理由に取り消される場合には(民事執行法188条・63条)、占有権原の前提としての換価権の行使が否定されるから、当然、後順位抵当権者の明渡請求権も否定される。また、後順位抵当権者の請求権が容認される場合でも、その占有権原は先順位抵当権者のそれに劣後するから、最終的には先順位抵当権者への引渡しが認められることになる。

他方で、抵当権者の占有権原は法定手続の原則と調和するかぎりにおいて認められるものであるから、収益執行や物上代位の手続によらない収益からの満足は認められない。そして、収益執行手続が申し立てられている場合には、抵当不動産の占有・管理は法定手続によるべきであり、もはや抵当権者の占有権原は否定されるべきである。さらに、立法論としては、抵当権実行

段階における売却準備のための管理手続を導入すべきという見解も主張されており、抵当権者には換価権の行使において占有権原が認められるという筆者の立場からも、このような管理手続の導入論は傾聴に値する。というのは、そのような手続は抵当不動産の占有に対する関係者の利害を公平に調整する機能を担うからである。そして、仮にこのような制度が導入されれば、もはや抵当権者の私的な占有権原は否定されることになろう。

(3) 民事執行法上の保全処分の意義

最後に、抵当権に内在する換価権の行使としての明渡請求権と民事執行法上の売却のための保全処分(民事執行法55条)はどのような関係に立つと理解すべきだろうか。かかる保全処分が実体法上の物権的請求権を基礎とするものか否かについては、従来から議論がある。しかし、売却のための保全処分は、本来は一般債権者の強制競売に適用されるものであるから、目的物上の物権的権利を基礎とするものとはいいがたい。それゆえ、これは執行手続一般において債権者らの利益を保護するために導入された措置といえよう。また、ここで問題となる価格減少行為の典型例は目的物の有形的な破壊であるが、第三者の占有によって売却価格が下落するという実情の下では、これを価格減少行為として認定する取扱いも許容されよう。そして、抵当権には換価権が内在し、換価権行使の段階では占有権原も認められるという立場も、執行裁判所が価格保持のために目的物の占有関係に干渉することと矛盾するものではない。それゆえ、売却のための保全処分によって目的物が執行官によって保管されるようになれば、抵当権者の私的な占有権原はそのかぎりで否定される。

では、平成8年の民事執行法改正によって導入された、担保権者のみに認められる競売開始決定前の保全処分(民事執行法187条)はどうか。これは、競売開始決定前においても担保権者が目的物に直接の権利を有することを基礎にしているといわざるをえない。しかし、抵当権が目的物の価値を支配する権利ではなく、換価権行使の段階ではじめて占有権原を有するとすれば、抵当権者自身が競売開始決定前における占有関係に干渉することはできない。したがって、この保全処分が競売開始決定前において抵当不動産の占有に干渉しうる点は、抵当権の物権的請求権から導かれるものではない。他方で、抵当権が物自体に成立する権利である以上、抵当権者には、物の破壊による

価格下落に対しては競売手続とは無関係にその防止を求める請求権が認められるはずであり、この請求権を執行手続の枠内でのみ規定する積極的な理由はない。したがって、競売開始決定前の保全処分も、担保権に基づく物権的請求権を基礎としたものではないというべきである。むしろ、その内容は一般の売却のための保全処分に倣ったものであり、また、最終的には担保権実行の申立てが必要とされるから、これも執行手続において担保目的物の価格保持のために導入された措置と解すべきであろう。すなわち、担保権者は競売開始決定前においても物の上に直接の権利を有し、目的物件について執行手続開始の蓋然性があることから、売却のための保全処分をいわば前倒ししたものと解することができる。競売開始決定前に抵当権には他人の占有を排除する効力がないとしても、抵当権者にはより高い価格で売却されるということへの利益がある以上、将来の売却手続のために執行裁判所が価格維持の措置をとることには合理性があるからである。

Ⅲ 賃料債権に対する物上代位

1. はじめに

　賃料債権に対する物上代位の可否は抵当権の非占有担保性との関係で争われたが、最高裁平成元年判決(最二小判平成元・10・27民集43巻9号1070頁)がこれを全面的に肯定する立場を表明した後には、権利行使の差押えの前になされた目的債権の譲渡との優劣や、転貸賃料債権に対する物上代位の可否、さらには目的債権の債務者の反対債権による相殺との優劣などが問題となった。

　すなわち、最二小判平成10年1月30日(民集52巻1号1頁)は、抵当権の効力が物上代位の目的債権にも及ぶことが抵当権設定登記によって公示されている、という考え方を前提にして、たとえ抵当権者による目的債権の差押えより前に債権譲渡の対抗要件が具備されていても、抵当権設定登記がこれに先行するかぎり、物上代位の効力が債権譲渡に優先するとした。つづいて、最二小決平成12年4月14日(民集54巻4号1552頁)は、抵当不動産の所有者が被担保債権の履行について物的責任を負担するのに対し、抵当不動産の賃借人はかかる責任を負担せず、自己の債権を被担保債権の弁済に供されるべき立場にはない、という理由で、転貸賃料債権に対する物上代位を原則として否定

する立場をとった。さらに、最三小判平成13年3月13日（民集55巻2号363頁）は、抵当権の効力は差押えの後には物上代位の目的である賃料債権にも及ぶが、このことは抵当権設定登記により公示されているという理由から、抵当権設定登記が相殺の自働債権の取得より先に具備されているかぎり、差押え後に生ずる賃料債権については物上代位が相殺の合意に優先するとした。その後、最一小判平成14年3月28日（民集56巻3号689頁）は、目的債権の債務者たる賃借人が賃貸人に交付する敷金との関係では物上代位の効力を制限する立場をとっている。

ただ筆者は、このような各論的問題についてはすでに別稿で検討を加えており[75]、むしろ、本稿の課題は、抵当権の性質との関係で賃料債権に対する物上代位の可否・性質を明らかにする点にある。それゆえ、以下では、抵当権の性質との関係でかかる物上代位の可否を論じる判例・学説に焦点を当て、筆者のいう換価権がこの問題においていかなる意味を持つことになるのかを明確にしたい。

2. 判例・学説の概況

(1) 最高裁平成元年判決までの議論の流れ

もともと民法起草者が抵当権の賃料債権に対する物上代位を容認する立場にあったことや、その後の学説の大勢もしばらくはこの点に異論を唱えていなかったことは、第3章で見たとおりである[76]。我妻博士自身も、賃料を目的物の交換価値の漸次的実現と位置づけて、賃料債権への物上代位を正当化していた[77]。

しかし、大審院の判例は賃料債権に対する物上代位に否定的な立場をとっていた。すなわち、大判大正6年1月27日（民録23輯97頁）は、民法旧371条が天然果実に関する規定であり、抵当権の効力は法定果実たる賃料には及ばないとしつつ、物上代位が認められるには、目的物に対する抵当権の実行が不可能でなければならないから、抵当権者が目的物につき競売を行っている場合には賃料に対する物上代位は否定される、としていた。

そして、昭和期の後半になると、抵当権の非占有担保という性質との関係で、賃料債権に対する物上代位を否定する学説が有力になる[78]。第3章でも見たように、鈴木博士は、果実に対する抵当権の効力はもっぱら民法旧371条

によって律せられ、賃料債権に対する物上代位は本来否定されるべきとする見解を主張した。その後、多くの学説が鈴木説と同様に賃料にも民法旧371条の規律を及ぼす解釈論をとり、裁判例にもこれに類似する見解を示すものがあった。

他方で、裁判例の中には、抵当不動産に賃借権が設定されたことによってその価値が下落し、賃料が不動産の価値の補填的な意味を持つ場合にのみ物上代位を容認する、という判断を示すものもあった。この見解は、抵当権が交換価値を把握するという理論に相応する形で賃料債権への物上代位を制限するものといえよう。

ところが、最二小判平成元年10月27日(民集43巻9号1070頁)は、賃料債権に対する物上代位を全面的に肯定する立場をとった。すなわち、「民法三七二条によって先取特権に関する同法三〇四条の規定が抵当権にも準用されているところ、抵当権は、目的物に対する占有を抵当権設定者の下にとどめ、設定者が目的物を自ら使用し又は第三者に使用させることを許す性質の担保権であるが、抵当権のこのような性質は先取特権と異なるものではないし、抵当権設定者が目的物を第三者に使用させることによって対価を取得した場合に、右対価について抵当権を行使することができるものと解したとしても、抵当権設定者の目的物に対する使用を妨げることにはならないから、前記規定に反してまで目的物の賃料について抵当権を行使することができないと解すべき理由は」ない。そして、「目的不動産について抵当権を実行しうる場合であっても、物上代位の目的となる金銭その他の物について抵当権を行使することができる」という。

この平成元年判決をめぐって、学説はさらなる展開を見せることになる。しかし、本稿ではその詳細に立ち入ることは控え、(2)において、抵当権の価値権としての性質との関係で賃料債権に対する物上代位の可否を論じる見解に焦点を当てたい。

(2) 平成元年判決後の主要学説

a. 伊藤説

伊藤教授は、抵当権者が把握している価値と賃料との関係を検討することによって、賃料債権への物上代位を限定的に肯定する立場をとった。すなわち、抵当権設定より賃借権設定が先行する場合には、賃借権の負担自体によ

って抵当権者が把握した担保価値が減少するとはいえないから、ここでの賃料は抵当権者が把握する不動産の価値のなし崩し的実現とはいえない。これに対して、抵当権設定後に対抗力のある短期賃借権が設定された場合には、抵当権者の把握する交換価値が賃借権の設定によって減少するから、ここでの賃料は、不動産の交換価値のなし崩し的実現としての性格を有する。したがって、後者の場合にのみ賃料債権への物上代位が肯定される(83)。

他方で、伊藤教授は、不動産の付加一体物としての性格を持つ天然果実と賃借人に対する人的権利としての賃料債権とを区別する合理的理由があるとし、法定果実たる賃料債権にも民法旧371条の規律を及ぼし、抵当不動産の差押え以降に生ずる賃料に対する効力のみを容認する見解を解釈論としては困難なものと位置づける。そのうえで、従来の裁判例・学説が賃料債権への物上代位を制限する議論を行ってきた背景には、無条件に物上代位を許すことが設定者ないし一般債権者との関係で抵当権者を過度に保護することになる、という問題があったとして、最高裁の見解に反対した(84)。

b．鎌田説

最高裁平成元年判決後も、非占有担保たる抵当権の性質から導かれる民法旧371条は法定果実にも適用されるとしつつ、さらに、抵当不動産の第三取得者の利益を考慮して賃料債権への物上代位を否定すべきとする説も唱えられた(85)。しかし、鎌田教授は、主として関係者の利益衡量の観点からこれを肯定する説を唱えた。

まず、抵当権の非占有担保という性質から民法旧371条を法定果実にも適用して物上代位を否定する立場に対しては、かかる性質は抵当権のみならず先取特権にも妥当する以上、このような考え方をとるには、民法304条が賃料を代位の対象としていること自体を誤りとしなければならなくなるという。他方で、物上代位は担保物権の効力が及ばない物に対して担保物権を行使しうるようにする制度であり、仮に民法旧371条を法定果実に適用することによって賃料への抵当権の効力を否定しても、それだけで賃料債権への物上代位を否定する理由にはならないとする(86)。

また、最高裁平成元年判決前の下級審判例では、伊藤説が焦点を当てた抵当権者の把握する交換価値と賃借権との関係、すなわち賃借権と抵当権との先後関係による利益状況の差異に基づいて物上代位の可否が判断されていた

ことを考慮し、抵当権の本質論ないし物上代位制度の趣旨論からの形式論理的演繹による構成よりも、抵当権者と設定者との利益状況からの細かな類型的考量が必須であるとの立場をとる。[87]

ただ、伊藤説の発想を徹底すれば、物上代位は賃貸借によって下落した不動産の価格相当分の賃料に限定するという微妙な判断が求められること、他方では、賃借権の存在する不動産について賃料への物上代位を期待して抵当権の設定を受けるという行為にも経済的合理性がありうること、また、逆に将来短期賃貸借が設定されることを予測して抵当権の設定を受ける場合には、必ずしも当初把握した抵当不動産の価値が賃貸借によって下落したともいえないこと、などにかんがみ、事案に応じた類型的処理よりも、むしろ全類型を単一の原則によって処理することが望ましいとする。[88] そして、賃料債権への物上代位も抵当権実行の一態様であり、その前提としては被担保債権について債務不履行が生じている以上、抵当不動産を売却されても仕方がない所有者は、賃料債権への物上代位によって本来取得すべき賃料が不当に奪われたことにはならず、むしろ目的物の所有権を保持することができ、競売による売却価格の目減りの危険や賃借人とのトラブルを回避しうるという点において、目的物自体について抵当権が実行されるよりはるかに有利になるという。[89]

c. 松岡説

前述のように、最高裁平成元年判決後、実務上は、賃料債権への物上代位が認められることを前提に、むしろ目的債権の譲渡等との関係や転貸賃料債権に対する物上代位の可否などが問題となっていた。これらの各論的問題を検討しつつ、賃料債権への物上代位と価値権としての抵当権の性質との関係を論じたのが松岡教授であった。[90]

(ア) 抵当権による価値把握のあり方 まず、松岡教授はこう述べる。「抵当権の実行によって目的物が競売されれば設定者の使用・収益も覆滅されるし、収益物件の場合には将来の賃料債権の価値が競売価格(＝交換価値)に反映する。そもそも使用価値を離れて抽象的に交換価値を観念することができるかどうかが問題であり、抵当権が交換価値のみを把握しているという理解自体が再考を要すると思われる。」「賃料債権への物上代位が争われることの多い建物の場合、地価の変動をさしあたり無視すれば、競売手続が遷延

して長時間が経過すると、賃料債権が具体的に発生していく一方で、建物の存続可能期間が短縮して競売価額は漸減する。競売手続が速やかに終了したとすれば、この賃料債権は買受人のもとで発生するものであり、それを反映する競売代金には、抵当権者の本来の優先権が及んでいたはずである」。[91]

そして、目的物本体に対する抵当権の実行・競売とは別個に抵当権者が賃料債権を把握しうるという点を、次のように基礎づける。すなわち、賃貸用のビルを抵当権の目的とする場合には、抵当権者が目的物を収益物件として評価するのは合理的であり、他方で、競売によらずに債権の優先的回収が認められることは、競売回避という点で設定者にとっても利益となる。したがって、使用価値の変形である賃料債権も担保把握する形で抵当権は成立しえ、抵当権実行の一方法として賃料債権に対する物上代位を容認することもできる。もっとも、物上代位権が賃料債権に及ぶとしても、債務不履行を要件とする差押えがなされる前には、設定者の取立・処分権限を束縛せず、差押え以降についてのみ優先的価値支配があるというのが抵当権的な使用価値把握であり、これによって設定者の経済活動の自由と抵当権者の利益を調和させることができる。[92]

さらに、松岡説は、次のように賃料債権に対する物上代位を他の物上代位から分別する。すなわち、抵当権が賃料債権を担保的に把握しているとすれば、物上代位は担保目的物の価値の滅失・減少を補塡するものであるという構成は必然的ではなくなる。このような補塡的構成は、目的物に代わる損害賠償請求権などの代替的物上代位には妥当しても、賃料債権に対する物上代位にはそのままでは妥当しない。むしろ、賃料は目的物の価値の漸次的実現ではなく、目的物から派生した増加価値であるから、賃料債権に対する物上代位は付加的物上代位と称することができる。[93]

　(イ)　**民法旧371条援用説からの批判への反論**　松岡説のように抵当権が使用価値をも把握するという考え方は、すでに実務家によっても主張されていた。その嚆矢である片岡＝小宮山説は、こう述べていた。「民法の条文に忠実に考えるかぎり、抵当権は、設定から競落に至るまでの間の時間的に制約された占有のみが除外されており、その余のすべての目的物の価値を把握するべく構成されている。抵当権は、これを実行すれば、交換価値はもちろんのこととして、いわれるところの使用価値および占有を含めた抵当物のす

べての価値を奪って換価しうるのである[94]」。

　しかし、抵当権が使用収益価値も把握するという立論に対しては、民法旧371条の規律を賃料債権にも及ぼす立場をとる高橋教授から、次のような批判がなされた[95]。すなわち、①抵当権の実行がなされれば使用収益権を含めた所有権が奪われるのは当然のことであり、問題は、実行前の段階で抵当権設定者からいかなる価値が奪われているかという点にある。②目的物の収益価値が反映することによって交換価値の金銭評価が決定されるとしても、競売を通じて抵当権者が把握するのはあくまで交換価値である。③抵当権が収益価値を把握するという考え方が、賃料債権に対する物上代位を付加的物上代位として他と区別することと調和しうるかも、疑問である。

　これに対し、松岡教授は次のように反論した[96]。まず、①の批判は抵当権の実行を競売のみと捉えている点で自説とのすれ違いがあるが、自説も物上代位権行使という抵当権実行の前には設定者からの権原や価値の剥奪は否定している。そして、天然果実への執行が抵当不動産の競売に付属するのに対し、これと別個に物上代位が認められるのは債権執行という別形態になるからであり、賃料債権への物上代位も収益執行の一態様として抵当権の実行と見ることができる。②の批判は、抵当不動産の換価代金を交換価値と見て、換価前に現実化した収益価値は交換価値には含まれないという趣旨であろうが、換価金だけを交換価値と理解してこれに含まれない賃料に対する物上代位を否定すると、競売手続の遷延によるリスクを抵当権者に負わすことになりかねない。そして、③については、自説は、付加的物上代位という特性に応じて、抵当権設定者には差押え前に発生した賃料債権の処分を認め、抵当権の価値把握を設定時から排他的なものとして認めるのではなく、潜在的なものにとどめている。

　ただ松岡教授は、抵当権が使用収益価値を把握しているという一般的な命題には誤解を招く危険性もあるとして、改めて抵当権の価値把握について次のように説明するに至った[97]。すなわち、抵当権は、目的不動産の交換価値を設定時から把握するが、非占有担保としての性質から、抵当権の実行段階の前には設定者の使用収益に干渉することができない。抵当権の交換価値支配が現実化するのはその実行段階においてであり、賃料債権への物上代位が認められるのもその現われである。したがって、抵当権者は抵当権実行時の交

換価値から優先弁済を受けることになるが、抵当権設定時からも交換価値を潜在的には把握しており、それが実行時に具体化したことになる。そして、抵当権の支配に服する使用収益価値は、抵当権者が抵当権実行によって具体的に把握した交換価値から派生するものであるから、これらに対する抵当権の効力は、抵当権が交換価値のみを把握するという命題によって正当化される。

なお、松岡教授は、賃料債権に対する物上代位は抵当権の実行であり、実行段階に抵当権設定者の使用収益が制約されても、実行前の経済活動の自由を保障する抵当権の非占有担保性という本質には反しないとし、立法論として、物上代位を合理化するために競売手続から独立した強制管理類似の手続を導入すべきという立場をとっていた[98]。

d. 高橋説

松岡説への批判に現れているように、高橋教授は、抵当権が交換価値のみを把握するという理論を維持し、収益価値は抵当権によっては基本的に把握されないという立場をとる。そして、物上代位のうち、滅失における損害賠償請求権のような代償的価値の把握は交換価値の変形物として基礎づけられるが、賃料債権という収益価値の把握はこれによっては基礎づけられず、むしろ、民法旧371条におけるように、通常時には使用収益を設定者にゆだねつつ、抵当権の実行段階に抵当権の効力を確保するため果実を抵当権者に帰属させる、という考え方によって根拠づけられるとする。もっとも、賃料債権は天然果実とは異なり目的物本体との結合関係のない別個の財産であるため、抵当不動産の差押えがなくとも、被担保債権につき履行遅滞が生じていれば、これを抵当権実行段階と見ることができるという[99]。

高橋教授は、抵当権が目的物の交換価値のみならず収益価値も把握するという一般命題を立てると、抵当権の概念を破壊し、これをあたかも全能の担保物権としかねない危険があり、仮に被担保債権の弁済期到来後の賃料のみを抵当権が把握するという立場をとるとしても、その理論的根拠が問題になるという。そこでむしろ、平常時には設定者にゆだねられる収益価値が一定の場合には何故抵当権に服するのか、を問うべきとする[100]。すなわち、物上代位が担保権の把握する交換価値の代償となる価値にのみ認められるという観点からは、抵当不動産の派生的価値である賃料債権についてはこれと同様

の考え方をとることはできない。それゆえ、賃料への効力の正当化は収益・果実に対する効力を定める民法旧371条によるしかないというのであろう。

ただ高橋説によれば、抵当権の賃料債権に対する排他的効力を何時から認めるべきか、たとえばそれは被担保債権につき履行遅滞があれば認められるか、あるいは抵当不動産の差押えがなされてはじめて認められるか、さらにはこれに加えて賃料債権の差押えをも要するとするのかは、最終的には設定者の収益権をどの程度まで保障するのかという利益衡量によって決せられるという。この点で、高橋説は、賃料債権に民法旧371条の基本思想が及ぶとしながら、他方で、天然果実とは異なる賃料独自の取扱いも容認している。

この高橋説が交換価値支配という命題を維持する根拠の1つとしては、従前の価値権理論批判が、投資抵当を理想的なものと位置づける近代的抵当権論に向けられたものであり、抵当権概念を示す技術的な意味での価値権概念にはなお有用性がある、との理解がある。それどころか、抵当権の本質を価値権ではなく換価権と捉えることも、抵当権が目的物の使用収益価値ではなく、競売によって実現される交換価値のみを把握する、という立場をより明確なものにするという。

(3) 担保不動産収益執行の導入と物上代位

(2)で見たように、賃料債権に対する物上代位の基礎づけについては見解が分かれていたが、多くの説に共通する点として、被担保債権についての債務不履行ないし抵当権実行段階以降に生ずる賃料・果実については、抵当権の優先的効力を容認してもよい、という価値判断があった。(2)であげた学説以外にも、抵当不動産の所有者の使用収益権能ないし経済活動の自由を保障するという観点などから、抵当権者による差押えの前に発生した賃料債権については所有者の処分権限を保障しつつも、差押え以降に発生する賃料債権については抵当権の優先的効力を認める学説は少なくなかった。

このように、少なくとも抵当権実行段階以降の収益に対する効力が容認されれば、平成15年の法改正によって担保不動産収益執行制度が導入されたのも、自然な流れであったといえる。ただ、収益執行制度の新設にもかかわらず賃料債権に対する物上代位の規定を存続させたことによって、両者の関係が問われることにもなった。この問題に関してはまだ十分な検討がなされていないが、現段階では次のような諸説がある。

第4章 個別問題に関する解釈論　205

　まず、担保不動産収益執行と物上代位は併存するものであり、民法371条の規律が賃料債権に対する物上代位に及ぶことはないという見解がある。その根拠としては、民法371条の改正においては、特に物上代位の問題に修正を加える動きはなかったという点、物上代位は抵当権の本来的効力の及ばない財産に対する権利行使であり、これと抵当権の本来的効力とされる収益執行は異なるという理解、さらには、従前の判例理論が賃料債権に対する物上代位の効力について時間的制限を加える立場にはなかったという点、があげられている。

　これに対して、民法371条の規律は賃料債権に対する物上代位にも及ぶという見解もある。これは、双方が収益に対する効力という点で共通することを考慮するものといえよう。ただ、この立場の中でも、民法371条の文言に示されているように、担保不動産収益執行でも物上代位でも、抵当権の優先的効力は債務不履行後に生じた果実に限定される、という見解と、抵当権の実行手続・差押えがなされた段階で債務不履行前に生じた果実が残存していれば、それに対する優先的効力も容認される、という見解がある。前者の見解をとる松岡教授は、新たな民法371条は債務不履行前にも賃料債権に対する抵当権の効力を認めていた判例理論(特に、最二小判平成10・1・30民集52巻1号1頁)と抵触せざるをえないとしている。これに対して、後者の見解は、民事執行法93条2項の規定との調和をその根拠としている。

　さらに、担保不動産収益執行のほかに賃料債権に対する物上代位を認めること自体に疑問を呈する見解もある。特に、鎌田教授と高橋教授は、物上代位が抵当権の本来的効力の及ばない財産に対する権利行使を容認する制度であるとして、賃料に対する効力が民法371条によって定められた以上、物上代位を否定することに一貫性がある、という理解をとる。

3. 検　討
(1) 交換価値支配という命題の限界

　担保不動産収益執行制度の導入前に、多くの学説が抵当権の実行段階においては賃料債権に対する優先的効力を肯定する方向にあった背景には、実行段階において抵当権設定者の使用収益に干渉することは、決してその経済活動を不当に制限するものではなく、他方で、そのかぎりにおいて抵当権者が

目的不動産の収益から満足することにも合理性がある、という利益衡量ないし価値判断があったといえる。ただ、そのような結論を抵当権が交換価値を支配するという伝統的理論に相応して導くことができるかは、問題である。そこで、この点を検討したのが松岡説と高橋説であったといえよう。しかし、両説においても、抵当権の収益に対する効力は必ずしも十分に基礎づけられているとはいえない。

まず、松岡説は、抵当権者が競売によって把握する交換価値はその後の不動産の収益価値を反映しているという点、また、本来抵当権者が把握すべき交換価値は競売のための差押えがなされた時点の抵当不動産の評価額であるという点から、抵当権実行としての差押え以降の収益ないし賃料に対する抵当権の優先的効力を基礎づけようとする。しかし、この立論は、あくまで競売による交換価値の把握を媒介にした収益価値の把握を正当化するにとどまり、競売とは無関係に直接に収益価値を把握することまで正当化するものではない。かかる論理では、抵当権者が収益ないし賃料を把握するには、その前提としてまず競売を申し立てなければならないはずである。しかし、松岡教授は結論としては、競売とは別個に賃料債権に対する物上代位や収益執行を容認する。それは、特に賃貸用のビルを担保にとろうとする場合には収益からの満足に合理性があり、他方で、抵当権実行時における収益価値の把握は抵当不動産の所有者の経済活動への不当な干渉にならない、という利益衡量を基礎とするが、抵当権が競売を通じた交換価値のみを把握するという前提からは、この結論を理論的に導くことができない。

これに対して、高橋説は、抵当権が交換価値のみを支配し、収益価値は本来これによって把握されないという立場をとりながら、なお抵当権実行段階においては収益ないし果実に対する効力を容認し、その根拠としては民法旧371条の規律をあげていた。そこでは、抵当権はそれ自体では果実を把握していないが、執行手続上の差押えの効力として果実を把握するものと理解するのが、民法旧371条1項但書の内容に適合する、とも述べている。しかし、この説明は、交換価値しか支配しない抵当権が収益にも効力を及ぼす理論的根拠を示すものとはいいがたい。

このように、交換価値支配という伝統的理論の枠組みを維持するかぎり、抵当権の収益・賃料に対する効力を基礎づけることは困難となる。本来、

交換価値を把握・支配するという命題に従うならば、かかる交換価値とは何かを明らかにしなければならないが、このこと自体に問題が残っている。松岡説は、一応競売における売却代金を交換価値と捉えているようであるが、抵当権ないし支配権が競売以前にすでに存在する以上、交換価値も抵当権設定の段階から存在しなければならない。そうすると、いわゆる抵当権実行前の潜在的支配とはいまだ具体化されていない交換価値への支配を指し、実行時に現実化する支配とは具体化された交換価値、すなわち代金への支配を指すこととなろう。それゆえ、第一に抵当権実行・競売前の具体化されていない交換価値の内実を明らかにしなければならないが、それは結局、抵当権設定時における不動産の抽象的な評価額となろう。けれども、そのような評価、すなわち主観的判断を本質とするものを支配権の対象と捉えることは困難である。Ⅱ3.(1)において、抵当権の占有に対する効力に関しても論じたように、主観的判断たる価値を客体化することはできず、むしろ、支配権はあくまで物自体の上に成立していると見なければならない。

そして、物の上に成立する支配権の内容が、被担保債権について債務不履行が生ずれば目的物を換価しうるという権能であるならば、目的物の賃貸による収益も金銭化の一方法である以上、抵当権の換価権能の中に収益権能も包含されることになる。この際、換価権の行使としての差押え、すなわち抵当権実行段階以降の収益ないし賃料に抵当権の優先的効力が認められるのは、いわば当然の帰結である。逆に、換価権の行使がなされる以前の段階では、設定者には所有権に包含される権能が留保されるため、この段階で生ずる収益は所有者に留保され、抵当権の優先的効力の対象とはならない。高橋説は、抵当権を換価権として捉える構成がその交換価値支配をより明確にするとしているが、換価とは本来目的物の金銭化を意味しており、その方法が売却に限定される必然性はない。むしろ、ドイツ法の議論でも明らかなように、換価権の中には売却権のみならず管理・収益の権利も包含されるのである[121]。

賃料債権に対する物上代位は、上記の抵当権の効力から正当化される。すなわち、これは、滅失の場合の物上代位のように本来の目的物の代替財産を抵当権の支配の対象として容認するというより、換価権行使によって収益から満足することができるという抵当権本来の効力にかんがみ、すでに所有者

が任意に抵当不動産を賃貸している場合には、換価権行使の要件が具備されるかぎり、不動産本体の換価手続をとらなくても直接に賃料債権に対する権利行使、差押えを容認したものといえる。それゆえに、かかる物上代位においても、抵当権の優先的効力の対象は差押え以降に生ずる賃料に限定され、それ以前に生じた収益・賃料は所有者の一般財産として留保されなければならない。

(2) 収益執行制度と物上代位

賃料債権に対する物上代位が、抵当権に内在する換価権能によって正当化されるならば、第3章でも論じたように、その本質は担保不動産収益執行と異ならない。両者の差異は、単に権利行使の手続の内容、すなわち不動産の差押えとなるか、債権の差押えとなるかにあるにすぎない。したがって、実体法的に両者を別次元のものとして位置づけることはできず、民法371条の規律は賃料債権に対する物上代位にも及ぶと考えざるをえない。しかし、同条が債務不履行以降に生ずる果実・賃料に対して効力を認めていることは問題である。抵当権の優先的効力の対象は、あくまでその実行段階以降の収益に限定すべきだからである。条文の文言にもかかわらず、多くの見解が、抵当不動産の差押えがあってはじめて抵当権の果実・賃料に対する効力が確定し、それ以前に生じた果実を所有者が収取していても不当利得にはならない、としているのも[122]、この点で首肯しうる。ただ、民法371条の立案担当者らは、民事執行法93条2項を根拠に、収益執行のための差押えがなされれば、抵当権者は債務不履行前に生じかつ現存する果実・賃料からも優先弁済を受けることができるとしているが[123]、これは問題である。むしろ、弁済受領や処分の有無にかかわらず、抵当権の優先的効力は差押え以降に生ずる果実に限定するのが理論的に一貫する。

それゆえ、賃料債権に対する物上代位と債権譲渡との優劣関係に関して、差押え前にも抵当権の効力が目的債権に及ぶという考えをとっていた最二小判平成10年1月30日(民集52巻1号1頁)は、修正されるべきであろう。この判例が実際に抵当権の優先的効力を認めていたのは、差押え以降に生じた賃料債権であったことにも留意すべきである。むしろ、物上代位と相殺との優劣関係に関する最三小判平成13年3月13日(民集55巻2号363頁)は、抵当権の効力は差押えによって目的債権に及ぶとして、抵当権の優先的効力を差押え後

に発生する賃料債権に限定する立場をとっていたが、債権譲渡や所有者による弁済受領との関係でもこの考え方を徹底すべきである。

このように、収益執行にせよ物上代位にせよ、その本質は換価権行使による収益に対する効力の実現にほかならないと理解するならば、果実・賃料に対する効力に関する規律として2つの別個の条項を存置することには疑問がある。むしろ、立法論としては賃料に対する効力に関する条項は一本化すべきであろう。しかし、そのことは、抵当権者が賃料債権の差押えという方法によって満足することへの妨げにはならない。ここで問題となるのは抵当権者が賃料から満足する手続・方法であり、それが常に不動産の差押えでなければならない理由はないからである。そのことは、ドイツ法の実務において、収益からの満足の方法として強制管理のみならず、賃料債権の差押えも認められている点に現れている。それゆえ、立法論として物上代位に否定的な見解が債権差押えによる満足を否定しようというのであれば、これにはにわかに賛同することができない。むしろ、債権差押えという方法による満足の有用性や問題点を十分に検討したうえで、その存続の可否を決定すべきであろう。

Ⅳ　まとめ

抵当権者の明渡請求権も収益に対する抵当権の効力も、今日では一定の要件の下で容認されるようになっている。しかし、かかる結論と交換価値支配という一般命題が十分に調和しうるかは疑問である。

そもそも、物の価値が究極的には人の主観的判断によって決定される以上、これを支配権の対象とすること自体が問題である。このことを一応度外視して、価値を支配権の対象とみなし、第三者の占有によって価値が減損するというならば、抵当権に基づく妨害排除請求権も成立するとはいえるだろう。しかし、これによって第三者の占有を排除することができても、抵当権があくまで交換価値しか把握・支配しないならば、抵当権者による目的不動産の占有を正当化することが難しくなる。それにもかかわらず、多くの見解は、抵当権者の利益を保護するためにその占有を結論としては容認している。このことは、抵当権が交換価値のみを支配するというより、むしろ目的

物を売却するためにこれを占有する権原も有しうることを暗示している。

また、抵当権が交換価値のみを支配し、収益価値の把握も交換価値の把握を通じて正当化されるというかぎり、抵当権者が競売とは無関係に収益・賃料から満足することを十分に正当化することはできない。むしろ、競売から独立して抵当権者が収益から満足しうるとするためには、抵当権が本来的に収益に対して効力を及ぼしうるという立場をとらざるをえない。

このように、抵当権の占有・収益に対する効力に関して、一般的に是認される結論を伝統的な価値権理論から明快に導くことは困難である。むしろ、抵当権に内在する換価権能に基づいてこそ、そのような結論が十分に正当化される。もちろん、抵当権者の明渡請求権と収益に対する効力だけが抵当権の本質にかかわるわけではないが[125]、この2つが特に抵当権の性質に密接に関連することは明らかであろう。

(注)
(1) 我妻栄『新訂担保物権法』(岩波書店、1968年)276頁以下、294頁以下、340頁以下、349頁以下、370頁以下参照。
(2) 我妻・前掲(注1)288頁。
(3) 吉野衛「物上代位に関する基礎的考察(上)(中)(下)」金融法務事情968号6頁以下、971号6頁以下、972号6頁以下(1981年)、鎌田薫「物上代位と差押」(初出、1982年)『民法ノート 物権法①』(日本評論社、1992年)188頁以下参照。吉野判事は、我妻説を徹底すると、物上代位の目的債権について他の債権者による執行手続が完了した後にも、抵当権者がなお権利を主張しうることになると批判し(吉野・前掲971号8頁)、鎌田教授も、抵当権の価値権たる性質から当然に目的債権に効力が及ぶとするならば、目的債権の差押え前に第三債務者が弁済をしてもそれを抵当権者に対抗できないことになりかねない、と批判していた(鎌田・前掲194-195頁以下)。
(4) 大連判大正12年4月7日(民集2巻209頁)。
(5) 最二小判平成10年1月30日(民集52巻1号1頁)。
(6) 最三小判平成9年2月14日(民集51巻2号375頁)。
(7) 最一小判平成9年6月5日(民集51巻5号2096頁)。
(8) 抵当権の性質論がこの2つの問題において有する意義を検討する近時の研究としては、横田敏史「抵当権の本質の意義に関する一考察——抵当権に基づく賃料債権に対する物上代位と抵当権に基づく妨害排除請求に関する学説を手がかりとして」慶應義塾大学大学院法学研究科論文集49号(2009年)1頁以下がある。
(9) たとえば、東京高判昭和60年8月27日(判例時報1163号62頁)は、所有者の明渡請求権の代位行使も抵当権自体に基づく物権的請求権も否定していたが、東京高

判昭和63年7月28日(判例時報1289号56頁)は所有者の請求権の代位行使を容認し、大阪地判昭和63年8月9日(判例タイムズ693号135頁)は抵当権に基づく物権的請求権を認めていた。最高裁平成3年判決前の下級審判例の状況については、生熊長幸「抵当権併用賃借権の後順位短期賃借権排除効と抵当権に基づく短期賃借人に対する明渡請求権」岡山大学法学会誌40巻3・4号(1991年)159頁以下、174頁以下(同『執行妨害と短期賃貸借』(有斐閣、2000年)所収)参照。
(10) 最二小判平成元年6月5日(民集43巻6号355頁)。
(11) 鈴木禄弥「最近担保法判例雑考(6)」判例タイムズ506号(1983年)40頁以下、高木多喜男「短期賃貸借をめぐる実体法上の問題点」加藤一郎＝林良平編代『担保法大系第1巻』(金融財政事情研究会、1984年)394頁以下、424頁、近江幸治「判例批評」法律時報57巻9号(1985年)92頁以下、平井一雄「判例批評」法律時報58巻7号(1986年)118頁以下、三和一博「判例批評」法律時報59巻2号(1987年)100頁以下、栗田隆「判例批評」判例時報1218号(1987年)177頁以下、中野貞一郎「手続法からみた担保法の現代的課題(下)」NBL414号(1988年)24頁以下、井口博「抵当権者の短期賃借権者に対する明渡請求」判例タイムズ705号(1989年)4頁以下、椿寿夫「抵当権にもとづく妨害排除請求への道—併用賃借権および短期賃貸借との関連で」ジュリスト963号(1990年)93頁以下、生熊・前掲(注9)216頁。

もっとも、抵当権の非占有担保性などを根拠に、抵当権者の明渡請求権を否定する見解もあった(一宮なほみ「抵当権の短期賃貸借の解除請求と明渡請求(下)」判例タイムズ693号(1989年)16頁以下、18頁、山野目章夫「民法判例レビュー27　担保」判例タイムズ713号41頁以下、46頁)。山野目教授は、抵当権者の救済は民事執行法の引渡命令によるべき旨を強調していた。
(12) 中野貞一郎「抵当権者の併用賃借権に基づく明渡請求」金融法務事情1252号(1990年)6頁以下、10-11頁、椿・前掲(注11)101頁。
(13) 岩城謙二「短期賃借人に対する明渡請求——最二小判平3・3・22をめぐって」NBL471号(1991年)6頁以下、甲斐道太郎「併用賃借権の効力」法律時報63巻6号(1991年)16頁以下、鈴木正和「抵当物件の明渡請求否定判決の問題点と実務対応」手形研究453号(1991年)4頁以下、吉田光碩「詐害的短期賃貸借への対応」判例タイムズ756号(1991年)97頁以下、生熊長幸「短期賃貸借の解除と抵当権者の明渡請求」法律時報63巻9号(1991年)44頁以下(同『執行妨害と短期賃貸借』(有斐閣、2000年)所収)、椿寿夫ほか「〈シンポジウム〉最近の担保判例とその評価(その三)」法律時報63巻9号(1991年)54頁以下、円谷峻「判例批評」判例タイムズ765号(1991年)77頁以下、安永正昭「判例批評」判例時報1400号(1992年)154頁以下、椿寿夫「判例批評」私法判例リマークス4号(1992年)19頁以下、石田喜久夫「判例批評」ジュリスト1002号(1992年)64頁以下。
(14) 鈴木・前掲(注13)11頁、吉田・前掲(注13)98頁、生熊・前掲(注13)51頁、近江幸治『担保物権法[新版]』(弘文堂、1992年)166頁。
(15) 名古屋高判金沢支判昭和53年1月30日(判例時報895号84頁)。
(16) 近江・前掲(注11)95頁。

(17) 小杉茂雄「抵当権に基づく物権的請求権の再構成(二・完)」西南学院大学法学論集14巻2号(1981年)141頁以下、171頁。
(18) 鈴木・前掲(注11)42頁、平井・前掲(注11)120頁、三和・前掲(注11)102頁、栗田・前掲(注11)181頁、井口・前掲(注11)13頁、生熊・前掲(注9)216頁。
(19) 鈴木・前掲(注11)42頁、近江・前掲(注11)94頁、三和・前掲(注11)102頁、栗田・前掲(注11)180頁、中野・前掲(注11)25頁。
(20) 井口・前掲(注11)13頁、生熊・前掲(注13)52頁。
(21) 井口・前掲(注11)10頁、安永・前掲(注13)158頁、伊藤進「抵当権(その一)」椿寿夫編・別冊NBL31号『担保法理の現状と課題』(1995年)7頁以下、20-21頁。
(22) 近江・前掲(注11)94頁。
(23) 平井・前掲(注11)119頁。
(24) 生熊・前掲(注13)50頁。生熊教授は、日本民法の抵当権が抵当権設定者の権限を制限する効力を持つものとして規定されたという内田教授の研究(内田貴『抵当権と利用権』(有斐閣、1983年)21頁以下参照)を援用している。
(25) 鎌田薫「抵当権の侵害と明渡請求」高島平蔵教授古稀記念『民法学の新たな展開』(成文堂、1993年)263頁以下、283-287頁、椿ほか・前掲(注13)74頁[山野目章夫発言]。
(26) 松井宏興『抵当制度の基礎理論――近代的抵当権論批判』(法律文化社、1997年)205頁。
(27) 太矢一彦「抵当権の性質について――抵当権価値権論への一疑問」獨協法学46号(1998年)447頁以下、470頁。
(28) 東京地決平成3年8月7日(判例時報1419号88頁)、東京地決平成4年3月26日(判例時報1423号110頁)参照。
(29) このような実務の動向や法改正については、梶山玉香「抵当権の実行と民事執行法改正」ジュリスト1115号(1997年)141頁以下参照。
(30) 「抵当権者による抵当物件の占有排除に関する最大判平11・11・24を読んで」金融法務事情1566号(1999年)18頁以下の諸論考、河野玄逸ほか「〈座談会〉抵当権者による明渡請求――最大判平成11・11・24をめぐって」銀行法務21・571号(2000年)4頁以下の各発言、升田純ほか〈座談会〉最大判平11.11.24と抵当制度の将来」金融法務事情1569号(2000年)24頁以下の各発言、安永正昭ほか〈座談会〉抵当権者による不法占有者の排除」ジュリスト1174号(2000年)2頁以下の各発言参照。
(31) 松岡久和「抵当目的不動産の不法占有者に対する債権者代位権による明渡請求(中)」NBL682号(2000年)36頁以下、40頁。
(32) 生熊長幸「抵当権者による明渡請求と『占有』」銀行法務21・572号(2000年)11頁以下、17頁、滝澤孝臣「抵当権者による抵当不動産の不法占有者に対する明渡請求の可否」金融法務事情1569号(2000年)6頁以下、14頁、平井一雄「抵当権に基づく妨害排除請求――最大判平成11年11月24日について」ジュリスト1189号(2000年)100頁以下、101頁、牧山市治「判例批評」法の支配117号(2000年)65頁以下、73頁。
(33) 生熊・前掲(注32)16頁は、占有による価格の下落があるならば、目的物の毀

損・滅失の場合と同様に被担保債権の弁済期前でも妨害排除請求権が生じうる余地があるとしている。
(34) 滝澤・前掲(注32)14頁、松岡・前掲(注31)40頁。
(35) 佐久間弘道「代位請求・物上請求の構成による抵当権者の明渡請求」銀行法務21・572号(2000年)20頁、22-23頁。
(36) 佐久間弘道「抵当権価値権論と抵当権による占有排除」金融法務事情1603号(2001年)6頁以下参照。
(37) 高橋眞「抵当不動産の長期賃貸借に基づく占有者に対する抵当権者の妨害排除請求」(初出、2001年)『抵当法改正と担保の法理』(成文堂、2008年)138頁以下、150-151頁。
(38) 村上正敏「抵当権に基づく妨害排除請求権について」判例タイムズ1053号(2001年)53頁以下、58-59頁。また、山野目章夫「抵当不動産を不法に占有する者に対する所有者の返還請求権を抵当権者が代位行使することの許否——最大判平11・11・24をめぐって」金融法務事情1569号(2000年)46頁以下、53頁、山本和彦「抵当権者による不法占有排除と民事執行手続——最大判平11・11・24の民事執行法上の意義」金融法務事情1569号(2000年)58頁以下、61頁も、任意売却との関係で競売手続前の妨害排除請求権の可能性を認める。
(39) 高橋・前掲(注37)151頁。
(40) 松岡久和「抵当目的不動産の不法占有者に対する債権者代位権による明渡請求(下)」NBL683号(2000年)37頁以下、平井・前掲(注32)102頁、石口修「判例批評」法学新報106巻11・12号(2001年)207頁以下、277頁、平野裕之「執行・実行妨害」ジュリスト1223号(2002年)6頁以下、12頁。
(41) 松岡・前掲(注40)38頁。
(42) 滝澤・前掲(注32)12頁、升田ほか・前掲(注30)37-38頁、41頁[鎌田薫発言]、八木一洋「最高裁平成11年11月24日大法廷判決について」ジュリスト1174号(2000年)35頁以下、43頁。
(43) 松岡・前掲(注40)38頁、41頁。なお、平井・前掲(注32)102頁も参照。
(44) 佐久間・前掲(注35)26-27頁、松岡・前掲(注40)38頁、牧山・前掲(注32)75頁。
(45) 河野ほか・前掲(注30)25頁以下[生熊長幸、佐久間弘道、椿寿夫発言]参照。
(46) 福永有利「平成11年大法廷判決から派生する手続問題」銀行法務21・572号(2000年)28頁以下、31頁、安永ほか・前掲(注30)23頁[安永正昭発言]。
(47) 升田ほか・前掲(注30)38-39頁[志賀剛一発言、鎌田薫発言]、滝澤・前掲(注32)19頁、安永ほか・前掲(注30)23頁[小林明彦発言]、村上・前掲(注38)60頁。
(48) 佐久間・前掲(注35)25頁、滝澤・前掲(注32)12頁、山野目・前掲(注38)53頁、道垣内弘人「『侵害是正請求権』・『担保価値維持請求権』をめぐって——最大判平成11・11・24の理論的検討」ジュリスト1174号(2000年)28頁以下、32頁、平井・前掲(注32)102頁、村上・前掲(注38)60頁。
(49) 松岡・前掲(注40)41頁。
(50) 丸山絵美子「判例批評」法学セミナー607号(2005年)120頁、戸田久『最高裁判所

判例解説民事篇平成17年度(上)』153頁以下、162頁。
(51) 松岡久和「判例批評」ジュリスト1313号(2006年)77頁以下、78-79頁。
(52) 生熊長幸「判例批評」民商法雑誌133巻4・5号(2006年)791頁以下、804-807頁。
(53) 田高寛貴「判例批評」法学教室301号(2005年)82頁以下、83頁。
(54) 道垣内弘人「判例批評」私法判例リマークス32号(2006年)20頁以下、23頁。
(55) 滝澤孝臣「抵当権に基づく抵当不動産の明渡請求——判例の変遷と今後の展望」銀行法務21・647号(2005年)4頁以下、9頁、生熊長幸「抵当権に基づく不動産の明渡請求と不動産の管理占有のあり方」銀行法務21・647号(2005年)18頁以下、19頁、清水元「判例批評」判例時報1912号(2006年)190頁以下、193-194頁参照。
(56) 生熊・前掲(注55)21頁、吉田光碩「不動産の占有者に対し、抵当権に基づく妨害排除請求が認められた事例」判例タイムズ1182号(2005年)116頁以下、120頁、清水・前掲(注55)194頁。
(57) 田高・前掲(注53)83頁。
(58) 梶山玉香「抵当権者による物件管理について」同志社法学57巻6号(2006年)329頁以下、340-343頁参照。赤松秀岳「『抵当権に基づく妨害排除請求』への一試論」岡山大学法学会雑誌55巻3・4号(2006年)585頁以下、602頁も代位構成の有用性を説く。
(59) 吉田・前掲(注56)121頁、松岡・前掲(注51)79頁、道垣内・前掲(注54)23頁。
(60) 吉田・前掲(注56)121頁、田高・前掲(注53)83頁。
(61) 片山直也「判例批評」金融法務事情1748号(2005年)45頁以下、48頁。
(62) 森田修「抵当権に基づく権原占有の排除——最一小判平成17.3.10を機縁として」金融法務事情1762号(2006年)18頁以下、25頁。
(63) 梶山玉香「抵当物件の使用収益について」同志社法学54巻3号(2002年)223頁以下、261頁。
(64) 椿博士は、抵当権者に占有を移さないという民法の規律はいかなる局面までも貫徹されなければならないものではない、という認識を示し(河野ほか・前掲(注30)18-19頁[椿寿夫発言])、平野教授は、抵当権の実行段階では抵当権者は占有・使用に干渉しうるという立場をとっているが(平野・前掲(注40)10頁)、これらの主張も抵当権の換価権としての性質を示しているといえよう。
(65) 換価権構成を主張する太矢教授は、「換価権の侵害とは、換価による売却価格に減価が生じること、および換価手続自体が侵害されるなど、抵当権の物的支配が侵害される場合のことをいう」と述べつつ(太矢一彦「抵当権に基づく妨害排除請求」東洋法学49巻2号(2006年)41頁以下、59頁)、他方では、「抵当権の侵害の確定のみならず、抵当権の実行が開始されることをもって、抵当権者の妨害排除請求が認められる」とも主張している(太矢・前掲62頁)。しかし、後半の説明は抵当権実行前でも占有によるその侵害がありうることを前提にするものだが、むしろ、占有による換価権の侵害とはその性質上抵当権の実行段階にはじめて問題になるからこそ、妨害排除請求権もその時点で生ずるのではないか。その意味で、太矢説は、換価権、すなわち抵当権者が目的物上に有する権能の内容を十分に解析し

ているとはいいがたい。
(66) 山野目・前掲(注38)55-56頁(注2)、伊藤進「判例批評」判例時報1706号(2000年)185頁以下、186頁は、その可能性を指摘する。もっとも、調査官解説はこのような考え方に否定的である(八木一洋『最高裁判所判例解説民事篇平成11年度(下)』850-851頁参照)。

　なお、最高裁平成17年判決は、抵当不動産の所有者が競売手続を妨害するような占有権原を設定することは許されないとしている点から、抵当権が把握しているのは交換価値だけではなく、抵当権者は所有者の使用収益に干渉しうる地位にある、という考え方に近いとする見解がある(増成牧「抵当権に基づく妨害的占有の排除――最高裁平成一七年三月一〇日判決の検討・考察を中心に」神戸学院法学35巻4号(2006年)73頁以下、100-101頁参照)。かかる分析の当否はともかく、後述のように、交換価値支配という命題を維持するかぎり、抵当権者自身の占有を正当化するのは困難となる。

(67) しかし、このように抵当権者が自己の利益のために目的不動産を占有しうるならば、その占有下で目的不動産が滅失した場合には、たとえ抵当権者の帰責事由がなくてもその危険を抵当権者が負うとすることに理論的一貫性が認められよう。利益を享受する者はこれに対応する危険も負うべきであるというのが、危険負担の思想であるからである。具体的には、抵当権者が本来目的不動産から優先弁済を受けることのできた範囲で、被担保債権の権利主張を制限するのが妥当かもしれない。

(68) 生熊・前掲(注52)809-810頁参照。

(69) 前述のように、道垣内教授は本条との関係で判例が抵当権に基づく妨害排除請求の要件に執行妨害目的という要素を付加しているとしているが、むしろ、一般理論としてはこのような要素がなくとも妨害排除請求権が認められるが、ただ特別規定としての民法395条が建物賃貸借の場合にこれに制限を加えていると解すべきである。

(70) 最高裁平成11年大法廷判決の奥田裁判官の補足意見は、明渡請求の認否において配当可能性を考慮する必要性も指摘していた。そこで、このような配当可能性をいかにして判断するかも議論されたが(河野ほか・前掲(注30)22頁)、このような問題が生じてしまう背景にも交換価値支配という理論がある。

(71) この点では、抵当権者の占有者に対する賃料相当金額の賠償請求を否定した最高裁平成17年判決は正当である。しかし、本来、抵当権が収益から満足を受けることのできた権利であったことにかんがみると、平成15年の法改正前に権利行使の手続を整備していなかった法制度自体に問題があったといわざるをえない。

(72) 平成15年の担保執行法改正の前から、抵当権実行段階における売却準備のための物件管理制度を導入すべきという説が主張されていた(小林明彦「抵当権に基づく物件管理制度の創設を」銀行法務21・577号(2000年)1頁、中村廉平ほか「抵当権制度の現状と将来像(6)」NBL710号(2001年)38頁以下[小林明彦発言])。論者は、「所有者から所有権能を剥奪して買受人に渡すことが差押債権者の換価権能である

ならば、それは登記簿上の権利関係だけでなく使用収益権を含む所有権全体に及ぶはずであり、それを執行裁判所における売却手続のなかで実現し得ることとしても、換価手続として何ら矛盾はないと考えられる」とし、法改正後においてもなおその検討の必要性を指摘している(小林明彦「担保不動産収益執行制度の位置付けと概要」銀行法務21・624号(2003年)26頁以下)。

(73) 山本弘「〈シンポジウム〉担保権の効力と不動産執行 V 抵当権の効力と目的物件の占有・使用」民事訴訟雑誌44号(1998年)141頁以下は、この問題に焦点を当て、結論としては否定説をとるようである(同146-148頁)。

(74) 同旨、安永ほか・前掲(注30)9頁[山本克己発言]。なお、東京地裁民事執行実務研究会編『民事執行法上の保全処分』(金融財政事情研究会、1993年)68頁[杉原麗]も、売却のための保全処分を抵当権の効力とは別次元の制度として位置づけている。

(75) 債権譲渡や相殺との優劣関係、敷金返還請求権との関係については、古積「抵当権の物上代位に基づく賃料債権の差押え」筑波法政26号(1999年)1頁以下、同「抵当権の賃料債権に対する物上代位と差押え——判例の整合性」みんけん559号(2003年)3頁以下参照。

(76) 第3章Ⅱ3.(2)、Ⅲ参照。賃料債権に対する物上代位に異論を唱えていたのは、中島博士くらいであった。

(77) 第3章Ⅳ3.(1)b.参照。なお、我妻・前掲(注1)275頁、281頁も参照。

(78) 最高裁平成元年判決までの学説・裁判例の詳細は、鎌田薫「賃料債権に対する抵当権者の物上代位」石田喜久夫＝西原道雄＝高木多喜男先生還暦記念論文集下巻『金融法の課題と展望』(日本評論社、1990年)25頁以下、31頁以下参照。

(79) 第3章Ⅴ2.(2)a.参照。鈴木禄弥『物権法講義[改訂版]』(創文社、1972年)182頁、185頁参照。

(80) 川井健『担保物権法』(青林書院、1975年)54頁、槇悌次『担保物権法』(有斐閣、1981年)157頁、高木多喜男『担保物権法』(有斐閣、1984年)121頁、生熊長幸「抵当権に基づく物上代位の目的物に関する若干の問題について」判例タイムズ675号(1988年)4頁以下、7頁、近江幸治『担保物権法』(弘文堂、1988年)134頁。

(81) 大阪高決昭和61年8月4日(判例タイムズ629号209頁)。

(82) 大阪高決昭和54年2月19日(判例時報931号73頁)。

(83) 伊藤眞「賃料債権に対する抵当権者の物上代位(上)」金融法務事情1251号(1990年)6頁以下、9-10頁。賃借権によって抵当不動産の価値が減少するか否かを基準として物上代位の可否を論ずる考え方は、前掲(注82)の大阪高決昭和54年2月19日のほかに、新田教授によっても主張されていた(新田宗吉「物上代位に関する一考察(四)——抵当権の物上代位を中心として」明治学院論叢法学研究30号(1984年)31頁以下、49-60頁参照)。

(84) 伊藤「賃料債権に対する抵当権者の物上代位(下)」金融法務事情1252号(1990年)12頁以下、16頁。

(85) 道垣内弘人「判例批評」民商法雑誌102巻5号(1990年)587頁以下、同『担保物権

法』(三省堂、1990年)117頁、119頁。
(86) 鎌田・前掲(注78)38-39頁。
(87) 鎌田・前掲(注78)54-56頁。
(88) 鎌田・前掲(注78)61-62頁、69-70頁。
(89) 鎌田・前掲(注78)40頁、68-69頁。
(90) 松岡久和「物上代位権の成否と限界(1)～(3・完)」金融法務事情1504号6頁以下、1505号13頁以下、1506号13頁以下(1998年)。
(91) 松岡・前掲(注90)1504号11頁。
(92) 松岡・前掲(注90)1504号11-12頁。
(93) 松岡・前掲(注90)1504号12頁。
(94) 片岡義広＝小宮山澄枝「抵当権に基づく賃料に対する物上代位(下)」NBL429号(1989年)24頁以下、27頁参照。鈴木正和「賃貸抵当不動産の賃料と物上代位(下)」債権管理22号(1989年)16頁、18-19頁も、これと同様の考え方をとっていた。
(95) 髙橋眞「賃料債権に対する物上代位の構造について」(初出、1998年)『抵当法改正と担保の法理』(成文堂、2008年)1頁以下、4頁参照。
(96) 松岡久和「抵当権の本質論について――賃料債権への物上代位を中心に」高木多喜男先生古稀記念『現代民法学の理論と実務の交錯』(成文堂、2001年)3頁以下、18-20頁。
(97) 松岡・前掲(注96)20-23頁。
(98) 松岡・前掲(注96)25-26頁。
(99) 髙橋・前掲(注95)14頁。
(100) 髙橋眞「抵当権による賃料の把握について――価値権説・果実の把握・物上代位」(初出、2000年)『抵当法改正と担保の法理』(成文堂、2008年)32頁以下。
(101) 髙橋・前掲(注100)51-53頁参照。
(102) 髙橋・前掲(注100)57頁。
(103) 髙橋・前掲(注100)39-40頁。
(104) 髙橋・前掲(注100)36頁参照。
(105) 横悌次「抵当不動産の将来の賃料をめぐる譲渡と物上代位との衝突」民商法雑誌117巻2号(1997年)185頁以下、212-214頁、占部洋之「ドイツ法における抵当不動産賃料の事前処分(三・完)」大阪学院大学法学研究25巻1号(1998年)133頁以下、181頁以下、大西武士「抵当権者による物上代位権の行使と目的債権の譲渡」判例タイムズ974号(1998年)77頁以下、80-81頁、生熊長幸「将来にわたる賃料債権の包括的差押え・譲渡と抵当権者による物上代位(下)――解釈論的・立法論的提言」金融法務事情1609号(2001年)23頁以下、29頁(同『物上代位と収益管理』(有斐閣、2003年)所収)。なお、古積・前掲(注75)筑波法政26号11頁以下参照。
(106) 滝澤孝臣「担保不動産の収益執行制度の新設による物上代位制度への影響」銀行法務21・624号(2003年)32頁以下、35-36頁、秦光昭ほか「(座談会)担保・執行法制の改正をめぐる諸問題」銀行法務21・624号(2003年)74頁以下、80頁[滝澤孝臣発言]、鎌田薫ほか「(特別座談会)担保・執行法制の改正と理論上の問題点」ジュリス

ト1261号(2004年)32頁以下、36-38頁[鎌田薫、山本克己発言]、生熊長幸「担保不動産収益執行と民法371条改正および敷金返還請求権に関する若干の問題」ジュリスト1272号(2004年)98頁以下、102頁、中野貞一郎『民事執行法[増補新訂5版]』(青林書院、2006年)655頁。
(107) 鎌田ほか・前掲(注106)38頁[山本克己発言]、生熊・前掲(注106)102頁。
(108) 鎌田ほか・前掲(注106)36-38頁[鎌田薫発言]。
(109) 滝澤・前掲(注106)36頁、中野・前掲(注106)655頁。
(110) 秦ほか・前掲(注106)79頁[秦光昭発言]、松岡久和「担保・執行法改正の概要と問題点(上)——担保法に関わる部分を中心に」金融法務事情1687号(2003年)18頁以下、22頁、鎌田ほか・前掲(注106)38頁[松岡久和発言]、高木多喜男『担保物権法[第4版]』(有斐閣、2005年)129-130頁、142-143頁、道垣内弘人『担保物権法[第3版]』(有斐閣、2008年)146-149頁、安永正昭『講義 物権・担保物権法』(有斐閣、2009年)255頁。
(111) 山野目章夫＝小粥太郎「平成一五年法による改正担保物権法・逐条研究(3)——債権質・不動産の収益に対する抵当権の効力」NBL780号(2004年)46頁以下、49頁、谷口園恵＝筒井健夫『改正担保・執行法の解説』(商事法務、2004年)57頁(注44)。
(112) 松岡・前掲(注110)22頁。
(113) 山野目＝小粥・前掲(注111)49頁。
(114) 鎌田薫「物上代位」山田卓生ほか『分析と展開 民法Ⅰ[第3版]』(弘文堂、2004年)285頁以下、291頁、内田貴『民法Ⅲ 債権総論・担保物権[第3版]』(東京大学出版会、2005年)407頁、高橋眞『担保物権法[第2版]』(成文堂、2010年)117頁。
(115) 鎌田・前掲(注114)291頁、高橋・前掲(注114)117頁。
(116) 髙橋智也「抵当権の物上代位制度の現代的位相(二・完)——抵当権の価値把握範囲に関する判例及び学説のパラダイム転換を中心として」熊本法学102号(2003年)191頁以下は、松岡説を、収益ないし賃料が抵当権の本来的な価値把握の範囲にあるとする見解として、高橋説を、収益ないし賃料は抵当権の本来的な価値把握の範囲にはないが、これにも抵当権の効力が拡張されるとする見解として捉えつつ、両説を比較・検討している。
(117) 髙橋智也教授が、松岡説の前提としては、「抵当権の実行手続が開始されていない段階を想定して、抵当権の効力が賃料に対して及ぶことの論証が図られなければならないはずである」と述べるのも(髙橋・前掲(注116)220頁)、同旨であろう。高橋眞「強制管理」(初出、2002年)『抵当法改正と担保の法理』(成文堂、2008年)72頁以下、76-77頁(注18)や、生熊長幸『物上代位と収益管理』(有斐閣、2003年)309頁も、この問題点を指摘している。
(118) 高橋・前掲(注100)49頁。
(119) 松岡・前掲(注96)19頁も、このような意味で高橋説を批判している。
(120) 髙橋智也教授は、松岡説、高橋説の検討を通じて、抵当不動産の賃料を抵当権の価値把握の範囲内にある財貨として捉えることに問題がある旨を主張してい

るが(高橋・前掲(注116)226頁)、このことは、交換価値支配・把握という命題を維持するかぎり、収益に対する抵当権の効力を基礎づけることが困難であることを物語っている。

(121) 抵当権の本質を換価権に求める太矢説は、抵当権は目的物を売却し優先弁済を受けるという権利であり、使用収益権能の対価である賃料までも把握するものではないということ、さらに担保不動産収益執行制度が導入されたことを理由に、賃料債権に対する物上代位を否定している(太矢・前掲(注65)63-64頁)。しかし、この見解は換価権の意義を当然のように売却権に限定しているが、その理由が示されていない。しかも、抵当権の権能が売却権に限定されるというならば、そもそも担保不動産収益執行制度を認めること自体が問題となるだろう。

(122) 谷口＝筒井・前掲(注111)56頁(注43)、道垣内弘人＝山本和彦＝古賀政治＝小林明彦『新しい担保・執行制度[補訂版]』(有斐閣、2004年)38-39頁[道垣内]、生熊・前掲(注106)100頁、高木・前掲(注110)129-130頁参照。

山野目＝小粥・前掲(注111)49頁は、民法371条にいう果実に対する効力は抽象的なものにとどまり、具体的な効力は差押えによって確定するとして、差押え前の所有者による果実の収取の有効性を容認する。その根拠として、果実に対する効力は担保不動産収益執行を介して実現されるべきという立法の趣旨があげられている。

(123) 前掲(注111)参照。

(124) ドイツ民法1123条ないし1124条において抵当権の目的不動産の賃料に対する効力を確定化するものとされている差押え(Beschlagnahme)には、抵当不動産の強制管理命令のみならず賃料債権の差押え(Pfändung)も該当すると一般に解されている(Vgl. RG 3.4.1911, RGZ 76, 116；RG 21.12.1912, RGZ 81, 146；RG 4.11.1921, RGZ 103, 137；*J. v. Staudinger/ Hans Wolfsteiner*, Kommentar zum Bürgerlichen Gesetzbuch mit Einführungsgesetz und Nebengesetzen, 13. Aufl., 2002, § 1123 Rdn. 13；*Dieter Eickmann*, Münchener Kommentar zum Bürgerlichen Gesetzbuch, Bd. 6, 4. Aufl., 2004, § 1123 Rdn. 18；*Fritz Baur/ Jürgen F. Baur/ Rolf Stürner*, Sachenrecht, 18. Aufl., 2009, § 39 V 2 (S. 522).)。

かかるドイツ法の状況については、竹下守夫『不動産執行法の研究』(有斐閣、1977年)54-55頁、松本財団「強制執行法案要綱案」研究会「強制執行法改正要綱と民法」ジュリスト517号(1972年)2頁以下、35頁[竹下守夫発言]参照。

(125) Ⅰで触れた諸問題のうち、物上代位において要求される差押えの問題や、土地および建物の共同抵当における法定地上権の成否については、第2部で検討することにしたい。

結　語

　抵当権も、他の物権と同じく物を客体としこれを支配する権利であり、ただその支配の内容がもっぱら目的物の金銭化・換価にあるという点において、他の物権と異なるにすぎない。確かに、抵当権の実行・換価権の行使がなされなければ、目的不動産の占有・利用関係に変化が生ずることはない。しかし、換価権の行使によって、抵当権者は占有に干渉することができ、また収益という方法によって満足することもできる。これが、抵当権の有する本来的効力なのである。

　担保権の性質を表現するために価値権という概念を用いたドイツ法学説も、抵当権の換価権としての効力を強調していた。ところが、我妻理論は価値権の意義をドイツ法理論とは異なるものに転化し、抵当権を交換価値を支配する権利として位置づけるに至った。その背景には、抵当権の利用関係に対する干渉を排除し、企業活動を阻害しないという実践的意図があり、かような理論は抵当制度の立法論としては大いに尊重すべきものと思われる。しかし、現行法の抵当権はあくまで物の上の支配権として規定されている。むしろ、抵当権の占有に対する干渉や収益に対する効力は現実的な要請ともなっており、抵当権が交換価値のみを支配するという理論は、その実現の妨げともなりかねない。そもそも、かかる理論においては支配の対象とされる交換価値の内実を明らかにしなければならないにもかかわらず、従来、それ自体が十分に検討されていなかった。本来、物の価値とは人の物に対する主観的評価を意味しており、その内容は評価主体によって様々である。したがって、これは法的支配の対象に適した客観的存在とはいいがたい。かといって、支配権の対象となる交換価値を競売代金そのものと捉えることもできない。なぜなら、支配権は競売以前にすでに存在している以上、代金が確定する以前にその対象も存在しなければならないからである。

　結局、我妻博士が打ち立てた交換価値支配という命題は、抵当権は占有・収益関係に対して干渉すべきでないという思想の表現にほかならず、それ自

体が法解釈論における理論構成として機能するものではなかったといわざるをえない。したがって、抵当権の占有・収益に対する効力を認めざるをえない今日の法状況の下では、交換価値支配という命題からは離れ、抵当権も物権の1つであり、物に対して換価という支配を及ぼすという観点を前面に出さなければならない。そして、そのことが抵当権を物権の1つとして規定した民法の立場にも相応するのである。

このように交換価値支配という伝統的な命題を捨て去るという筆者の立論は、価値概念に依拠して一連の結論を導いてきた判例の根幹を否定することにもなりかねず、もはや実務上は受け入れがたい、という批判も当然ありえよう。しかし、もともと交換価値支配という概念の意味内容が不明確であるが故に、占有による抵当権の侵害がどのような場面まで認められるのか、たとえば抵当権者による明渡請求は抵当権の実行前にも認められるのか、また、抵当権者自身への明渡しは許されるのか、さらには、交換価値の中には収益価値も包含されるのか、といった問題が生じ、その解明が困難となってしまう。占有・収益への干渉が抵当権の実行段階において正当化されるというのであれば、抵当権は物の上に成立する換価権であり、その行使においては占有・収益の権利も認められる、と言い切るべきであろう。このように抵当権者に占有権原等を認めるとしても、それには担保目的の観点から制限が付されるのであり、判例が認めてきた結論から大きくかけ離れることもない。従前の議論の限界は、一定の場合には抵当権者の占有を認めていながら、なお抵当権は交換価値のみを支配し占有権原を有しないとする、その内在的な矛盾にあるというべきではないか。

(追記)
　第1部の旧稿の公表と前後して発表された鳥山論文が、その後完結した(鳥山泰志「抵当本質論の再考序説(1)～(6・完)」千葉大学法学論集23巻4号1頁以下、24巻1号1頁以下、24巻2号1頁以下、24巻3=4号1頁以下、25巻3号1頁以下、25巻4号45頁以下)。同論文は、抵当権の本質に関するドイツの学説の展開を付従性の問題も含めて詳細に検討しており、本稿と共通する点も少なくない。ただ、同じドイツ学説をふまえながらも、鳥山論文の主張内容は本稿とはかなり異なっている。鳥山説は、抵当権の性質について交換価値支配という命題を維

持すべきという立場をとっており(鳥山・前掲25巻4号139頁(注179)参照)、その実践的意義としては、被担保債権の不履行のない状況であっても価値支配を侵害すると認定しうる占有・使用があれば、抵当権者にはこれに干渉しうる余地を認めるべき点があげられている(鳥山・前掲25巻4号102頁以下)。そして、この点を、伝統的な交換価値支配という命題を否定し、抵当権を物上の換価権として捉える私見では達成しえないメリットとして位置づけている(鳥山・前掲25巻4号118-119頁(注145)参照)。

　しかし、債務不履行前に交換価値支配の侵害として捉えられる事態とは具体的にどのような状況なのであろうか。もしそれが、占有者による目的物への有形的毀損行為を指すのであれば、価値支配なる命題を立てなくとも、これを物上に存在する換価権そのものを侵害する行為として捉えることは十分可能であり、抵当権者はかかる行為の停止を請求しうると解することができよう。逆に、そのような有形的毀損はないが、第三者による占有によって目的不動産の評価額が下落する可能性を価値支配の侵害というのであれば、確かにそれは私見では到達しえない結論ではある。しかし、このような根拠をもって債務不履行前でも抵当権者が目的不動産の占有関係に干渉しうるとすれば、それは抵当権の非占有担保性という特質自体に抵触する不当な干渉となる危険性がある。第1部でも述べたように、価値支配という命題が一人歩きすれば、所有者の使用収益活動に対する不当な干渉を正当化する論法に繋がりかねないのである。そもそも、本来的に主観的評価に基づく価値を支配するということ自体の問題に対する解答も、鳥山論文では十分に示されていないように思われる。

第 2 部

◆

抵当権をめぐる諸問題

第1章　物上代位の法的性質と差押え

I　はじめに

1.　第1部において、筆者は抵当権の本質をその換価権能に求めるべき旨を主張し、個別の問題におけるその意味についても若干の考察を加えた。これを受けて、第2部では、さらに抵当権に関するいくつかの個別問題を取り上げたい。本章では、物上代位の法的性質とそこで要求される差押えの意義について論じることにする。

　筆者は、抵当権の賃料債権に対する物上代位に関して次のような立場をとっている。すなわち、換価権としての抵当権には目的物の収益から満足する権能があるが、その優先弁済の対象となる収益はあくまで実行手続以降に生ずるものに限定される。賃料債権に対する物上代位もこの抵当権本来の効力に準ずるものとして認められるから、抵当権の実行としての債権差押え以降に発生する賃料債権だけが優先弁済の対象として容認され、差押え前に発生した賃料に対しては抵当権の効力は認められない(第1部第4章参照)。もっとも、たとえ抵当権者による差押えの前に抵当権設定者が賃料債権を包括的に譲渡する契約を結びその対抗要件が具備されたとしても、差押え以降に生ずる収益に対する抵当権の優先的効力は抵当権設定登記によって対抗力を具備している以上、その効力はかかる債権譲渡によっても揺るがないと見るべきである(1)。

　要するに、筆者の見解は、賃料債権への物上代位は抵当権の実行の一態様として構成すべきであり、物上代位という形式的名称を用いるとしてもその法的性質は他の物上代位とは異なる、というものである。私見によれば、賃料債権に関しては、304条1項但書が抵当権者による差押えの前に払渡しまたは引渡しがなされると抵当権の効力を否定するのは、抵当権の実行としての差押えの前に生ずる収益の処分権限が設定者に留保されることを示すものとして解釈される(2)。従来、賃料債権に対する物上代位の性質、さらには民法

304条1項但書で要求される差押えの意義は、抵当権が目的物の交換価値を支配する権利であるという前提の下に論じられる傾向にあったが、筆者はそのような価値権理論に対して批判的立場をとり、抵当権は目的物を換価する物権であるという観点から、賃料債権に対する物上代位を抵当権の実行の一態様として位置づけた。ただ第1部では、物上代位一般、とりわけ損害賠償請求権や保険金請求権への物上代位の位置づけは検討しておらず、筆者の基本的立場からは、これらをいかに説明するかが問題として残されている。

2. 平成の時代になって賃料債権に対する物上代位の判例が続出する前には、抵当権の物上代位に関する判例は、主として滅失またはこれに準ずるケースに関するものだった。すなわち、物上代位において要求される差押えの意義をその対象の特定性の維持に求めた最初の大審院判例は、鉱業法に基づく抵当不動産の収用に対する補償金債権に関するものであり、抵当権者による差押えを優先権を保全するための要件と位置づけ、差押え前に転付命令があるともはや物上代位は認められないとするに至った大審院判例も、火災保険金債権に対する物上代位の事案に関するものであった。その後、最高裁判所は、賃料債権に対する物上代位の事案で、民法304条1項但書の趣旨を主に第三債務者を二重弁済のリスクから保護する点にあるとして、たとえ差押えの前に債権譲渡の対抗要件が具備されてもなお物上代位の効力が優先するとの立場をとったが、抵当権者による差押えの前に他の債権者のための転付命令が発動されたケースでは、物上代位の効力を否定する立場を明らかにした。そして、後者ではやはり、地方公共団体による用地買収における補償金債権等に対する物上代位が問題となっていた。

このように、物上代位における差押えの意義について、もともと判例は目的不動産の滅失またはこれに準ずるケースに関して判断してきたのであり、そこでは差押えは基本的には優先権を保全する要件として位置づけられていた。確かに、最高裁判所は、賃料債権の物上代位の事案においては、第三債務者の弁済を保護するという理論をとったものの、その後は、第三債務者の反対債権による相殺との優劣に関して、この理論との関係には言及しないまま、物上代位の効力が差押え以降に発生する賃料債権については相殺の合意に優先するという結論をとり、他方では、第三債務者の交付した敷金の充当との関係では物上代位の効力が劣後するという結論もとっている。それゆ

え、第三債務者保護という判例理論の射程は極めて限定的なものであり、むしろ、判例は、賃料債権に対する物上代位に関しては、関係者の利害状況に応じた個別的判断を下しているともいえる。目的物の滅失に準ずる事案では従前の結論を維持したことは、その表れであるといえよう。このことは、一言で物上代位といいながら、判例も滅失の場合と賃貸の場合を区別している兆候と見ることができよう。すでに学説では、物上代位の性質を対象財産の差異に応じて分別する見解が主張されていたが、近時においては、目的物の滅失の事例と賃貸の事例を区別して、それぞれに関して差押えの趣旨を論ずる見解が有力になっている。

3. 賃料債権に対する物上代位を他と分別するという方向性は、第１部で展開した筆者の見解と基本的に共通するものである。同一の条項で規律されている権利を異質なものとして解することには違和感もあろうが、抵当不動産の滅失における損害賠償請求権と賃料債権との間では、関係者の利益状況の差異があり、すべてを同様に解釈することはかえってその利益状況に相応しない結論に繋がりかねない。物上代位の法的構造については、抵当権の実行不能の場面に発動する制度、あるいは、代償の原理という統一的視座を主張する見解も現れているが、かかる学説も、賃料債権は物上代位の基本構造に適合しない旨を主張し、抵当権の賃料に対する効力を物上代位一般からは切り離す点では、むしろ私見と共通する側面すら有する。その意味で、少なくとも賃料に対する効力を他の物上代位とは分別するという結論は、今日一般化しつつあるといえよう。

しかし、問題は、従前から一般的に異論なく物上代位が肯定されてきた目的物の滅失またはこれに準ずる場合において、特に304条１項但書の意義について展開されてきた判例理論の是非そのものである。前述のように、判例は、担保権者による目的債権の差押えの前に他の債権者のための転付命令が発動されるともはや物上代位権の行使は認められないという立場をとり、これに同調する学説も有力であるが、筆者はこの結論には根本的な疑問を持っている。というのは、沿革上物上代位制度が有したその本来的性質にかんがみた場合、抵当権の物上代位に関しては、目的債権の処分があってもその効力は揺るがないとするのが本筋といえるからである。

4. 以下では、まず、物上代位の規定に関する民法制定時の議論を概観す

る。そこでは、現行民法が物上代位の射程を十分な議論のないまま旧民法よりも拡張し過ぎた結果、372条ないし304条に本来は物上代位の射程が及ばない問題が混在してしまったこと、また、304条１項但書で要求されている差押えの意義についても、旧民法における理解と現行民法の起草者との間には齟齬があったことに留意しつつ、現行法の解釈論のあるべき方向性を示したい。そして、その後の判例および学説の展開を参照し、かかる解釈論の方向性が近時の議論の動向にかんがみても決して不当ではないことを明らかにしたい。そのうえで、物上代位の性質、さらには304条１項但書の趣旨について具体的な解釈論を展開しよう。

Ⅱ　民法制定時の議論の概観

1．総　説

　現行民法の物上代位の規定の沿革については、すでに多くの先行研究によってその内容が明らかにされており、近時では、旧民法の起草者であるボワソナードの見解が現行民法の起草者には十分には受け継がれず、旧民法と現行民法との間には断絶があることが指摘されている。それは主に次の２点である。第一は、ボワソナードが、物上代位を、本来の目的物に対する権利行使が不可能となった場合に、その価値を代表する損害賠償金や補償金に対して担保権の効力が移転するものと捉え、売却代金については目的物本体への追及力のない場合にのみこれを肯定する立場にあったのに対し、現行民法の起草者はこのことを十分考慮することなく抵当権の物上代位の対象を拡張するに至ったという点である。第二は、ボワソナードが、物上代位の目的債権への効力は特別の公示なくして第三者にも対抗しうるものと捉え、だからこそ、債務者による弁済を特に保護するために担保権者に事前に一定の措置を要求していたと考えられるのに対し、現行民法の起草者は、物上代位の効力は当然には第三者に対抗しえないものとみていたきらいがある、という点である。

　これらの指摘は極めて重要であるが、旧民法と現行民法との比較に関してはなお問題点が残っている。後に見るように、旧民法は、抵当権については賃料債権に対する物上代位を認めなかったものの、先取特権についてはこれ

を容認しており、他方では、現行法では肯定されている保険金債権に対する物上代位に関する規定は旧民法にはなかった。旧民法におけるこの２つの扱いがいかなる理由に基づくものかは、極めて重要な論点である。というのは、判例は抵当権の賃料債権に対する物上代位を肯定する根拠として、非占有担保である先取特権にこれを認めるならば、抵当権に限ってこれを否定する理由はないとしているが、旧民法の規定はこのような議論の限界を示すものであるし、また、保険金債権を除外していたということは、その性質が損害賠償債権等と異なることを暗に示しているからである。

以下では、この２点に留意しながら、旧民法時の議論と現行民法制定時の議論を参照し、両者の異同を明らかにしながら、現行法の物上代位の規定について解釈論のあるべき方向性を探ることにしたい。

2. 旧民法時の議論
(1) 旧民法債権担保編の規定

旧民法は債権担保編133条で先取特権の物上代位を規定し、抵当権には滅失の場合に同様の権利を認める旨を201条１項で定めていた。それらの条文は次のとおりである。

債権担保編第133条
　先取特権ノ負担アル物カ第三者ノ方ニテ滅失シ又ハ毀損シ第三者此カ為メ債務者ニ賠償ヲ負担シタルトキハ先取特権アル債権者ハ他ノ債権者ニ先タチ此賠償ニ於ケル債務者ノ権利ヲ行フコトヲ得但其先取特権アル債権者ハ弁済前ニ合式ニ払渡差押ヲ為スコトヲ要ス
　先取特権ノ負担アル物ヲ売却シ又ハ賃貸シタル場合及ヒ其物ニ関シ権利ノ行使ノ為メ債務者ニ金額又ハ有価物ヲ弁済ス可キ総テノ場合ニ於テモ亦同シ

同第201条第１項
　意外若クハ不可抗ノ原因又ハ第三者ノ所為ニ出テタル抵当財産ノ滅失、減少又ハ毀損ハ債権者ノ損失タリ但先取特権ニ関シ第百三十三条ニ記載シタル如ク債権者ノ賠償ヲ受ク可キ場合ニ於テハ其権利ヲ妨ケス

旧民法の規定はボワソナードの草案を基にしているが、ボワソナード氏起稿『再閲修正民法草案註釈』によれば、債権担保編133条はボワソナード草案1638条、債権担保編201条１項はボワソナード草案1707条１項に相当するものであった。かかる草案の規定は次のとおりである。

ボワソナード草案第1638条

　若シ先取特権ノ負担アル物カ第三者ノ方ニテ滅失シ又ハ毀損シ第三者カ此カ為メ債務者ニ賠償ヲ負担シタルトキハ先取特権アル債権者ハ他ノ債権者ニ先タチ右ノ賠償ニ於ケル債務者ノ権利ヲ行フコトヲ得但其先取特権アル債権者ハ弁済前ニ適正ノ方式ニ従ヒ弁済ニ付キ異議ヲ述フルコトヲ要ス

　先取特権ニ属シタル物ノ売却又ハ賃貸アル場合及ヒ其物ニ関スル法律上又ハ合意上ノ権利ノ行用ノ為メ債務者ニ金額又ハ有価物ヲ弁済ス可キ総テノ場合ニ於テモ亦同シ但災害ノ場合ニ於テ保険者ノ負担スル賠償ニ関シ第千三百三十九条ニ記載シタルモノヲ妨ケス

同第1707条1項

　意外若クハ不可抗ノ原由又ハ第三者ノ所為ニ出テタル抵当財産ノ減失、減少又ハ損壊ハ債権者ノ損失タリ但先取特権ニ関シ第千六百三十八条ニ記載シタル如ク賠償ヲ受クヘキ場合ニ於テハ債権者ノ賠償ヲ受クルノ権利ヲ妨ケス

　旧民法債権担保編133条1項但書の「払渡差押」という部分は、ボワソナード草案1638条1項但書では「異議」とされていたのが、法律取調委員会で「故障」とされ、さらに、再調査委員会では「払渡差留」となり、最終的に旧民法の表現に改められたことは、すでに谷口博士の研究によって明らかにされているが、その理由ははっきりしていない。

　また、ボワソナード草案は保険金債権に対する抵当権者らの権利も容認していたが、旧民法ではこれに対応する規定は設けられず、保険金に関する規定は商法にゆだねられていた。すなわち、ボワソナード草案1339条1項は、「抵当トナシタル建物ニ就キ其所有者ノ為シタル保険ハ其抵当権ヲ有スル債権者ヲ利ス但債権者数人アルトキハ其先取権ノ順序ニ従フ」と規定し、これを同1638条2項が先取特権に準用していたのに対し、旧民法ではこれに対応する規定はなく、その代わりに、旧商法641条2項が「被保険物ノ抵当若クハ質入又ハ抵当物若クハ質物ノ保険又ハ第三者ノ為メニスル保険ハ被保険額請求権ノ転付ト同視ス」と定めていた。

(2)　ボワソナードの見解

　先行研究が紹介しているように、ボワソナードは、先取特権の物上代位に関する規定の趣旨についておよそ次のように述べていた。すなわち、これはイタリア民法から採用したものである。かかる物的代位は先取特権の目的物を代表する新たな価値の上に先取特権を移行させてこれを保全することにそ

の目的があるが、このことによって他の債権者が害されることはない。なぜなら、物自体が彼らの担保でなかった以上、その価値は彼らの計算には入っていないからである。ただ、物的代位に対して保護されなければならないのは、その価値の債務者であり、彼が弁済を誤る危険に陥ることがあってはならない。法律は、先取特権者による異議を要求することでこの点に備えた。また、この条項は公用徴収の場合にも適用される。[22]

さらに、目的物の滅失、公用徴収による抵当権の消滅を定める草案1805条6号・7号に関連して、次のように述べている。抵当権者の権利は目的物の全部滅失を契機として第三者の負担する賠償金に移行するが、債権者が賠償金に行使しうるのは真の抵当権ではなく、むしろ法律の特別な委譲に由来する優先権である。また、公用徴収も抵当権者にとっては不動産の滅失の一種である。[23]

ボワソナードが参考にしたとされる当時のイタリア民法1951条は、先取特権および抵当権について、目的物の滅失における保険金および公用徴収における補償金について物上代位を認めていた。[24]実際に、ボワソナード草案は、目的物の滅失の事例を物上代位の基本としている。しかし、ボワソナードは、これに加えて先取特権については売却・賃貸にまで物上代位を認めることにした。おそらく、ボワソナードは、物上代位は本来の目的物を代表する価値に対して認められるべきものとの理解をとっていたので、先取特権に関しては、損害賠償金と売買代金や賃料との間に差異はないと考えていたように思われる。はたして、ボワソナードは、売却においては目的物に対する追及効が否定される場合に限って物上代位を肯定する意思を持っていたが、これは彼が目的物の滅失と同じ利害状況を重視していた点を示している。[25]これに対して、賃料について物上代位を容認した理由については特別の説明はないが、旧民法においては賃借権が物権の1つとして規定されていた点にかんがみれば（財産編第一部第三章）、ボワソナードは売買代金の場合と同じように賃料についても物上代位を容認しうると考えたものと推測される。というのは、目的物に賃借権が設定された結果、先取特権がこれに劣後する場合、先取特権者は賃借権の負担のある目的物からしか満足できないこととなるが、賃料はかかる減損の代償になりうるからである。はたして、旧民法の注釈書では、賃料への物上代位の理由がこのように説明されている。[26]この点から

は、逆に、第三取得者や賃借人が現れてもなお従前の効力を維持しうる抵当権について、売買と賃貸の場合に物上代位を容認しなかったのは、いわば当然のことといえよう。

　他方で、旧民法は、滅失のケースでも損害賠償金と保険金は区別していた点にも留意すべきである。すなわち、ボワソナード草案1638条では、損害賠償が基本に据えられ、公用徴収による補償金もこれに包含されるものと理解されていた。これに対して、保険金債権に対する効力は草案1339条が抵当権について別途規定しており、1638条の第２項が先取特権にこれを準用することにしている。このことの理由は明らかではないが、損害賠償金や補償金とは異なり、保険金は当然には目的物の代表物とは言えないことを反映していると考えられる。実際に、フランス法では保険金債権に対する抵当権の効力については論争があり、これを目的物に代わるものとして評価することができないという立場が支配的であり、ただ、政策的配慮から特別法によって損害保険金に対する抵当権の行使が容認されるに至ったことが紹介されている[27]。ボワソナードも、かかる議論を意識しながら結論的には保険金に対する抵当権者の権利を容認することにした旨を語っている[28]。最終的に、旧民法では保険金に対する権利行使についての規定が設けられなかったことも、保険金の独自性を示している。

(3) 小　括

　以上の点からは、旧民法の規定の意義については次のようにまとめることができよう。

　まず、物上代位は本来、滅失や収用において本来の目的物に対する代償としての財産について認められたものである。ボワソナードは、目的物を代表する価値への移行という表現を用いているが、この価値とは、結局目的物の代償となる財産のことにほかならない。この際、物上代位は法律の規定による特別の優先権と位置づけられてはいたが、実質的には、担保権が代償の財産の上にそのまま移行するものと考えることができる。目的物自体が他の債権者に引き当てられるべき財産でなかった以上、その代償としての財産も同様に扱って何ら問題がないからである。また、目的物の売却や賃貸においても、同一の状況が生じるかぎりにおいて物上代位が肯定される。他方で、弁済の前に担保権者の「異議」ないし「払渡差押」が要求された理由はもっぱら第

三債務者の弁済を保護する点にあるとされていたが、その前提には、物上代位の効力は本来的に第三者にも対抗しうるという考え方があったといえる。なぜなら、そのような効力があるからこそ、第三債務者の債務者ないし担保権設定者への弁済が当然には担保権者に主張しえないというリスクが生じ、その弁済を保護する措置が必要となるからである。

3. 現行民法と旧民法との異同

(1) 法典調査会での説明

現行民法では、旧民法債権担保編133条を承継する304条が設けられ、さらに質権と抵当権についてはこれを一般的に準用する旨の規定が設けられた（350条・372条）。

法典調査会における起草委員の説明では、304条の趣旨は旧民法債権担保編133条と基本的に変わらないとされ、ただ、滅失における火災保険金について物上代位が認められるか否かに疑義が呈されたが、それも基本的に認められるという回答がなされている[29]。そして、372条が304条を準用することにより、抵当権の物上代位の対象が旧民法より拡張されるに至っている点については、特別の説明はなされず、このような準用の方式が便利であるということしか語られていない[30]。

また、現行民法では第三債務者の弁済の前に担保権者がなすべき行為は差押えとされ、裁判所の手続によることがより明確にされるに至った。

(2) 旧民法との異同

現行民法の起草者は基本的には旧民法の規定を承継する立場を表明していた。しかし、現実には、多くの点で旧民法の趣旨と現行民法の起草者の考え方にはギャップが存在していた。これは以下のようにまとめることができる。

a. 代位の対象の拡張

まず、現行民法上、抵当権についても売買代金と賃料に対する物上代位の可能性を容認することになっている点は明らかに旧民法と異なる。旧民法において、先取特権についてこれらに対する物上代位が認められたのは、売買と賃貸の場合には目的物に対する追及効が制限されることへの代償としての意味を持っていた。それゆえにこそ、売買や賃貸があっても目的物本体への

効力に変化が生じない抵当権については、このような物上代位を容認していなかったのである。すでに指摘されているように、このような取扱いは、現行民法の起草者の旧民法の趣旨の無理解によるとしか言いようがない。それは、起草委員の一人である富井博士が、売買代金に対する物上代位に関して、これは目的物に対する追及効がない場合に限って適用されるものではないと言いきっている点に端的に現れている。

むしろ、旧民法の趣旨を尊重するのであれば、売買代金への物上代位は抵当権に関しては否定すべきであり、さらには、賃料に対する物上代位は、抵当権のみならず先取特権に関しても否定すべきであろう。というのは、現行民法では旧民法とは異なり賃借権は債権として規定され、先取特権の目的物が第三者に賃貸されても、目的物本体に対する効力は原則として影響を受けない以上、この場面で本来の目的物への効力の制限に対する代償という問題は生じないことになるからである。

b. 目的債権に対する効力

また、ボワソナードが第三債務者の弁済を特に保護すべき必要があるとの認識を持った前提には、物上代位の効力が本来第三者に対抗しうるという立場があったといえるが、現行民法の起草者はこの点についても全く反対の考え方をとるに至っている。それを表しているのが、法典調査会の審議の後に開かれた帝国議会における穂積博士の説明と梅博士の注釈書における説明である。

穂積博士は、民法304条1項に関して担保権者に差押えが要求される理由を問う質問に対して、次にように答えている。すなわち、「先取特権ト云フモノハ、固ヨリ或品物ニ就イテ生スルノデアリマスガ、其品物ヲ売渡シマシタ場合ニ既ニ代金ヲ払渡シテ仕舞マシタトキニ於テハドレ丈ノ金銭ガ其先取特権ノ目的物ノ代リデアツカト云フコトガ分ラヌノデアリマスルカラ、是ハドウモ先取特権ガ、目的物ガ変形致シテ金ニデモナリマシタ場合ニハ、其変ジタモノ境界ガ分ルトキニ限リ許サヌト、実際行ハレヌコトニナリマスカラ、斯ウ云フ規定ヲ設ケタノデアリマス」。この説明は、第三債務者による弁済があれば、物上代位の対象は債務者に払い渡された金銭になるものとしており、第三債務者による弁済によって目的債権が当然に消滅することがその前提になっている。

梅博士は、304条は目的物に代わるべき債権の上にも担保権が存在することを定めたものであるとし、一応物上代位の直接の対象が債権であるとの認識を示している[34]。ところが、払渡し前に差押えを要求した趣旨については次のように言う。

　この制度は特に先取特権者を保護するために設けた規定であり、それゆえ、これによって大いに他の債権者の利益を害することがあれば、本条の規定は不公平といわざるをえない。もし債務者がいったん債権の目的物たる金銭その他の物を受け取った後になおその先取特権者がその上に先取特権を行使できるとすれば、他の債権者は何によってその金銭等が先取特権の目的であることを知ることができようか。ともすれば意外な損失を受けることもなくはない。そこで、本条では、特に先取特権者は金銭その他の物の払渡しまたは引渡しの前に差押えの手続を要することにした[35]。

　この説明は、担保権の対象となっている債権についての弁済の効力について全く言及せず、むしろ、弁済がなされると物上代位の対象が当然に金銭に転換するかのように説いている。その前提にはやはり、第三債務者の弁済によって目的債権は当然に消滅するという認識があったものといえよう。

c．保険金の位置づけ

　最後に、旧民法との違いとして保険金債権に対する効力を他の場合と同様に扱うに至った点がある。もちろん、この点については現行民法の起草者もフランス法の議論状況を考慮しつつ、保険金債権に対する物上代位を容認する旨を説明している[36]が、保険金に対する効力も滅失の場合の一例として他と同じように規定したことにより、その独自性が曖昧になってしまったことは否めない。

(3) 小　括

　このように現行民法制定段階では、表向きには旧民法の考え方を承継するという立場がとられながら、実質的には旧民法時と相当異なる立場が採用されてしまったといえる。そのような立場自体が、理論的に説得力のあるものであるならば、現行民法の解釈論としては、旧民法時の立場よりも現行民法の起草者の考えを重視すべきといえるだろう。

　しかし、そのような理論的妥当性が認められるか否かが問題である。そこで、民法制定時の議論の総まとめとして、この点に若干の検討を加えつつ、

現行法の規定の解釈論の方向性を示すことにしたい。

4. まとめ—現行法の解釈論の基本的方向性
(1) 物上代位の対象

まず、現行法の規定が、旧民法とは異なり、売買代金に対する物上代位を抵当権にも拡張したことには理論的正当性を見出すことができない。本来の目的物への効力の消滅に対する代償という観点にはこれは全く相応しないし、抵当権者に2つの権利を認めることは、その相互関係の調整という点で法律関係を錯綜させるからである。今日、解釈論として抵当権の売買代金に対する物上代位を否定する見解が支配的になっていることも、自然なことであろう。

また、賃料に対する物上代位も、もともと、担保権の効力がその後の賃借権によって制限されてしまうという事態を前提にしていた以上、賃借権を債権と位置づけた現行法ではむしろこれを否定すべきだったといえるだろう。ただ、換価権としての抵当権は目的不動産の収益からも満足しうるという見地に立つ場合には、それにもかかわらず現行民法にはもともと天然果実に対する効力に関する規定しか置かれず、賃料に対する効力が定められなかったという事情にかんがみると、抵当権の本来的効力に準ずるものとして賃料に対する物上代位を容認するというのが解釈論としては穏当である。そのことは、第1部の第3章においてすでに主張したとおりである。すなわち、賃料債権に対する物上代位は滅失の場合のごとく認めることはできないが、これを抵当権の実行の一態様として再構成すべきと考えるのである。

他方で、保険金債権に対する物上代位は、必ずしも旧民法時でも一律に否定されていたわけではなく、現行民法がこれを容認したことは1つの選択として十分成り立ちうる立場といえよう。しかし、結果的にこれを他の物上代位と統合する形で規定したことには問題が残る。これが、損害賠償請求権や公用徴収における補償金債権と全く同じ性質を有するとはいいがたいからである。損害賠償金や補償金は本来の目的物の法的な代償としての意味を有するといってよいが、保険金債権は目的物の滅失によって当然に発生するものではなく、むしろ所有者の保険料の支払いを原因として発生するものである。確かに、目的物と保険金との経済的連関を考慮すれば、少なくとも他の

一般債権者に優先する地位を抵当権者に認めるという政策論は十分に成り立つであろう。しかし、かくして抵当権者に認められる権利は、従前の抵当権の単なる移行とはいいがたい。保険金債権に対する物上代位については一種の政策的な特権としての性質を否定しえない。

(2) **目的債権に対する効力**

次に、物上代位の第三者に対する効力についてはどうか。ボワソナードは、その効力は本来的に第三者にも及ぶが故に、第三債務者の弁済を特別に保護するという考えをとっていたと思われるが、現行民法の起草者はこれには従わなかった。その点では、起草者の見解には疑問の余地があろう。しかし、この問題については、ボワソナードの見解が理論的に唯一成り立ちうる考え方ではないといえる。

旧民法債権担保編133条は、不動産および動産を客体とする先取特権に関する規定であった。確かに、不動産を客体としかつ追及効が認められる先取特権が問題となる場合には、その客体が滅失した際に生ずる損害賠償債権に対する物上代位を従前の先取特権の移転とみるならば、その効力が本来第三者にも主張しうるものであった以上、物上代位の効力も第三者に主張しうることになり、第三債務者による債務者への弁済の効力は当然には認められなくなる。しかし、動産先取特権の場合には、本来の目的物に対する追及効が制限され、もともと第三者は債務者から担保権の負担のない権利を取得することができるようになっている。したがって、その効力が目的物の滅失によって債権の上に移転したとしても、担保権者が当該債権を取得した第三者に対してその効力を当然に主張することはできない。かくして、債務者が第三者に担保権の負担のない債権を譲渡することができるならば、債務者自身に目的債権の処分権がなお留保されているといえるから、その債権について第三債務者から有効な弁済を受けることもできるであろう。したがって、この場合には、現行民法の起草者の見解がむしろ理論的妥当性を有している。

物上代位が担保権の効力を本来の目的物の代替財産に移行させるものであるならば、目的債権に対する効力の具体的内容は、究極的には、その担保権の本来的効力の内容によって定まるといえる。動産先取特権と不動産先取特権および抵当権との間には、第三者に対する効力において違いがある以上、これを全く無視して第三債務者に対する物上代位の拘束力を論ずることはで

きないであろう。ボワソナードの見解も、現行民法の起草者の見解も、それぞれ一面的には理論的に正当な部分を有していたが、各担保物権の性質を十分考慮していなかった点に問題があったと筆者は考える。

(3) 担保権者に要求される措置

それでは、目的債権についての払渡しの前に担保権者に要求される措置が、当初は単なる異議であったのに現行民法では差押えに転換された点についてはどうか。すでに見たように、このような転換がなされた理由ははっきりしないが、単なる異議ではなくあえて差押えを要求する意義としては、次の2点を考えることができる。すなわち、第三債務者の弁済の効力を否定し目的債権を保全する措置としては法定の手続を要求するという点と、担保権者が最終的に目的債権から満足を受けるためにもやはり法定の手続を要求するということである。このように2つの意味で法定の手続を要求するということは、関係者の利害を公正に処理しうるという意味で合理的な選択であったといえる。したがって、この点についてまで、裁判所の手続を要求しなかったボワソナードの見解に固執しなければならない理由はない。[38]

とりわけ、動産売買先取特権の物上代位の場合には、前述のように目的債権に関する第三者の権利取得が制限されないとするならば、担保権者は事前に債務者による目的債権の処分を制限する措置をとらなければ、その権利を保全することができなくなる。そのためには、裁判所による目的債権の処分禁止の措置、すなわち差押えが不可欠となろう。

ただし、差押えの持つ2つの意義のうち、権利保全の点については、必ずしも被担保債権の弁済期が到来した後でなければそのための措置が認められないという必然性はない。特に、抵当権の物上代位のごとくその効力が本来的に第三者にも主張しうるものである場合には、債務者ないし担保権設定者には物上代位の効力を消滅させる権限が認められない以上、その効力を保全するための措置を担保権者に認めなければなるまい。

Ⅲ 判例・学説の展開について

1. 総 説

前節において、物上代位とは本来、目的物への権利行使が不可能となった

場合に、その代償として目的物の所有者が獲得する債権に対して担保権を移転させるものであり、その第三者に対する効力は究極的にはその担保権の本来の効力によって左右される旨を主張した。もっとも、保険金債権は法的には目的物の純粋な代償とはいえず、公平の観点からこれについて他の債権者よりも担保権者を優先させるべきだとしても、これを本来の担保権の効力がそのまま保険金債権に移転するものとは捉えがたく、むしろ、法律が特別に認めた優先権としての意味合いを否定しえない旨も指摘した。本節では、物上代位の第三者に対する効力、とりわけ、民法304条1項但書ないし372条が要求する差押えの趣旨について展開されてきた学説・判例上の議論を参照し、上記の考え方が的外れではないことの傍証としたい。

判例と学説は相互に影響しながら展開してきたため、ここでは、時系列に沿って両者の展開を見ていくことにする。

2. 初期の学説と2つの大審院判例

前述のように、民法起草者の梅博士は、物上代位権の行使が否定される場面としては、条文上明示されている差押え前の目的債権の弁済のみを想定していた。このことは、民法典制定直後に現れた岡松博士の注釈書[39]やその後の富井博士の論文[40]においても同様であった。

しかし、物上代位の目的債権がその弁済によって当然に消滅するという主張の前提には、理論的には、目的債権の帰属主にその処分権がなお留保されているという考えがあるはずである。そうだとすれば、物上代位権者による差押えの前に目的債権が譲渡されれば、その譲渡の効力が物上代位に優先するという解釈が一貫する。はたして、横田博士はそのような立場をとり、民法304条1項但書を債権譲渡にも適用すべき旨を主張していた[41]。

そのような中で、判例はまず、物上代位の効力は差押え前の弁済の場合にのみ制限されるという立場をとった。すなわち、大判大正4年3月6日(民録21輯363頁)は、抵当不動産が鉱業法に基づく土地収用の対象となり、補償金債権について一般債権者のための差押え・転付命令が抵当権者の差押えに先行したという事案において、次のように述べて物上代位が優先するという判断を下した。

「鉱業法第六十九条ノ規定ハ民法第三百四条ニ規定スル物上代位ノ原則ノ

適用ヲ示シタルモノニシテ物上担保ヲ有スル債権者カ担保物ヲ代表スル補償金ニ対シテ其権利ヲ行使スルニハ其払渡前ニ之カ差押ヲ為スコトヲ要スルハ民法第三百四条ニ於ケルト同一ナリ蓋シ此場合ニ於ケル差押ハ被収用者タル債務者ニ対シテ補償金ノ処分ヲ禁シ収用者タル第三債務者カ弁済其他ノ方法ニ因リ之カ請求権ヲ消滅セシメ債権者ヲシテ代表物タル補償金上ニ有スル優先権ヲ喪失セシムルノ結果ヲ予防スルヲ以テ唯一ノ目的トスルモノニシテ優先権ノ目的タル補償金ハ差押ノ処分ニ依リテ完全ニ保存セラレ優先権者ハ之ニ依リテ其権利ノ目的ヲ達スルコトヲ得ヘシ何トナレハ補償金ニ対スル差押ハ一面其代表物タル特定性ヲ保全スルト同時ニ他ノ一面ニ於テ其消滅ヲ防止シ以テ優先権者ヲシテ補償金上ニ其権利ヲ行使スルコトヲ得セシムルモノナレハナリ如上差押ノ性質ニシテ既ニ斯ノ如クナリトセハ優先権者カ自身ニ差押ヲ為シタル場合ハ勿論劣等ノ順位ヲ有スル物上担保債権者又ハ物上担保ヲ有セサル債権者カ補償金ノ差押ヲ為シタル場合ト雖モ其補償金ハ優先権ノ目的トシテ保存セラルヘキ筋合ニシテ優先権アル債権者ハ之ニ対シテ其権利ヲ主張スルコトヲ得ヘク自己カ先ンシテ之カ差押ヲ為ササリシコトハ其優先権ヲ行使スルノ妨ケトナルコトナシ」

　これに続いて現れた大判大正4年6月30日(民録21輯1157頁)も、土地収用法による抵当不動産の収用における物上代位について、ほぼ同様の見解を示した。すなわち、

　「土地収用法第六十五条ニ先取特権質権又ハ抵当権ハ其目的物ノ収用又ハ使用ニ因リテ債務者カ受クヘキ補償金ニ対シテモ之ヲ行フコトヲ得但シ其払渡前ニ差押ヲ為スヘシトアリテ物上担保権ヲ有スル債権者カ担保物ヲ代表スル補償金ニ対シテ担保権ヲ行使スルニハ其払渡前ニ之カ差押ヲ為スコトヲ要スト為シタル所以ハ民法第三百四条ニ規定スル物上代位ノ原則ノ適用ヲ示シタルモノニ外ナラスシテ補償金カ担保物ヲ代表スルノ特定性ヲ保全スルト同時ニ被収用者タル債務者カ補償金ヲ処分シ収用者タル第三債務者カ補償金ヲ債務者ニ支払フコトヲ禁シ以テ債権者ヲシテ補償金上ニ有スル優先権ヲ喪失セサラシムルニ在リ差押ノ性質斯ノ如クナルヲ以テ優先権者自ラ差押ヲ為シタル場合ハ勿論縦令然ラスシテ劣等順位ノ物上担保権ヲ有スル債権者又ハ物上担保権ナキ債権者カ差押ヲ為シタル場合ト雖モ苟モ差押アルニ於テハ補償金ハ優先権ノ目的トシテ保存セラルヘク差押ヲ為シタル劣等順位ノ物上担保

権ヲ有スル債権者又ハ担保権ナキ債権者モ亦補償義務者ト同シク優先権ノ効力ヲ受ケサルヘカラサルヲ以テ此等差押ヲ為シタル債権者ハ優先権者ニ先タチ差押ヲ為シタルノ故ヲ以テ補償金ニ付キ取立ヲ為シ又ハ転付ヲ受ケテ優先権者ノ権利ヲ害スルコトヲ得ス」

　このように、当初の判例は、目的債権の弁済がないかぎりその転付命令があっても物上代位は揺るがないという立場にあったが、その理由付けについては留意すべき点がある。2つの判例は、確かに目的債権の差押えが要求される理由の1つとして特定性の維持をあげているが、他方では、弁済による目的債権の消滅ないしは優先権の喪失を防止するという点も指摘しており、これには目的債権の帰属主によるその処分は本来有効であるという認識が見て取れる。とりわけ、後者の判例は、ここでの差押えには抵当権設定者による目的債権の処分を禁止して優先権を喪失させないという意味があるとしている。このように、差押え前には設定者に目的債権の処分権が留保されているとするならば、むしろ、差押え前になされた譲渡や転付命令の効力は物上代位に優先するというのが一貫するだろう。

　はたして、曄道博士は、民法304条1項但書を担保権者による差押えを物上代位という優先権を保存する要件としたものと解し、あたかもこれは不動産先取特権の保存の要件とされる登記と同じ意義を有するとして、差押えに転付命令が先行している場合にはもはや物上代位の効力は認められないとの立場を表明した。(42) この際、民法304条1項但書の意義が目的債権を譲り受けた第三者の保護にあるとしている。(43)

3. 判例変更と特定性維持説の通説化

　大連判大正12年4月7日（民集2巻209頁）は、抵当不動産が火災によって滅失し、これによって抵当権設定者が取得した保険金債権について一般債権者の差押え・転付命令が抵当権者による差押えに先行した事案で、以下のような理由から、物上代位の効力を否定する結論をとった。

　「民法第三百四条第一項及第三百七十二条ニ依レハ抵当権ハ其ノ目的物ノ滅失ニ因リ債務者カ受クヘキ金銭ニ対シテ之ヲ行フコトヲ得ルモ之ヲ行フニハ其ノ金銭払渡前ニ抵当権者ニ於テ差押ヲ為スコトヲ要スルモノニシテ其ノ差押ハ抵当権者自身ニ於テ之ヲ為スコトヲ要シ他ノ債権者カ其ノ債権保全ノ

為ニ為シタル差押ハ抵当権者ノ右権利ヲ保全スルノ効ナキモノト解スルヲ当然トス蓋シ抵当権ハ本来其ノ目的物ノ滅失ニ因リテ消滅シ債務者ノ受クヘキ金銭ニ付テハ当然存スルモノニ非スト雖民法ニ於テ特ニ如上ノ規定ヲ設ケタルハ畢竟抵当権者ヲ保護センカ為ニ其ノ目的物ノ滅失ニ因リ債務者カ第三者ヨリ金銭ヲ受取ルヘキ債権ヲ有スルニ至ルトキハ其ノ債権ニ対シテモ抵当権者ニ之ヲ保存セシメ優先権ヲ行フコトヲ得セシムルヲ適当ト認メタルニ因ルモノニ外ナラスシテ右債権ニ付抵当権者カ差押ヲ為スコトハ其ノ優先権ヲ保全スルニ缺クヘカラサル要件タルコト法文上明白ナレハナリ」

　ただ、当該事案は、保険金債権に対する物上代位であったことには留意すべきであろう。先の2つの判例で問題になった補償金債権は疑いなく物上代位の対象として容認される財産であるが、保険金債権はそれ自体物上代位の対象として容認すべきか自体に疑問を残す財産である。それゆえ、抵当権の効力がそのままこれに移行するという考え方は必ずしも適切ではなく、抵当権者の優先権を容認するとしても、その優先権は従前の抵当権のごとく無条件に第三者に対抗しうるものともいいがたい。その意味で、設定者にはなお保険金債権の処分の自由があり、抵当権者による差押えに目的債権の譲渡や転付命令が先行した場合には、物上代位の効力を否定するという結論は穏当に思われる。

　ところが、大審院は、従前の判例で問題となっていた補償金債権のケースについても、差押えを抵当権者の優先権を保存する要件とする考え方を示すに至った。大決昭和5年9月23日（民集9巻918頁）がそれである。同判決は、土地区画整理における補償金債権に対する物上代位の事案で、以下のように述べて、抵当権者による差押えの前に目的債権の譲渡の対抗要件が具備されれば、もはや物上代位は認められないとの結論をとった。

「民法第三百七十二条第三百四条第一項ニ依レハ抵当権ハ債務者カ抵当不動産ノ売却滅失等ニ因リテ他人ヨリ金銭其ノ他ノ物ヲ受クヘキ債権ニ対シテモ之ヲ行フコトヲ得ヘシト雖抵当権者カ其ノ権利ヲ第三者ニ対シ保全スルニ付テハ金銭其ノ他ノ物ノ払渡又ハ引渡ニ因リ債権消滅スルニ先チ債務者ニ対シテ差押ヲ為スコトヲ要スルモノトス惟フニ民法カ『払渡又ハ引渡前ニ差押ヲ為スコトヲ要ス』ト為シタル所以ノモノハ一面ニ於テ債務者カ金銭其ノ他ノ物ノ交付ヲ受ケタル後其ノ金銭其ノ他ノ物ニ対シ尚抵当権ヲ追随セシムル

第1章　物上代位の法的性質と差押え　243

カ如キハ債務者固有ノ財産トノ間ニ混雑ヲ生シ徒ニ権利関係ヲ紛糾セシムルニ止マルノ虞アレハ抵当権ノ存在ハ債務者カ金銭其ノ他ノ物ノ交付ヲ受クル前ニ於テノミ之ヲ認ムルヲ至当ナリトシ抵当権ノ目的トシテ抵当不動産ニ代位スルハ債権其ノモノナルコトノ趣旨ヲ明ニスルト同時ニ他ノ一面ニ於テ債権ニハ登記ノ如キ公示方法ナキヨリ第三者ヲ保護スルノ方法トシテ不動産ニ代位スルコトヲ明確ニシ抵当権ヲ第三者ニ対シ保全スルノ要件トスル趣旨ヲ定メタルモノト解スヘケレハナリ斯ノ如ク抵当不動産ニ代位スル債権ヲ差押フルコトハ第三者ニ対スル抵当権保全ノ要件ナルカ故ニ其ノ差押ハ必スヤ抵当権者之ヲ債務者ニ対シテ為スコトヲ要スルハ当然ノ事理ニ属ス従テ抵当権者カ其ノ差押ヲ為スニ先チ債務者ニ於テ抵当不動産ニ代位スル債権ヲ第三者ニ譲渡セン乎抵当権ハ最早差押ニ因リテ之ヲ保全スルニ由ナク爰ニ消滅ニ帰セサルヲ得ス法文ニハ単ニ『其ノ払渡又ハ引渡前ニ差押ヲ為スコトヲ要ス』トアル文字ニ拘泥シテ苟クモ払渡又ハ引渡ナキ限リ抵当権ハ存続シ譲受人ニ対シ差押ヲ為スコトニ拠テモ法律所定ノ要件ヲ充スモノト為スヲ得サルナリ」

　これらの判例に対しては、鳩山博士、我妻博士が、価値権理論を背景にして批判説を展開した。鳩山博士は、物が滅失してもその経済価格が残存するときには担保物権は存続するのが本則であり、物上代位の原則は担保物権のこの性質に基づいた当然の規定であるから、その要件としては、ただ担保の目的物に代わるべき価格が独立すること、すなわち債務者の他の財産と混合されないで存在することのみを必要とすべきであると主張した[44]。我妻博士もこれに同調して、物上代位の目的債権の差押えは担保権者自身によることを要せず、何人によって差し押さえられてもその特定的存在が持続すればよいと述べ[45]、とりわけ補償金債権の物上代位の事案について、法律が第三債務者に供託義務を課しているにもかかわらず債権譲渡を物上代位に優先させることを問題視した[46]。

　我妻博士は、先取特権、質権および抵当権のすべてを1つの条文で律することは、各担保権の特質にかんがみ立法論としては適切ではないとしながらも、304条の定める売却、賃貸および滅失のすべてのケースを、抵当権の交換価値支配という性質から説明していた[47]。昭和期の戦後には、抵当権は目的物の交換価値のみを支配するという価値権理論が支配的になるとともに、学説上は、民法304条1項但書の趣旨を特定性維持にのみ認め、差押え前に債

権譲渡や転付命令があってもなお物上代位権を行使することができるという見解が支配的になった。しかし、立法の経緯にかんがみれば、売却と賃貸のケースを滅失と同等に扱うことは不当な一般化だったのであり、価値権理論はいわばその不当な一般化をさらに助長したとさえいうる。

4. 特定性維持説に対する批判説の台頭

学説では特定性維持説が支配的になったが、昭和期の後半には民法304条の沿革に関する研究が進展し、価値権理論から物上代位の法的性質やその要件とされる差押えの趣旨を演繹的に解釈する傾向に対しては異論も提示されるようになった。

まず、ドイツ法やフランス法に関する比較法的研究に基づいて、保険金債権に対する物上代位が理論的に当然に認められるわけでないという説が主張された。そして、これを受けて、物上代位のすべてのケースを価値権理論によって説明することには疑問が呈され、公用徴収による補償金債権や不法行為による損害賠償請求権に対する物上代位は価値権理論から導かれるとしても、保険金債権は本来の目的物の等価と評価されるものではなく、ここでの物上代位は一種の特権として理解されるべきという見解が主張された。この見解は、担保権者に要求される差押えの意義も物上代位の対象によって区別し、価値権理論に基づく物上代位については特定性維持説を、特権とされる物上代位については大審院判例の見解を支持する。

さらに、民法304条の沿革の研究を基礎として、吉野判事は、特定性維持説に対してより批判的な見解を展開した。その骨子はこうである。物上代位は担保権の価値権という性質に基づいて認められるとしても、そのことから当然に304条1項但書の趣旨を対象の特定性維持に求めることはできない。むしろ、沿革的にはこれは第三債務者の保護との関係で担保権者に物上代位権保全の措置として要求されていたものであり、また、かかる権利行使も執行手続の中でなされるべきである以上、目的債権について他の債権者による執行手続が開始したにもかかわらず、担保権者が差押えや配当要求などの措置をとらなかったならば、もはや権利行使は否定されるべきである。

鎌田教授も、特定性維持説に対して、仮に代位物に当然に抵当権の効力が及ぶとするならば、理論的には第三債務者による弁済が抵当権者には対抗で

きないことになり、このことと304条1項但書は矛盾してしまうという批判を投げかけ、基本的に吉野判事の考え方に賛同した。

そして、同時期の教科書には、やはり執行手続との関係も考慮しつつ、物上代位において要求される差押えは、単に対象の特定性を維持するのみならず優先権を保全する意味を持つという、多元的な説明をするものが現れるようになったところ、この傾向と軌を一にするような判例が現れた。それが、最一小判昭和59年2月2日(民集38巻3号431頁。以下では「昭和59年判決」という)と最二小判昭和60年7月19日(民集39巻5号1326頁。以下では「昭和60年判決」という)である。動産売買先取特権に基づく転売代金債権に対する物上代位の効力について、昭和59年判決は、担保権者による差押えの前に債務者について破産手続が開始してもなおこれは認められる旨、昭和60年判決は、担保権者による差押えの前に一般債権者による目的債権の差押えがなされてもなおこれは認められる旨を明らかにした。両判決の理由はほとんど同じであるので、ここでは昭和60年判決の理由を抜粋しよう。

「民法三〇四条一項但書において、先取特権者が物上代位権を行使するためには物上代位の対象となる金銭その他の物の払渡又は引渡前に差押をしなければならないものと規定されている趣旨は、先取特権者のする右差押によつて、第三債務者が金銭その他の物を債務者に払い渡し又は引き渡すことを禁止され、他方、債務者が第三債務者から債権を取立て又はこれを第三者に譲渡することを禁止される結果、物上代位の目的となる債権(以下「目的債権」という。)の特定性が保持され、これにより、物上代位権の効力を保全せしめるとともに、他面目的債権の弁済をした第三債務者又は目的債権を譲り受け若しくは目的債権につき転付命令を得た第三者等が不測の損害を被ることを防止しようとすることにあるから、目的債権について一般債権者が差押又は仮差押の執行をしたにすぎないときは、その後に先取特権者が目的債権に対し物上代位権を行使することを妨げられるものではないと解すべきである」。

この説明は、民法304条1項但書の趣旨が、目的債権の特定性の維持とともに優先権を保全する点にあるとしており、かつ、第三者の取引の安全も考慮したものとしている。ただ、このように特定性の維持のみならず優先権の保全に差押えの意義を求めるという説明は、すでに大判大正4年6月30日(民録21輯1157頁)や大決昭和5年9月23日(民集9巻918頁)もとっていた。その

意味では、従前の判例と特に異なる点はない。しかし、当初の判例は目的債権について転付命令や譲渡があっても物上代位の効力は否定されないとしていたのに対し、その後判例は転付命令または譲渡があればもはやその効力は否定されるとの立場に転換していたところ、一般債権者による単なる差押えが先行した場合の取扱いについて、最高裁判所はその立場を明らかにしたといえる。

ここで判例は、譲渡や転付命令が担保権者による差押えに先行すれば物上代位は否定されるという立場を維持していたといえるが、この立場は、価値権理論による特定性維持説に対して批判的な当時の学説の傾向にも沿うものであったといえる。

5. 賃料債権に対する物上代位をめぐる議論の活性化

上記のように、担保権者の差押え前に目的債権が譲渡されればもはや物上代位を否定するという見解が支配的になりつつあったが、賃料債権の物上代位をめぐってさらに議論が展開することになる。すなわち、平成の時代になると、最高裁判所が抵当権の賃料債権に対する物上代位を容認したために(55)、これがバブル崩壊後の不況時の債権回収手段として注目されるようになる一方で、かかる物上代位権の行使を妨害するための取引も横行するようになった。とりわけ問題となったのが、抵当権者による目的債権の差押えの前に抵当権設定者が将来の賃料債権を包括的に第三者に譲渡してしまうという事例である(56)。この事例をめぐっては様々な説が提唱されたが、最二小判平成10年1月30日(民集52巻1号1頁。以下では「平成10年判決」という)(57)は、以下の理由から物上代位が債権譲渡に優先するとの結論をとった。

「民法三七二条において準用する三〇四条一項ただし書が抵当権者が物上代位権を行使するには払渡し又は引渡しの前に差押えをすることを要するとした趣旨目的は、主として、抵当権の効力が物上代位の目的となる債権にも及ぶことから、右債権の債務者(以下「第三債務者」という。)は、右債権の債権者である抵当不動産の所有者(以下「抵当権設定者」という。)に弁済をしても弁済による目的債権の消滅の効果を抵当権者に対抗できないという不安定な地位に置かれる可能性があるため、差押えを物上代位権行使の要件とし、第三債務者は、差押命令の送達を受ける前には抵当権設定者に弁済をすれば足り、右

弁済による目的債権消滅の効果を抵当権者にも対抗することができることにして、二重弁済を強いられる危険から第三債務者を保護するという点にあると解される。」

「右のような民法三〇四条一項の趣旨目的に照らすと、同項の「払渡又ハ引渡」には債権譲渡は含まれず、抵当権者は、物上代位の目的債権が譲渡され第三者に対する対抗要件が備えられた後においても、自ら目的債権を差し押さえて物上代位権を行使することができるものと解するのが相当である。

けだし、(一)民法三〇四条一項の「払渡又ハ引渡」という言葉は当然には債権譲渡を含むものとは解されないし、物上代位の目的債権が譲渡されたことから必然的に抵当権の効力が右目的債権に及ばなくなるものと解すべき理由もないところ、(二)物上代位の目的債権が譲渡された後に抵当権者が物上代位権に基づき目的債権の差押えをした場合において、第三債務者は、差押命令の送達を受ける前に債権譲受人に弁済した債権についてはその消滅を抵当権者に対抗することができ、弁済をしていない債権についてはこれを供託すれば免責されるのであるから、抵当権者に目的債権の譲渡後における物上代位権の行使を認めても第三債務者の利益が害されることとはならず、(三)抵当権の効力が物上代位の目的債権についても及ぶことは抵当権設定登記により公示されているとみることができ、(四)対抗要件を備えた債権譲渡が物上代位に優先するものと解するならば、抵当権設定者は、抵当権者からの差押えの前に債権譲渡をすることによって容易に物上代位権の行使を免れることができるが、このことは抵当権者の利益を不当に害するものというべきだからである。

そして、以上の理は、物上代位による差押えの時点において債権譲渡に係る目的債権の弁済期が到来しているかどうかにかかわりなく、当てはまるものというべきである。」

平成10年判決は、従前の判例法理が第三債務者以外の債権譲受人等の保護も考慮し、債権譲渡・転付命令が先行している場合には物上代位を否定していたこととの関係で、唐突なものとして批判されている。[58]ただ、学説上は沿革的研究が進展するに伴い、民法304条1項但書の趣旨をもっぱら第三債務者の弁済を保護する点に求める見解は、すでに清原教授によって主張されていたところである。[59]また、平成10年判決の理論構成には賛否両論があるもの

の、この判決が抵当権者による差押えの後に発生する賃料債権について物上代位が債権譲渡に優先するとした結論に関しては、しばしば債権譲渡が執行妨害として悪用されていたこととの関係で、あまり異論はなかったように思われる。
(60)

　他方で、平成10年判決が抵当権設定登記による公示を根拠として物上代位の優先的効力を基礎づけたこととの関係で、この考え方は公示のない動産先取特権の物上代位には及ばないとする見方が有力であった。これによって、物上代位といっても、抵当権と先取特権との間で区別するという傾向が生まれていったといえる。さらに、債権譲渡との優劣関係をめぐって改めて民法304条1項但書の趣旨が議論されることになり、従前の判例法理が目的物本体に対する効力が消滅する場面を想定していたのに対して、賃料債権に対する物上代位における利害状況がこれとは異なるため、賃料債権に対する物上代位の性質は滅失の場合とは異なることをはっきりと謳う見解も有力になった。ただその一方で、賃料債権に対する物上代位に関して百家争鳴ともいえる学説の状況にかんがみ、物上代位の法的構造に関する統一的視座の必要性を強調し、これを本来の目的物に対する担保の実行が不可能となった場合の例外的制度として位置づける見解も主張された。
(63)

　平成10年判決の後、賃料債権に対する物上代位と第三債務者の反対債権による相殺との優劣関係が問題となり、最三小判平成13年3月13日（民集55巻2号363頁。以下では「平成13年判決」という）は、抵当権設定登記が反対債権の取得に先行するかぎり、抵当権者の差押え以降に発生する賃料債権については物上代位の効力が相殺ないしその合意に優先するという判断を示した。すなわち、

　「抵当権者が物上代位権を行使して賃料債権の差押えをした後は、抵当不動産の賃借人は、抵当権設定登記の後に賃貸人に対して取得した債権を自働債権とする賃料債権との相殺をもって、抵当権者に対抗することはできないと解するのが相当である。けだし、物上代位権の行使としての差押えのされる前においては、賃借人のする相殺は何ら制限されるものではないが、上記の差押えがされた後においては、抵当権の効力が物上代位の目的となった賃料債権にも及ぶところ、物上代位により抵当権の効力が賃料債権に及ぶことは抵当権設定登記により公示されているとみることができるから、抵当権設

定登記の後に取得した賃貸人に対する債権と物上代位の目的となった賃料債権とを相殺することに対する賃借人の期待を物上代位権の行使により賃料債権に及んでいる抵当権の効力に優先させる理由はないというべきであるからである。」

「そして、上記に説示したところによれば、抵当不動産の賃借人が賃貸人に対して有する債権と賃料債権とを対当額で相殺する旨を上記両名があらかじめ合意していた場合においても、賃借人が上記の賃貸人に対する債権を抵当権設定登記の後に取得したものであるときは、物上代位権の行使としての差押えがされた後に発生する賃料債権については、物上代位をした抵当権者に対して相殺合意の効力を対抗することができないと解するのが相当である。」

この平成13年判決は、抵当権設定登記による公示を根拠にして物上代位の優先性を基礎づけている点で、先の平成10年判決の考え方をさらに推し進めたものと評されることが多い。しかし、その理由中の説明は第三債務者保護説の前提と全く異なっている点に留意しなければならない。

すなわち、第三債務者の弁済を特別に保護するという見解の前提には、抵当権の効力が物上代位によって目的債権に確定的に及んでいるという視点があり、実際に平成10年判決はそのような見解をとっていた。ところが、平成13年判決は第三者債務者保護という観点を全く示さないばかりか、むしろ、抵当権の効力が差押えによってはじめて目的債権に及ぶという説明すらしている。しかも、平成10年判決はその論理が物上代位の目的となる賃料債権の弁済期限の如何を問わず妥当するとしていたのに対し、平成13年判決は、物上代位の相殺の合意に対する優先的効力は、差押え後に発生する賃料債権に限られるという結論をとった。このことは、物上代位と相殺の優劣については第三債務者保護という理論がほとんど機能していないことを示すものであろう。

ただ、平成10年判決も平成13年判決も、実際に物上代位の優先的効力を認めたのは抵当権者による差押えの後に発生する賃料債権であった。第1部の第4章で論じたように、差押え以降に発生する賃料債権について抵当権の優先的効力を認めるのは、抵当権の非占有担保性という性質に合致する点で妥当なものといえよう。しかし、理論的な整合性がないままに結論の点では共

通するということは、結局、一連の判例の根底には、第三債務者保護といった理論というより、むしろ抵当権の性質および関係者の利益状況を考慮した価値判断があることを示すものではないか。実際に、その後、最高裁判所は、賃料債権に対する物上代位と敷金によるその充当・消滅との関係について、抵当権者が目的債権の差押えの前には収益に干渉しえないこと等を理由として敷金充当の効果が優先するという結論をとっている。⁽⁶⁷⁾

このように、判例は賃料債権に対する物上代位の事案で第三債務者保護という理論を提示したものの、すでに同じ賃料債権に対する物上代位のケースでこの理論が十分には機能していないという問題があったのである。

6. 第三債務者保護説の限界の表面化

その後、第三債務者保護という理論の一般的妥当性に決定的な疑問を投げかける判例が現れた。すなわち、最三小判平成14年3月12日(民集56巻3号555頁。以下では「平成14年判決」という)は、地方公共団体による用地買収に伴う土地建物に関する代金債権および補償金債権に対する物上代位の事案で、他の一般債権者のための転付命令が抵当権者による差押えに先行する場合には、もはや物上代位は認められないという立場を示した。すなわち、

「転付命令に係る金銭債権(以下「被転付債権」という。)が抵当権の物上代位の目的となり得る場合においても、転付命令が第三債務者に送達される時までに抵当権者が被転付債権の差押えをしなかったときは、転付命令の効力を妨げることはできず、差押命令及び転付命令が確定したときには、転付命令が第三債務者に送達された時に被転付債権は差押債権者の債権及び執行費用の弁済に充当されたものとみなされ、抵当権者が被転付債権について抵当権の効力を主張することはできないものと解すべきである。けだし、転付命令は、金銭債権の実現のために差し押さえられた債権を換価するための一方法として、被転付債権を差押債権者に移転させるという法形式を採用したものであって、転付命令が第三債務者に送達された時に他の債権者が民事執行法159条3項に規定する差押等をしていないことを条件として、差押債権者に独占的満足を与えるものであり(民事執行法159条3項、160条)、他方、抵当権者が物上代位により被転付債権に対し抵当権の効力を及ぼすためには、自ら被転付債権を差し押さえることを要し(最高裁平成13年(受)第91号同年10月25日第一

小法廷判決・民集55巻6号975頁)、この差押えは債権執行における差押えと同様の規律に服すべきものであり(同法193条1項後段、2項、194条)、同法159条3項に規定する差押えに物上代位による差押えが含まれることは文理上明らかであることに照らせば、抵当権の物上代位としての差押えについて強制執行における差押えと異なる取扱いをすべき理由はなく、これを反対に解するときは、転付命令を規定した趣旨に反することになるからである。」

この平成14年判決は、民法304条1項但書の趣旨に触れることなく、もっぱら執行制度ないし転付命令制度の趣旨からその結論を導いている。平成10年判決が示した第三債務者の保護という観点を重視するならば、目的債権の転付命令があっても第三債務者による弁済がなければ、なお抵当権者は物上代位の効力を主張しうるはずである。それゆえ、当然平成14年判決に対しては平成10年判決との整合性について疑問が呈されている。学説の中には、債権譲渡と転付命令を区別する根拠の補強として、前者は執行妨害のために悪用される危険性が高いのに対して、後者はそうではない点をあげる見解もある。しかし、そうだとしても、結局、物上代位と債権譲渡ないしは転付命令との優劣という問題の解決にとって、平成10年判決の示した第三債務者保護という理論が十分に機能していないことに変わりはなかろう。

生熊教授は、平成14年判決に関して、平成10年判決の理論を前提にするのであれば、転付命令があっても物上代位の効力は存続すると解するか、あるいはそもそも物上代位の目的債権については被転付適格を否定するべきであり、平成14年判決がそのような立場をとらなかった以上、もはや平成10年判決の理論は放棄せざるをえないとしている。また、上原教授と並木教授も、実体法上抵当権の効力が物上代位の目的債権に及んでいることを前提にするかぎり、これを手続法上の理由のみで転付命令によって失効させることはできない旨を指摘する。これらの指摘は、最高裁判所が大審院判例の立場に回帰していることを示唆するものといえよう。

このように、判例の第三債務者保護説の限界が露呈してきたところ、動産売買先取特権に関する判例が新たに現れた。すなわち、最三小判平成17年2月22日(民集59巻2号314頁。以下では「平成17年判決」という)は、動産売買先取特権に基づく転売代金債権に対する物上代位の事案で、以下の理由から、担保権者の差押えの前に目的債権の譲渡の対抗要件が具備されればもはや物上代位

の効力は認められないという立場を明示した。

「民法304条1項ただし書は、先取特権者が物上代位権を行使するには払渡し又は引渡しの前に差押えをすることを要する旨を規定しているところ、この規定は、抵当権とは異なり公示方法が存在しない動産売買の先取特権については、物上代位の目的債権の譲受人等の第三者の利益を保護する趣旨を含むものというべきである。」

動産売買先取特権の物上代位に関する昭和59年判決、昭和60年判決が示していた理論からは、本件では物上代位を否定するのが素直である。また、前述のように、平成10年判決の射程は公示のない動産売買先取特権には及ばないと解する学説が多かったが、この平成17年判決はまさに公示の欠如をその理由としている。これによって、判例は、抵当権の物上代位と動産先取特権のそれとを区別するという考え方を明確にとったことになる。

多くの学説は、抵当権と動産先取特権との区別という方向性に賛同しているが、一部には、これに異論を唱える見解もある。後者の立場は、304条1項但書の「払渡し又は引渡し」という同一の文言を2つの場合に異なって解釈することに対する違和感と、もともと動産先取特権は公示なくして効力が認められる担保物権であるにもかかわらず、物上代位の問題に限って公示を問題とすることの矛盾を指摘する。

かくして、物上代位の問題に関しては、その基礎となる権利や対象となる財産の性質に応じて個別的な取扱いを是とする議論が多数派になった。ただ、他方では、物上代位の法的構造に関する統一的基準の必要性を強調する見解があることにも注意を要する。

7. まとめ

従前の議論の流れを簡単にまとめると、次のように特徴づけることができる。すなわち、民法起草者の意思は差押え前の弁済があった場合にのみ物上代位を制限する立場にあったが、その後支配的学説となった価値権理論は、かかる結論を維持しながら、物上代位の性質や304条1項但書の趣旨について演繹的な説明をするようになった。しかし、沿革的研究の進展等により、このような一元的・演繹的解釈に対しては疑問が呈されるようになり、むしろ、目的債権の譲渡や転付命令という個別の問題との関係で物上代位の効力

を検討する説が有力となり、さらに、このような個別的検討の傾向は、その後、物上代位の基礎となる権利や対象財産の違いに応じてその効力を論ずるという近時の趨勢に繋がったといえよう。

　もともと旧民法の段階では、物上代位は、本来の目的物への権利の行使が不可能となる場合に、法的にその代償として位置づけられる財産に対して従前と同じ権利を認めるというものであり、これが認められる局面は目的物の滅失またはこれに準ずるケースであった。ところが、現行民法の起草者がこのような物上代位の本来的性質を十分考慮せず、特別の理由なしに目的物への権利行使がなお可能である場面までその射程を及ぼしたのは、いわば不当な一般化であった。したがって、このように性質の異なる事象を同一条項に押し込んでしまったのが現行民法典の304条、372条である以上、そのすべてを価値支配という論理で同じように説明すること自体にもともと無理があったのである。その意味で、近時の学説の個別的アプローチの方向性自体は正しいといわなければならない。

　判例は、賃料債権に対する物上代位の事案で、民法304条1項但書の趣旨について第三債務者保護というボワソナードに由来する見解をとったものの、その後の判例ではこれが機能しなかったことも、現行法の不当な一般化を裏づけるものといえる。というのは、ボワソナードのこの考え方は、目的物の滅失またはこれに準ずる事態を前提にしていたはずであり、これとは異なる賃貸のケースにこの思想を持ち込むこと自体に無理があるからである。

　もっとも、以上に述べたことは、本来的に物上代位の認められる事象の法的性質・構造を論ずることの必要性を否定するものではない。むしろ、そのような本来的な物上代位の性質を明らかにすることによって、それとは異なる事象を分別し、その特異性に見合った法的処理を明らかにすることも可能になる。物上代位の構造に関する統一的視座の必要性を強調する見解もこの点で正当である。

　次節では、これまでの検討をふまえて、物上代位の法的性質と担保権者に要求される差押えの意味について、具体的解釈論を展開することにしたい。

Ⅳ　現行法の解釈論

1. 物上代位の法的性質とその射程

すでにⅡ4.において、物上代位の規定の沿革をふまえた解釈論の方向性を示していたが、このことは、Ⅲで見た判例・学説の展開にかんがみても、基本的に維持されるべきものと考えられる。

近時の学説が指摘しているように、物上代位は本来、目的物に対する権利行使が不可能となった場合の代償として容認されるべきものであった。したがって、担保権の効力がそのままが維持される場面ではこれを容認すべきではない。たとえば、担保権の登記が具備されている場合における目的不動産の売却および賃貸がそれにあたる。民法304条2項に掲げられている目的物への物権設定の場合も同様である。ただし、目的物の賃貸の場合には、換価権としての抵当権の効力は収益にも及ぶと解すべき点にかんがみ、物上代位の規定はこの抵当権本来の効力に準ずるものとして再構成すべきである。[75]

このように法律の明文を修正する理解は、通常は解釈論の枠を超えたものといわざるをえない。しかし、不合理な断絶を伴った立法の経緯にかんがみれば、本来の制度趣旨に相応した修正的解釈も許されるというべきである。

そして、物上代位の効力は本来の担保権の効力がそのまま代償の財産に移行するものと考えられていた以上、これについては特別の公示は不要と考えなければならない。この点で、動産先取特権の物上代位についてその公示を要求することに対する批判は当を得たものといえる。

なお、ボワソナードの説明は、物上代位の効力を目的物を代表する価値への担保権の移行としており、価値概念に依拠する点ではわが国の価値権理論と共通している。しかし、このような価値概念に依拠しなくても、その実質は本来の目的物の代償としての性質を有する財産への効力の移転と捉えれば十分である。むしろ、従前の価値権理論は、交換価値支配という命題をもって異なる性質の事象を無理に統合していた点に問題があり、物上代位の問題が価値権理論の積極的根拠になるわけではない。

2. 民法304条1項但書の趣旨

それでは、民法304条1項但書が担保権者に差押えを要求した意義はどの

ように解されるべきか。物上代位が担保権の効力をそのまま代償である債権に移行させるものであるならば、その具体的内容は基礎となった担保権の効力によって左右されるはずである。

したがって、登記によって対抗力を具備した抵当権や不動産先取特権の場合には、目的債権に対する効力も当然に第三者に対して主張しうるものとなる。ボワソナードによる第三債務者のみを保護するという考え方はこの場面では合理的なものとなる。というのは、物上代位の効力が第三者にも対抗しうるものであるならば、第三債務者による債務者ないし担保権設定者に対する弁済の効力は当然には担保権者に対抗しえないことになり、その後の担保権者による物上代位権の行使があった際には再度の弁済を余儀なくされる恐れがあり、これを特に保護する必要性があるからである。すなわち、弁済の義務を負う第三債務者は目的債権について2人の権利者が存在することによるリスクを必然的に受ける可能性があるが、それ以外の第三者はそのような義務を負わない点で特に保護を与える必要がない。もちろん、第三債務者がそのようなリスクから免れるために、これに供託を要求するという方法もあり、実際に特別法にはそのような措置をとっている場合もある（土地改良法123条、土地区画整理法112条参照）。ただ、ボワソナードは、むしろ第三債務者の危険の防止のための措置を担保権者側に課したのであろう。担保権者と第三債務者のいずれに対してこのような措置を要求すべきかには議論の余地があるが、少なくとも民法典では第三債務者をより保護すべくその措置を担保権者に課したものといえる。しかし、これはあくまで第三債務者を保護するための特別の措置にすぎない。それゆえ、担保権者による差押えの前に目的債権が譲渡され、あるいは他の債権者のための転付命令が出されても、物上代位の効力はなお存続すると見るべきである。

従前の特定性維持説は、結論の点ではこれと同様の立場をとる。しかし、その理論には決定的な問題点があることが、次の我妻博士の説明に現れている。曰く「物上代位は」、「請求権の上に効力を及ぼすのであって、現実の金銭の上に効力を及ぼすのではない。けだし、債務者に支払われた金銭の上に効力が及ぶとなすときは、債務者の一般財産の上に優先権を認めることになり、制度の趣旨に反し、他の債権者を害するからである。従って、物上代位権が行使されるためには、請求権が支払によって消滅することなく、特定的

存在を持続しなければならない」(76)。この説明は、物上代位の対象が請求権・債権であるとしながら、目的債権が弁済されると物上代位の対象が必然的に支払われた金銭に移行せざるをえないものと見ている。しかし、それ以前の問題として、担保権の効力が及ぶ債権の弁済の効力自体が問われなければならないが、我妻説は、第三債務者による弁済が担保権者に対する関係でも当然に有効であることを前提にしている。そうなると、物上代位の効力はもともと第三者には当然には主張しえないという考えをとらなければならないが、この場合、担保権者による差押えの前に債権譲渡や転付命令があった場合にも物上代位の効力を否定せざるをえないことになるだろう。Ⅲ3.で見たように、大審院判例の変更もこの問題と無関係ではない。上記の特定性維持説の前提を貫けば、究極的には、差押えを優先権保全のための要件と見なければならなくなる。

　筆者の見解は、Ⅲ6.で見た平成14年判決と真っ向から対峙するものである。確かに、転付命令を得た債権者は、執行手続では目的債権の金額の範囲で満足したものとして取り扱われる。それゆえ、その後になって抵当権者の物上代位権の行使が認められれば、その地位が根底から覆され、ひいては執行手続に対する信頼が損なわれる恐れもある。しかし、すでに判例は、質権の客体たる金銭債権について一般の債権者が転付命令の申立てをした場合、質権の目的債権であっても転付命令の妨げにはならないと判断し、後の質権の行使によって転付命令を受けた債権者が目的債権を失ったならば、事後の法律関係は不当利得によって解決されるべきとの判断を下している(77)。このことは、担保権の効力が確定的に及んでいる債権の転付命令については、そのリスクはこれを申し立てた債権者に帰すべきという価値判断を意味している。そうすると、補償金債権に対する物上代位が抵当権本来の効力の1つであり、当該債権には抵当権の効力が確定的に及んでいるといえるならば、たとえ転付命令があってもその効力は左右されないと解すべきである(78)。仮に執行手続の安定を考慮するならば、転付命令のリスクを担保権者に負わせるのではなく、そもそも抵当権の効力の及ぶ債権の被転付適格を否定すべきであろう。

　目的債権に関して他の債権者のために執行手続が開始した場合には、物上代位権の行使もその手続の中でしか認められないという考え方は、すでに吉

野判事によって示されていた。しかし、抵当権の補償金債権や損害賠償債権に対する物上代位の場合、他の債権者の差押えの申立てを受けた執行裁判所は、本来の目的不動産の登記を照合することによって抵当権者の優先権を認定することができるはずである。それにもかかわらず、抵当権者が何ら申立てをしないからといって、単に他の債権者への配当や転付命令の措置をとれば、その優先権を喪失させることができるというのは、裁判所による不当な権利侵害ともいえるのではないか。仮にそのような問題が生じる原因は、抵当権者の優先権を無視した一般債権者の申立てにあるというならば、そのリスクは抵当権者ではなく、当該債権者に帰すべきものではないだろうか。したがって、一般債権者への配当がなされた場合には、第三債務者は免責しつつ、後日抵当権者は当該債権者に対して不当利得返還請求権を行使しうると解することもできるし、また、転付命令があってもなお物上代位の効力を主張しうると解することもできる。

　もともと、最初に現れた大審院判例も土地収用における補償金債権に対する物上代位に関するものであり、そこでも転付命令との優劣が問題となっていた。それでもなお、当初の判例は物上代位を優先させていたのである。確かに、後述のように、保険金債権に対する物上代位は政策的配慮から肯定される点にかんがみると、その局面に限って転付命令や債権譲渡を優先させるという判断には合理性がある。しかし、抵当不動産の喪失に対する法的な代償と位置づけることができる補償金債権や損害賠償債権に対する物上代位の効力については、同様の考え方をとることはできない。判例の立場では、抵当権者に何ら帰責事由のない土地の買収や建物の滅失という事態が発生した場合に、抵当権者がその法的な代償に対する権利をたやすく失ってしまう危険がある。このようなことを考慮して、第三者の不法行為によって目的不動産が滅失した場合には、抵当権者には所有者の損害賠償請求権に対する物上代位よりも、抵当権者自身の損害賠償請求権を容認すべきという立場もある。しかし、この立場では、所有者自身の賠償請求権との調整という問題が生じ、また、換価権としての抵当権は他人の財産の上に存在するものである以上、第三者による不法行為があった場合には損害賠償請求権本体は所有者に帰属し、抵当権者はその上に権利を行使するという構成が、抵当権者への救済としてふさわしい。そのため、近時では、この場面ではもっぱら物上代

位のみを問題とすべきという見解が多数になっているが(83)、この場合の物上代位はいわば抵当権侵害に対する救済であって、抵当権という権利の本来的効力ともいえる以上、他の債権者のための転付命令などによって消滅することがあってはならないだろう(84)。

以上に対し、物上代位の基礎となる担保権が動産先取特権である場合には、その追及効がもともと制限されている以上、物上代位の効力もこれを超えてはならないはずである。したがって、ボワソナードは第三債務者の保護のみを考慮していたが、ここではそれ以外の第三者との関係でも物上代位の効力は制限されざるをえない。すなわち、担保権者による差押えの前に目的債権についての譲渡の対抗要件が具備されれば、民法333条が想定する場面と同様の利害状況が生ずる以上、もはや物上代位の効力は否定される(85)。目的債権について他の債権者のための転付命令が出された場合も同様である。したがって、法律の条文は、第三債務者による弁済を保護する文言となっているが、この場面では法文を目的論的に拡張して解釈すべきである。

すなわち、債務者の目的物の処分権限を当然には制限しない動産先取特権の物上代位においては、目的債権の処分権限も当然には否定されないために、債務者による弁済受領や目的債権の譲渡があればもはや物上代位の効力も否定される。したがって、担保権者が物上代位の効力を保全するためには、弁済禁止または処分禁止の措置、すなわち差押えをそれらより先に行う必要があり、それを示したのが民法304条1項但書であると解すべきである。このことは、差押えをもって物上代位の公示ないし対抗要件と捉えることとは全く異なる。物上代位の効力について抵当権と動産先取特権を区別することに反対する見解は、先取特権はもともと公示なくして効力が認められる権利であることを根拠にしているが、公示がないがゆえに対外的効力が制限されているという特徴が先取特権の本来的性質である以上、その効力の1つである物上代位も同様の内容になるのが自然である(86)。

3. 物上代位権の保全方法と行使方法

では、担保権者が物上代位の効力を保全する措置としては、条文の明示する差押えしか考えられないだろうか。

第三者への対抗力のある抵当権等の物上代位の場合には、民法304条1項

但書は、本来、第三債務者の二重弁済のリスクを防止するために、担保権者の申立てによる弁済差止めの措置があるまでの弁済の有効性を容認したものにすぎない。したがって、その措置は必ずしも担保権者の満足を予定した手続である必然性はなく、条文は差押えと規定するが、これには文字通り被担保債権の弁済期限が到来したときの差押えしか当てはまらないと解すべきではない。むしろ、条文を目的論的に解釈すれば、純粋な弁済差止めの措置が別途認められるべきであろう。さもなければ、被担保債権の弁済期限が到来していないために差押えの申立てをすることができない担保権者の地位を不当に害することになる。ただ、現行法ではかかる措置に関する直接の規定はなく、いかなる手続によってこれを実現すべきかが議論されている。最終的には立法措置をとらざるをえない。

これに対して、動産先取特権の物上代位の場合には、追及効の制限の趣旨をいかに解するかによって差押えとは異なる保全措置を認めるべきかが左右されるといえよう。すなわち、民法333条の追及効の制限はもっぱら公示の欠如を根拠にした対外的効力の制限にすぎず、債務者に目的物の処分権を積極的に授与する趣旨を有しないと解するならば、抵当権の物上代位の場合と同じく担保権者には本来の差押えとは異なる保全措置が認められるべきことになる。しかし、追及効の制限は目的物の所有者に債務不履行までは積極的処分権を与える意味をも有するというのならば、かかる保全措置は否定されるべきこととなろう。

次に、物上代位権の行使は常に担保権者自身による差押えを要するのかも問われる。すなわち、他の債権者の申立てによる差押え手続において配当要求による権利行使は認められないのか。かつては、配当要求を容認する見解が少なくなかったが、最一小判平成13年10月25日（民集55巻6号975頁）は、抵当権の物上代位のケースに関して、民法304条1項但書の文言と民事執行法に明文規定がないことからこれを否定した。この判例の理由づけについては少なからず疑問が呈されているが、結論については反対しないのが多数の学説のようである。

しかし、筆者は、物上代位権を行使するのが抵当権者であれ、先取特権者であれ、以下の理由から、配当要求による権利行使を容認すべきと考える。まず、配当要求は第三債務者に送達される以上、これを受けた配当を実施し

ても殊更に第三債務者を害することはなく、また、他の債権者の差押えによって目的債権の弁済または処分も許されなくなるから、配当要求は304条1項但書の目的を十分に達成しうる。また、民事執行法に物上代位権者による配当要求に関する明文規定が設けられなかった理由は、民法との調整がつかなかった点にあるとされており、積極的に配当要求を否定する意図はなかったように思われる。おそらく、民事執行法制定(1979年3月)の頃には、他の債権者による目的債権の差押えが先行すると、もはや物上代位の効力が否定されてしまうという解釈も有力であったことが、配当要求に関する規定が設けられなかった原因であろう。しかし、単なる差押えによっては物上代位の効力が否定されないならば、配当要求による権利行使を否定する理由はない。それにもかかわらず、単に明文規定がないという一事をもって配当要求を否定するならば、通常の一般債権者の権利行使の方法と比較して不均衡が生じてしまうだろう。

4. 保険金債権に対する物上代位の特異性

最後に、保険金債権に対する物上代位の特異性について言及したい。

現行民法の規定の射程は保険金債権についても及ぶことになっている。そして、起草者も保険金債権に対する物上代位を肯定する意思を有していたのは明らかである。しかし、物上代位の基礎となる代償の原理が保険金にはそのまま及ぶとは考えられない。保険金債権は、担保物の所有者が任意に結んだ保険契約により、しかも保険料を対価として発生するものであるからである。したがって、保険金債権に対する優先権を担保権者に与えるとしても、これを従前の担保権の効力の移転と捉えることはできず、むしろ、政策的に認められた特別の優先権というしかない。

この場合、保険金債権に対する効力は法律による新たな先取特権の付与という意味を持つことになろう。そうすると、目的債権を譲り受けた第三者に対してはその追及効を容認することはできず、結果として、動産先取特権における物上代位と同等の効力が容認されるにとどまるというべきである。すなわち、304条1項但書は、第三債務者による弁済だけでなく目的債権の譲渡や転付命令にも適用されるというべきである。

したがって、大審院が、保険金債権に対する物上代位の事案で従前の見解

を変更したことは正当であった。しかし、同様の考え方を土地区画整理における補償金債権にまで及ぼしたのは行き過ぎであった。

V　むすび——物上代位規定に関する立法論

本稿では、物上代位の法的性質を本来の目的物に対する法的な代償とされる財産に担保権が移転するものと捉え、その射程は目的物本体に対する担保権の効力が存続する場面には及ばないこと、また、物上代位の効力も基礎となる担保権の効力に左右され、それとの関係で民法304条1項但書の趣旨も多元的に解釈せざるをえないことを論じた。

このように条文の文言を修正して、あるいは多元的に解釈することに対しては、解釈論の枠を超えているとの批判が当然に想定される。しかし、旧民法から現行民法への過程における立法の過誤ともいうべき諸事情を考慮すれば、関係者の利害を適切に処理するためにはこのような手法も避けられない。もちろん、本筋としてはこのような問題は最終的に立法によって解決されるべきことを筆者も意識している。

第1部第3章で見たように、平成15年の担保法改正の際には、物上代位の規定には特に修正が加えられなかったが、今後は基礎となる担保権の異同や対象となる財産の性質を考慮した個別的な規定の創設が求められよう。すなわち、特に動産先取特権と抵当権は各別の規定によって処理されるべきであるし、目的物への追及効が存続する場面は物上代位の規律から排除し、さらに、賃料に対する効力は担保権の本来的効力の問題として扱うべきであろう。また、保険金に対する優先権も特別の規定にゆだねるのが望ましい。

近時では、債権法改正の議論が山場を迎えているが、実は、担保法の分野では解釈論による対応には限界のある問題が少なくない。そのような問題についてこそ早急な立法が望まれる。

(注)
(1) 古積「抵当権の物上代位に基づく賃料債権の差押え」筑波法政26号(1999年)1頁以下、10頁。
(2) 古積・前掲(注1)14-15頁。
(3) 大判大正4年3月6日(民録21輯363頁)。

(4) 大連判大正12年4月7日(民集2巻209頁)。
(5) 最二小判平成10年1月30日(民集52巻1号1頁)。
(6) 最三小判平成14年3月12日(民集56巻3号555頁)。
(7) 最三小判平成13年3月13日(民集55巻2号363頁)。
(8) 最一小判平成14年3月28日(民集56巻3号689頁)。
(9) 槇悌次「物上代位と差押」柚木馨ほか編『判例演習(物権法)[増補版]』(有斐閣、1973年)208頁以下、白羽祐三「抵当権と物上代位」奥田昌道ほか編『民法学3』(有斐閣、1976年)93頁以下参照。
(10) 第1部第4章のⅡ2.(2)で見た松岡説や高橋説がこのような立場にあったが、近時では、目的物の滅失における物上代位を代償的ないし代替的物上代位、目的物の賃貸における物上代位を派生的ないし付加的物上代位と呼んで、両者を分別する見解が一般化しつつある(高木多喜男『担保物権法[第4版]』(有斐閣、2005年)138頁以下、内田貴『民法Ⅲ 債権総論・担保物権[第3版]』(東京大学出版会、2005年)407頁、道垣内弘人『担保物権法[第3版]』(有斐閣、2008年)143頁以下)。
(11) 高橋智也「抵当権の物上代位に関する一考察(一)〜(三・完)——フランスsubrogation réelle理論の歴史的展開からの示唆」東京都立大学法学会雑誌38巻2号431頁以下、39巻1号697頁以下、39巻2号759頁以下(1997〜1999年)、今尾真「動産売買先取特権に基づく物上代位とその目的債権の譲渡——最高裁平成一七年二月二二日判決をめぐって」明治学院大学法学研究79号(2006年)37頁以下参照。
(12) 高橋・前掲(注11)38巻2号448-449頁。
(13) 生熊長幸『物上代位と収益管理』(有斐閣、2003年)197頁、内田貴・前掲(注10)414頁、道垣内・前掲(注10)154-155頁。
(14) 谷口安平「物上代位と差押」奥田昌道ほか編『民法学3』(有斐閣、1976年)104頁以下、吉野衛「物上代位に関する基礎的考察(上)(中)(下)」金融法務事情968号6頁以下、971号6頁以下、972号6頁以下(1981年)、新田宗吉「物上代位に関する一考察(三)」明治学院論叢法学研究28号(1982年)83頁以下、清原泰司『物上代位の法理』(民事法研究会、1997年)12頁以下、高橋・前掲(注11)38巻2号441頁以下、生熊・前掲(注13)3頁以下、平井一雄「抵当権に基づく物上代位権行使における『差押』の意義」中京法学40巻1=2号(2006年)23頁以下。
(15) 高橋・前掲(注11)38巻2号459-460頁。
(16) 生熊・前掲(注13)15-18頁。
(17) 最二小判平成元年10月27日(民集43巻9号1070頁)。
(18) ボワソナード氏起稿『再閲修正民法草案註釈 第四編』(1883年)295-296丁、465丁参照。
(19) 谷口・前掲(注14)109-110頁参照。
(20) ボワソナード氏起稿『再閲修正民法草案註釈 第三編中巻』(1883年)329丁参照。
(21) 吉野・前掲(注14)968号7頁、新田・前掲(注14)88頁、94頁、清原・前掲(注14)14-15頁、高橋・前掲(注11)38巻2号444-445頁、生熊・前掲(注13)4-5頁、平井・前掲(注14)26-27頁参照。

(22) ボワソナード氏起稿・前掲(注18)296-297丁。
(23) ボワソナード氏起稿・前掲(注18)624丁。
(24) この点については、大島俊之「民法304条の沿革――イタリア法を継受したわが民法規定」神戸学院法学22巻1号(1992年)1頁以下参照。
(25) ボワソナード氏起稿・前掲(注18)296-297丁。
(26) 宮城浩蔵『民法正義 債権担保編 巻之弐』(1890年)648-649頁(日本立法資料全集別巻61(信山社、1995年)による)参照。
(27) 大森忠夫『続保険契約の法的構造』(有斐閣、1956年)70頁以下、高橋・前掲(注11)39巻2号761頁以下参照。
(28) ボワソナード氏起稿・前掲(注20)329-333丁参照。
(29) 法務大臣官房司法法制調査部監修『法典調査会民法議事速記録 二』(商事法務研究会、1984年)376-377頁。法典調査会の議論については、前田達明=大仲有信=高橋眞=古積健三郎〈史料〉先取特権(一)」民商法雑誌119巻3号(1998年)445頁以下、466頁以下参照。
(30) 法務大臣官房司法法制調査部監修・前掲(注29)819頁[梅謙次郎発言]、新田・前掲(注14)83頁以下参照。
(31) 高橋・前掲(注11)38巻2号459-460頁。
(32) 富井政章「物上代位ヲ論ス」法学志林10巻6号(1908年)1頁以下、4頁参照。
(33) 「第九回帝国議会衆議院民法中修正案委員会速記録 明治二十九年三月七日(第七号)」103頁(広中俊雄編著『第9回帝國議会の民法審議』(有斐閣、1986年)195頁)。
(34) 梅謙次郎『民法要義 巻之二』(和仏法律学校、1896年)289頁。
(35) 梅・前掲(注34)291頁。
(36) 法務大臣官房司法法制調査部監修・前掲(注29)377-379頁[梅謙次郎発言]参照。
(37) 鈴木禄弥『抵当制度の研究』(一粒社、1968年)118頁、高木・前掲(注10)140頁、内田・前掲(注10)403頁、道垣内・前掲(注10)145頁参照。
(38) 谷口・前掲(注14)113-114頁も同旨か。
(39) 岡松参太郎『注釈民法理由 物権編』(有斐閣、1897年)345頁。
(40) 富井・前掲(注32)7頁参照。
(41) 横田秀雄『物権法[訂正第7版]』(清水書店、1909年)609-610頁。この考え方は、その後も別の論文において主張されている(横田「物上代位ヲ論ス(其二)」国家及国家学6巻9号(1918年)1頁以下、8-10頁参照)。
(42) 瞕道文藝「判例批評」京都法学会雑誌11巻6号(1916年)68頁、72-73頁。
(43) 瞕道・前掲(注42)74頁。
(44) 鳩山秀夫「民法判例研究」法学協会雑誌42巻6号(1924年)162頁。
(45) 我妻栄『担保物権法』(岩波書店、1936年)231頁。
(46) 我妻栄「抵当権判例法」(初出、1935年)『民法研究Ⅳ-2』(有斐閣、1967年)188-190頁。
(47) 我妻栄『新訂担保物権法』(岩波書店、1968年)276頁以下参照。
(48) 柚木馨『担保物権法』(有斐閣、1958年)252頁、鈴木禄弥『物権法講義[改訂版]』

(創文社、1972年)183頁、川井健『担保物権法』(青林書院、1975年)61頁参照。
(49) 大森・前掲(注27)70頁以下、西島梅治「保険金債権に対する物上代位」法政研究23巻1号(1955年)57頁以下。
(50) 槇・前掲(注9)212-216頁、白羽・前掲(注9)95-96頁。
(51) 槇・前掲(注9)213頁、216頁、白羽・前掲(注9)97-98頁参照。
(52) 吉野・前掲(注14)968号6頁以下、971号6頁以下参照。
(53) 鎌田薫「物上代位と差押」(初出、1982年)『民法ノート物権法①』(日本評論社、1992年)188頁以下、194-196頁。
(54) 高島平蔵『物的担保法論Ⅰ』(成文堂、1977年)64頁以下、高木多喜男『担保物権法』(有斐閣、1984年)130頁。
(55) 最二小判平成元年10月27日(民集43巻9号1070頁)。
(56) 古賀政治＝今井和男「賃料の物上代位と賃料債権の譲渡」金融法務事情1439号(1996年)73頁参照。
(57) 主に、抵当権者による債権差押えと債権譲渡の対抗要件具備との前後関係によって優劣を決定する説、抵当権設定登記と債権譲渡の対抗要件具備との前後関係によって優劣を決定する説、抵当権設定登記が債権譲渡の対抗要件具備に先行するかぎり、抵当権者の差押え以降に生ずる賃料債権については抵当権が優先するという説などがあった。当時の学説の詳細については、松岡久和「物上代位権の成否と限界(3・完)——包括的債権譲渡と抵当権の物上代位の優劣」金融法務事情1506号(1998年)13頁以下参照。
(58) 松岡久和「判例批評」民商法雑誌120巻6号(1999年)1004頁以下、1010-1011頁。
(59) 清原・前掲(注14)27頁以下。
(60) 伊藤進「包括賃料債権譲渡後の抵当権に基づく物上代位権の行使」NBL637号(1998年)8頁以下、秦光昭「目的債権の譲渡と物上代位権の行使の可否」金融法務事情1514号4-5頁、田高寛貴「判例批評」法学教室215号(1998年)106-107頁、升田純「判例批評」金融法務事情1524号(1998年)44頁以下、小磯武男「判例批評」金融法務事情1536号(1999年)26頁以下、松岡・前掲(注58)1019頁、生熊・前掲(注13)252頁参照。
　以上に対して、佐久間弘道「賃料債権の包括的譲渡と抵当権にもとづく物上代位の優劣」銀行法務21・548号(1998年)4頁以下は、平成10年判決の結論および理由づけの双方に反対していた。
(61) 伊藤・前掲(注60)14頁、佐久間・前掲(注60)13頁、田高・前掲(注60)107頁、松岡・前掲(注58)1011頁。
(62) 松岡久和「物上代位権の成否と限界(1)——賃料債権に対する抵当権の物上代位の是非」金融法務事情1504号(1998年)6頁以下、12頁、高橋眞「賃料債権に対する物上代位の構造について」金融法務事情1516号(1998年)6頁、高木・前掲(注10)138頁以下、内田・前掲(注10)407頁、道垣内・前掲(注10)143頁以下。
(63) 高橋・前掲(注11)39号2号798-799頁。
(64) 前澤功「判例批評」銀行法務21・590号(2001年)56頁以下、山野目章夫「抵当権の

賃料への物上代位と賃借人による相殺(上)」NBL713号(2001年) 6 頁以下、占部洋之「判例批評」法学教室254号(2001年)114-115頁、荒木新五「判例批評」判例タイムズ1068号(2001年)86頁以下、田中克志「賃料債権に対する抵当権者の物上代位をめぐる判例理論の検討」法律時報74巻 2 号(2002年)78頁以下、小磯武男「判例批評」金融法務事情1633号(2002年)58頁以下、下村信江「判例批評」阪大法学51巻 5 号(2002年)997頁以下参照。
(65) この問題は、すでに古積「抵当権の賃料債権に対する物上代位と差押さえ——判例の整合性」みんけん559号(2003年) 3 頁以下で検討している。
(66) 平成13年判決の調査官解説は、同判決を「自ら差押えをすることにより物上代位することができる権利」を認めたものとして理解している(杉原則彦『最高裁判所判例解説民事篇平成13年度(上)』271頁)。
(67) 最一小判平成14年 3 月28日(民集56巻 3 号689頁)。
(68) 片岡宏一郎「判例批評」金融法務事情1650号(2002年) 4 - 5 頁、田高寛貴「判例批評」法学セミナー573号(2002年)104頁、上原敏夫「判例批評」金融法務事情1655号(2002年) 6 頁以下、内山衛次「判例批評」法学教室266号(2002年)144-145頁、並木茂「判例批評」金融法務事情1662号42頁以下、1663号67頁以下(2002-2003年)、栗田隆「判例批評」ジュリスト1246号(2003年)129-130頁、萩澤達彦「判例批評」私法判例リマークス27号(2003年)123頁以下、清原泰司「判例批評」銀行法務21・621号(2003年)86頁以下、米村滋人「判例批評」法学協会雑誌124巻 7 号(2007年)1743頁以下、松下淳一「判例批評」民事執行・保全判例百選［第 2 版］(別冊ジュリスト208号)(2012年)166-167頁参照。
(69) 田高・前掲(注68)104頁、内山・前掲(注68)145頁参照。
(70) 生熊・前掲(注13)198-202頁。
(71) 上原・前掲(注68) 9 -11頁、並木・前掲(注68)1663号67頁以下参照。
(72) 内田・前掲(注10)517頁、道垣内・前掲(注10)63-64頁、石田穰『担保物権法』(信山社、2010年)141-144頁、340頁、渡部曜生「先取特権に基づく物上代位と債権譲渡の優劣」金融法務事情1740号(2005年) 4 - 5 頁、遠藤曜子「判例批評」法律のひろば58巻10号(2005年)57頁以下、60頁、下村信江「判例批評」判例タイムズ1197号(2006年)89頁以下、93頁。
(73) 清原泰司「動産売買先取特権の物上代位権行使と代位目的債権譲渡の優劣」南山法学29巻 2 号(2006年) 1 頁以下、今尾・前掲(注11)41頁、川地宏行「動産売買先取特権に基づく物上代位と債権譲渡の優劣」名古屋大学法政論集227号(2008年)311頁以下。

　なお、今中利昭『動産売買先取特権に基づく物上代位論』(民事法研究会、2008年)125頁以下も、動産売買先取特権の物上代位を抵当権のそれと区別することに反対し、民法304条 1 項但書の趣旨を第三債務者の保護に求め、目的債権の譲渡や転付命令があってもなお物上代位の効力を容認する立場をとるが、この立論の背景には動産売買先取特権という権利の重要性があげられているので、他の先取特権についても同様の立場をとるのかは明らかではない。

(74) 清原・前掲(注73)25-26頁、今尾・前掲(注11)101-102頁、川地・前掲(注73) 326-327頁参照。

(75) なお、抵当不動産が売却された場合にも、本来の抵当権の実行に準ずるものとして売買代金債権に対する物上代位を認めるという方策も考えられる。すなわち、抵当権の目的不動産に対する効力の消滅と引換えに売買代金債権への効力を容認するという方法である。しかし、ここでの売買代金額は抵当権設定者の自由な意思によって決定されるため、この方法では目的不動産上の他の利害関係人(たとえば、後順位抵当権者)に不測の損害を及ぼす危険性がある。それゆえ、やはり売買代金債権に対する物上代位は否定すべきである(古積「抵当権の物上代位と差押え——滅失と売却の場合」法学新報108巻5＝6号(2001年)23頁以下、45-46頁参照)。

　近時でも、米倉博士は抵当権の売買代金債権に対する物上代位を肯定する解釈論を展開しているが(米倉明「売却代金債権に対する物上代位の可否——抵当権にもとづく場合」タートンヌマン9号(2007年)1頁以下)、その立論は、立法段階において物上代位の対象が不当に拡張された経緯と、代金額の決定が抵当権設定者にゆだねられることの危険性を十分に考慮していないように思われる。

(76) 我妻・前掲(注47)61頁。

(77) 最二小決平成12年4月7日(民集54巻4号1355頁)。

(78) 同旨、上原・前掲(注68)11-12頁。山田教授も、物上代位の目的債権について質権設定、転付命令が競合している場合の取扱いが、判例の規範によれば不合理なものとならざるをえないことを指摘している(山田誠一「抵当権者の物上代位と転付債権者」平井宜雄先生古稀記念『民法学における法と政策』(有斐閣、2007年)247頁以下、269-270頁)。これに対して、平成14年判決の調査官解説は、質権が差押えを要することなしに優先権を行使しうる権利である点で、差押えによって優先権を行使しなければならない物上代位とは異なるとして、債権質との区別を正当化している(三村晶子『最高裁判所判例解説民事篇平成14年度(上)』292-293頁(注15)参照)。しかし、権利の行使には法定手続を要するという一事のみによって、実体法上確定的に存在する権利を失効させることはできないであろう。後述のように、そのようなことは不当な権利侵害とさえいえる。

(79) 執行裁判所が抵当権設定登記によって抵当権者の優先権を確認しうるという点にかんがみれば、究極の立法論としては、目的債権に対して他の債権者の執行手続が開始しても、抵当権者は何ら特別の申立てをしなくとも当然に配当を受けるべき権利者として保護されるという措置も考えられなくはない。もちろん、解釈論としては、民法304条1項但書が、抵当権者が目的債権から満足を受けるには差押えまたはこれに準ずる申立てを要求していると考えられるので、ここまでの極論は不可能であろう。

(80) 高橋教授は、判例が物上代位の効力について目的債権の譲渡と転付命令とを区別している点について、物上代位の目的債権は抵当権の直接の目的ではないために、これには抵当権の追及効が存しないが、ただ債権譲渡の場合に物上代位の効力が左右されないのは任意処分である債権譲渡に制約がかけられた結果にすぎな

い、と説明する(高橋眞『抵当法改正と担保の法理』(成文堂、2008年)125頁参照)。
　しかし、ここでいわれる任意処分に対する制約の意義・根拠が明らかにされなければ、かかる説明をもって判例の一連の結論を正当化することはできない。
(81)　遠藤歩「判例批評」東京都立大学法学会雑誌44巻1号(2003年)435頁以下も、このような価値判断を背景として平成14年判決に反対している。
(82)　栗田隆「抵当権者の損害賠償請求権と所有者の損害賠償請求権——不真正連帯債権か物上代位か」関西大学法学論集42巻3＝4号(1992年)511頁以下。
(83)　鈴木・前掲(注37)128頁、加藤一郎『不法行為[増補版]』(有斐閣、1974年)111頁、幾代通『不法行為』(筑摩書房、1977年)74頁、高木・前掲(注10)166頁、内田・前掲(注10)445頁、道垣内・前掲(注10)184頁、近江幸治『民法講義Ⅲ　担保物権[第2版]』(成文堂、2005年)181頁。
(84)　抵当権の損害賠償請求権に対する物上代位を抵当権侵害に対する救済として位置づけるべきことは、すでに別稿で論じた(古積・前掲注(75)27-29頁)。
(85)　抵当権と動産先取特権を区別する見解の多くは、追及効の制限という本来的性質をその根拠としており(渡辺・前掲(注72)5頁、下村・前掲(注72)93頁)、筆者もこれには賛成したい。
(86)　清原教授は、民法333条は物上代位の場面に関する規定ではないというが(清原・前掲(注73)34頁)、山野目教授が指摘するように、この条項には「公示を欠く動産先取特権の効力は第三者との関係では一律に遮断される」という思想を読み取ることができる(山野目章夫「判例批評」金融法務事情1748号(2005年)49頁以下、51頁参照)。
　平成17年判決の調査官解説も、ほぼこれと同様の見解を示している(志田原信三『最高裁判所判例解説民事篇平成17年度[上]』144-145頁参照)。
(87)　生熊・前掲(注13)163頁、山本克己「物上代位権の『保全』のための差押と物上代位権を被保全権利とする保全処分」米田實先生古稀記念『現代金融取引法の諸問題』(民事法研究会、1996年)103頁以下参照。
(88)　これが従来の通説といえよう。我妻・前掲(注47)93頁、柚木馨＝高木多喜男『担保物権法[第三版]』(有斐閣、1982年)76頁、川井・前掲(注48)314-315頁、槇悌次『担保物権法』(有斐閣、1981年)71頁、高木・前掲(注10)55頁参照。
(89)　道垣内・前掲(注10)66-67頁はこのような立場をとる。
(90)　吉野衛「物上代位に関する手続上の二、三の問題」加藤一郎＝林良平編代『担保法大系第1巻』(金融財政事情研究会、1984年)366頁以下、368頁、浦野雄幸「抵当権の行使と物上代位(下)」民事研修499号(1998年)11頁以下、16頁(注8)、山本克己「債権執行・破産・会社更生における物上代位権者の地位(2)」金融法務事情1456号(1996年)23頁以下、24頁、大西武士「抵当権の物上代位権による配当要求」銀行法務21・584号(2000年)24頁以下、31頁。
(91)　山野目章夫「判例批評」金融法務事情1652号(2002年)41頁以下、坂田宏「判例批評」民商法雑誌127巻2号(2002年)251頁以下、道垣内弘人「判例批評」法学協会雑誌128巻4号(2011年)1096頁以下、杉山悦子「判例批評」民事執行・保全判例百選[第

2版」(別冊ジュリスト208号)(2012年)168-169頁参照。
(92) 萩澤達彦「判例批評」法学教室260号(2002年)130-131頁、生熊長幸「判例批評」ジュリスト1224号(2002年)72-73頁、松岡久和「物上代位に関する最近の判例の転換(上)」みんけん543号(2002年)3頁以下、10頁、坂田・前掲(注91)261-262頁、我妻学「判例批評」私法判例リマークス26号(2003年)134頁以下、137頁、道垣内・前掲(注91)1101頁。
(93) 香川保一監修『注釈民事執行法第6巻』(金融財政事情研究会、1995年)424頁(注10)[富越和厚]参照。
(94) 当時の裁判例には、担保権者による目的債権の差押えを物上代位の対抗要件と捉える見解が少なくなかった(札幌高決昭和52・7・30判例タイムズ360号184頁、大阪高決昭和54・7・31判例タイムズ398号112頁、東京高決昭和56・3・16判例タイムズ441号117頁参照)。
(95) 大西博士は、関係者の利益衡量をふまえて、担保権者の配当要求を容認する立場をとっている(大西武士「判例批評」判例タイムズ1079号(2002年)61頁以下参照)。
(96) すでに筆者は、別の機会に簡単な立法論を唱えていたところである(古積「物上代位規定をどう見直すか」椿寿夫ほか編『法律時報増刊・民法改正を考える』(2008年)159頁以下参照)。

第2章　土地および建物の共同抵当と法定地上権

I　はじめに

1. 民法388条(以下では、民法の条文は条数のみを記す)の法定地上権に関しては、一時期、土地と建物の共同抵当における再築の事例が大きな問題となったが、これに対する判例の立場も確定している。すなわち、最高裁判所第三小法廷平成9年2月14日判決(民集51巻2号375頁)は、抵当権設定当事者、とりわけ抵当権者の合理的意思を根拠として、基本的に再築建物のためには法定地上権が成立しない、という判断を示した。そして、この立場は第一小法廷(最判平成9・6・5民集51巻5号2116頁)と第二小法廷(最判平成10・7・3判例時報1652号68頁)でも採用された。

　土地のみに抵当権が設定され、建物が再築された場合に関しては、すでに大審院が、抵当権設定当時に存した旧建物を基準とする法定地上権が成立する、と判断しており(大判昭和10・8・10民集14巻1549頁)、最高裁判所も、再築建物を前提とした土地の担保評価をしないかぎり、旧建物を基準とする法定地上権が成立する、と判断している(最三小判昭和52・10・11民集31巻6号785頁)。このような事案では、旧建物を基準として法定地上権が成立するとしても、抵当権者もこれをあらかじめ覚悟していると考えられる点で、判例の立場は正当であろう。ところが、土地と建物に共同抵当が設定された場合には、再築建物のために法定地上権を認めることは抵当権者に不測の損害を負わせることになりかねない。というのは、抵当権の設定された旧建物が存続していたならば、仮に法定地上権が成立するとしても、抵当権者は旧建物上の抵当権によってその負担を補うことができるが、旧建物の消滅によってこれは不可能となっているからである。前掲最三小判平成9年2月14日は、旧建物に存した抵当権と同順位の抵当権が新建物に設定されるというような特別の事情がないかぎり法定地上権は成立しない、と判断したのであるが、その結論自体は穏当なものといえる。

2. ただ以前は、土地と建物に共同抵当権が設定され、建物が再築された場合でも、再築建物のために法定地上権が成立するという見解が一般的だったようであり、大審院判例もその立場にあった(大判昭和13・5・25民集17巻1100頁)。そして、近時でもこれを支持する見解が有力である(個別価値考慮説と呼ばれている)。確かに、今日の支配的見解は土地と建物の双方に抵当権が設定された場合にも法定地上権は成立しうるとしており、土地だけに抵当権が設定された場合に再築建物のために法定地上権を認めるならば、土地と建物に共同抵当権が設定された場合もこれと同様に扱うべきもののように思われる。しかし、388条の条文はもともと土地または建物の一方のみに抵当権が設定された場合を想定した条文であったのであり、かつては、土地と建物があわせて抵当権の客体となった場合には本条の適用はないとする見解が有力であった。したがって、土地あるいは建物だけに抵当権を設定した場合と、双方に共同抵当権を設定した場合を全く同列に考えることはできないのではないだろうか。はたして、共同抵当を他と明確に区別して、再築建物のための法定地上権を否定する諸説が主張されている。

また、後に見るように、判例も、これに反対する見解も、この問題の分析に当たっては抵当権者による土地または建物の価値の把握という観点を前面に出しているが、抵当権を目的物の交換価値を支配する権利として位置づける理論に反対する筆者の立場からは、このような議論のあり方自体にも当然疑問を持っている。

3. そこで、第2章では、土地と建物に共同抵当権が設定された場合の法定地上権の成否、その根拠を検討することにしたい。以下ではまず、個別価値考慮説が前提にする法定地上権制度の位置づけを検討し、その問題点を明らかにしたい(II)。次に、共同抵当において再築建物のための法定地上権を否定する諸見解について検討し、その法的構成の問題点を指摘したい(III)。そして、これらの検討をふまえたうえで、判例の意義を筆者なりに分析しようと思う(IV)。

II 個別価値考慮説の問題

1. 基本的前提の問題

　個別価値考慮説は、土地と建物に共同抵当権が設定された場合に、建物上の抵当権は「建物価値プラス地上権価値」を把握し、土地上の抵当権は「更地価値マイナス地上権価値」を把握する、ということを前提にする。その結果、建物が滅失し、あるいは取り壊された後に新建物が建築された場合には、土地上の抵当権はもともと地上権の負担の付いた土地の価値を把握していたにすぎないので、これが実行された場合には、新建物のためにも法定地上権が成立するとする。ただし、建物の再築が抵当権の実行を妨害する意図の下に行われていたような場合には、法定地上権の成立を主張することは権利濫用となる可能性も認められており、この説においても全く抵当権者が救済されないわけではない。

　しかし、共同抵当の設定によって、建物上の抵当権は「建物価値プラス地上権価値」を把握し、土地上の抵当権は「更地価値マイナス地上権価値」を把握するという考え方は、本当に正しいのだろうか。本来、法定地上権が成立するのは、抵当権の実行・競売によって建物の所有者と土地の所有者が異なるようになる時点においてであり、抵当権設定時点において地上権は存しないはずである。にもかかわらず、この段階で抵当権が地上権の価値を把握したり、あるいはその負担を受けるということは法的に可能な議論なのだろうか。

　地上権が存在しない段階では、さらにその上に抵当権が成立するということはありえない。個別価値考慮説も、共同抵当権の設定によって、建物上の抵当権の効力は地上権にも及び、敷地上の抵当権は地上権の負担を受けるとまでは言っていない。あくまで、「価値把握」という表現にとどめている。しかし、真に「価値」を把握するためには、その基礎となる地上権も成立していることが必要である。それゆえ、抵当権設定段階において「価値把握」といっても、それは厳密には将来の地上権成立に対する期待にすぎない。他方で、抵当権設定後に建物が滅失し再築がなされないまま土地抵当権が実行された場合でも、法定地上権が成立するとしなければこの立場は一貫しない。ところが、個別価値考慮説に与する見解も、建物が存在しない場合には法定地上

権を認めることはできず、「いったん、建物が滅失することにより、土地抵当権は更地価値を支配することになる」としている⁽⁹⁾。このことは、競売における建物保護という目的が法定地上権の大前提であり、それ以前において「地上権価値」は決して確定しないことを示している。

このように、抵当権設定段階で地上権の価値を把握し、あるいはその負担を受けるという議論は問題であるにもかかわらず、それが一般化されるようになったのはなぜなのだろうか。その原因は我妻博士が説いた潜在的な利用関係という考え方にあると思う。

2.「潜在的利用権」の問題

我妻博士は、法定地上権制度の根底には建物を維持するという国民経済上の必要があることを認識しながら、同時に、建物の建設によって「土地所有権の内容は、潜在的な関係において、その建物利用のための法益と、その他の法益すなわち利用に対して対価を徴収しかつその利用を妨げない範囲で利用する法益とに分離される」と見て、かかる潜在的な利用関係の現実化を法定地上権の理論的根拠としている[10]。また、同博士は抵当権を目的物の交換価値を支配する権利として位置づけ、価値権たる抵当権と用益権の調和を抵当制度の理想として掲げているが[11]、法定地上権についての解釈論にもこの視点を持ち込み、その成立範囲を拡張する態度をとる[12]。その結果、競売の時点において建物が滅失しているような場合でも、「滅失のままに放置され、潜在的に取得した法定地上権を放棄したと認めるべき場合、ないしは、いわゆる失効の原則を適用すべき場合にだけ法定地上権の成立を否定すべきである」とするのである[13]。

しかし、建物が存在しない場合でも地上権が成立するというのは問題であろう。法定地上権制度の目的は競売によって建物が排除されることを防ぐ点にあることは、立法時の議論からは明らかであり[14]、地上権の成立もその目的の実現に必要な範囲に限定されなければならない。なぜなら、権利の発生・変動は個人の自由意思によってなされるという私的自治の原則の下では、個人の意思表示によらずして地上権が成立するというのはあくまで例外的措置であり、制度の目的を超えてこれを容認することはできないからである。我妻博士は、法定地上権制度を価値権と利用権の調和というスローガンの下に

第2章　土地および建物の共同抵当と法定地上権　273

位置づけようとするあまり、その本来の目的を軽視し過ぎているのではないだろうか。

　我妻博士の確立した価値権理論に対しては、第１部において詳細な批判を展開したが、本章のテーマにおいても価値権理論には問題がある。すなわち、「潜在的」とはいっても、競売以前において地上権の存在を論じることは、利用権を一人歩きさせる可能性を秘めており、抵当権設定段階において確定的に地上権が存在するという認識に繋がりやすい。その結果、抵当権は交換価値を支配するという命題の下に、土地あるいは建物に抵当権を設定すると、土地上の抵当権は「更地価値マイナス地上権価値」を把握し、建物上の抵当権は「建物価値プラス地上権価値」を把握するが、このことは両者に共同抵当を設定した場合でも妥当する、という見解が主張されるようになったのではないか。

　近時でも、共同抵当における再築の事例に関して、潜在的地上権という考え方を駆使する諸説が見られるが、これらにも問題点が多い。

　たとえば、野村教授は、建物が建築されると敷地上には潜在的な自己地上権が成立し、この状態で土地に抵当権が設定されれば、「抵当権は潜在的に自己地上権を除いた土地の価値しか把握しておらず、その効力は、地上建物が滅失しても土地全体には及ばない」とする。しかし他方では、「法定地上権は建物の存立を図ることを趣旨としているので、抵当権実行時までに建物が再築されないときは、潜在的な自己地上権は顕在化せずに消滅する」という。これは建物が滅失しても土地上の抵当権は自己地上権を除いた価値しか把握しないということと矛盾するのではないか。さらに、同教授は、自己地上権は一応建物抵当権によって把握されるとしながら、当該建物が消滅しても自己地上権上の抵当権は消滅せず、これは土地上の抵当権によって実行されると見て、土地抵当権設定後に再築された建物のためには法定地上権は成立しないという。しかし、何故土地上の抵当権によって地上権上の抵当権も実行されるのかが不明である。

　また、槙博士も「自己借地権」による問題解決を提唱する。すなわち、「同一所有者に属する土地・建物は内面的には建物建築当時よりすでに建物のための自己借地権が土地上に設定されており、土地抵当権はこれに劣後するものとしてその部分に効力を及ぼさず、これを控除した形で右の土地を担保的

に支配し、他方、建物抵当権は自己借地権にもその効力を及ぼし、建物とともにそれを担保的に支配する」という。しかし、自己借地権は建物から完全に独立するのではなく、建物が再築された場合には新建物の上に設定された抵当権によってその効力が保全されるとしている。これは、自己借地権は建物上の抵当権から独立して存続できないことを示しており、結局、建物の建築によって直ちに借地権が成立するということ自体に問題があることを示すものではないか。

3. 建物保護と当事者意思

　法定地上権はあくまで建物存立のための制度であり、競売の際に建物が存在しなければこれを認めるべきではない。これは今日の一般的見解であろう。また、私的自治の原則が妥当するにもかかわらず、当事者の合意なくして地上権の成立が認められるのは、地上権を留保するという当事者の意思が抵当権設定段階に推測できるからである。すなわち、建物の保護がもたらす経済的利益(これが国民経済上の理由といわれる)と当事者意思の推測が法定地上権の必要性と許容性を基礎づける。この２つが法定地上権制度の根拠となっていることは、従来から一般的に言われてきた。民法が原則として認めない自己借地権概念を前面に出し、この２つの要素を後退させることは、かえって問題の本質を不明瞭にすることになりかねない。むしろ、具体的事案において法定地上権の成否を論じる場合にも、この２つの要素を前面に出した方が明快である。したがって、共同抵当における再築の事例では競売の際に建物が存在するとすれば、結局、問題となるのは、この場合にも法定地上権を認める当事者の意思が推測できるかどうかということになる。

　それでは、土地および建物に共同抵当権を設定した場合には、将来法定地上権を成立させるという当事者の意思を推測できるだろうか。このように当事者意思を云々することは水掛け論に終始する可能性も指摘されている。確かに、真にかかる意思が当事者に存するか否かは事案によって異なり、これを一律に論じることはできない。しかし、法定地上権の根拠となる「意思の推測」を論じる場合には事情が異なる。というのは、これは、事実として地上権を留保する意思が存在するというより、むしろ、一定の場合には法定地上権が成立することを当事者は受忍すべきである、という規範的意義を有す

るからである。冒頭で触れた3つの最高裁判例(最三小判平成9・2・14民集51巻2号375頁、最一小判平成9・6・5民集51巻5号2116頁、最二小判平成10・7・3判例時報1652号68頁)は「合理的意思」という表現を用いているが、これもそのことを示すものにほかならない。要するに、これは意思の擬制の一種であり、真に意思・合意があった場合にのみ権利変動が生じるという原則の下では、これを拡張的に解釈することは許されない(厳格解釈)。

したがって、当初の388条の文言が示していたように、抵当権設定当時に建物が存在し、かつ、土地または建物の一方のみに抵当権が設定された場合に、地上権を留保する当事者の「合理的意思」があると解すべきではないか。すなわち、土地のみに抵当権が設定された場合には、その際に存在する建物のために抵当権設定者は利用権を留保するという意思を有し、他方で抵当権者はそのことを覚悟すべきである、と法は判断し、また、建物に抵当権が設定された場合には、抵当権者は建物のために利用権をも保持するという意思を有し、他方で抵当権設定者はそのことを覚悟すべきである、と法は判断したものと考えられる。これに対し、土地と建物に共同抵当を設定する場合には、両者を一括して売却することを当事者は想定していると民法は判断したのではないか[24]。立法過程において法定地上権が想定されたのは、土地あるいは建物だけに抵当権が設定された場合であったという経緯[25]も、これを裏づけている。したがって、共同抵当の場合は意思の擬制を根拠とした388条の本来の射程にはなく、この場合にも他と全く同様に法定地上権が成立するとしてきた従来の考え方を根本的に見直さなければならない。

4. 私見に対立する見解について

ところで、私見のように建物の保護と当事者の「意思の推測」を法定地上権の成否の基準として前面に出すことには否定的な見解もある。そこで、これに対して若干の検討を加えて、本節のまとめとしたい。

まず、松井宏興教授は、法定地上権制度と類似の他の制度(仮登記担保法の法定借地権や強制競売における法定地上権など)を統一的に捉えるという見地から、法定地上権の成立根拠を、建物保護および当事者意思よりも、潜在的土地利用権に求めるのが妥当であるとしている[26]。

しかし、当事者の合意によって抵当権が設定され、それに基づいて土地・

建物が売却された場合と、単なる強制執行によって土地・建物が売却された場合を統一的に捉える必然性があるとは思えない。民法の法定地上権制度では、まず任意に土地あるいは建物に抵当権を設定した際の当事者の地位を考慮しなければならない。しかもすでに見たように、潜在的地上権という構成自体に様々な問題が内在しているのである。

次に、個別価値考慮説を支持する生熊長幸教授は、更地に抵当権が設定された後で建物が建築されても法定地上権は成立しないとする判例(最二小判昭和36・2・10民集15巻2号219頁)を前提にするかぎり、建物保護という公益的理由は共同抵当と再築のケースにおいても問題にならないとしている[27]。

しかし、更地に抵当権が設定された場合には、たとえ建物保護の要請があっても地上権留保の「合理的意思」が認められないために、法定地上権は成立しないことになるのであり、これによって建物保護という目的が地上権の成否の基準としての意義を完全に喪失することにはならない。むしろ、前述のように、抵当権設定当時に建物があっても競売の段階で建物が存在しない場合には法定地上権は成立しない、とするのが今日の一般的見解であろうが、それはまさにこの場合には建物保護の要請がないからである。そして、共同抵当における再築の場合には、建物保護の要請は存するが、もう一方の基準の「合理的意思」が存するか否かが問われることになるのである。この点につき生熊教授は、抵当権者の意思と抵当権設定者の意思は相反し、当事者の「合理的意思」を見つけ出すのは困難であることを根拠に、これを法定地上権の成否の基準とすることに対し否定的な立場をとる[28]。しかし、これも、事実として地上権を留保する意思が当事者に存するか否かを問うからであって、当事者の「意思の推測」が規範的意義を有することに着目し、これを厳格に解釈する場合には、そのような問題は生じないのである。

それゆえやはり、建物保護および当事者の意思という2つの要素を法定地上権の成否の基本的視座とすべきであろう。この2つのいずれかが欠ける場合は、388条の本来の適用範囲から外れるものと見なければならない。土地と建物に共同抵当が設定された場合は、2つの中の後者が欠けたものといえる。ただし、これによって、共同抵当の場合には一切法定地上権が認められないというわけではない。当事者に「合理的意思」が認められない場合でも、これに不測の損害を負わせない特別の事情が認められるならば、388条の拡

張適用を論じる余地は残されている。当初の建物が維持された状態で抵当権が実行された場合がまさにその例といえよう（この点についてはⅢで詳しく述べる）。従来の議論は、土地と建物に共同抵当が設定された場合を土地あるいは建物の一方のみに抵当権が設定された場合と同列に扱う傾向にあり、これが、法定地上権の成立範囲が共同抵当の場合にも不当に拡張される原因になったといえよう。その意味で、平成16年の民法改正によって388条を共同抵当のケースも一般的に包含するような文言に修正したことには大いに疑問がある。

Ⅲ　その他の諸説の検討

1. 全体価値考慮説

　土地と建物の共同抵当においては抵当権者は土地の価値全体を把握しているとして、再築建物のための法定地上権を原則として否定する見解は、全体価値考慮説といわれているが、近時はこれを支持する学説がかなり多くなっている。これに対し、個別価値考慮説は、土地上の抵当権はあくまで地上権の負担の付いた土地の価値しか把握していないから、全体価値考慮説のような結論をとるためには、建物の消滅によって敷地上の抵当権が把握する価値が自動的に拡張されると見なければならない、と批判するのである。しかし、Ⅱで触れたように、土地上の抵当権が地上権価値を除いた価値を把握するという前提自体に問題があるといわざるをえない。

　もちろん、全体価値考慮説も、建物上の抵当権は「建物価値プラス地上権価値」を把握し、土地上の抵当権は「更地価値マイナス地上権価値」を把握する結果として、抵当権者は土地の価値全体を把握するというのであれば、その論理自体が問題となる。ただ、実はこの点は明確ではない。個別価値考慮説に対峙する見解として全体価値考慮説が説明される場合には、しばしば、全体価値考慮説はそのような考え方として位置づけられているが、全体価値考慮説に属するというすべての見解が実際にこのような論理を明確に展開しているわけではない。たとえば、全体価値考慮説をとるものとしてしばしば引用される東京地裁執行処分平成4年6月8日（金融法務事情1324号36頁）は、抵当権者は土地の価値全体を把握するとはしているが、建物上の抵当権は

「建物価値プラス地上権価値」を把握するとまでは明言せず、むしろ、この点は曖昧にされている(35)。

とはいうものの、同処分も、建物と土地の共同抵当の場合には「建物のために地上権を留保する意思を、抵当権設定の当事者双方が有しているのが通常であり、そのような意思が合理的であることは、改めていうまでもない」と述べている。そうすると、これも、少なくとも地上権の留保という点で、共同抵当の場合を土地あるいは建物の一方のみに抵当権を設定した場合と同列に扱っており、問題であるといわなければならない。

2. 一体価値考慮説

一体価値考慮説とは、伊藤進博士の命名によるものである(36)。これは、土地と建物に共同抵当権が設定された場合には、土地と建物の経済的一体性が重視されており、土地上の抵当権は土地自体の価値を、建物上の抵当権は建物自体の価値を支配する結果、土地抵当権は地上権の負担を負わず、再築建物のためには法定地上権は成立しない、という説である(37)。もともとこの説は、実務では共同抵当の設定の場合に当事者は法定地上権の成立を意識することはない、という堀龍兒氏の見解に端を発し(38)、これを伊藤博士が大きく展開したものである。伊藤博士は、現行民法の制定段階では、法定地上権が認められる事例としては土地あるいは建物のみに抵当権が設定された場合だけが想定され、共同抵当の場合は想定されていなかった、という沿革もふまえて(39)、土地と建物の経済的一体性という観点から法定地上権を否定する解釈論をとる。

このような考え方は、共同抵当の場合を土地あるいは建物のみに抵当権を設定した場合と区別する点で私見と共通する。しかし、伊藤博士は、土地と建物の共同抵当においても当初の建物が存続するかぎり法定地上権を認める結論をとるが、その理由については、「競売の時点で、土地または建物の一方のみの抵当権として取り扱うことになったものとして処理してよい」と述べるだけであり(40)、この点が疑問である。共同抵当において土地上の抵当権は土地価値、建物上の抵当権は建物価値を支配するという命題からは、たとえ建物が存続しても法定地上権は成立しないと考えるのが一貫するからである。

このことは、価値支配という議論自体が法定地上権の成否を論じるにあたって十分機能していないことを示している。むしろ、より端的に法定地上権の根拠に則ってその成立範囲を論じるべきではないか。すなわち、共同抵当の場合には地上権留保の「合理的意思」は認められず、本来は388条を適用することができない。しかし、当初の建物が存立していれば、地上権が成立するとしても、抵当権者は土地上の抵当権への負担を建物上の抵当権によって補うことができるから、抵当権者に不測の損害は生じない。そのため、これを地上権留保の「合理的意思」がある場合と同等に扱うことができ、その場合には388条を拡張的に適用することができるのではないか。これに対して、建物が再築された場合に地上権を認めることは当事者に不測の損害を負わせることになるため、その場合にも388条を適用することはできないのである。

3. 土地と建物の別々の競売を制限する見解

山本和彦教授は、経済学的分析を通じて、共同抵当の場合に法定地上権を一律に否定する見解を主張しており、この際、抵当権の実行において建物と土地を別々に処分することを基本的に制限する解釈論を展開している。すなわち、共同抵当において法定地上権が問題となるのは、裁判例ではおおむね、①抵当権者が一方のみの競売を申し立てた場合、②裁判所が一方のみを単独で売却した場合、③強制競売または滞納処分が一方についてのみ開始した場合、④建物が滅失し再築建物について抵当権の設定がない場合、という類型に限られるとし、①では当事者に法定地上権の保護を与える必要はなく、②では民事執行法61条によって一括競売がなされるべきであり、④ではまさに法定地上権が否定されなければならないとする。また、③では法定地上権とは別個の利用権によって建物を存続させることができるというのである。

しかし、土地と建物が別個の不動産とされている以上、共同抵当が設定された後に土地あるいは建物に各々後順位の抵当権が設定される可能性は否定できない。そして、この場合に建物の後順位抵当権者が競売の申立てをしても、仮に法定地上権が成立しないとすれば、大きな問題が生じる。というのは、土地に抵当権が設定されている場合には、一般に法定地上権の成否は第一順位の抵当権を基準として決定されなければならないと解されているの

で、共同抵当の場合に一切法定地上権が成立しないとすると、建物の後順位抵当権者ないし競落人に不測の損害を負わせる危険性があるからである。たとえ土地と建物が一括して競売されたとしても、建物の売却代金の算定において法定地上権の価格が考慮されないとすれば、後順位抵当権者は不測の損害を受けてしまう。他方で、この場合に法定地上権が成立するとしても、先順位の共同抵当権者は建物上の抵当権によってその負担を補うことができるから問題はない。それゆえ、共同抵当の場合にも法定地上権の成立を一切否定することはできないのではないか。

4. 再築建物について法定地上権を認めない見解

3.までの見解は共同抵当という特質に議論の重点を置いているといえるが、この問題に関しては、建物が再築されたという点を重視する説もある。

菅原胞治氏は、建物が再築された場合にも法定地上権が認められるという判例理論自体を批判し、法定地上権はあくまで抵当権設定当時に存在した建物を保護するためのものであり、土地のみに抵当権が設定された場合と土地と建物に共同抵当が設定された場合を区別せず、再築建物のためには一切法定地上権は認められないとしている。菅原説は同時に、価値権と利用権の調和という理念の下に法定地上権の成否を論じていた我妻理論に疑問を呈している。

確かに、地上権を基礎づける当事者の「合理的意思」は抵当権設定時のものであり、それは抵当権設定当時の建物を前提にするものといえる。しかし、抵当権設定時に存在する建物のために地上権を留保する「合理的意思」がある場合には、その後建物が再築されたとしても、旧建物を基準にした地上権を認めることは、当事者に不測の損害を負わせることにはならない。それゆえ、土地のみに抵当権が設定された場合には、少なくとも388条の類推適用によって、建物が再築されても旧建物を基準にした地上権は認められる。その意味で、土地に抵当権が設定された場合に展開されてきた判例理論は正当であり、再築建物に関して一切法定地上権を否定するべきではないだろう。この問題で重要なのは、やはり土地と建物の双方に抵当権を設定しているという点ではないか。

5. 一括競売を重視する見解

　最後に、一括競売(389条)による問題の処理を唱える見解を検討しよう。

　(1)　松本教授は、更地に抵当権が設定された後に建物が建築された場合について、現行法の制定段階の議論や関係当事者の利益状況を分析したうえで、土地抵当権者が一括競売を選択しなければ法定地上権は成立するという解釈論を展開しているが[47]、これによると、共同抵当において再築がなされた場合にも一括競売をしなければ法定地上権が成立することになる[48]。

　しかし、抵当権設定時に存在していなかった建物によって抵当権者に地上権の負担を課すことには疑問がある。通常、抵当権者は目的物について後の権利に優先する地位を取得していると考えるはずだからである。松本説の根底には、価値権としての抵当権に対する利用権の優越という思想もあるようだが[49]、現行法は、抵当権と利用権の優劣関係も公示の具備の前後によって決定されるという原則を採用しているのであり、このような思想を解釈論の根拠とすることはできない。

　(2)　次に、山野目教授は、土地と建物の一体的利用の必要性という見地から、一括競売を徹底するために、再築建物に関して一括競売をしない場合には法定地上権が成立するという見解を主張している[50]。また、田中教授は、土地と建物の一体化という観点から、土地と建物の共同抵当においては法定地上権の成立を否定しつつ、他方で再築建物については一括競売を抵当権者に義務づける議論を展開している[51]。

　これらの説は、土地と建物の一体的処理によって建物収去という不経済を回避するものであり、一体化という考え方には筆者も共感を覚える。それはこうである。従来、法定地上権という複雑な問題を解消するために自己借地権の制度を導入するという議論もなされていたが[52]、筆者にはこれが問題解決のための最善の手法になるとは思えない。確かに、自己借地権制度が導入されれば、建物の存立を確保しつつ土地または建物の一方を担保に供することが可能になる。しかし、実際に借地権付きの建物あるいは借地権の負担の付いた土地の一方だけを担保として融資をする者がどれだけいるだろうか。むしろ、土地と建物の双方が担保に供される場合がほとんどだろう。そうすると、ここで求められているのは、土地から切り離して建物自体を保持するというより、土地と建物を一体として担保に供すること、究極的には建物を土

地の一部にしてしまうという立法措置ではないか。その意味で、土地と建物の一体化という要請を一括競売という制度によって実現しようとする見解にはかなりの説得力がある。

しかし、現行法は明らかに土地と建物を別個の権利客体として扱っているのであり、解釈論としては、それぞれを独立して処分しうることを前提に議論する必要がある。抵当権者に土地と建物の一括売却を強いるというのは、立法論としてはともかく、解釈論としてこれを認めることはできないのではないか。

6. まとめ

法定地上権の根拠は、建物の保護と当事者意思の推測であり、その成否についてはまずこの2つを基準とすべきである。この際、「当事者意思の推測」とはあくまで意思の擬制であることから、これは厳格に解釈される必要がある。したがって、以前の388条の文言が示していたように、抵当権設定時に建物が存在し、かつ土地あるいは建物の一方に抵当権が設定された場合に「意思の推測」も認められる。しかし、意思が推測されない場合でも、別個の根拠によって当事者に不測の損害が生じないとされるときには、なお法定地上権を認める余地がある。すなわち、この場合は388条の本来の射程にはないが、これを拡張的に適用する余地は残されている。

土地と建物に共同抵当権が設定された場合には、「意思の推測」は認められないために本来は388条を適用することができない。しかし、当初の建物が存続する場合には、法定地上権を認めても当事者に「不測の損害」が生じないから、388条を拡張的に適用することはできる。これに対して、再築建物に関して法定地上権を認めれば当事者に「不測の損害」が生じるので、この場合にはもはや388条を拡張適用することはできない。

かつては、土地と建物があわせて抵当権の客体とされた場合には、当事者に地上権留保の意思がないので法定地上権は認められないとする見解が有力だったが、この考え方は基本的に正当だったのではないか。ところが、大審院の判例は、法定地上権は建物保護という国家経済の理由によるとして、共同抵当の場合にも他と同様に法定地上権が成立すると判断し、この際当事者の意思という要素を重視しなかった。これがその後の混迷を招いてしまった

ように筆者には思えてならない。

Ⅳ 最高裁判例の位置づけ

さて、これまで展開してきた私見からは、冒頭に述べた最高裁判例はどのように評価されることになるだろうか。ここでは、平成9年2月14日判決(民集51巻2号375頁)をとりあげることにする。同判決は次のように述べている。

「土地と地上建物を別個の不動産とし、かつ、原則として土地の所有者が自己のために借地権を設定することを認めない我が国の法制上、同一所有者に属する土地又は地上建物に設定された抵当権が実行されて土地と地上建物の所有者を異にするに至った場合、建物所有者が当該土地の占有権原を有しないことになるとすれば、これは、土地が競売によって売却されても、土地の買受人に対して土地の使用権を有しているものとする建物の所有者や土地の使用権があるものとして建物について担保価値を把握しているものとする抵当権者の合理的意思に反する結果となる。そこで、民法三八八条は、右合理的意思の推定に立って、このような場合には、抵当権設定者は競売の場合につき地上権(以下「法定地上権」という。)を設定したものとみなしているのである。その結果、建物を保護するという公益的要請にも合致することになる。それゆえ、土地及び地上建物の所有者が土地のみに抵当権を設定した場合、建物のために地上権を留保するのが抵当権設定当事者の意思であると推定することができるから、建物が建て替えられたときにも、旧建物の範囲内で法定地上権の成立が認められている(大審院昭和一〇年(オ)第三七三号同年八月一〇日判決・民集一四巻一七号一五四九頁参照)。また、所有者が土地及び地上建物に共同抵当権を設定した場合、抵当権者はこれにより土地及び建物全体の担保価値を把握することになるが、右建物が存在する限りにおいては、右建物のために法定地上権の成立を認めることは、抵当権設定当事者の意思に反するものではない(最高裁昭和三五年(オ)第九四一号同三七年九月四日第三小法廷判決・民集一六巻九号一八五四頁参照。なお、この判決は、所有者が土地及び地上建物に共同抵当権を設定した場合、民法三八八条の適用があるとするが、これは、抵当権設定当時の建物が存続している事案についてのものである。)。

これに対し、所有者が土地及び地上建物に共同抵当権を設定した後、右建物が取り壊され、右土地上に新たに建物が建築された場合には、新建物の所有者が土地の所有者と同一であり、かつ、新建物が建築された時点での土地の抵当権者が新建物について土地の抵当権と同順位の共同抵当権の設定を受けたとき等特段の事情のない限り、新建物のために法定地上権は成立しないと解するのが相当である。けだし、土地及び地上建物に共同抵当権が設定された場合、抵当権者は土地及び建物全体の担保価値を把握しているから、抵当権の設定された建物が存続する限りは当該建物のために法定地上権が成立することを許容するが、建物が取り壊されたときは土地について法定地上権の制約のない更地としての担保価値を把握しようとするのが、抵当権設定当事者の合理的意思であり、抵当権が設定されない新建物のために法定地上権の成立を認めるとすれば、抵当権者は、当初は土地全体の価値を把握していたのに、その担保価値が法定地上権の価額相当の価値だけ減少した土地の価値に限定されることになって、不測の損害を被る結果になり、抵当権設定当事者の合理的な意思に反するからである。なお、このように解すると、建物を保護するという公益的要請に反する結果となることもあり得るが、抵当権設定当事者の合理的意思に反してまでも右公益的要請を重視すべきであるとはいえない。」

この判決は、土地と建物に共同抵当権が設定された場合には、抵当権者は建物および土地の価値全体を把握するとしており、全体価値考慮説を採用したものと評されている。しかし、共同抵当の場合に抵当権者が土地の価値全体を把握することになるという点の基礎づけは明らかでなく、この点については2つの可能性が残されている。

1つは、抵当権設定段階で、建物抵当権は「建物価値プラス地上権価値」、土地抵当権は「更地価値マイナス地上権価値」を把握する結果、抵当権者は土地の価値全体を把握するという考え方である。しかし、この説明では、土地上の抵当権はあくまで地上権の負担を受けるという結論になりそうであるが、それでもなお地上権が成立しないとする根拠は、この判決によれば、「法定地上権の制約のない更地としての担保価値を把握しようとする」「抵当権設定当事者の合理的意思」ということになる。

もう1つは、そもそも共同抵当においては「地上権価値」は問題とならない

結果、抵当権者は土地の価値全体を把握するという考え方である。しかし、この場合には逆に旧建物が存続するときに法定地上権が成立する根拠が問題となるが、それも、この判決によれば抵当権設定当事者の合理的意思ということになりそうである。

そうすると、この判決は、抵当権者の価値把握という命題を用いつつ、実は、法定地上権の成否に関して決定的であるのは当事者意思であるとするものではないか。(60)このことは、価値把握、とりわけ地上権価値の把握という議論が、法定地上権の成否についてはあまり意味を持たないことを暗示している。しかも、本判決は、建物保護の要請も当事者意思の如何によって制約を受けることを明らかにしているが、建物の存立はあくまで当事者の意思を推測できる場合に正当化されるという私見とこの点で共通している。

ただし、本判決が、共同抵当においても建物が存続する場合には法定地上権が成立する根拠を単に当事者の合理的意思に求めようとしている点は問題である。確かに、この場合に法定地上権が成立しても抵当権者に不測の損害は生じない。しかし、だからといって、共同抵当を設定した当事者が法定地上権を留保する意思を有すると推定することはできない。むしろ、当事者は土地と建物の一括売却の意思を有するが、建物抵当権が存続する状態で法定地上権が成立しても抵当権者には不測の損害が生じないので、地上権を留保する合理的意思がある場合とこれを同様に扱うことが許されると考えるべきである。本判決が、共同抵当の場合にも地上権を留保する当事者の意思が推定されるとは述べず、あくまで「法定地上権の成立を認めることは、抵当権設定当事者の意思に反するものではない」という消極的な表現にとどめているのは、このことを意識しているからかもしれないが、いずれにせよ、共同抵当の場合にはあくまで388条の拡張適用の可能性だけが残されると考えるべきである。合理的意思を拡張解釈することは388条の本来の適用範囲を不明瞭にする危険性も有する。したがって、土地上の抵当権と同順位の抵当権が再築建物に設定された場合等に法定地上権が認められるとするのも、そのような合理的意思が当事者に存するからではなく、やはり抵当権者が不測の損害を受けないからであり、これも388条の拡張適用によると考えなければならない。(61)

V　むすび

　本章では、土地および建物の共同抵当と法定地上権の関係を検討したにすぎないが、同時に、法定地上権制度の根拠とされてきた建物保護および当事者意思の意義をあらためて問うことにもなったのではないかと思う。
　従来もこの2つの要素は法定地上権制度の根拠としてあげられてきたが、法定地上権が認められるにはその一方が具備されればよいというのではなく、双方が具備されなければならない。もともとこの制度は私的自治という基本原則を修正する以上、その成立要件は厳格に判断される必要がある。それゆえ、建物保護という目的も、抵当権設定当事者の「合理的意思」が存してこそ実現しうると解すべきである。さらに、「合理的意思」は意思の擬制である以上、これを拡大解釈することは許されない。ただし、当事者に不測の損害が生じない場合には388条を拡張的に適用することができよう。
　逆にいえば、真に当事者が地上権を成立させる合意をした場合には、たとえ法定の要件が充たされなくともこれを認めるのが私的自治の原則には適う。他方で、法定の要件が充たされても当事者が地上権の成立を排除する合意をした場合には、地上権を認めることには疑問が生じる。したがって、後者の場合にも法定地上権は成立するとした大判明治41年5月11日（民録14輯677頁）には再検討の余地がある。確かに、以前は建物保護を当事者の意思にも優先させる社会的要請があったかもしれないが、今日では建物保護の規律を強行法規のごとく解する必要性はないのではないか(62)。
　もちろん、このように設定当事者の合意によって法定地上権の成否を左右させる場合には、これに利害を有する第三者の取引の安全を考慮する必要がある。たとえば、更地に抵当権が設定された場合に、当事者が将来の建物のために地上権を留保する合意をしたとしても、当該更地に後順位の抵当権が設定されたときには、法定地上権を認めればこの者の取引の安全が害される危険性がある。逆に、建物が存在する土地に抵当権が設定され、当事者が法定地上権の成立を排除する合意をした場合には、その効力を認めることは後に建物に抵当権の設定を受けた者の取引の安全を害する。したがって、このような特約の公示方法が整備されていない現段階においては、第三者の利益を害しない事情がないかぎり、その対外的効力を否定しなければならない(63)。

(注)
(1) 我妻栄「判例批評」判例民事法昭和13年度(1939年)273頁以下参照。川井健『担保物権法』(青林書院、1975年)90頁、柚木馨＝高木多喜男『担保物権法[第三版]』(有斐閣、1982年)364頁等も、このような立場と思われる。

　さらに、下級審判例の大勢も、Ⅲ1.で触れる東京地裁平成4年6月8日執行処分が出る前はこの立場だった。たとえば、福岡地判昭和60年2月13日(金融法務事情1102号43頁)、京都地判昭和60年12月26日(判例時報1219号113頁)、東京高決昭和63年2月19日(判例時報1266号25頁)、大阪高判昭和63年2月24日(判例時報1285号55頁)など。
(2) 富川照雄「民事執行における保全処分の運用」判例タイムズ809号(1993年)4頁以下、9頁、福永有利「判例批評」私法判例リマークス7号(1993年)143頁以下、米田秀実「建物の再築と法定地上権の成否」米田實先生古稀記念『現代金融取引法の諸問題』(民事法研究会、1996年)151頁以下、176頁、柚木馨＝高木多喜男編『新版注釈民法(9)』(有斐閣、1998年)531頁[生熊長幸]等。なお、高木多喜男「共同抵当における最近の諸問題」金融法務事情1349号(1993年)6頁以下もこれに与するものと思われる。
(3) 大判明治38年9月22日(民録11輯1197頁)、最三小判昭和37年9月4日(民集16巻9号1854頁)、我妻栄『新訂担保物権法』(岩波書店、1968年)363頁、川井・前掲(注1)87頁、柚木＝高木・前掲(注1)363頁等。
(4) 平成16年の民法の現代語化の改正の前には、388条の条文は「土地及ヒ其上ニ存スル建物カ同一ノ所有者ニ属スル場合ニ於テ其土地又ハ建物ノミヲ抵当ト為シタルトキハ抵当権設定者ハ競売ノ場合ニ付キ地上権ヲ設定シタルモノト看做ス但地代ハ当事者ノ請求ニ因リ裁判所之ヲ定ム」であった。
(5) 三瀦信三「判例批評」法学志林14巻8号(1912年)11頁以下、富井政章『民法原論第二巻(合冊)』(有斐閣、1923年)587-588頁参照。
(6) 堀龍兒「民法判例レビュー22(担保)」判例タイムズ671号(1988年)64頁以下、69頁、伊藤進「土地建物共同抵当における建物再築と法定地上権(上)(下)」ジュリスト1055号140頁以下、1056号145頁以下(1994年)等。

　これらの前にも、土地と建物の共同抵当の場合を他と区別するという見解はあった。たとえば、生田治郎「建物の再築と法定地上権の成否」NBL134号(1977年)6頁以下、9頁参照。
(7) 富川・前掲(注2)9頁、高木・前掲(注2)13頁、福永・前掲(注2)144頁。
(8) 富川・前掲(注2)10頁、福永・前掲(注2)146頁、米田・前掲(注2)176頁等参照。この点につき、長谷川教授も、個別価値考慮説に従いつつ、抵当権実行の妨害のための再築の場合には正義・公平の理念から法定地上権の成立を否定する(長谷川貞之「判例批評」ジュリスト1015号(1993年)278頁以下、282頁)。
(9) 高木・前掲(注2)14頁。高木博士自身も、建物抵当権が支配していた土地利用権価値が土地抵当権に吸収されることは、論理的には十分に説得的ではないとしている(高木「判例批評」私法判例リマークス16号(1998年)18頁以下、21頁)。

(10) 我妻・前掲(注3)349-350頁。
(11) 我妻・前掲(注3)213頁。
(12) 我妻・前掲(注3)352頁。
(13) 我妻・前掲(注3)354頁。田中克志「法定用益権の効力とその内容」加藤一郎＝林良平編代『担保法大系第1巻』(金融財政事情研究会、1984年)486頁以下、494頁はこれを支持する。
(14) 法務大臣官房司法法制調査部監修『法典調査会民法議事速記録 二』(商事法務研究会、1984年)919頁[梅謙次郎発言]参照。
(15) 野村秀敏「建物の再築と法定地上権の成否」金融法務事情1340号(1992年)6頁以下、10頁。
(16) 野村・前掲(注15)10頁。
(17) 野村・前掲(注15)11頁。建物が滅失しても「潜在的法定地上権」の価値は抵当権者によって把握されるという発想は、すでに三和博士によって示されていた(三和一博「判例批評」法律時報61巻3号(1989年)108頁以下、110頁)。その他に、このような見解を示唆するものとしては、秦光昭「建物の再築等と法定地上権」手形研究470号(1992年)16頁以下、23頁、片岡宏一郎「判例批評」手形研究483号(1993年)24頁以下がある。
(18) 槇悌次「再築建物と法定地上権(4・完)」NBL555号(1994年)32頁以下参照。
(19) 槇・前掲(注18)33頁。
(20) 私見のほかにも、潜在的利用権という構成に批判的な見解として、東海林邦彦「判例批評」民商法雑誌120巻3号(1999年)469頁以下、512頁がある。
　　近時の下級審判例にも「潜在的自己地上権」という構成を駆使するものがある(大阪地判平成9・3・21判例時報1638号116頁)が、やはり疑問である。
(21) 鈴木禄弥『借地法上巻[改訂版]』(青林書院、1980年)253頁、我妻栄編『判例コンメンタールⅢ 担保物権法』(日本評論社、1968年)433頁[清水誠]、槇悌次『担保物権法』(有斐閣、1986年)220頁、高木多喜男『担保物権法[第4版]』(有斐閣、2005年)208-209頁、近江幸治『担保物権法[第2版]』(成文堂、2005年)188頁等参照。
　　この点に関し、内田教授は、抵当権設定後に建物を譲り受けた第三者が存在した場合には、建物が滅失した状態で抵当権が実行されても、法定地上権を認めないことは第三者を害することになるとして、この場合に法定地上権を認める見解を主張している(内田貴『民法Ⅲ 債権総論・担保物権[第3版]』(東京大学出版会、2005年)422頁。道垣内弘人『担保物権法[第3版]』(有斐閣、2008年)213頁も同旨)。しかし、法定地上権は、当事者の合意がなくともあくまで建物存立のために例外的に認められるものであると考えれば、第三者も、もともとそのように限定された利益しか取得しえないということになるのではないか。
(22) 柚木＝高木・前掲(注1)349頁、鈴木禄弥『物権法講義[4訂版]』(創文社、1994年)217頁、柚木＝高木編・前掲(注2)482頁[生熊]等。
(23) 山本和彦「法定地上権の濫用について」民事研修403号(1990年)12頁以下、18頁参照。

(24) なお、土地と建物の双方に抵当権が設定されても、それぞれが別個の債権を担保するものである場合には、どのように考えるべきだろうか。この場合には、当事者は別個・独立の処分行為をしているので、各々の抵当権設定において地上権を留保する「合理的意思」が認められると解すべきだろう。
(25) 法典調査会の議論は共同抵当を全く想定していない(法務大臣官房司法法制調査部監修・前掲(注14)918-930頁参照)。これについては、伊藤・前掲(注6)1056号146頁参照。
(26) 松井宏興「法定地上権制度の基礎的検討」伊藤進教授還暦記念『民法における「責任」の横断的考察』(第一法規、1997年)137頁以下、146頁。同旨、松本恒雄「法定地上権と法定賃借権」米倉明ほか編『金融担保法講座Ⅰ』(筑摩書房、1985年)241頁以下、268頁。
(27) 柚木＝高木編・前掲(注2)521頁[生熊]。生熊教授の見解については、生熊「建物の再築と法定地上権(シンポジウム・担保権の効力と不動産執行)」民事訴訟雑誌44号(1998年)123頁以下も参照。
(28) 柚木＝高木編・前掲(注2)522頁[生熊]。
(29) この点について小林弁護士は、共同抵当の場合にも地上権を留保する当事者の合理的意思が認められるが、ただ、その地上権を抵当権者に把握させることも当事者の合理的意思の内容になるとして、建物の再築等によってこれが不可能となった場合には法定地上権は認められないと主張している(小林明彦「再築建物のための法定地上権」金融法務事情1343号(1993年)23頁以下、28-29頁)。しかし、このような解釈は「合理的意思」が安易に拡張される傾向に繋がりかねない。
(30) 淺生重機＝今井隆一「建物の建替えと法定地上権」金融法務事情1326号(1992年)6頁以下。なお、全体価値考慮説の内容については、井上稔「担保価値の実現と法定地上権の成否」金融法務事情1209号(1989年)27頁以下参照。
(31) 栗田隆「判例批評」判例時報1485号(1994年)182頁、半田吉信「判例批評」判例時報1609号(1997年)182頁以下、山田誠一「判例批評」金融法務事情1492号(1997年)40頁以下、近江幸治「判例批評」ジュリスト1135号(1998年)64頁以下等。
(32) 福永・前掲(注2)146頁、高木・前掲(注2)13頁。
(33) 井上・前掲(注30)28頁、淺生＝今井・前掲(注30)6頁。
(34) 淺生＝今井・前掲(注30)7頁参照。
(35) 高木・前掲(注9)「判例批評」20頁も、「全体価値考慮説の特徴は、土地抵当権と建物抵当権で、土地及び建物の全価値を支配しているというのみであり、両者が、それぞれ土地・建物のどの価値を支配しているかについては、ふれようとしない」と述べる。
(36) 伊藤・前掲(注6)1055号142頁。
(37) 伊藤・前掲(注6)1056号147頁。なお、同「再築建物に対する土地・建物共同抵当権と国税債権との優劣関係」NBL546号(1994年)15頁以下、同「土地・建物共同抵当における法定地上権と租税債権」金融法務事情1459号(1996年)6頁以下も参照。
(38) 堀・前掲(注6)69頁、同「民法判例レビュー42(担保)」判例タイムズ824号(1993

年)42頁以下、49頁。類似の見解として、須磨美博「法定地上権――実務からみた運用上の問題点とその対策」ジュリスト1055号(1994年)145頁以下、147頁、吉田光碩「共同抵当における建物の滅失・再築と法定地上権」判例タイムズ842号(1994年)41頁以下、43頁、松井宏興「判例批評」法律時報67巻4号(1995年)95頁以下、98頁。
(39) 伊藤・前掲(注6)1056号145-147頁参照。
(40) 伊藤・前掲(注6)1056号147頁。
(41) この点に関して、堀氏は、価値把握という議論にとらわれず、法定地上権の成否について重要なのは当事者の意思であるとしている(堀・前掲(注38)判例タイムズ824号49頁)。筆者もこのような見解により共感を覚える。
(42) 山本・前掲(注23)18-26頁。
(43) 最二小判平成2年1月22日(民集44巻1号314頁)。
(44) 菅原胞治「抵当地上の建物再築と法定地上権(上)」手形研究494号(1994年)4頁以下、9頁、13頁。
　　法定地上権を抵当権設定当時の建物だけを保護するものとして捉える考え方は、角教授や道垣内教授によっても示されている(角紀代恵「判例批評」法学教室206号(1997年)98-99頁、小林明彦ほか「〈座談会〉再築建物のための法定地上権をめぐって」金融法務事情1493号(1997年)24頁以下、32頁[道垣内弘人発言])。
(45) 菅原・前掲(注44)11頁。
(46) 伊藤博士も、土地のみに抵当権が設定された場合には、再築建物に法定地上権を認めても抵当権者は害されず、これを認める合理的理由があるとしている(伊藤・前掲(注6)1056号143頁)。
(47) 松本恒雄「抵当権と利用権との調整についての一考察(一)」民商法雑誌80巻3号(1979年)283頁以下、313頁。
(48) 松本「土地建物共同抵当と再築建物の法定地上権」金融法務事情1387号(1994年)91頁以下、94頁。
(49) 松本・前掲(注47)314頁。
(50) 山野目章夫「判例批評」私法判例リマークス8号(1994年)32頁以下、同「判例批評」金融法務事情1396号(1994年)44頁以下。
(51) 田中克志「土地・建物の一体化と法定地上権・一括競売制度」静岡大学法政研究2巻3=4号(1998年)1頁以下、35頁、48頁。
(52) 鈴木・前掲(注21)250頁参照。
(53) 鈴木禄弥博士自身も、自己借地権制度の導入を論ずる前に、建物とその敷地を一体化する法的措置を検討する必要性を説いている(星野英一ほか「シンポジウム・現代における担保法の諸問題」私法45号(1983年)20頁[鈴木報告]、鈴木・前掲(注22)220頁)。
(54) 鎌田教授も一括競売を義務づける見解に共感を示しているが、その一般化には慎重である(鎌田薫「抵当権(その二)」椿寿夫編・別冊NBL31号『担保法理の現状と課題』(1995年)30頁以下、40頁)。
(55) 私見とは若干意味が異なるが、土地と建物の共同抵当の場合に388条を「類推適

用」するという構成は、かつて中島博士によって示されていた（中島玉吉『民法釈義巻之二下』(金刺芳流堂、1916年)1158-1159頁）。
(56) 三瀦・前掲(注5)11頁以下、富井・前掲(注5)587頁以下。
(57) 大判明治39年2月16日(民録12輯220頁)、大判明治43年3月23日(民録16輯233頁)参照。
(58) これについては、村田博史「法定地上権」星野英一編代『民法講座3』(有斐閣、1984年)139頁以下、148頁参照。
(59) 春日通良「最高裁判所判例解説」法曹時報52巻4号(2000年)1031頁以下、1047頁、村田博史「判例批評」法学教室207号(1997年)98-99頁、半田・前掲(注31)185頁、伊藤進「判例批評」私法判例リマークス17号(1998年)26頁以下、27頁、柚木＝高木編・前掲(注2)513頁[生熊]等参照。
(60) 私見とは解釈論の手法が異なっているが、東海林・前掲(注20)505頁も、この点に関してはほぼ同様の見方をしている。
(61) 最一小判平成9年6月5日(民集51巻5号2116頁)は、「新建物が建築された時点での土地の抵当権者が新建物について土地の抵当権と同順位の共同抵当権の設定を受けた場合であっても、新建物に設定された抵当権の被担保債権に法律上優先する債権が存在するときは」「新建物のために法定地上権が成立しない」としているが、このような場合には、私見によれば、法定地上権の成立は抵当権者に不測の損害を負わせるから388条を拡張適用することはできないということになる。
(62) 小林ほか・前掲(注44)26頁[道垣内弘人発言]も、建物保護の今日における意義を問題としている。
　　この点につき、鈴木博士は、法定地上権制度が特別法たる借地制度にも通じるとして、その強行法規性を認めていたが(鈴木・前掲(注21)249頁)、民法典の法定地上権制度が当事者の自由意思を完全に制限するとはいえないのではないか。
(63) 高木・前掲(注21)190-191頁は、法定地上権を排除する特約について同旨を述べる。なお、鎌田・前掲(注54)37-38頁参照。
　　第三者の取引の安全に関して特に問題となるのは買受人の地位である。更地に抵当権が設定された事案で、たとえ抵当権者と設定者の間で将来の建物のために地上権を認める合意をしたとしても、競落人に対してはその効力は認められないとした判例があるが(大判大正7・12・6民録24輯2302頁)、これは基本的に正当といえよう。買受人はいわば抵当権者の権限を承継する地位にあるが、その権限の内容が抵当権者によって自由に変更できることになると、やはりその取引の安全が害される危険性があるからである。もちろん、抵当権者自身が自己競落した場合は別である。

第 3 章　時効による抵当権の消滅について

I　はじめに

1. 抵当権が時効によって消滅する場面としては、理論的には 3 つのケースを考えることができる。第一は、被担保債権の消滅時効の完成による抵当権の消滅、第二は、被担保債権から独立した抵当権自体の消滅時効、そして、第三は、抵当不動産について取得時効が完成することによる抵当権の消滅である。

　これらのうち、第一のケースについては、時効の援用権者の範囲に問題を残すものの、付従性の原理により被担保債権の消滅とともに抵当権も消滅することには異論はないであろう。しかし、第二については、被担保債権への付従性との関係が問題になり、第三についても、具体的にいかなる要件の下で抵当権を消滅させる取得時効が完成するのかが問われる。これらの問題に関連して、現行民法は396条と397条の 2 つの条文をおいているが（以下において、民法の条文に言及する場合にはその条数のみを記す）、その意義・射程自体が必ずしも明らかではなく、判例・学説による解釈論が展開されてきた。

2. 大審院の判例は、396条は債務者または抵当権設定者が被担保債権から独立して抵当権の消滅時効を主張することを否定したにすぎず、第三取得者や後順位抵当権者は、167条 2 項に従い抵当権自体の消滅時効を主張することはできるという理解をとる(1)。ただし、この判例は抵当権の被担保債権の消滅時効の援用権を第三取得者に容認していなかった頃のものであり(2)、その後、最高裁判所が第三取得者にも被担保債権の消滅時効の援用権を認めているため(3)、今日でも第三取得者に抵当権自体の消滅時効の利益を認めるべきかには疑問の余地がある。

　他方で、判例は、397条を抵当不動産について所有権の取得時効が完成した場合の効果を示すものと捉える。すなわち、債務者または抵当権設定者はそのような取得時効によって抵当権の消滅を主張することができないが、そ

の他の第三者はかかる取得時効によって抵当権の消滅を主張できるという(4)。ただし、抵当不動産の第三取得者の取扱いについては判例にも変動があり、大審院判例は、抵当不動産の所有権を有する第三取得者には397条の適用が認められないとしていたが(5)、最高裁の判例は、第三取得者は抵当権の実行における買受人に対して取得時効による所有権の取得を対抗しうるという立場をとっており(6)、むしろ、第三取得者に397条の適用を容認する立場に親和的になっている。

　このように、判例の考え方は、396条は抵当権自体の消滅時効を債務者・抵当権設定者との関係でのみ制限する規定であるのに対し、397条は抵当不動産の取得時効に関する規定であるとする点で、両者を別個・独立の規定として位置づけるものといえる。そこでは、396条・397条の適用範囲に第三取得者が包含されるか否かが特に問題となった。

3.　判例に対し、学説では様々な見解が主張されてきたが、大きく分ければ、判例のごとく396条と397条を切り離し、396条を抵当権自体の消滅時効を債務者または抵当権設定者との関係で制限する規定、397条を抵当不動産の取得時効による抵当権の消滅に関する規定と理解する立場(7)と、抵当権については一般の消滅時効(167条2項)を否定する立場をとりつつ、396条と397条を一連の規定と理解して、これらは抵当権が時効によって消滅すべき場合を規定したものであり、特に397条は抵当権自体が被担保債権から独立して時効によって消滅する場合を規定したものとする立場がある(8)。

　前者の見解は、大審院判例と同様に397条の第三取得者への適用を基本的に否定しているが、後者の見解は、第三取得者が本来は397条の適用範囲にあると見るものである。ところが、後者の立場でも、第三取得者を殊更に保護する必要性に疑問を呈して、結論としては第三取得者に同条を適用するのを否定する見解が有力のようである(9)。

4.　以上のように、従来の議論においては、396条・397条の規定の趣旨そのものについて大きな対立があり、それに関連して各規定と抵当不動産の第三取得者との関係についても見解が分かれている。近時では、2つの条項の立法過程について詳細な検討を加える研究も現れているが(10)、なお、学説上の議論は収束しているとはいえない。

　そこで、本章では、396条・397条の規定の趣旨・射程について検討を加え

たい。以下では、まず、従来の判例・学説上の議論を整理してその問題点を指摘し、次に、2つの条項の沿革について検討を加え、最後に、かかる沿革を考慮しつつ現代において望ましい解釈論とは何かを探求してみたい。

II 判例・学説の検討

1. 序

すでに述べたように、396条および397条の解釈論においては、これらを別個・独立の規定として捉える説と双方を一連の規定として捉える説があるが、このような見解の違いは学説上早くから存在していた。その後、大正期後半から昭和期前半にいくつかの判例が現われ、判例法の確立を受ける形で学説上の議論がさらに展開された。

大審院の判例では、まず397条の意義・射程、とりわけこれを抵当不動産の第三取得者に適用することができるかが問題となり、当初の判例は、第三取得者への適用可能性を認めながら実際の適用を限定する解釈をとっていた。しかしその後、判例は一般的にこれを否定する立場をとるに至り、他方で、396条によっては第三取得者が抵当権自体の消滅時効を援用することは制限されないという判断を下した。

以下では、まず主要な判例を参照した後に、学説の展開を描写して、従前の議論の問題点を浮き彫りにしたい。

2. 判 例

(1) 大判大正9年7月16日（民録26輯1108頁）

Y(国)は甲土地をその所有者Aから贈与され、以後甲土地を占有していたが、所有権移転登記がなされなかった。AY間の贈与の当時には、甲土地にはすでにBらのために抵当権が設定されており、その登記もなされていた。その後、甲土地に抵当権の設定を受けたXが競売を申し立て、自らが競落人となったうえで、Yに対して所有権の確認等を訴えた。原審は、甲土地についてはその競売の前にYの取得時効が完成し、397条によってXの抵当権は消滅していたとして、その請求を棄却した。

大審院も原審の判断を支持したが、判決理由の中で、次のように述べてい

た。

「民法第三百九十七条ノ場合ニ於テハ取得時効ノ完成ニ因リ抵当権カ消滅スルモノナレハ抵当権者ハ所有者ト同様ニ時効ノ当事者ナリト解スヘク同法第百七十七条ニ所謂第三者ニ該当スヘキモノニアラス従テ右時効ニ因ル所有権ノ取得ハ登記ナクシテ抵当権者ニ対抗シ得ルモノト解スルヲ相当トス」

「民法第百六十二条第二項ニ所謂善意トハ自己ニ所有権アリト信シテ占有ヲ為シタル場合ヲ謂フモノニシテ其占有ノ目的物ニ対シ抵当権ノ設定アリタルコトヲ知リタルヤ否ヤヲ問フモノニアラス占有者カ抵当権ノ存在ヲ知リタルトキハ其抵当権ニ対シテハ悪意ナリト謂フコトヲ得ヘキモ所有権ニ対シテハ善意ノ占有者ナリト謂フニ何等妨ケナキモノトス又同条ニ『不動産ノ所有権ヲ取得ス』トアルハ必シモ常ニ不動産ニ関シ完全ナル所有権ヲ取得スト謂フ意義ニアラス如何ナル範囲ノ所有権ヲ取得スヘキヤノ問題ハ其所有権取得ノ前提タル占有ノ範囲如何ニ依リテ決定セラルルモノトス即チ例ヘハ不動産全部ヲ占有シタルトキハ全部ノ所有権ヲ取得スヘキモ一部ヲ占有シタルトキハ一部ノ所有権ヲ取得スルニ過キス又不動産ヲ完全ニ占有シタルトキハ完全ナル所有権ヲ取得スヘキモ第三者ノ権利ヲ認メ制限的ニ不動産ヲ占有シタルトキハ第三者ノ権利附著ノ儘制限的所有権ヲ取得スルニ過キサルモノトス」

この判決は、397条が取得時効の効果を定めたものと解している。ただ、この事案で消滅するとされた抵当権は取得時効の基礎となる占有の開始の後に設定されたものであり、これに397条の射程が及ぶか否かは問題であろう。また、この判決は、取得時効によって常に第三者の権利、すなわち抵当権が消滅するわけではなく、抵当権の存在を認めた占有をしているにすぎない場合には、抵当権の負担がついた所有権しか取得しえないとしている点には注意しなければならない。この準則は次の判例において現実化することになる。

(2) **大判昭和13年2月12日(判決全集5輯6号8頁)**

XはYの抵当権の目的である甲土地をその所有者Aから買い受けたが、その買受けの時点で抵当権設定登記は具備され、Xは抵当権の存在を承認していた。その後、Xは、397条に基づき10年間の占有によって抵当権が消滅したとして、Yに対して抵当権設定登記の抹消を請求した。

大審院は次のように述べて請求を棄却した。「民法第三百九十七条ハ債務

者又ハ抵当権設定者ニ非サル者カ抵当不動産ニ付何等抵当権ノ如キ物上負担ナキモノトシテ之レヲ占有シ取得時効ニ必要ナル条件ヲ具備セル占有ヲ継続シタル場合ニ抵当権ハ時効ニ因リ消滅スルコトヲ規定シタルモノト解セサル可カラス蓋シ抵当権設定シアル不動産ヲ占有スル右ノ第三者ニ於テ抵当権ノ存在ヲ承認シテ之レヲ占有スルトキハ其占有カ如何ニ継続スルモ此者ニ対シ抵当権ヲ消滅セシメテ之ヲ保護スヘキ何等ノ理由存セサルヲ以テナリ」

　すなわち、この判決は、397条は第三取得者に適用されうることを認めつつも、その要件としての占有は抵当権の負担がないことを前提にしたものでなければならないとして、実際にこれが第三取得者に適用される範囲を限定したものであった。ところが、判例はさらに進んで、一般的に397条が第三取得者には適用されないという立場をとるに至った。

(3)　**大判昭和15年8月12日**（民集19巻1338頁）

　Xは、Yの抵当権の目的である甲土地等の不動産を所有者Aから買い受けたが、397条により、買受けから10年が経過して抵当権は消滅したとして、Yに対して、抵当権の不存在の確認、抵当権設定登記の抹消等を請求した。原審は、397条が第三取得者にも適用されることを前提にしつつ、ただそのためには、Xは買受けの際に抵当権の存在につき善意無過失でなければならないとして、本件ではこの要件が充たされないことを根拠にXの請求を棄却した。

　これに対して、大審院は、本条が第三取得者に一般的に適用されないものと述べて、Xの請求を棄却した。すなわち、「第三百九十七条ニ所謂取得時効ニ必要ナル条件ヲ具備セル占有トハ所有者ニ非サル債務者若ハ抵当権設定者以外ノ者カ第百六十二条ノ規定ニ依リ所有ノ意思ヲ以テ同条所定ノ要件ノ下ニ抵当不動産ノ占有ヲ遂ケタル為メ取得時効完成シテ当該不動産ノ所有権ヲ取得シタル場合ヲ指称セルモノナルコト第三百九十七条ノ規定ノ文理上ヨリスルモ将又取得時効ノ性質ニ鑑ルモ洵ニ明ニ領得シ得ルトコロニシテ」、「従テ抵当不動産ヲ買受ケ其ノ所有者ト為リタル第三取得者ニ対シテハ其ノ買受ケ当時抵当権ノ設定アル不動産ナルコトヲ知レリヤ否ヤヲ問ハス第三百九十七条ノ規定ヲ適用スヘキ限ニ在ラスト云ハサルヲ得ス」。

　この判決が397条を所有権の取得時効の完成による抵当権の消滅を定めた規定と捉えているのは、明らかである。そして、第三取得者に同条の適用を

認めない根拠は、すでに所有権を有する者には取得時効を容認しえないという点にあると思われる。しかし、このことは、今日では自己の物の取得時効を認める判例が確立しているために、決定的な根拠とはなりえなくなっている。

(4) **大判昭和15年11月26日（民集19巻2100頁）**

　Xは、YのAに対する債権を担保するために抵当権の設定された甲土地をAから譲り受けた。その後、Xは、YのAに対する債権の消滅時効を援用しつつ、さらに、被担保債権の弁済期から20年が経過したことによる抵当権の消滅時効を援用して、抵当権設定登記の抹消等をYに対して請求した。原審は、Yの債権の消滅時効についてのXの援用権を否定したが、抵当権の消滅時効の援用は認めた。これに対して、Yは上告理由において、抵当権の時効については396条と397条の規定によって債務者および抵当権設定者のための時効とその他の者のための時効が区別され、債務者および抵当権設定者以外の者に対する時効については397条が適用されるだけであると主張した。

　大審院は、以下のように述べて原審の判断を維持した。「抵当権ハ債務者及抵当権設定者ニ対シテハ其ノ担保スル債権ト同時ニ非サレハ時効ニ因リ消滅スルコトナキモ此ノ二者以外ノ後順位抵当権者抵当物件ノ第三取得者ニ対シテハ被担保債権ト離レ民法第百六十七条第二項ニ依リ二十年ノ消滅時効ニ因リ単独ニ消滅スヘキモノトス」

　この判例によって、396条を債務者および物上保証人との関係で抵当権の独立した消滅時効を制限する規定、397条を抵当不動産の取得時効による抵当権の消滅に関する規定と位置づけ、第三取得者は抵当権自体の消滅時効（167条2項）によって保護されるという判例法理が確立した。しかし、最高裁判所の時代になって、特に397条の射程について疑義を生じさせる判例が現れる。

(5) **最三小判昭和43年12月24日（民集22巻13号3366頁）**

　Xは、昭和27年6月20日、所有者であるAから甲土地および乙建物の贈与を受け、以後これらを所有の意思をもって平穏かつ公然と占有してきたが、この贈与の前にすでに甲土地および乙建物にはBのために抵当権が設定されその登記が経由されていた。Y1は、昭和30年5月31日、上記の抵当権に基づく競売において甲土地および乙建物を競落し、昭和34年2月9日、その所

有権移転登記手続が経由され、さらに、Y2は、昭和35年8月17日、Y1から乙建物を買い受け、同月29日にその所有権移転登記手続を経由した。そこで、Xは時効によって甲土地および乙建物の所有権を取得したとして、Yらに対してこれらの所有権移転登記を請求した。原審が短期取得時効の成立を認めてXの請求を認容したのに対し、Yらが上告した。上告審では、短期取得時効の要件である善意無過失の対象が争点となった。

最高裁は、次のように述べて上告を棄却した。すなわち、「民法一六二条二項にいう占有者の善意・無過失とは、自己に所有権があるものと信じ、かつ、そのように信じるにつき過失がないことをいい、占有の目的物件に対し抵当権が設定されていること、さらには、その設定登記も経由されていることを知り、または、不注意により知らなかつたような場合でも、ここにいう善意・無過失の占有というを妨げないものと解すべきである。」

この判決は162条2項の時効についての主観的要件を判断するにすぎず、また、紛争当事者は抵当権者自身ではなく、抵当権に基づく競売における競落人とその承継人であった。しかし、このように取得時効によって競落人らの地位を覆すということは、結局は、その基礎となる抵当権の効力をそのかぎりで否定することを意味する。それゆえ、かかる取得時効を容認した本判決の立場は、当然、397条を取得時効による抵当権の消滅を規定するものと見つつ、かつ第三取得者にはそのような時効の利益を認めないとした(3)の大審院判例と対立する。それゆえ、従前の判例との関係では、その結論自体に疑問の余地があったというべきである。

3. 学　説

(1) 民法制定当時の学説

民法起草者の梅博士は、その注釈書において、396条・397条の規定を一連のものとして説明していた。

すなわち、396条は債務者および抵当権設定者のための時効に関し、397条はその他の者のための時効に関する。債務者および抵当権設定者に対しては、抵当権は債権と同時でなければ時効によって消滅することはない。抵当権は債権の従たるものであり、その担保を目的とする。債務の弁済を怠った債務者または抵当権設定者が、たとえ抵当権者が抵当権を行使しないとして

も、債権が時効にかかって消滅しない間は抵当権が時効によって消滅したとは主張しえないということには、普通の観念より疑いの余地はない。これに対し、債務者または抵当権設定者ではない者については、そのような理由がないために、たとえ債権がいまだ時効によって消滅しなくとも抵当権だけがその者のために消滅することは怪しむに足らない。しかしながら、元来抵当権は他の物権または債権と大いにその趣旨を異にするため、167条2項に定めた一般の消滅時効によっては消滅しない。もっとも、抵当不動産の買主が162条の条件を具備するときは、その者は完全なる所有権を取得すべきであるが故に、その結果として抵当権もまた消滅せざるをえない。その買主が不動産を買い取る際に抵当権の存在につき善意無過失であるとき、たとえば登記官吏が誤ってその抵当権を登記簿謄本から脱落させたときは、10年間の不動産の占有によって抵当権は消滅し、それ以外の場合でも、20年間これを占有するときは抵当権は消滅する。(12)

　岡松博士も、抵当権についての時効には、目的不動産が債務者または抵当権設定者の占有にある場合と目的不動産が第三取得者の占有に帰した場合があり、396条は前者の場合を定め、397条は後者の場合における規定であると説明していたが、さらに、抵当権自体が被担保債権から独立して消滅時効にかかることはなく、抵当権が被担保債権から独立して時効によって消滅するのは397条が規定する場合に限定されるという点をより強調した

　すなわち、抵当不動産が債務者または抵当権設定者の占有にある場合には、抵当権はその担保する債権と同時でなければ時効によって消滅しない。主たる債権が消滅するときは抵当権もまた消滅し、債権の時効が中断されれば抵当権の時効もまた中断され、債権の時効を停止させる原因は抵当権の時効をも停止させる。抵当権だけが債権に先んじて消滅することはなく、債権が消滅して抵当権だけが残留する理由はない。これに対して、抵当不動産が第三取得者の占有に帰したときは、債権の時効と抵当の時効とは互いに独立し、債権が消滅するときは抵当権はこれと同時に消滅するが、抵当権が消滅するときになお債権が消滅しない場合がある。しかして、抵当権を消滅させる原因となる時効の性質は取得時効なのか、あるいは消滅時効なのか。旧民法は抵当権の消滅時効と明言しているけれども、その作用が消滅時効に類似するにすぎず、その性質は取得時効であることには疑いの余地がない。けだ(13)

し、その時効が取得時効と同一の条件に従うからである。すなわち、第三取得者が時効によって完全な所有権を取得する結果、抵当権が消滅するのである[14]。

　このように、現行民法制定当時の学説は、2つの条項を一連の規定として理解し、かつ、397条の時効の性質を取得時効と見て、完全円満な所有権を取得させるという点において、第三取得者にもこれを適用する立場をとっていた。この考え方は、後述のように、2つの条文の沿革に忠実なものであった。ただ、396条に関する説明については、梅博士と岡松博士との間で差異がある。岡松博士は債権の消滅時効の中断があればその効力は抵当権にも及び、抵当権の消滅時効は債権のそれに一般的に服するという考えをとっており、これは後述のように396条の沿革に相応するものであった。これに対して、梅博士は、抵当権の消滅時効が債権のそれに服するのはむしろ債務者と抵当権設定者との関係に限られるかのような説示もしながら、結論的にはその他の者との関係においても抵当権自体の消滅時効を容認しない立場をとっている。この梅博士のやや一貫しない説明に、その後の改説の萌芽を見ることができたといえよう。

(2) **一般の消滅時効を容認する学説の定着**

　梅博士は、その注釈書の改訂版において従前の説を修正した。すなわち、396条が債務者および抵当権設定者のための時効、397条がその他の者のための時効、という立場を維持しつつも、397条の注釈において、旧版で述べていた抵当権と他の物権との差異に言及しなくなり、抵当権も167条2項の一般の消滅時効によって消滅することがあるとするに至った[15]。本来、396条と397条を一連の規定として理解する立場は、時効による抵当権の消滅はもっぱらこの2カ条によって律せられるという前提の下でこそ説得的となる。そうすると、この改説は、その後の学説がそのような解釈から離れ、2つの条文を別個・独立のものとして理解する傾向を生み出したかもしれない。

　はたして、大正前期に現れた中島博士の注釈書においては、そのような解釈が前面に出ている。中島説は一方で、396条を抵当権の独立した消滅時効を債務者および物上保証人との関係でのみ否定したものにすぎず、その他の者との関係では167条による抵当権自体の消滅時効が認められるべき旨を説く。すなわち、抵当権が従たる権利であることを争うことはできないが、抵

当権と債権とは別個の権利であるが故に、一方の権利に対する時効の中断は他の権利に対する時効の中断となることはない。それゆえに、債権については時効の中断あって時効がいまだ完成しなくとも、抵当権については中断がなく時効が完成することはありうる。しかしながら、この理論を貫くときは、債務者および抵当権設定者のごとき債務の弁済の義務またはこれを担保する責任のある者が、債務が弁済されないにもかかわらず担保権の消滅を援用しうる結果となり、徳義に反することはなはだしい。それゆえ、396条は時効の効力に制限を加えた。(16)

　他方で、中島説は、397条を抵当不動産の取得時効の効果を定めたものと位置づけ、善良の風俗を理由に債務者および物上保証人にはその効果が認められないことを示したものと見る。すなわち、抵当不動産につき所有権の取得時効に必要な条件を具備する占有をなした者があるときは、抵当権はこれによって消滅する。所有権の取得時効と抵当権とは両立しえないためである。本条には単に取得時効とあって所有権の取得時効という文字はないが、抵当権と両立しえない権利は所有権のみである。債務者が所有権の取得時効を得るのは第三者が抵当権を設定した場合であり、抵当権設定者が所有権の取得時効を得るのはいったんその所有権を第三者に譲渡した後である。けだし、所有者自身は所有権の取得時効を得ることができないのが当然だからである。これらの場合に抵当権が消滅しないのは、債務弁済の義務のある者または担保を供しその弁済を確実にすべき者が債務消滅前に抵当権の消滅を主張するのが、善良の風俗に反するためである。(17)

　このように、中島説は396条と397条を切り離し、前者を抵当権の消滅時効に関する規定、後者を所有権の取得時効の効果を定める規定と解している。397条が第三取得者に適用されるか否かは明言していないが、取得時効が所有権を有しない者のみに認められるという説明からは、当然第三取得者には本条の適用はないという立場にあるのだろう。まさしく、この考え方はその後の大審院判例に通じている。この中島説以降、学説上は、396条を債務者および物上保証人との間でのみ抵当権自体の消滅時効を否定する規定、397条を所有権の取得時効による効果を定める規定と捉える説が支配的となった。(18)

(3) 反対説の台頭

2.の(3)および(4)の大審院判例は、まさに当時の支配的学説と同様の立場にあったといえよう。ところが、これらの判例が登場する頃になって、397条の時効を明確に抵当権の消滅時効と位置づける見解が現われ、また、396条と397条を一連の規定として解釈する説が改めて有力に主張されるようになった。

a. 鈴木説と土屋説

最初に397条が抵当権の消滅時効に関する規定であると明確に主張したのは、鈴木於甪弁護士の論文であった[19]。鈴木説の要点は次のとおりである。

仮に397条によって抵当権が消滅することを債務者または物上保証人ではない者が取得時効によって所有権を取得する結果として説明すれば、第三取得者にはおのずから同条の適用はないことになる。すでに所有権を有する第三取得者が重ねて時効によって所有権を取得することは、ありえないからである[20]。

しかし、397条の元である旧民法債権担保編296条では、第三取得者が抵当不動産を一定期間占有することによって抵当権が消滅することとされており、現行の条文も「債務者又ハ抵当権設定者ニ非サル者」とのみ規定し、第三取得者を除外する文意はなく、これを除外すべきものとして解釈する他の根拠もない。かえって、所有権を有しないで占有をなす第三者にすら抵当権消滅の利益を与えるならば、真に所有権を有して占有をなす第三取得者のためにはよりいっそうかかる利益を付与すべきである[21]。

このように第三取得者にも397条が適用されるとすれば、同条を所有権の取得時効の効果を定めたものと理解することはできない。条文が、簡潔に「取得時効ノ完成シタルトキハ」とは云わず、殊更に「取得時効ニ必要ナル条件ヲ具備セル占有ヲ為シタルトキハ」と云っている点をよく玩味すべきである。さらに、397条を取得時効の効果を定めたものと解すると、たとえば、抵当権の被担保債権の弁済期限が20年後に到来するためにそれまでは抵当権の実行ができない場合でも、第三者が抵当不動産について取得時効の要件を具備した占有をしてしまうと抵当権が消滅してしまうが、これははなはだ不都合である[22]。

地役権に関する289条は、290条との関連で地役権の消滅時効に関する規定

といえる。したがって、これと同趣旨の規定といえる397条も消滅時効の規定と解すべきである。この場合、その適用のためには抵当権者の権利の不行使が必要であり、この消滅時効は抵当権者がその権利を行使しうるときより進行するものといわなければならない。

この鈴木説に応接したのが土屋潔弁護士の論文であった。同氏は、397条の適用を第三取得者にも認めるという点では鈴木説に賛意を示しつつ、しかし、この時効を消滅時効とすることには次のように反対した。

すなわち、消滅時効の進行は権利者が権利を行使しないために開始するものであり、権利が行使されたときには明文の規定を待つまでもなく性質上当然に時効が中断される。289条と397条は地役権や抵当権の不行使を権利消滅事由としているのではなく、これとは無関係な占有の継続を権利消滅事由としているから、これは性質上消滅時効ではない。289条が消滅時効の規定であるならば、地役権者の権利行使によって時効が中断するという290条の規定は不要である。

抵当権は167条2項により20年の消滅時効にかかるが、396条は債務者や抵当権設定者に対しては被担保債権から独立して抵当権のみが消滅時効にかからないことを規定する。それゆえ、397条が抵当権の消滅時効の規定であるならば、当然そこでも396条の適用を受け債務者および抵当権設定者は除外されるから、397条が重ねてこれらを除外する旨を規定する必要はない。それにもかかわらず397条がそのように規定した所以は、397条の場合には396条が適用されないことを前提にしたものであり、そのことは397条が抵当権の消滅時効に関するものではないことを意味する。

かくして、土屋説は、289条または397条による権利の消滅はいずれも取得時効ではなく、また消滅時効でもなく、特殊な占有継続の効果であると主張する。この際、鈴木説が指摘した、抵当権を実行できないにもかかわらず抵当権が消滅してしまうという不都合については、民法が抵当権の長期存続を欲しないで特別の最長期を規定する以上、その最長期を超える弁済期の債権が不利益を蒙るのはやむをえないという。

以上の鈴木説と土屋説からは、次のような示唆が得られよう。すなわち、397条の沿革からは、同条は第三取得者にも適用されるべきであるが、これをそのまま認めてしまうと抵当権者が権利を行使しえない段階でも抵当権が

消滅する危険がある。そこで、この規定を消滅時効に関する規定と解すれば、時効の起算点を抵当権を行使しうる時点に引き延ばすことができ、不測の事態を防止することができる。しかし、396条が抵当権設定者との関係でのみ抵当権の消滅時効を否定したものと解するかぎり、397条を端的に消滅時効に関する規定と理解することは難しくなる。

b. 来栖説と有泉説

来栖博士は、396条・397条の意義を次のように捉える。396条・397条は旧民法債権担保編295条・296条・297条、遡ってフランス民法旧2180条に由来し、この沿革に即して考えると、396条は、抵当不動産が債務者および抵当権設定者の手許にとどまっているかぎり被担保債権から独立して抵当権だけが時効によって消滅することはないとの意味であり、同条から、それ以外の者、たとえば後順位抵当権者や第三取得者に対しては抵当権が独立して時効によって消滅するとの結論が出るものではない。抵当不動産が第三者の手中に帰した場合には抵当権が被担保債権から独立して消滅することがあるが、397条はまさにその要件を規定したのである。したがって、397条が判例のいうように第三者による抵当不動産の時効取得の効果であるか否かは措くとして、抵当権が被担保債権から独立して消滅するのは397条の規定する場合のみであると思われる[29]。

それにもかかわらず、来栖博士は、2.(3)の大審院判例の結論に対しては反対しない立場をとる。すなわち、抵当権について公示主義がとられている以上、397条は適当な規定ではない。この規定の由来するフランス民法旧2180条は古法の隠れた抵当権の時代には効用を有したが、現在においては無用有害であり、1850年および1851年の抵当権法の改正案に際しては削除の提案がなされた。したがって、わが国の従来の判例も、占有者が抵当権の存在を承認したときには抵当権が消滅しないとして、397条の適用を狭めようとしたが、2.(3)の判例はこれを徹底したといえる。その態度は近代法における抵当権強化の傾向にも合致し、首肯できる[30]。

来栖説とほぼ同様の立場をとったのが、有泉博士である。有泉博士も、396条と397条を来栖説とほぼ同様に捉えつつ、ただ、単に担保物権が債権に従たる権利である点をあげるだけでは抵当権自体の消滅時効が認められない積極的理由としては十分ではないとして、次のように述べる[31]。

担保物権は、用益物権が目的物の現実的利用をその本体とするのに対して、目的物の交換価値を押さえておくことをその本体とする。もとより、いざという場合には目的物を換価し、優先弁済をうける権利が伴う。しかし、換価権を発動しなければ担保物権の行使がないわけではなく、交換価値の上に座っていることによって、担保権は、経済的な意味ではもちろん、法律上も充分働いているのである。すなわち、166条にいわゆる「行使」があると見ることができる。このことは、価値の上への座り方が占有という形で成り立つ留置権、質権においても、登記によって成り立つ抵当権においても同様である。したがって、担保物権は有効に価値の上に座っているかぎり行使されているのであるから、消滅時効が進行するはずがない。[32]

そして有泉説も、2.(3)の大審院判例には文理解釈の点で大いに問題があることを指摘しながらも、[33] 抵当権強化の意義の重要性や抵当権が登記簿上は行使されているという点を根拠に、その結論には賛成する立場をとる。[34]

来栖説や有泉説は、立法の沿革に忠実に従えば本来は397条の適用を第三取得者に認めざるをえないところ、そのことは抵当権を不安定にしてしまう点で適切ではないことを主張したものといえる。また、抵当権には167条2項による一般の消滅時効が認められないという前提をとる点で、来栖説には前述の鈴木説のような難点もない。ただ、抵当権の安定のためには、第三取得者への397条の適用を一切否定するのではなく、鈴木説のようにこれを消滅時効の規定と解し、その起算時点を被担保債権の弁済期到来時に定めるという解釈もありえたかもしれない。来栖説がそのような立場をとらなかったということは、むしろ397条には取得時効の性質があることも暗に認めていたことを示すものではないか。後年、来栖説を397条を消滅時効として位置づけた説として紹介する見解が多いが、[35] それは必ずしも正確ではない。来栖博士は、決して本条の時効を「消滅時効」とは表現していなかった。

c. 我妻説による来栖説の応接

学説でふたたび396条と397条を一連の規定として理解する説が有力に主張される一方で、なお判例の考え方を基本的に支持する見解も主張された。

まず、柚木博士は、2.(3)の判例の評釈において、396条と397条を一連の規定として位置づける解釈を曲解に近いと批判した。すなわち、本来抵当権と債権とは別個の権利であるから、債権が消滅時効にかからない間に抵当権の

みが消滅時効によって消滅しうるのが理屈である以上、396条は債務者と抵当権設定者との関係でのみ信義則によってこれを制限したものと解すべきである。他方で、第三取得者に継続占有による抵当権消滅の利益を与える実質的理由は存在しない。いやしくも不動産については登記という公示方法が存する以上、その取得時効は本来登記との関係において決しなければならないからである。(36)

これに対して、我妻博士は、民法が制限物権の客体について第三者の一定の占有状態が継続する結果としてそれが消滅することを消滅時効の一態様と考えたと推測しうる点から(地役権の289条・290条を引用する)、来栖説を民法の体系としても合理性があるものと評価しつつ、しかしなお、判例理論が簡明であり不当な結果とならないとしてこれを支持する(37)。というのは、仮に397条を抵当権の消滅時効の規定と見ると、長期の年賦償還債務の抵当権について最後の弁済期の到来する前に第三取得者について397条の要件を充たす占有が完成するというのは不合理であるため、被担保債権の弁済期を考慮しなければならないが、その根拠の説明の点において問題は必ずしも簡単ではないからである。(38)

この我妻説の背景には、我妻博士自身による比較法の研究もあると思われる。そこでは、次の点が指摘されていた。第三取得者の占有によって抵当権の消滅を認めるフランス民法旧2180条4号3項は、不合理なものとして位置づけられている。というのは、第三取得者は登記簿によって抵当権の存在を知っているから特別の不利益を蒙らないにもかかわらず、債権の効力を確保する抵当権のみを消滅させて債権者に不当な損失を与えるのは至当な態度ではないからである。他方で、フランス法の解釈論においては、同項の時効が取得時効か消滅時効なのかが議論されているが、実務上は、被担保債権に条件または期限が付けられているときには、同項による抵当権自体についての時効の進行も止められるという判例理論が確立して以来、かかる性質論によって格別の差異が生ずることはなくなっている(39)。

おそらく、我妻説は、登記による公示が完備している抵当権が第三取得者の占有によって消滅することの不合理を考慮して、フランス判例のように時効の進行を弁済期到来後にのみ認めるという解釈可能性は意識しながら、その解釈論的根拠に疑問が残るために、端的に第三取得者には397条が適用

(4) 我妻説以降の学説
　a. 第三取得者に対し397条の適用を否定する立場の一般化
　上記の我妻説以降、学説は、396条と397条の意義について判例のような立場をとる説と来栖説のように両者を一連の規定として理解する説に分かれた感がある。しかし、いずれにしても、397条を第三取得者に適用することには疑問を呈する見解が多い。⁽⁴⁰⁾

　たとえば、前者の立場をとる鈴木禄弥博士は、397条について、被担保債権の最終弁済期以降の占有が取得時効の要件を充たす場合にのみ抵当権は消滅すると解し、さらに、第三取得者は抵当権の存在を登記によって承認したうえで目的不動産を譲り受けたものと見られるから、第三取得者に対する関係では397条にかかわらず抵当権は存続するという。川井博士も、第三取得者は抵当権の負担を覚悟すべき立場にあり、これを物上保証人に準じて扱ってよいという。さらに、鈴木直哉教授は、有効に所有権を譲り受けた第三取得者のみならず、譲渡契約の無効等によって所有権を得られなかった譲受人に対しても397条の適用を否定する立場をとる。

　他方で、後者の立場をとる野村教授も、抵当権の存在につき悪意で目的不動産を譲り受けた第三取得者の占有によって抵当権が消滅することを不当と見て、立法論として、抵当権の存在につき悪意で占有が開始された場合には、たとえ20年間占有がなされても抵当権の負担の付いた所有権しか取得されないとすべきとする。また、星野博士は、解釈論として、抵当権につき悪意で占有を開始した第三取得者に対する関係では抵当権は消滅しないという立場をとる。さらに平野教授は、有効に所有権を譲り受けた第三取得者のみならず、契約の無効によって所有権を得られなかった譲受人に対しても397条の適用を制限する立場をとる。

　また、後者の立場をとる学説の多くは、397条の時効の性質を明確に消滅時効として位置づけるようになっている。つまり、396条も397条も消滅時効に関する規定として理解し、397条は抵当権が独立して消滅時効に服する場合を定めたものと解する。

　b. 一般の取得時効と397条との関係を問題とする見解
　さらに、我妻説以降の学説の中には、一般の取得時効の効果と397条との

関係に焦点を当てるものが多い。その契機となったのが、前述の最三小判昭和43年12月24日（民集22巻13号3366頁）とこれに関する横山調査官の解説である。

横山解説は、取得時効によって取得される権利の内容が時効の基礎たる占有の態様によって定まり、占有者が抵当権の存在を容認して占有を継続したと認められる場合には、所有権の取得時効が完成しても抵当権は消滅しないという大審院判例の立場(2.(1)参照)は、上記の最高裁判例によっても変更されないとして、なお、裁判においては抵当権の存在を容認した占有であることが示されれば抵当権の消滅が否定される余地がある旨を指摘した。この際、抵当権が登記により公示され交換価値の上に座っている状態（前述の有泉博士の命題）を占有者が知りつつ放置してきたという客観的事実が、抵当権を容認した占有と判断する要素として考えられる旨を示唆した。

この横山調査官の見解を受けて主張されたのが、遠藤博士の説である。遠藤説も、取得時効が占有を要件とする以上、取得される所有権は占有の態様に応ずるものでなければならず、目的不動産に付着している権利を認容しつつ占有すればその権利の付着した所有権を取得し、それを排斥した占有をすればそれが付着しない所有権を取得するという。そのうえでこう主張する。問題はいかなる占有が抵当権を排斥した占有と判定されるのかであるが、抵当権は価値権であるが故にこれを排斥する占有は考えられない。なぜなら、抽象的な交換価値を事実上の支配で無に帰することはありえないからである。だからこそ、397条が設けられた。すなわち、397条は、占有の態様、抵当権を認容した占有か否かを問わず、取得時効の要件を充たす占有の継続によって抵当権が常に消滅することを定めたといえる。

遠藤説は397条の時効を取得時効と捉えるものといえるが、全く別の立場から一般の取得時効の効果と397条との関係を論じたのが、清水博士の研究であった。清水説は、時効によって抵当権が消滅するケースとして4つをあげる。すなわち、第一は、被担保債権の消滅時効による抵当権の消滅、第二は、167条2項による抵当権自体の消滅時効、第三は、162条による所有権の取得時効の反射的効果としての抵当権の消滅、そして、第四が、397条による抵当権の消滅である。このことを前提に、清水博士は次のように主張する。判例では、第三と第四が分別されず、むしろ397条は所有権の取得時効の効果として説明されているが、仮にそうであれば、397条の表現は「債務者

又ハ抵当権設定者ニ非サル者カ抵当不動産ニ付キ時効ニ因リ所有権ヲ取得シタルトキハ」となるはずである。むしろ、397条は、第三取得者が自己の所有権取得を前提としながら、さらに占有継続を根拠として抵当権の消滅を主張することを認めたものであり、その第三取得者の抵当権に関する主観的態様によって抵当権消滅に要する占有期間を区別するのがよい。かかる主張は、来栖説から示唆を受けたものとされているが、来栖説とは異なり、清水説は、第三取得者への397条の適用によって抵当権の長期存立に歯止めをかけることはむしろ妥当であると評価している。

このように、遠藤説と清水説は、397条の時効の性質については異なる立場をとりながら、一般の取得時効(162条)とは異なる独自の意義を397条に見出そうとするものであった。

近時でも、道垣内教授は、抵当権自体については167条2項による消滅時効は認められないという立場をとりつつ、397条の意義を次のように説明する。すなわち、抵当権を排斥する態様の占有がなされた場合には一般の取得時効により抵当権が消滅するとしても、前述の横山調査官の見解によれば、抵当権設定登記のあるケースではほとんどが抵当権を排斥しない態様の占有と判定されることになりかねない。しかし、被担保債権が消滅時効にかからないかぎり抵当権が永続するというのも妥当ではない。そこで、被担保債権から離れた抵当権の時効消滅についてはもっぱら397条が適用され、取得時効と同じ要件が充たされれば、所有権の取得時効の効果としてではなく、同条の効果によって抵当権が時効消滅すると解すべきである。この際、抵当権消滅に要する占有期間は、占有者が占有開始時に抵当権の存在につき善意無過失であれば10年、その他の場合には20年とすべきである。

角教授は、397条の独自の意義を次のように説明する。すなわち、所有権の時効取得は原始取得ではあるが、時効によって取得される所有権の内容や範囲はその基礎である占有の態様によって決まるから、取得時効の対象物に存した制限物権が常に消滅するわけではない。しかし、非占有担保である抵当権については、そもそも抵当権の存在を前提とする占有を観念しうるのかという問題もあるため、時効によって取得される権利の内容はその基礎となる占有の態様によって定まるといっても、取得時効における抵当権の運命ははっきりしない。そこで、397条は、取得時効の効果として抵当権が消滅す

ることを特別に定めたものと解すべきである[58]。

　道垣内説も角説も、一般の取得時効の理論では認められない帰結をもたらす点に397条独自の意義を求めるものといえる。ただ、道垣内説は397条の時効を消滅時効と解し、第三取得者への適用を容認する立場をとるのに対し（ここには抵当権の長期存続に対する否定的評価がある[59]）、角説は、同条の時効も取得時効の一種と見て、公示の原理との関係でこれを第三取得者に適用することに対しては否定的立場をとっている[60]。

4. 検討──従前の議論の問題点

　(1)　以上のように、古くから学説には396条・397条について２つの見方があった。その後、396条と397条を切り離して後者を取得時効の効果に関する規定と位置づける判例が確立し、これを受けて学説は多様化し深化していったといえる。しかしなお、従来の議論には以下のような問題点が残っている。

　(2)　まず、判例のごとく396条はあくまで債務者および抵当権設定者との関係でのみ167条２項による抵当権自体の消滅時効を否定するものと解する場合、なぜこれらとの関係でだけ消滅時効が否定されたのかを説明しなければならない。従前の学説は、その理由を債務ないし抵当権を自ら負担した者が消滅時効を主張することが信義に反する点に求める。しかし、そもそも一般の債権の消滅時効においては、自ら債務を負担した債務者が時効を援用できるとする点に異論はなく、むしろそのような債務者こそが消滅時効の第一次的な援用権者として容認されてきた。それにもかかわらず、抵当権についてのみこれを負担した者が信義則を根拠に時効を主張しえないというのは、到底一貫した説明とはいえない。

　これに対して、396条と397条を一連の規定として理解する学説は、抵当権自体には一般の消滅時効が認められないという前提をとり、その根拠をこれらの規定の沿革に求める。ただし、そこではなぜ抵当権の独立した消滅時効が認められなかったのかが明らかにされていない。しばしば、抵当権が債権に従属する点が独立した消滅時効の否定の根拠とされている。しかし、この点もすでに有泉博士が指摘したように十分な根拠とはいいがたい。本来、債権への付従性とは、抵当権が債権の担保・満足を目的とする権利である点か

ら、債権が存在しない場合にはこれは認められないという原理を意味するが、この原理は、逆に債権から独立して抵当権が消滅することまで否定するものではない。たとえば、抵当権者が被担保債権を存続させつつ抵当権のみを放棄する意思表示をした場合、この放棄の意思表示は有効といえる。そうであれば、なぜ時効だけが債権から独立して認められないのかは、付従性だけでは十分に説明できない。

現行法の解釈論として、債権から独立した消滅時効を否定する立場をとろうとするならば、まず、なぜ沿革的にそのような時効が否定されてきたのかを探求し、そのうえでその理由が今日においても同様に妥当しうるかを検討すべきであろう。この意味で、従来の議論はなお十分ではない。

(3) 次に、大審院判例のように、397条が所有権の取得時効の効果を示したものにすぎないと解すると、なぜそのような規定があえて設けられたのかという点が問題となる。近時の学説が一般の取得時効と本条との関係を問題にしたのももっともなことである。ここでは、所有権の取得時効が抵当権などの制限物権に対していかなる影響を及ぼすのかが究極的に問われることになる。もともと、起草者の梅博士が、本条の時効期間を左右する占有者の善意無過失の対象を所有権の欠如ではなく抵当権の存在と見ていた点からも、この時効が本当に所有権の取得時効の効果を示したものなのかは疑わしい。もちろん、抵当不動産についての所有権の取得時効によって抵当権が当然に消滅するという立場をとりつつ、397条は債務者と抵当権設定者がその効果を享受しえないことを規定した点に意味があるという説明も可能ではある。しかし、そのような立場をとるにしても、なぜ債務者と抵当権設定者が除外されたのかを明らかにしなければなるまい。[61]

これに対して、396条と397条を一連の規定として理解する学説は、沿革上は第三取得者が397条の適用範囲にあったことを指摘しているが、なぜ本条が抵当権設定者を排除しつつ第三取得者を保護しようとしたのかについては、十分な説明をしていない。それゆえ、この点についてもさらなる沿革的研究の必要性は否定できない。

さらに、396条と397条を一連の規定として理解する近時の学説は、397条を消滅時効の規定として理解するが、これも疑問である。もともと、来栖博士の説は、ここでの時効を明確に消滅時効として位置づけていたわけではな

い。むしろ、397条の時効を消滅時効として位置づけたのは、それよりも前の鈴木弁護士の説であった。鈴木説は、397条を消滅時効と解することにより、かかる時効の起算時を単なる占有開始時ではなく抵当権の被担保債権の弁済期限に求めていた。本来、消滅時効が権利を行使しうる時点から進行するものである以上、鈴木説はそのかぎりでは一貫したものといえる。ところが、397条の時効の要件としてはそのような点は一切触れられておらず、むしろ、その要件は一般の取得時効と変わらないものとして規定されている。この点で、はたして同条の規定が消滅時効として設けられていたのか自体が疑わしい。すでに我妻博士が指摘しているように、397条の母法であるフランス民法旧2180条の解釈論においても、ここでの時効を取得時効と見るべきか、消滅時効と見るべきかについて議論があったのである。我妻説が来栖説を合理的なものとして評価しながらなお判例の立場に従ったことは、この点と無関係ではない。

　(4)　このように、396条・397条の意義を理解するためには、まずは、それぞれが沿革上具体的にいかなる趣旨で設けられるに至ったのかを探求しなければならない。そこで、次節では2つの規定の沿革に焦点を当てることにしたい。

Ⅲ　民法396条・397条の沿革

1.　民法制定段階の議論

⑴　旧民法の規定

　すでに触れたように、396条・397条が旧民法債権担保編295条・296条・297条を承継したものであり、さらに、旧民法のこれらの規定がフランス民法旧2180条に由来していることは、来栖博士の研究によって指摘されていたところである。そこでまず、旧民法の条文を以下に列挙しよう。

旧民法債権担保編第295条
①抵当ノ時効カ不動産ノ債務者ノ資産中ニ存スル場合ニ於テハ債権ノ時効ト同時ニ非サレハ成就セス
②右ノ場合ニ於テ債権ニ関シ時効ノ進行ヲ中断スル行為及ヒ之ヲ停止スル原因ハ抵当ニ関シテ同一ノ効力ヲ生ス

同第296条
　抵当不動産ノ所有者タル債務者カ其不動産ヲ譲渡シテ取得者又ハ其承継人カ之ヲ占有スルトキハ登記シタル抵当ハ抵当上ノ訴訟ヨリ生スル妨碍ナキニ於テハ取得者カ其取得ヲ登記シタル日ヨリ起算シ三十个年ノ時効ニ因リテノミ消滅ス但債権カ免責時効ニ因リテ其前ニ消滅ス可キ場合ヲ妨ケス
同第297条
①真ノ所有者ニ非サル者カ不動産ヲ譲渡シタルトキハ占有者ハ其善意ナルト悪意ナルトニ従ヒ所有者ニ対シテ時効ヲ得ル為メニ必要ナル時間ノ経過ニ因リ抵当債権者ニ対シテ時効ヲ取得ス
②無権原ニテ不動産ヲ占有スル者ニ付テモ亦同シ

(2)　396条・397条の制定の経緯

　旧民法の起草者であるボワソナードがいかなる趣旨で上記の規定の草案を設けたのか、また、それが現行民法制定段階でどのように受けとめられたのか、については、近時の草野教授や田中教授の研究によって、およそ以下の内容までは明らかにされている。(62)

　まず、旧民法の段階では現行法167条2項のような消滅時効の一般規定はなく、抵当権の時効消滅はもっぱら上記の規定によって処理されていた。ボワソナードは、旧民法草案の注釈書で、債権担保編295条に関し、債権の時効を中断した者がその抵当権を保存するために特殊の配慮をしなければならないというのは認めがたい旨を述べており、これは抵当権が債権から独立して消滅時効にかかることを否定する趣旨であったといえる。(63)

　次に、旧民法債権担保編297条では、時効期間が、抵当不動産を非所有者から譲り受けた者が抵当権の存在につき善意であれば15年、悪意であれば30年とされているのに対し、同296条では、常に時効期間が30年とされている点について、ボワソナードは旧民法草案の注釈書で次のように述べる。すなわち、抵当不動産の所有者からこれを譲り受けた第三取得者は、登記によって抵当権の存在を知ることができるから、いかなる場合でも第三取得者は法律上抵当権の存在につき悪意と判定される。(64)

　現行民法396条は旧民法債権担保編295条を、現行民法397条は旧民法債権担保編296条および297条を受け継いだが、法典調査会において、梅起草委員はこの点につき次のように説明していた。(65)まず、396条についてはこうであ

る。この規定は基本的に旧民法の規定の文字を改めただけであり、ただ、旧民法の「債務者」という文言では物上保証人が包含されない恐れがあるから、これに「抵当権設定者」を付け加えた。また、時効の中断に関する旧民法債権担保編295条2項の部分については総則において規定が設けられるから、これは削ることにした。次に、397条については、旧民法では真の所有者から抵当不動産を譲り受けた第三取得者とそれ以外の者との間で抵当権の消滅に要する時効期間が区別されていたが、むしろ前者こそ保護に値すると考えられるため、これらの区別は廃止することにした。

最後に、特に物権に関する消滅時効の規律に不足が生じないように、現行民法には消滅時効一般の規定を設けることにしたが、このことは特別の規定があればそれが優先することを否定するものではなかった。(66)

(3) 未解明の問題

しかし、上記の先行研究においては、Ⅱ4.において指摘した問題点に関して明確な解答が示されていない。すなわち、民法起草者らが、被担保債権の時効中断の効力が抵当権にも及ぶことにより、抵当権の独立した消滅時効は認められない、という立場を採用したとしても、なぜ被担保債権の時効の中断にそのような効力が認められたのか、債務者および抵当権設定者が397条の時効の利益を享受できないとされた理由は何か、397条は一般の所有権の取得時効との関係でいかなる意味を持つのか、そして、397条の時効の性質は取得時効と消滅時効とのいずれであったのか、という問題である。

もっとも、397条の時効の性質については、旧民法の段階で多少の議論があった。ボワソナードは、旧民法草案の注釈書において、抵当権の時効が不動産の自由を取得するという性質を有するか、あるいは抵当権の負担から免責するという性質を有するかについて疑いがあるとしつつ、ただ、この時効は、取得時効、すなわち完全に自由な所有権の取得を推定させる時効のルールに従う点には疑いがない、と述べていた。(67)さらに、ボワソナードは、旧民法ではかかる時効が被担保債権の期限と条件によっては停止されない旨が規定されていた点(債権担保編298条2項)について、第三所持者は目的不動産を負担のないものとして占有するから、債権者はこれに対して争わなければならない、とも説明していた。(68)これはおそらく、この時効の性質を取得時効と見るものと思われる。(69)

井上博士による旧民法債権担保編296条・297条の注釈においては、そこでの時効がより明確に取得時効の1つとして説明されていた。井上博士はこう述べる。296条の時効は取得時効の1つであるが、そこではいかなる権利が取得されるのだろうか。第三所持者は所有権をすでに債務者たる所有者から取得しているため、時効によってこれを取得するべき理由はない。この場合、第三所持者が取得すべきものは、目的不動産の支分権といわざるをえない(70)。これに対し、297条の場合には、第三所持者が目的不動産につき完全な所有権を取得するには、第一に所有者に対して時効を得、第二に抵当債権者に対して時効を得なければならない。そこで疑問となるのが、抵当権の時効を得るには必ず所有権の時効を得なければならないのか、換言すれば、抵当権の時効は所有権の時効の結果として得られるべきものか、あるいは、所有権と抵当権とは全く別個のものであり、抵当権の時効が所有権の時効と同一の条件によって成就するものであるのか、換言すれば、所有権の時効を得なくとも抵当権についてのみ時効が生じうるのか、である。これを法理上から考察すれば、所有権に対して時効が得られなくとも、抵当債権者に対して所有権の時効を得るために必要な時間が経過したときは、抵当権の時効は生じうる(71)。

このように、旧民法時には、債権担保編296条ないし297条の時効を取得時効と位置づけ、しかも、かかる取得時効を所有権の取得時効とは異なるものとして捉える学説があった(72)。実は、梅博士も、フランスの学説にはこの時効の性質を取得時効と捉えるものがあることを認識していた(73)。もちろん、はたしてそれが一般的な考え方であったのかはなおはっきりしない。そこで、このような時効の性質やその他の問題点の解明のためには、母法であるフランス民法における議論、さらにはその基礎となったローマ法の議論に遡ることが必要となろう。

2. フランス民法とローマ法
(1) フランス民法旧2180条4号の解釈論

フランス民法旧2180条は、先取特権および抵当権の消滅事由を定める規定であった。同条4号は、第2項で、目的財産が債務者の手中にある場合には、主たる債権のために規定された期間の経過によって先取特権および抵当

権の時効が完成する旨を規定し、第3項で、目的財産が第三取得者の手中にあるときには、所有権を取得すべき時効期間の経過によって先取特権および抵当権の時効が完成する旨を規定していた。

そもそも、フランス民法旧2180条1号では、主たる債務の消滅が抵当権の消滅事由とされており、被担保債権が消滅時効にかかればこれによって抵当権が消滅することは明らかになっている。それにもかかわらず同条4号の第2項の規定が設けられた理由は、ローマ法やフランス古法において、被担保債権の時効完成より10年間、抵当権が存続するという事態が認められていたため、これを明確に否定する点にあるとされている[74]。したがって、第2項の規定は、債務者との関係でのみ被担保債権から独立した抵当権自体の消滅時効を否定するというものではなく、第3項の場合のほかに第2項が債務者以外の者との関係で抵当権の独立した時効を認めるわけではない。

そして、第3項の規定は、第三取得者が目的不動産を占有する場合には、被担保債権が存在してもなお抵当権のみが所定期間の経過によって消滅することを定めたものであり、これは、ローマ法において担保権の時効の1つであった長期占有の抗弁(longi temporis praescriptio)ないしは自由状態の使用取得(usucapio libertatis)をフランス古法が受け継ぎ、さらにそれをフランス民法典が受け入れたものとされている[75]。この時効は所有権の取得時効とは別個・独立のものとされており、それゆえに、それは所有権を有しないで抵当不動産を占有する第三者のみならず、所有権を有する第三取得者にも認められ、また、時効期間の長短を左右する占有者の善意の対象は所有権の存否ではなく、抵当権の存否であると解されている[76]。

この第3項の規定は立法論として問題視され、その削除の案が出されたことがあった[77]。というのは、抵当権が公示されなかったローマ法においてはかかる時効は有用であったが、フランス民法では抵当権は登記によって公示されるから、第三取得者はその存在を登記によって調べれば足りるし、他方で、この時効は、毎年利息を受領して目的不動産の所有者の変更に配慮せず、時効を中断する行為もしない債権者にとって非常に危険であるからである。しかし、結果的には第3項は存置され、2006年の担保法に関する改正の後においても、この規定は2488条4号の中に存続している[78]。

この時効の性質を取得時効と見るべきか、あるいは消滅時効と捉えるべき

かについては議論がある。たとえば、Mazeaudは、これを取得時効と見れば取得されるべきは抵当権からの自由となる点に疑問を呈し、むしろこれを消滅時効と見る[79]。しかし、従前の学説は、これが抵当権からの解放を目標とする点で消滅時効に近い面を有することを認めつつも、その要件として継続的占有が求められる点を重視し、これを取得時効と解していた[80]。

ところが、被担保債権に条件や期限が付されている場合、この時効の起算時点をその条件成就時や期限到来時に定める判例法理が確立した[81]。本来、第3項の時効を取得時効と見るならば、かかる判例に対しては異論もありえよう。この時効が取得時効であるならば、抵当権を行使しうる時期にかかわりなく、あくまで占有開始時が起算時点になるべきであるからである。実際に、かつては、被担保債権に条件や期限が付されていても、この時効が停止することはないと解されていた[82]。しかし、学説は上記の判例に対して特に異論を唱えなくなってきており、むしろ、時効の性質論は理論的なものでしかないと評する説すら見られる[83]。判例が理論的な問題を抱えながらも反対されないのは、この時効制度が孕む前述の危険性に関連していると思われる。というのは、かかる時効の起算時点を被担保債権の弁済期限に定めれば、そのリスクは抵当権を実行しうる権利者のみに負担させることになり、危険を和らげることができるからである[84]。

このように、フランス民法旧2180条4号は、ローマ法の時効制度に由来している。それゆえ、この制度の本来の趣旨を理解するにはローマ法にまで遡る必要があろう。そこで参考となるのが、ローマ法に関するドイツの普通法学説である。

(2) **ローマ法と普通法学説**

ユスチニアヌス帝法以前のローマ法においては、所有権の時効については、市民法上の所有権の取得の原因として、正当な権原をもって善意で物を1年ないし2年（対象が土地の場合には2年、その他の場合には1年）占有した者に使用取得 (usucapio) が認められたほか、正当な権原をもって善意で物を10年ないし20年（当事者が異なる都市に住所を有する場合には20年、同じ都市に住所を有する場合には10年）占有した者は、所有者からの返還請求・訴えを拒絶しうるとする長期占有の抗弁 (longi temporis praescriptio)、さらには、正当な権原または善意という要件を欠く場合でも、30年ないし40年占有を継続すれば所有者か

らの返還請求・訴えを拒絶しうるとする最長期占有の抗弁(longissimi temporis praescriptio)が認められていた[85]。

　使用取得に対して、後二者はもともと所有権に基づく訴権に対する抗弁であり、消滅時効の性質を持つものであったが、長期占有の時効に関しては、所有者からの請求に対する抗弁だけでなく、占有を喪失した場合に現在の占有者に対する回復請求も認められるようになり、その性質はユスチニアヌス帝の時期までは取得時効に転化していった。そして、ユスチニアヌス帝法は、使用取得と長期占有の抗弁を統合していわゆる通常取得時効の制度を確立した。すなわち、正当な権原によりかつ善意で動産の占有を取得した者は３年占有を継続すればその所有権を取得することとし、同じように不動産の占有を取得した者は10年ないし20年占有を継続すればその所有権を取得することとした。また、ユスチニアヌス帝法は、最長期占有の抗弁のうち善意で占有が取得されたケースも取得時効とするに至った(非常取得時効)[86]。

　他方で、担保権は所有権の取得時効たる使用取得によっては消滅しないとされていたが、担保権に基づく訴権に対しては、所有権に基づく訴権の場合と同じように、長期占有の抗弁と最長期占有の抗弁が容認されていた[87]。ここでの長期占有の抗弁は、正当な権原に基づき担保権につき善意で占有を取得した者を保護するものであるから、担保不動産の第三取得者には認められるが、担保権設定者には認められなかった。また、これはあくまで担保権について善意の占有者を保護するものであるから、担保権について悪意で占有を取得した第三取得者はこれによっては保護されない。したがって、担保権設定者と悪意の第三取得者は最長期占有の抗弁によって保護されることになる[88]。しかし、使用取得と長期占有の抗弁が取得時効として統合されたこととの関係で、担保権に対する長期占有の時効の性質をどのように位置づけていくべきかが問題となり、ドイツ普通法学説において議論されたのである。

　まず、長期占有の時効が取得時効に編入されたことに伴い、所有権の取得時効によって担保権も消滅するというように説明する見解もあったが[89]、これは異説にとどまった。支配的見解は、所有権の取得時効によっては担保権は消滅しないとする[90]。そのうえで、担保権の時効のうち、従前の長期占有の時効に相当するものの性質については２つの見解が主張された。すなわち、一方では、長期占有の時効がもともと有した性質を根拠に担保権に対するこの

時効を消滅時効と位置づける見解が主張された。特に、Dernburgは、かかる時効は消滅時効であるが故に、時効の開始時点を単なる占有の開始時ではなく担保権を行使しうる時点に求めるべきと解していた。しかし、長期占有の時効が取得時効に組み入れられたことから、これに対応する担保権の時効も、担保権の負担からの自由を獲得するという意味において、取得時効の1つとして捉える見解が有力になっていった。とりわけ、これを所有権の取得時効とは異なる担保権からの自由の取得時効として強調したのがSchmitthennerであった。

これに関連して、担保権の時効の射程をめぐる興味深い議論もある。すなわち、ある物を無権利者が善意で占有し始めた後に、その所有者が自己の全財産につき第三者に一般抵当権を設定した場合の取扱いが問題とされ、Vangerowらは担保権の時効の起算時点をその成立時点と解したのに対し、かかる時効がまさに占有を基礎とする点から占有開始時をその起算時点とすべきとする見解もあった。後者の見解は、所有権の取得時効によって担保権を消滅させるものとして批判されているが、もともと上記のようなケースでは、占有物は一般抵当の対象外となるため担保権に対する時効は問題とならないとする見解もある。本来、担保権に対する長期占有の時効はその存在につき善意で占有を開始した者を保護するものだった点からは、そもそも、占有開始時に存在していなかった担保権についてこれを適用すること自体に問題があるのかもしれない。あくまで憶測の域を出ないが、むしろ、所有権の取得時効が担保権を左右しないという古来の原理は、かかる取得時効のための占有開始前に存在していた担保権には当てはまるとしても、占有開始後に成立した担保権については妥当しないのかもしれない。

担保権につき善意で占有を取得した者に認められる時効に対し、担保権につき悪意の者についても認められる最長期占有の時効が消滅時効であることには異論がなかった。ユスチニアヌス帝法は、担保権設定者も最長期占有の時効を主張しうるとしたが、かかる抗弁のための占有の期間を40年とした。他方で、同法は債権について30年の消滅時効を認め、さらに、担保権の被担保債権に関する時効の中断事由は担保権の時効の中断事由ともなるとされていた。Unterholznerによれば、担保権に基づく訴えの前提としては被担保債権の訴えが必要とされていたために、被担保債権の訴えは担保権の訴えのた

めに不可欠な準備行為とされ、被担保債権の訴えは担保権の時効の中断事由となったという。その結果、被担保債権より先に担保権のみが消滅時効に服することは阻止されたが、担保権設定者が担保不動産を所有・占有している場合には、被担保債権の消滅時効が完成した後になお10年間担保権が存続するという事態がありうることとなった。このため、付従性の原理との関係が問題となり、この点については、被担保債権について消滅時効が完成してもそれは自然債務(naturalis obligatio)として残存するという説明がなされている。

3. まとめ

以上のように、396条・397条の起源はローマ法にまで遡る。ローマ法においては、抵当権の訴えの前提として被担保債権の訴えが要求され、そのために被担保債権に関する時効の中断の効力は抵当権にも及ぶとされていたようである。他方で、ローマ法では被担保債権の消滅時効の完成の後にも抵当権が存続するという事態が生じ、396条の基礎となったフランス民法旧2180条4号2項は、このことを明確に否定するために設けられた規定であった。このような沿革にかんがみれば、396条はもともと抵当権設定者以外の者との関係で独立した消滅時効を認める意味を持たなかったのである。

また、397条の起源であるローマ法上の長期占有の時効は、あくまで抵当権について善意で占有を開始した者にのみ認められ、それゆえに抵当権設定者自身にはこれは容認されなかった。本来、ローマ法においては、所有権の取得時効は目的物上の担保権ないし抵当権に影響を及ぼさないとされたのであり、抵当不動産についての所有権の取得時効と抵当権に対する時効とはそれぞれ別個の時効として捉えられていた。だからこそ、この時効は単なる占有者のみならず、もともと有効に所有権を取得した第三取得者にも認められていたのである。かかる時効の性質が取得時効であるか、消滅時効であるかは問題であるが、ユスティニアヌス帝法以降では、これを取得時効の一種として理解するのが穏当であろう。実際に、ドイツ普通法学説においてはこれを取得時効として理解する立場が有力であり、さらに、フランス法学説においてもそのような立場が有力であった。すなわち、本来、この時効は抵当権の負担から解放され完全な権能を獲得する取得時効だったといえよう。

したがって、わが国の近時の学説では、397条を端的に消滅時効の規定と理解する見解が有力となっているが、それは必ずしも同条の沿革に相応しているといえない。確かに、フランスの判例理論は、事実上をこれを消滅時効に近づけた運用をしたが、それは、かかる制度の弊害を防止するための政策判断とも評価しうる。すなわち、もともと、長期占有の時効は、抵当権の公示がなされていなかったローマ法において、抵当権の存在につき善意でこれを占有した者を保護するという点で、取引の安全に寄与する意味を持っていた。しかし、今日では登記制度が導入されることによって、第三者の取引の安全を考慮する必要性は減少した。それにもかかわらず、今日なおその制度を維持すると、それは単に抵当権を不当に侵害する要因となりかねない。というのは、たとえ抵当権設定登記によって第三取得者が抵当権の存在を知ることができても、また、被担保債権の弁済期限が到来せず抵当権者が権利を行使できない状況にあっても、とにかく取得時効の要件が充たされれば抵当権が消滅する恐れが生ずるからである。フランスの判例理論は、いわば抵当権の行使できない段階でそれが消滅してしまう危険性を除去するものともいえる。

それでは、このような396条・397条の沿革にかんがみ、今日においてはこれらの規定の意義をどのように解釈すべきであろうか。

Ⅳ 民法396条・397条についての一解釈論

1. 民法起草者らの見解に忠実な立場

396条・397条の規定について、民法制定時の考え方に忠実な解釈をするとすれば、次のようになるかもしれない。

抵当権の時効による消滅には、特別の規定である396条・397条が優先的に適用され、時効の一般規定は排除される。その具体的内容は次のとおりである。

まず、396条は、被担保債権から独立した抵当権自体の消滅時効は認められないことを前提にしつつ、抵当権設定者が抵当不動産を所有・占有している場合には、被担保債権の消滅時効が唯一の時効による抵当権の消滅であることを示したものと解すべきである。それゆえ、抵当不動産について第三取

得者や後順位抵当権者が現れたとしても、これらの者との関係で抵当権の独立した消滅時効が認められるわけではない。これに対して、397条は、抵当不動産が第三取得者やその他の第三者によって占有されている場合には、被担保債権の存続にもかかわらず、取得時効に要する期間の占有によって抵当権が消滅する旨を定めたものといえる。ここでは、占有者が抵当権の存在につき善意無過失で占有を開始した場合には10年間の占有で、悪意または有過失で占有を開始した場合には20年間の占有で、抵当権が消滅する。

なお、396条・397条の「債務者」という文言は制限的に解すべきである。本来、397条は担保権設定者以外の者を保護する規定であったのであり、債務者以外の第三者が担保権を設定したケースでは、なお債務者自身も保護される余地があったからである。これらの規定の基礎となったフランス民法旧2180条4号2項および3項が債務者という文言を用いたのは、これが抵当権のみならず先取特権に関する規定であり、目的財産が債務者の手中にあるか否かを問題としている点からは、債務者自身が抵当権設定者であることを想定していたからと思われる。

2. 現行法の解釈論

しかし、396条・397条の起源であるローマ法における他の周辺事情と現行法との差異も考慮すると、民法制定時の考え方をそのまま維持することはできず、むしろ今日においては以下のように解すべきである。[103]

(1) 396条の意義

まず、ローマ法において抵当権の独立した消滅時効が否定されたのは、もともと、抵当権の訴えのためには被担保債権の訴えが必要とされ、被担保債権の訴え、すなわちその時効の中断は抵当権の時効の中断と位置づけられるという理論に基づいていたようである。しかし、現行法では、抵当権の実行は被担保債権の行使如何にかかわりなくその弁済期限が到来すれば認められている。しかも、もともと上記の理論によっては承認による中断(147条3号)を正当化することは難しい。したがって、現行法ではもはや、被担保債権の時効の中断が抵当権の時効の中断にもなりうるとはいえない。また、抵当権の被担保債権に対する付従性を考慮するとしても、両者が別個の権利である以上、理論的には抵当権自体の消滅時効を考えることができる。付従性と

は、主たる権利がないにもかかわらず従たる権利が存在することは許されないという原理を意味するが、この原理だけからは、従たる権利のみが消滅することはなお許されるはずだからである。

　もっとも、結論としては、沿革とは全く異なる理由から、被担保債権から離れた抵当権の消滅時効を否定するのが、今日的にも妥当な解釈論といえよう。

　本来、消滅時効の制度は、権利不行使の状態が長時間継続したため、権利の存在自体に疑義が生じ、むしろその不存在の蓋然性が高まる点をその根拠の１つとしている。ところが、抵当権については登記制度が導入され、登記されている抵当権であるかぎり、その存在については公的に一応の証明がなされている。したがって、登記した抵当権には消滅時効の適用は親しまない。このことは、ドイツ民法において登記された権利に関する消滅時効が否定されている点に明確に現れている。そして、実際の紛争に現れる抵当権は登記を具備しているのがほとんどである以上、被担保債権から独立した抵当権の消滅時効を否定するという当初の立法的決定は、そのまま維持されるのがよい。

　このように登記を重視する考え方に対しては、167条２項は少なくとも他の用益物権については登記が具備されていても消滅時効を認めていると解さざるをえず、抵当権だけを登記を根拠に除外することは難しい、という批判がありえよう。しかし、他の用益物権は継続的な占有をその権利内容としており、権利者が長時間占有をしない状況は、登記があっても権利の不存在の蓋然性を高める。これに対して、抵当権は非占有担保であり、権利行使による占有への干渉も本来的に一時的なものであり、それだけ登記の持つ権利の推定力は大きくなるといえよう。

　したがって、396条は、抵当権の独立した消滅時効が認められないことを前提に、抵当権設定者がなお目的不動産を占有している場合には、被担保債権の消滅時効によってしか抵当権の時効消滅を主張しえないことを明示したものと解すべきであろう。大審院の判例は、第三取得者との関係では被担保債権から独立した抵当権の消滅時効を容認していたが、本章の冒頭でも述べたように、この判例は被担保債権の消滅時効の援用権を第三取得者に認めないという旧判例法理を前提にしていたものであり、被担保債権の時効の援用

権を第三取得者らに認める以上、それ以外の特別のメリットを認めるべきではない。

(2) 397条の意義

以上に対して、397条については、まさに登記制度との関係で、立法当初に考えられた結論をとることは困難というべきである。

ローマ法において、もともと担保不動産が第三者によって占有され所有権の取得時効が完成しても担保権が消滅しないとされた理由はわからない。しかし、次のような推論は成り立つであろう。問題となる担保権が非占有担保であるかぎり、所有権の取得時効の基礎となる占有と担保権との間には矛盾は生ぜず、2つは両立しうるとすれば、所有権の取得時効の完成によって担保権が消滅することはない。だからこそ、抵当権に対する時効が特別に語られ、抵当権の存在について善意で占有を開始した者のみがかかる時効を主張しえたのであろう。すなわち、占有に善意という要素が加わることにより、抵当権と第三者による占有との間に衝突が生じ、それが抵当権を覆す時効の基礎となったと思われる。

このように抵当権に関する特別の時効の基礎にある、抵当権と第三者による占有との並立関係は今日でも基本的に承認してよい。しかし、そうだとすると、フランス民法が、抵当権の登記制度を導入したにもかかわらず、なお、このローマ法由来の制度も維持し、しかも、所有権の取得時効の場合と同様に、抵当権につき善意で占有を開始した者のみならず、悪意の占有開始者にまでその利益を与えたことは、もともと立法として大いに問題であった。というのは、登記による公示により第三者も抵当権の存在を了知すべき地位に置かれた以上、抵当権と第三者の占有との並立関係、すなわち所有権の取得時効によって抵当権が消滅しないという関係をそのまま維持すべきであるからである。

それゆえ、登記制度を導入したわが国においても、抵当権と所有権の取得時効との両立関係は基本的に維持されなければならない。すなわち、日本民法の解釈論でも、抵当不動産の占有が開始され所有権の取得時効が完成しても抵当権は消滅しないという原則をとるべきであり、この原則をいわば修正する397条の適用は、登記制度との関係において制限されなければならない。397条の適用を制限する手法としては、フランスの判例のごとく、この

時効の起算時点を抵当権を行使しうる時点に求めるという解釈もありえようが、そのためにはこれを消滅時効と位置づけなければならない。しかし、それはあまりにも397条の要件から離れた解釈であろう。ローマ法の沿革からも、本来はこの時効は取得時効の性質を有すると解するのが穏当である。むしろ、問題の本質が、登記によって抵当権の存在が明らかであるにもかかわらず第三者を保護してしまう点にある以上、同条の性質を取得時効と位置づけつつ、公示制度が機能するかぎりにおいてその適用を排除するという解釈が妥当である。

そのような解釈の1つとして、筆者は次のような立場をとりたい。すなわち、第三取得者は、登記制度によって抵当権設定者と同様に当然に抵当権の存在を前提にすべき地位にあるといえるから、397条の適用から除外される。同条の適用が認められる者は、登記が十分に機能しないために抵当不動産を占有するに至った者、たとえば、土地を譲り受けた際にこれに隣接する抵当不動産の一部も目的物と誤信していた者などに限定されよう。あえて一般的命題を立てるとすれば、397条の適用が認められる者は、登記制度があってもなお抵当権の存在につき善意無過失で目的不動産の占有を開始した者と解すべきである。

かつて、大審院判例は、第三取得者には397条が適用されないという結論をとっていたが(Ⅱ2.(3)参照)、これは登記制度との関係においては穏当であった。ところが、397条が前面に出なかったにせよ、前掲最三小判昭和43年12月24日(民集22巻13号3366頁)が抵当不動産の第三取得者に抵当権の効力を覆す取得時効を容認したことは問題であった。抵当不動産の占有によって所有権の取得時効が完成しても、原則として抵当権は消滅しないと解すべきであり、むしろ、抵当権に基づく競売による買受人に対しては、その買受人の登場を起算時点とする取得時効しか主張しえないというべきである。前述のように、横山調査官は、所有権の取得時効によって制限物権が消滅するか否かは占有の態様による、という大審院判例を引用しつつ、占有の態様が抵当権を前提にしたものであるならば取得時効によって抵当権は消滅しない可能性を指摘しているが(109)、本来、抵当権と第三者の占有は両立しうる以上、所有権の取得時効によって抵当権は消滅しないと解すべきなのである。その意味で、取得時効の基礎となる占有の態様を論ずる判例法理も抵当権との関係で

は見直す必要がある。横山調査官が、抵当権設定登記が具備されているかぎり第三者の占有が抵当権を前提にしたものになるかのような判断基準を提示していたことも、結局は、所有権の取得時効と抵当権との両立関係を認めるものではないだろうか。

このような筆者の立論に対しては、登記制度を根拠として抵当権に対する時効を制限するのであれば、取得時効による原所有権の消滅についても同じような制限を加えるべきではないかとの疑問が生ずるであろう。確かに、登記を具備した所有者に対する関係では、占有者が取得時効によって当該所有権の消滅を主張しうることになっている。しかし、このケースでは、原所有者は通常はすみやかに権利を行使して占有を回復し時効を阻止できるのに対し、抵当権者は基本的にはその実行要件が具備されるまでには占有に干渉することができない(110)。この点に、所有権よりも抵当権については特に登記による公示の原理を優先させるべき理由があるといえよう(111)。

なお、397条の起源であるローマ法の長期占有の時効は、担保権の存在につき善意で占有を取得した第三者を保護するものであり、そこでの抵当権は基本的に占有開始前に存在するものであった。では、占有開始後に目的不動産に抵当権が成立した場合はどう扱うべきか。この場合の占有の取得は、客観的には完全なる所有権を目指したものといえよう。それゆえ、その中途段階で抵当権が成立しても、その取得時効完成によって従前の所有権とともに抵当権も消滅するというのが取得時効制度の趣旨に合致するだろう。したがって、この場面ではむしろ、所有権の取得時効によって抵当権も消滅するという原則をとるべきである。そこでは、397条の適用は問題にはならないと解すべきである。

もっとも、不動産を原所有者から譲り受けて占有を開始したが登記を具備していない者が、その後当該不動産に抵当権が設定された場合に、対抗要件の不備を補うために所有権の取得時効によって抵当権の消滅を主張しうるかは問題である。判例はこのような取得時効を容認すると思われるが(112)、かかる時効取得は登記による公示の原理に抵触する側面があり、397条を制限的に解釈するのであれば、むしろこの場合にも取得時効を否定すべきかもしれない。ただ、占有を開始した後に抵当権が設定された場合の利益状況が、すでに抵当権が確定的に存在する状況で占有を開始した場合のそれと全く同じ

V　むすび

1. 本来、396条と397条は現行法とは異なる事情を前提としていたものであるから、根本的にはこれらの改正が必要であろう。とりわけ、抵当権を不安定なものとしかねない397条はより限定的な規定に改めなければなるまい。かかる立法論も意識しつつ、解釈論としての筆者の見解は、以下のようにまとめることができる。

　(1)　抵当権自体が被担保債権から独立して消滅時効にかかることはない。この前提の下に、396条は、抵当権設定者が被担保債権の消滅時効によってしか抵当権の時効消滅を主張しえないことを示したものである。

　(2)　所有の意思を持って抵当不動産の占有を開始した者が現われ、所有権の取得時効(162条)が完成しても、抵当権が消滅することはない。このことを前提に、397条は、抵当権設定者以外の者が抵当不動産の占有を開始した場合には、特別に抵当権からの自由を獲得する時効を認めたものである。ただし、その適用は抵当権の存在につき善意無過失で目的不動産の占有を開始した者にしか認められず、抵当不動産の第三取得者には通常同条は適用されない。

　(3)　第三者による占有が開始された後に目的不動産に抵当権が設定された場合は、397条の射程外にあるとみるべきである。この場合、当該占有は抵当権を前提としないものと判定されるため、特段の事情がないかぎり、所有権の取得時効(162条)の完成によって抵当権の消滅を主張することもできる。[113]

2. 近時の教科書には、所有権の取得時効によって目的不動産上の制限物権が必然的に消滅するかのように説くものがあるが[114]、すでに道垣内教授が指摘しているように[115]、そのような必然性は存在しない。もともと、大審院判例は既存の制限物権の帰趨は取得時効の基礎たる占有の態様によって決せられるとの立場をとり(Ⅱ2.(1)参照)、従前の通説も同様の立場をとっていた[116]。しかし、より根本的には、そもそも所有権の取得時効の基礎となる占有が非占

有担保としての抵当権と抵触するのかを熟考しなければならない。制限物権の中には、所有権の取得時効の基礎となる占有と対立する権利もあれば、そうでないものもあり、非占有担保たる抵当権はまさにこれと両立しうる性質を有する。それゆえに、抵当権はその設定後の占有に基づく所有権の取得時効によっては影響を受けないと解すべきであり、だからこそ、抵当権の消滅については397条が特別の規定として必要となったのである。これに対して、地上権や永小作権は土地の排他的占有を権利内容とするものであり、取得時効の基礎たる占有はこれらと対立する。したがって、地上権や永小作権は所有権の取得時効によって消滅すると解さなければならない。両者については397条のような特別の規定がないことも、このことを暗に示したものと理解できよう。[117]

　このような観点に立つ場合に、特に問題となるのが地役権の取扱いである。地役権は、土地の排他的占有を権利内容とするものではないが、その利用が権利内容となる点では、抵当権と地上権との中間に位置するからである。397条に類似する289条が存在するのもそのためであろう。はたして、これまでも289条との比較において397条の意義を検討する研究が少なくなかった。ただ、従前の研究は両者を同じ意義に解する傾向にあるが[118]、抵当権と地役権との差異にかんがみれば、両者を全く同様に解釈することはできないのではないか。その意味で、地役権に関する289条の意義の検討は重要な課題となろう。

　　（注）
(1)　大判昭和15年11月26日（民集19巻2100頁）。
(2)　大判明治43年1月25日（民録16輯22頁）は、抵当不動産の第三取得者を被担保債権の消滅時効によって間接に利益を受ける者と見て、その時効援用権を否定していた。
(3)　最二小判昭和48年12月14日（民集27巻11号1586頁）。もっとも、判例は後順位抵当権者については被担保債権の消滅時効の援用権を否定した（最一小判平成11・10・21民集53巻7号1190頁）。
(4)　大判昭和15年8月12日（民集19巻1338頁）。
(5)　前掲（注4）大判昭和15年8月12日。
(6)　最三小判昭和43年12月24日（民集22巻13号3366頁）。
(7)　柚木馨「判例批評」民商法雑誌13巻2号（1941年）99-101頁、我妻栄『新訂担保物権

法』(岩波書店、1968年)421-423頁、川井健『担保物権法』(青林書院、1975年)139-140頁、鈴木直哉「抵当権と時効制度」高島平蔵教授古稀記念『民法学の新たな展開』(成文堂、1993年)293頁、316頁、鈴木禄弥『物権法講義[四訂版]』(創文社、1994年)191頁、丸山英気『物権法入門』(有斐閣、1997年)424-426頁、船越隆司『担保物権法[第3版]』(尚学社、2004年)263-265頁、清水元『プログレッシブ民法[担保物権法]』(成文堂、2008年)115-117頁、安永正昭『講義 物権・担保物権法』(有斐閣、2009年)328-329頁、山川一陽『担保物権法[第3版]』(弘文堂、2011年)166-167頁、松井宏興『担保物権法[補訂第2版]』(成文堂、2011年)114-115頁。
(8) 来栖三郎「判例批評」法学協会雑誌59巻1号(1941年)169頁、同「判例批評」法学協会雑誌59巻5号(1941年)835頁、有泉亨「判例批評」民商法雑誌13巻5号(1941年)103-104頁、原島重義「判例批評」民商法雑誌58巻2号(1968年)286頁、星野英一『民法概論Ⅱ』(良書普及会、1976年)293頁、内田貴『民法Ⅲ 債権総論・担保物権』[第3版]』(東京大学出版会、2005年)473-474頁、道垣内弘人『担保物権法[第3版]』(有斐閣、2008年)229-230頁、高橋眞『担保物権法[第2版]』(成文堂、2010年)246-247頁。
(9) 来栖・前掲(注8)法学協会雑誌59巻1号169頁、有泉・前掲(注8)105頁参照。
(10) 草野元己「抵当権と時効」玉田弘毅先生古稀記念『現代民法学の諸問題』(信山社、1998年)45頁以下、田中克志「民法三九六条及び同法三九七条に関する序論的考察」静岡大学法政研究14巻3=4号(2010年)1頁以下。
(11) 最二小判昭和42年7月21日(民集21巻6号1643頁)参照。
(12) 梅謙次郎『民法要義 巻之二』(和仏法律学校、1896年)530-533頁。
(13) この部分の岡松博士の説明には、後に触れる旧民法時の議論に照らすと疑問がある(Ⅲ1.(3)参照)。
(14) 岡松参太郎『注釈民法理由 物権編』(有斐閣書房、1897年)581-583頁。
(15) 梅謙次郎『民法要義 巻之二[訂正増補改版第参拾壱版]』(私立法政大学、1911年)588頁、590頁参照。
(16) 中島玉吉『民法釈義 巻之二下』(金刺芳流堂、1916年)1189-1190頁。
(17) 中島・前掲(注16)1192-1193頁。
(18) 末弘厳太郎「債権総論」『現代法学全集第八巻』(日本評論社、1928年)103-104頁、田島順『担保物権法』(弘文堂書房、1934年)275-276頁、石田文次郎『担保物権法論上巻』(有斐閣、1935年)328-329頁、我妻栄『担保物権法』(岩波書店、1936年)195頁、近藤英吉『物権法論』(弘文堂書房、1937年)313頁、314頁、勝本正晃『担保物権法下巻』(有斐閣、1949年)532-533頁参照。

ただし、我妻説、近藤説および勝本説は、396条が167条2項によって一般に認められる抵当権の消滅時効を抵当権設定者との関係で制限したものと理解せず、むしろ、債権に従属する抵当権は本来債権から独立して消滅時効に服さないが、396条が特別規定として抵当権設定者以外の者との関係ではこれを容認したものと捉えている。このような理解はすでに鳩山博士によって示されていた(鳩山秀夫『日本民法総論[改訂合巻]』(岩波書店、1927年)639-640頁)。しかし、結論におい

てはその他の見解との違いはない。
(19) 鈴木於用「民法第三百九十七条論」正義15巻3号(1939年)58頁以下。すでに、高頭宏信「民法397条論に関する一考察――第三取得者に適用することの可否」中央学院大学商経論叢1巻1号(1986年)61頁以下(70-73頁)が、この鈴木説を詳細に紹介している。
(20) 鈴木・前掲(注19)60-61頁。
(21) 鈴木・前掲(注19)61-62頁。
(22) 鈴木・前掲(注19)62-64頁。
(23) 鈴木・前掲(注19)66-68頁。
(24) 土屋潔「鈴木於用氏の『民法第三百九十七条論』を読みて卑見を述ぶ」正義15巻4号(1939年)10頁以下。
(25) 土屋・前掲(注24)16頁。
(26) 土屋・前掲(注24)17頁。
(27) 土屋・前掲(注24)18頁。
(28) 土屋・前掲(注24)19-20頁。
(29) 来栖・前掲(注8)法学協会雑誌59巻5号835頁。
(30) 来栖・前掲(注8)法学協会雑誌59巻1号169頁。
(31) 有泉・前掲(注8)103-104頁。
(32) 有泉・前掲(注8)102-103頁。
(33) 397条の文言からは、同条は第三取得者に適用されるというのが素直である。この点に関しては、すでに前田直之助「大審院は法律の明文を知れりや(三・完)」法律新聞4666号(1941年)3頁以下が、前掲大判昭和15年8月12日(民集19巻1338頁)を厳しく批判していた。
(34) 有泉・前掲(注8)105頁。
(35) 横山長『最高裁判所判例解説民事篇昭和43年度(下)』1385頁、遠藤浩・「取得時効における占有の態様」我妻栄先生追悼論文集『私法学の新たな展開』(有斐閣、1975年)157頁以下、168頁、平野裕之『民法総合3 担保物権法[第2版]』(信山社、2009年)202頁、高橋・前掲(注8)246頁(注11)参照。
(36) 柚木・前掲(注7)99-100頁。ただし、その後、柚木博士は、自己の物の取得時効が認められることとの関係で、397条の第三取得者への適用を容認するに至った(柚木『担保物権法』(有斐閣、1958年)356頁)。
(37) 我妻・前掲(注7)422頁。
(38) 我妻・前掲(注7)423頁。
(39) 我妻栄「抵当不動産の第三取得者の時効援用権」(初出、1936年)『民法研究Ⅱ』(有斐閣、1966年)199頁以下、214頁参照。
(40) 397条の第三取得者への適用を肯定する見解としては、後述の清水説と道垣内説のほかには、草野・前掲(注10)70-74頁、高橋・前掲(注8)247頁があるが、いずれもこれを積極的に評価しているわけではない。
　そのような中で、石田穣『担保物権法』(信山社、2010年)479-481頁は、抵当権者

に対して抵当権を否認する意思表示をなせば、第三取得者のみならず抵当権設定者にも397条の適用が認められるという見解を主張している。この説は、397条を長期間の経過により抵当権の不存在の証拠を持たない占有者を保護する規定と位置づけているが（石田・前掲476頁）、後述のように、そのような理解は同条の沿革に合致せず、また抵当権を徒に不安定にする点で支持できない。

(41) 鈴木・前掲（注7）191-192頁。
(42) 川井・前掲（注7）140頁。
(43) 鈴木・前掲（注7）311-312頁。
(44) 野村豊弘「判例批評」法学協会雑誌87巻5号（1970年）681頁。
(45) 星野・前掲（注8）293頁。
(46) 平野・前掲（注35）198頁。
(47) 内田・前掲（注8）474頁、平野・前掲（注35）202-203頁、高橋・前掲（注8）246頁参照。
(48) 横山・前掲（注35）1388頁。
(49) 横山・前掲（注35）1388-1389頁参照。
(50) 遠藤・前掲（注35）157頁以下。
(51) 遠藤・前掲（注35）176頁。
(52) 遠藤・前掲（注35）180頁。
(53) 清水誠「抵当権の消滅と時効制度との関連について」加藤一郎編『民法学の歴史と課題』（東京大学出版会、1982年）165頁以下。
(54) 清水・前掲（注53）166頁以下参照。
(55) 清水・前掲（注53）176-177頁、181頁。
(56) 清水・前掲（注53）181-182頁。
(57) 道垣内弘人「時効取得が原始取得であること」法学教室302号（2005年）46頁以下、52頁。
(58) 角紀代恵「抵当権の消滅と時効」民事研修595号（2006年）13頁以下、19頁。
(59) 道垣内・前掲（注57）52頁参照。
(60) 角・前掲（注58）17-18頁参照。
(61) 加賀山教授は、397条が取得時効の効果を定めたものにすぎないとすると、自己の物についての取得時効を容認するかぎり、なぜ397条が抵当権設定者らを除外しているのかを説明できないとしつつ、これを抵当権を債権と解する自説の傍証とする（加賀山茂『現代民法担保法』（信山社、2009年）577-580頁）。確かに、かかる判例の問題点の指摘自体は正しい。しかし、ここでの問題の核心は、397条を所有権の取得時効の効果と位置づけ、しかも所有権の取得時効によって抵当権が消滅するとする解釈の是非にあるのであって、この制度との関係で抵当権を債権と解する必然性はない。
(62) 草野・前掲（注10）56-65頁、田中・前掲（注10）4-16頁参照。
(63) ボワソナード氏起稿『再閲修正民法草案注釈 第四編』（1883年）628丁参照。
(64) ボワソナード・前掲（注63）628-629丁。

(65) 法務大臣官房司法法制調査部監修『法典調査会民法議事速記録 二』(商事法務研究会、1984年)961頁、962-963頁参照。
(66) 法務大臣官房司法法制調査部監修『法典調査会民法議事速記録 一』(商事法務研究会、1983年)529-530頁[梅謙次郎発言]、田中・前掲(注10)10頁参照。
(67) ボワソナード・前掲(注63)627丁。
(68) ボワソナード・前掲(注63)631丁。
(69) 抵当権の時効に関するボワソナードの見解については、藤原明久『ボワソナード抵当法の研究』(有斐閣、1995年)239-248頁参照。
(70) 井上操『民法詳解 債権担保編之部 下巻』(1892年)745-746頁。
(71) 井上・前掲(注70)748-749頁。
(72) 田中教授は、本文に示した民法制定時の議論を参照しながら、もともと396条・397条のいずれも抵当権の消滅時効に関する規定であったとしているが(田中・前掲(注10)14頁)、これは疑問である。
(73) 梅博士は、166条2項の原案の説明においてその旨を述べていた(法務大臣官房司法法制調査部監修・前掲(注66)531頁参照)。
(74) Marcel Planiol et Georges Ripert, *Traité élémentaire de droit civil*, tome 2, 4e éd, 1952, n° 4013 ; Ambroise Colin et Henri Capitant, *Cours élémentaire de droit civil français*, tome 2, 10e éd, 1953, n° 1925 ; Henri Léon et Jean Mazeaud, *Leçons de droit civil*, tome 3, 3e éd, 1966-1969, n° 564.
(75) Colin et Capitant, *op. cit.* (note 74), n° 1927 ; Mazeaud, *op. cit.* (note 74), n° 572.
(76) C. Aubry et C. Rau, *Cours de droit civil français d'après la méthode de Zachariæ*, tome 3, 6e éd, 1938, §293(p. 664) ; Planiol et Ripert, *op. cit.* (note 74), n° 4026-4027 ; Colin et Capitant, *op. cit.* (note 74), n° 1926.
(77) G. Baudry-Lacantinerie et P. de Loynes, *Traité théorique et pratique de droit civil : Du nantissement des privilèges & hypothèques et de l'expropriation forcée*, tome 3, 3e éd, 1906, n° 2272 ; Colin et Capitant, *op. cit.* (note 74), n° 1933.
(78) 2006年のフランス担保法改正については、平野裕之=片山直也訳『フランス担保法改正オルドナンス(担保に関する2006年3月23日のオルドナンス2006-346号)による民法典等の改正及びその報告書』慶應法学8号(2007年)163頁以下参照。
(79) Mazeaud, *op. cit.* (note 74), n° 577.
(80) M. Troplong, *Le droit civil expliqué suivant l'ordre du code : Des privilèges et hypothèques, ou commentaire du titre 18 du livre 3 du code civil*, tome 4, 2e éd, 1835, n° 878 ; Baudry-Lacantinerie et de Loynes, *op. cit.* (note 77), n° 2273-2274.
(81) Cf. Baudry-Lacantinerie et de Loynes, *op. cit.* (note 77), n° 2293-2294 ; Planiol et Ripert, *op. cit.* (note 74), n° 4028 ; Colin et Capitant, *op. cit.* (note 74), n° 1930 ; Mazeaud, *op. cit.* (note 74), n° 574.
(82) Cf. Troplong, *op. cit.* (note 80), n° 886 ; Baudry-Lacantinerie et de Loynes, *op. cit.* (note 77), n° 2295.
(83) Planiol et Ripert, *op. cit.* (note 74), n° 4028.

(84) Cf. Colin et Capitant, *op. cit.* (note 74), n° 1930, 1933 ; Mazeaud, *op. cit.* (note 74), n° 574.
(85) Vgl. *Karl August Dominik Unterholzner*, Ausführliche Entwickelung der gesamten Verjährungslehre aus den gemeinen in Deutschland geltenden Rechten, Bd. 2, 1828, S. 71ff.
(86) *Unterholzner*, a.a.O. (Anm. 85), S. 89ff. 以上については、船田享二『ローマ法第二巻［改版］』(岩波書店、1969年) 481-507頁も参照。
(87) *Unterholzner*, a.a.O. (Anm. 85), S. 280f.
(88) *Unterholzner*, a.a.O. (Anm. 85), S. 284.
(89) *K.A.D. Unterholzner*, Die Lehre von der Verjährung durch fortgesetzten Besitz, 1815, § 44 (S. 293) ; *Wilhelm Hameaux*, Die Usucapio und longi temporis Praescriptio, 1835, § 22 ; *Christian Friedrich Mühlenbruch*, Lehrbuch des Pandekten-Rechts, Teil 2, 3. Aufl., 1836, § 316 (S. 208f),
(90) *Karl Friedrich Ferdinand Sintenis*, Handbuch des gemeinen Pfandrechts, 1836, S. 571 ; *Karl Adolph von Vangerow*, Leitfaden für Pandekten-Vorlesungen, Bd. 1, 3. Aufl., 1843, § 324 Anm. (S. 543) ; *J. Christiansen*, Institutionen des Römischen Rechts oder erste Einleitung in das Studium des Römischen Privatrechts, 1843, S. 275 ; *K.R. Schmitthenner*, Die Ersitzung der Pfandfreiheit, Archiv für practische Rechts-Wissenschaft aus dem Gebiete des Civilrechts, des Civilprozesses und des Criminalrechts, Bd. 1, 1852, S. 92ff, S. 95f ; *Albert Schmid*, Die Grundlehren der Cession, Teil 1, 1863, S. 105 (Anm. 95) ; *Heinrich Dernburg*, Das Pfandrecht nach den Grundsätzen des heutigen römischen Rechts, Bd. 2, 1864, S. 596 ; *Ludwig Arndts Ritter von Arnesberg*, Lehrbuch der Pandekten, 9. Aufl., 1877, § 390 Anm. 2 (S. 661) ; *Bernhard Windscheid*, Lehrbuch des Pandektenrechts, Bd. 1, 6. Aufl., 1887, § 248 (S. 865).
(91) *Dernburg*, a.a.O. (Anm. 90), S. 597-599 ; *Schmid*, a.a.O. (Anm. 90), S. 105 (Anm. 95).
(92) Vgl. *Dernburg*, a.a.O. (Anm. 90), S. 599.
(93) *Christiansen*, a.a.O. (Anm. 90), S. 275f ; *Schmitthenner*, a.a.O. (Anm. 90), S. 95 ; *Georg Friedrich Puchta/Adolf August Friedrich Rudorff*, Vorlesungen über das heutige römische Recht, Bd. 1, 4. Aufl., 1854, § 191 (S. 425f.) ; *Arnesberg*, a.a.O. (Anm. 90), § 390 Anm. 2 (S. 661) ; *Windscheid*, a.a.O. (Anm. 90), § 248 (Anm. 17).
　なお、Sintenisは、担保権の時効全般を消滅時効として位置づけていたが、同時にここでの時効を実質的に担保権からの自由を得るものとも解していた (vgl. *Sintenis*, a.a.O. (Anm. 90), S. 571, S. 576.)。
(94) Vgl. *Schmitthenner*, a.a.O. (Anm. 90), S. 103ff.
(95) *Vangerow*, a.a.O. (Anm. 90), § 324 Anm. (S. 543) ; *Schmitthenner*, a.a.O. (Anm. 90), S. 106.
(96) *Unterholzner*, a.a.O. (Anm. 85), S. 283.

(97) Vgl. *Schmitthenner*, a.a.O.(Anm. 90), S. 93.
(98) *Sintenis*, a.a.O.(Anm. 90), S. 576f(Anm. 5).
(99) *Unterholzner*, a.a.O.(Anm. 85), S. 284.
(100) *Unterholzner*, a.a.O.(Anm. 85), S. 286.
(101) *Unterholzner*, a.a.O.(Anm. 85), S. 287. Vgl. auch *Sintenis*, a.a.O.(Anm. 90), S. 577f.
(102) *Unterholzner*, a.a.O.(Anm. 85), S. 310f. もっとも、この説明に対しては、債権の消滅時効の完成にもかかわらず抵当権の存続自体が認められたという前提自体に疑問を呈する見解もあった(vgl. *Sintenis*, a.a.O.(Anm. 90), S. 578f.)。
(103) 筆者は、担保物権法の教科書において、396条・397条につき民法制定段階の議論をいわば中途半端に斟酌した解釈論を唱えていた。とりわけ、397条については、所有権の取得時効と抵当権に対する時効を峻別せず、かつ、登記による公示を軽視してこれを第三取得者にも適用する見解を唱えていたが(松尾弘＝古積健三郎『物権・担保物権法[第2版]』(弘文堂、2008年)380-381頁[古積])、これを改めることにしたい。
(104) 消滅時効の効果が実体法上の権利消滅である以上、長時間の経過による権利不存在の推定はこれを基礎づけることができないという見解もあるが(松久三四彦『時効制度の構造と解釈』(有斐閣、2011年)23頁以下)、時効制度の背景にはかかる推定の問題があったことは否定しえないだろう。
(105) ドイツ民法902条1項は、登記された権利に基づく請求権が消滅時効に服さない旨を規定する。もちろん、形式的審査によって登記申請が受理されるわが国の法制においては、ドイツ法ほど登記に強力な権利推定力を認めることはできないであろう。しかし、登記によって権利の存在が一応推定されることは否定しえず、実際に判例も所有権の登記についてこれを容認している(最一小判昭和34・1・8民集13巻1号1頁)。
(106) 188条は占有の権利推定力を認めるが、逆にいうと、占有を内容とする権利については占有の欠如は権利の不存在を推定させる。もちろん、一般論としては登記による権利推定力はこれに優越するといえようが、長時間の占有の欠如は登記の推定力を上回るものと評価しうるのではないか。
(107) 有泉博士は、抵当権自体の消滅時効が認められないことの根拠として、抵当権が交換価値を支配し、登記によってかような権利の行使がなされているとの命題を提示したが(Ⅱ3.(3)b.参照)、このような命題は、比喩的かつフィクションを伴ったものである点で適切ではない。
　筆者は交換価値支配という命題自体の不当性をすでに第1部で論じており、むしろ、換価権としての抵当権に基づく目的物の占有はその実行段階のみにおいて容認され、それ以前にはかかる支配は否定されるべきと解している。むしろ、ここでの問題の本質は登記による権利の推定力にあるというべきなのである。
(108) この意味で、遠藤博士が抵当権を排斥する占有は考えられないとした点は正当であろう(遠藤・前掲(注35)180頁参照)。しかし、その根拠は、交換価値支配と

いう曖昧な命題よりも、非占有担保としての抵当権は所有権の行使としての占有と抵触しないという点にある。
(109) 横山・前掲(注35)1388-1389頁参照。
(110) 第1部第3章Ⅵ，第4章Ⅱ3．参照。
(111) 大久保邦彦「自己の物の時効取得について(二・完)」民商法雑誌101巻6号(1990年)782頁以下、809-811頁は、397条を所有権の取得時効の反射的効果を注意的に規定したにすぎないものと位置づけ、また、所有権の不存在について悪意の者も所有権を時効取得しうる以上、たとえ抵当権の存在につき悪意であっても所有権の取得時効によって抵当権は常に消滅するという結論をとる。しかし、この見解は所有権の取得時効と397条の時効を同一視する点で問題であり、また、その結論も本文で述べた抵当権と所有権との差異にかんがみると支持できない。
(112) 最二小判昭和42年7月21日(民集21巻6号1643頁)は、不動産の譲受人が登記を具備しないうちに目的不動産に抵当権が設定されこれが競売に付された事案において、最初の譲受人が取得時効による所有権の取得を買受人に主張しうることを認めた。この判例は、取得時効による抵当権の消滅そのものを認めたわけではないが、買受人に対して取得時効の効果を対抗できるとする以上、取得時効による抵当権の消滅を容認する立場をとるに等しいものといえよう。
(113) 最二小判平成15年10月31日(判例時報1846号7頁)は、土地所有権の取得時効が完成した後に当該土地に抵当権が設定され、抵当権設定登記の後に時効取得者が時効の援用によって所有権の登記を具備した場合に、時効取得者は抵当権設定登記時を起算点とした再度の取得時効を援用して抵当権の消滅を主張することはできないとした。この判例の事案は、時効のための占有が開始された後に抵当権が設定されたケースであり、397条の射程外になるといえる。しかし、所有権の登記を具備した後の占有は、明らかに抵当権の存在を前提にしたものといわざるをえない。それゆえ、そのような占有による新たな取得時効を観念しうるとしても、抵当権はその影響を受けないと解すべきである。その意味で、判例の結論は穏当なものといえよう。
(114) 加藤雅信『新民法大系Ⅰ 民法総則[第2版]』(有斐閣、2005年)387頁、大村敦志『基本民法Ⅰ 総則・物権総論[第3版]』(有斐閣、2007年)246頁、山野目章夫『物権法[第5版]』(日本評論社、2012年)335頁参照。
(115) 道垣内・前掲(注57)53頁参照。
(116) 鳩山・前掲(注18)617-618頁、我妻栄＝有泉亨『物権法[補訂版]』(岩波書店、1983年)425頁。
(117) 大久保・前掲(注111)809頁は、地上権と永小作権について289条のような規定がないのは、起草者であった梅博士がこれらについては所有権の取得時効による消滅を認めない意図を有していた点による旨を指摘している。

確かに、法典調査会において、梅博士は、地上権や永小作権について地役権に関する289条のような規定をおかなかった理由として、これらの価値が高く、所有権の取得時効によって消滅させることに疑問がある旨を述べている(法務大臣官房

司法法制調査部監修・前掲(注65)314-316頁参照)。しかし、このことは、地上権を排斥する態様の占有によって所有権の取得時効が完成した場合でも、なお地上権を存続させる趣旨であったとは断定できない。むしろ、所有権の取得時効のための占有は地上権を排斥するのが通常であり、一般に所有権の取得時効によって地上権は消滅するのに対し、独占的な占有を権利内容としない地役権が承役地の取得時効によって当然には消滅しない点にこそ、289条の存在意義があると解すべきではないか。

(118) 鈴木・前掲(注19)66-68頁、遠藤・前掲(注35)180頁、道垣内・前掲(注57)52頁参照。

(追記)

　旧稿脱稿の後、本テーマに密接に関連する最二小判平成24年3月16日(民集66巻5号2321頁)が現れた。同判決は、不動産の所有権の取得時効が完成した後に第三者に抵当権が設定されその登記が具備されたが、所有者はなお10年以上従前どおりの占有を継続していたというケースで、再度の取得時効による抵当権の消滅を認めた。

　本文で述べたように、民法397条は抵当権が設定された後に第三者の占有が開始された場面を射程とするものと解すれば、上記のケースには同条ではなく、一般の所有権の取得時効の規定(民法162条)を適用すべきであり、占有が抵当権の存在を前提にする態様でないかぎり、再度の取得時効による抵当権の消滅を否定する理由はない。その意味で、筆者はこの判決に賛成しているが(詳細は、古積「所有権の取得時効による抵当権の消滅」速報判例解説(法学セミナー増刊)12号(2013年)95頁以下で論じている)、判決の補足意見はこの事案を民法397条によって処理すべき旨も示唆しており、今後の判例の動向が注目されよう。

事 項 索 引

あ

握取行為(mancipatio)……………12, 15, 26
一括競売……………………………………281
一体価値考慮説……………………………278
一般抵当……………………………………49

か

価値権………………3, 10, 29, 30, 86, 98, 140
価値権と利用権の調和…………6, 146, 272
価値権理論…………………………………139
換価権………………………54, 62, 85, 152
管理行為……………………………………121
管理占有………………………183, 186, 188
旧民法………………………………………119
旧民法債権担保編……………119, 229, 312
強制競売強制管理法………………………72
強制執行の原則………………………49, 51
強制執行法案要綱案……………………153
共同抵当……………………………………269
競売法………………………………124, 128, 151
ゲルマニステン……………………………11
交換価値……………3, 34, 54, 139, 140, 144, 200
古賈(Ältere Satzung)…………………40, 40
個別価値考慮説……………………………271

さ

最長期占有の抗弁(longissimi temporis praescriptio)……………………………318
債務(Schuld)と責任(Haftung)………49, 90, 90
自然債務……………………………………102
質(pignus)……………………………12, 16
執行名義……………………………………102
実体権……………………………86, 98, 140
自由状態の使用取得(usucapio libertatis)…316
取得時効……………………………………292
使用価値…………………34, 140, 144, 200
使用取得(usucapio)………………………317
消滅時効……………………………………292
新賈(Neuere Satzung)…………………40, 40

信託(fiducia)……………………………12, 15
責任構成……………………………………90
潜在的利用権………………………………272
全体価値考慮説……………………………277
増価競売……………………………………123

た

第三債務者保護説…………………………250
代替的物上代位………………………161, 201
短期賃貸借保護……………123, 160, 176
担保価値維持請求権………………………183
担保不動産競売……………………………159
担保不動産収益執行………………………159
長期占有の抗弁(longi temporis praescriptio)
………………………………………316, 317
賃料債権に対する物上代位………123, 196
追及効………………………………………237
定期金債務………………………………72, 81
抵当(hypotheca)………………………12, 16
抵当権消滅請求……………………………175
抵当訴権(actio hypothecaria)……………19
滌除…………………………………………175
ドイツ民法典………………………………72
投資抵当……………………………………10
特定性維持説………………………………244
土地債務………5, 29, 51, 72, 75, 77, 81, 91, 145

は

売却のための保全処分………………180, 195
付加的物上代位………………………161, 201
付従性………………………………42, 48, 52
普通法学説…………………………5, 11, 317
物上代位の法的性質………………………225
物的債務(Realobligation)…………51, 83, 98
物的負担(Reallast)…………………25, 86
不動産担保権(Grundpfandrecht)…96, 98, 106
プロイセン一般ラント法………………50, 77
プロイセン土地所有権取得法…………51, 74
平成15年担保執行法改正……………151, 158
併用賃借権…………………………………179

法廷譲歩(in jure cessio) ……………12, 15, 26
法定地上権……………………………175, 269
法典調査会……………………………123, 233

や

ユスチニアヌス帝法……………………… 317

ら

流通抵当………………………………… 5, 145

ロマニステン………………………………… 11

欧文

BGB ……………………………………… 7, 72
  Johow草案 ………………………………… 75
  第一草案…………………………………… 77
  第二草案…………………………………… 81

人名索引

あ

有泉亨 …………………………… 304, 308, 310
生熊長幸 ……………… 153, 157, 188, 251, 276
石田文次郎 ……………………………… 3, 139-143
伊藤進 …………………………………………… 278
伊藤眞 ………………………………………… 198, 199
井上操 ……………………………………… 120-122, 315
上原敏夫 ……………………………………… 251
内田貴 ………………………………………… 73, 118
梅謙次郎 … 123-125, 127, 129-131, 234, 235, 239,
　298, 300, 311, 313, 315
遠藤浩 …………………………………………… 308
岡松參太郎 …………………… 126, 127, 239, 299, 300
奥田昌道 ……………………………… 182, 184-186

か

勝本正晃 ………………………………………… 149
角紀代恵 ………………………………………… 309
鎌田薫 …………………………………… 199, 205, 244
川井健 …………………………………………… 307
川名兼四郎 …………………………………… 131, 132
雉本朗造 ………………………………………… 133
清原泰司 ………………………………………… 247
草野元己 ………………………………………… 313
来栖三郎 …………………………… 304, 305, 311, 312
コーラー（Kohler） ……………………… 145, →Kohler

さ

清水誠 …………………………………………… 308
末弘厳太郎 ……………………………………… 137
菅原胞治 ………………………………………… 280
鈴木於用 …………………………………… 302, 312
鈴木直哉 ………………………………………… 307
鈴木禄弥 …………………………………… 155, 197, 307

た

高木多喜男 …………………………………… 171, 287
高木豊三 ………………………………………… 124
高橋眞 …………………………………… 202, 203, 205

竹下守夫 ………………………………………… 155
田高寛貴 ………………………………………… 188
田中克志 …………………………………… 281, 313
谷口安平 ………………………………………… 230
土屋潔 …………………………………………… 303
曄道文藝 ………………………………………… 241
道垣内弘人 ………………………… 188, 309, 327
富井政章 …………………… 124, 130, 131, 234, 239
鳥山泰志 …………………………………… 221, 222

な

中島玉吉 …………………………… 132, 133, 135, 300
中野貞一郎 ……………………………… 154, 157
並木茂 …………………………………………… 251
仁井田益太郎 …………………………………… 125
仁保亀松 ………………………………………… 125
野村豊弘 ………………………………………… 307
野村秀敏 ………………………………………… 273

は

長谷川喬 ………………………………………… 124
鳩山秀夫 …………………………… 135, 136, 139, 243
平野裕之 ………………………………………… 307
星野英一 ………………………………………… 307
穂積陳重 ………………………………………… 234
堀龍兒 …………………………………………… 278
ボワソナード（Boissonade） … 119, 120, 228-232,
　234, 237, 238, 253-255, 258, 313, 314

ま

槇悌次 …………………………………………… 273
松井宏興 …………………………………… 5, 180, 275
松岡久和 …………………… 185, 188, 200, 202, 203, 205, 206
松波仁一郎 ……………………………………… 125
松本恒雄 ………………………………………… 281
三ヶ月章 ………………………………… 152-154
三潴信三 ………………………………………… 132
宮城浩蔵 ……………………………………… 120-122

や

山野目章夫	281
山本和彦	279
ユスチニアヌス帝	318
柚木馨	149, 305
横田秀雄	130, 239
横山長	308, 309, 325, 326
吉野衛	244, 245, 256

わ

我妻栄……3, 4, 5, 10, 62, 139, 144-147, 175, 197, 220, 243, 255, 272, 273, 306, 312

A

Albrecht, Wilhelm Eduard …… 38, 41-43, 45, 47, 48, 50
Amira, Karl von …… 90, 91

B

Baur, Fritz …… 106
Beseler, Georg …… 42, 48
Boissonade de Fontarabie, Gustave Emile …… 119, →ボワソナード
Bremer, F. P. …… 10, 23, 24, 26, 28-34, 36, 37, 58, 61, 88
Brinz, Aloir …… 90
Büchel, Konrad …… 11-15, 18, 19, 22, 58, 90

C

Chesne …… 106
Crome, Carl …… 98, 99, 102

D

Dernburg, Heinrich …… 11, 14, 15, 18, 20-24, 26, 27, 29, 36-38, 51, 85, 98, 135, 319

E

Eickmann, Dieter …… 104
Exner, Adolf …… 32-37, 52

F

Förster, Franz …… 52
Fuchs, Eugen …… 98-104

G

Gajus …… 19
Gierke, Otto von …… 42, 90, 95-97, 103

H

Hirsch, Hans Christoph …… 89, 102

J

Johow, Reinhold …… 32, 72, 74, 75, 77, 80, 83, 84

K

Kohler, Josef …… 10, 52, 57-63, 86-89, 98, 102, 106, 143

M

Mazeaud, Jean …… 317
Meibom, Viktor von …… 38, 42, 43, 45-49, 51-53, 56-58, 83, 98
Mincke, Wolfgang …… 106

P

Pfaff, Leopold …… 36
Puchta, Georg Friedrich …… 15, 27
Puntschart, Paul …… 90-97

R

Regelsberger, Ferdinand …… 51, 52
Roth, Paul …… 48

S

Savigny, Friedrich Carl von …… 13
Schapp, Jan …… 105
Schmitthenner, K. R. …… 319
Schwind, Ernst Freiherr von …… 97
Siber, Heinrich …… 103, 105
Sohm, Rudolph …… 23-26, 28, 29, 31, 32, 34, 37, 48, 52, 53, 55-59, 63, 85, 89, 98, 103, 106, 143
Staub, H. …… 103
Stobbe, Otto …… 42, 47, 48

U

Unterholzner, Karl August Dominik …… 319

V

Vangerow, Karl Adolph von ················· 319

W

Westermann, Harry ····························· 106

Windscheid, Bernhard ····························· 27
Wolf, Ernst ································· 104, 105
Wolff, Martin ·· 106

判例索引

明治
大判明治38・9・22民録11輯1197頁 ……………………………………… 287
大判明治39・2・16民録12輯220頁 …………………………………………… 291
大判明治41・5・11民録14輯677頁 …………………………………………… 286
大判明治43・1・25民録16輯22頁 ……………………………………………… 328
大判明治43・3・23民録16輯233頁 …………………………………………… 291

大正
大決大正2・6・13民録19輯436頁 ……………………………………………… 171
大判大正4・3・6民録21輯363頁 ………………………………………… 239,261
大判大正4・6・30民録21輯1157頁 ………………………………………… 240,245
大判大正6・1・27民録23輯97頁 ……………………………………………… 197
大判大正7・12・6民録24輯2302頁 …………………………………………… 291
大判大正9・7・16民録26輯1108頁 …………………………………………… 294
大連判大正12・4・7民集2巻209頁 ……………………………… 136,210,241,262

昭和5～
大決昭和5・9・23民集9巻918頁 …………………………………………… 242,245
大判昭和9・6・15民集13巻1164頁 …………………………………………… 8,171
大判昭和10・8・10民集14巻17号1549頁 …………………………………… 269,283
大判昭和13・2・12判決全集5輯6号8頁 ……………………………………… 295
大判昭和13・5・25民集17巻1100頁 ……………………………………………… 270
大判昭和15・8・12民集19巻1338頁 ……………………………………… 296,328,330
大判昭和15・11・26民集19巻2100頁 ……………………………………………… 297,328
最一小判昭和34・1・8民集13巻1号1頁 ………………………………………… 334
最二小判昭和36・2・10民集15巻2号219頁 ……………………………………… 276
最三小判昭和37・9・4民集16巻9号1854頁 ……………………………… 283,287
最二小判昭和42・7・21民集21巻6号1643頁 ……………………………… 329,335
最三小判昭和43・12・24民集22巻13号3366頁 ……………………… 297,308,325,328

昭和45～
最二小判昭和48・12・14民集27巻11号1586頁 ………………………………… 328
札幌高決昭和52・7・30判例タイムズ360号184頁 …………………………… 268
最三小判昭和52・10・11民集31巻6号785頁 …………………………………… 269
名古屋高金沢支判昭和53・1・30判例時報895号84頁 ………………………… 211
大阪高決昭和54・2・19判例時報931号73頁 ……………………………………… 216
大阪高決昭和54・7・31判例タイムズ398号112頁 ……………………………… 268
東京高決昭和56・3・16判例タイムズ441号117頁 ……………………………… 268
最一小判昭和59・2・2民集38巻3号431頁 ……………………………………… 245

昭和60～

福岡地判昭和60・2・13金融法務事情1102号43頁	287
最二小判昭和60・7・19民集39巻5号1326頁	245
東京高判昭和60・8・27判例時報1163号62頁	210
京都地判昭和60・12・26判例時報1219号113頁	287
大阪高決昭和61・8・4判例タイムズ629号209頁	216
東京高決昭和63・2・19判例時報1266号25頁	287
大阪高判昭和63・2・24判例時報1285号55頁	287
東京高判昭和63・7・28判例時報1289号56頁	210
大阪地判昭和63・8・9判例タイムズ693号135頁	211

平成元～

最二小判平成元・6・5民集43巻6号355頁	211
最二小判平成元・10・27民集43巻9号1070頁	9, 173, 196, 198, 262, 264
最二小判平成2・1・22民集44巻1号314頁	290
最二小判平成3・3・22民集45巻3号268頁	8, 176, 177
東京地決平成3・8・7判例時報1419号88頁	212
東京地決平成4・3・26判例時報1423号110頁	212
東京地裁執行処分平成4・6・8金融法務事情1324号36頁	277
最三小平成9・2・14民集51巻2号375頁	210, 269, 269, 275, 283
大阪地判平成9・3・21判例時報1638号116頁	288
最一小平成9・6・5民集51巻5号2096頁	210
最一小平成9・6・5民集51巻5号2116頁	269, 275, 291

平成10～

最二小判平成10・1・30民集52巻1号1頁	196, 205, 208, 210, 246, 262
最二小判平成10・7・3判例時報1652号68頁	269, 275
最一小判平成11・10・21民集53巻7号1190頁	328
最大判平成11・11・24民集53巻8号1899頁	8, 176, 181, 187
最二小決平成12・4・7民集54巻4号1355頁	266
最二小決平成12・4・14民集54巻4号1552頁	196
最三小判平成13・3・13民集55巻2号363頁	197, 208, 248, 262
最一小判平成13・10・25民集55巻6号975頁	250, 259
最三小判平成14・3・12民集56巻3号555頁	250, 262
最一小判平成14・3・28民集56巻3号689頁	197, 262, 265

平成15～

最二小判平成15・10・31判例時報1846号7頁	335
最三小判平成17・2・22民集59巻2号314頁	251
最一小判平成17・3・10民集59巻2号356頁	8, 176, 186
最二小判平成24・3・16民集66巻5号2321頁	336

著者紹介
古積　健三郎（こづみ　けんざぶろう）
1965年生まれ。
1988年3月　京都大学法学部卒業。
1990年3月　京都大学大学院法学研究科修士課程民刑事法専攻修了。
1993年3月　同博士後期課程民刑事法専攻単位取得退学。
現在、中央大学大学院法務研究科教授。
【主要論文・著書】
「『流動動産譲渡担保』に関する理論的考察（1）（2・完）」法学論叢133巻2号・6号（1993年）、「敷金に関する一考察──充当と承継の問題」法学新報110巻7号=8号（2003年）、「留置権の射程および性質に関する一考察──不動産の処遇について」法学新報111巻3号=4号（2004年）、『民法3　担保物権（第2版）』（共著、有斐閣・2005）、『物権・担保物権法（第2版）』（共著、弘文堂・2008）等。

換価権としての抵当権

2013（平成25）年10月15日　初　版1刷発行

著　者　古積　健三郎
発行者　鯉渕　友南
発行所　株式会社　弘文堂　101-0062　東京都千代田区神田駿河台1の7
　　　　　　　　　　　　　TEL 03（3294）4801　振替 00120-6-53909
　　　　　　　　　　　　　http://www.koubundou.co.jp

装　幀　後藤トシノブ
印　刷　三美印刷株式会社
製　本　牧製本印刷株式会社

© 2013 Kenzaburo Kozumi. Printed in Japan

JCOPY 〈（社）出版者著作権管理機構　委託出版物〉
本書の無断複写は著作権法上での例外を除き禁じられています。複写される場合は、そのつど事前に、（社）出版者著作権管理機構（電話03-3513-6969、FAX 03-3513-6979、e-mail: info@jcopy.or.jp）の許諾を得てください。
また本書を代行業者等の第三者に依頼してスキャンやデジタル化することは、たとえ個人や家庭内の利用であっても一切認められておりません。

ISBN978-4-335-35571-4